致谢：北京市维诗律师事务所

中文社会科学引文索引（CSSCI）来源集刊

私法

Private Law Review

第21辑 · 第2卷

（总第42卷）

易继明 / 主编

知识产权出版社
全国百佳图书出版单位
—北京—

图书在版编目(CIP)数据

私法．第21辑．第2卷:总第42卷/易继明主编．—北京:知识产权出版社,2023.6
ISBN 978-7-5130-8771-1

Ⅰ.①私…　Ⅱ.①易…　Ⅲ.①私法—研究—丛刊　Ⅳ.①D90-55

中国国家版本馆CIP数据核字(2023)第092136号

责任编辑：薛迎春　　**责任校对：**谷　洋
执行编辑：杨　帆　　**责任印制：**刘译文
封面设计：宗沅书装・李宗燕

私　法
第21辑・第2卷（总第42卷）
易继明　主编

出版发行：知识产权出版社有限责任公司　　**网　　址：**http://www.ipph.cn
社　　址：北京市海淀区气象路50号院　　**邮　　编：**100081
责编电话：010-82000860转8724　　**责编邮箱：**471451342@qq.com
发行电话：010-82000860转8101/8102　　**发行传真：**010-82000893/82005070/82000270
印　　刷：天津嘉恒印务有限公司　　**经　　销：**新华书店、各大网上书店及相关专业书店
开　　本：787mm×1092mm　1/16　　**印　　张：**15.25
版　　次：2023年6月第1版　　**印　　次：**2023年6月第1次印刷
字　　数：313千字　　**定　　价：**78.00元
ISBN 978-7-5130-8771-1

《私法》
学术顾问委员会

迎接黄金十年（代序）

2022年开启，两年前暴发的新冠病毒感染并未结束，新冠及其变异病毒仍在全球肆虐，导致国内疫情防控形势持续紧张。雪上加霜的是，近年来美国利用“知识产权大棒”打压中国，继而要跟我们“脱钩”，并进一步采取“同盟制华”政策，导致我国发展的外部环境并不乐观。中国老百姓虽然已经做好了“过紧日子”的打算，但收入下降、消费抑制、出行不便、持续的不确定性因素等，似乎都在暗示：2022年并非一个好的启航。

不过，我认为，2022年开启的是未来黄金十年。

如果说我们大多数人对2021年感到失望的话，那么2022年是我们面对现实之后重新认识生活，重新启航的一年。支持这一论点，我个人有十大理由。

一、我们将学会与病毒相处。2022年新冠病毒感染不会被消灭，但新冠大流行不再会让人们惊慌，疫苗、新药帮助我们抗击新冠疫情，中国基层社会治理卓有成效，我们也将学会与病毒共存、共处。因此，疫情虽然对未来市场有一定的影响，但投资者不再将疫情作为主要的担忧因素，而且积极的财政政策也能够在一定程度上给市场带来信心。

二、新的自强运动已经开启。新型科技创新举国体制已经开启，2021年全国九大国家实验室布局完成，整合资源开展基础科学研究和重大技术攻关。未来，一批批“卡脖子”关键技术将逐渐获得突破，基础研究和原创技术取得突破性进展，并适应中国场景进一步外溢，参与国际大循环。事实上，围绕人工智能、芯片、6G技术和量子技术的科技竞赛是一场多线战争，在科技公司之间，在政府之间，在科技公司与政府之间，这场看不见硝烟的战争都在展开。中国近代以来的奋斗史和国民意识，强化了政府和民间的自强精神，这是中国未来可期的原动力。

三、知识产权融合经济社会全面发展。中国高质量发展进入新阶段，知识产权要素进入经济社会发展各行业、各领域、各方面，成为助力中国发展转型升级的重要因素。与此同时，经济增长质量提高，产业发展的国际话语权增强。2021年9月22日发布的《知识产权强国建设纲要（2021—2035年）》的实施，2022年承上启下。数字化是未来十年的动力，数字经济进一步推动华为、腾讯、阿里巴巴、字节跳动等科技巨头成长，5G标准必要专利中中国专利占比已三分天下有其一。

四、绿色开启未来。减碳、脱碳政策推动市场进行绿色重组，电池行业、过滤二氧化碳的科技行业、文娱产业、生态休闲等，一方面开启绿色科技创业潮，另一方面开启绿色生活的黄金年代。绿色经济与“大政府”时代相结合，中国政府将更有作为。

五、金融与货币政策在监管中常态化。绿色金融、科创金融、知识产权金融嵌入传统金融体系，货币政策在监管中保持一定的通胀率，稳中求进，总体上趋于常态化。

六、产业附加值增加和经济韧性增强。技术赋能，促进供给侧结构性改革进一步深化，产业附加值增加。同时，供应链逐步恢复，制造业体系进一步完备，中国经济发展韧性也进一步增加。

七、中美“脱钩”格局下的商谈论。短期内，中美“脱钩”压力依然存在，美国“同盟制华”政策进入 2.0 版，中国面临美国制裁的结构性压力。但是，中国经济规模和国际竞争力持续增强，美国“无晶圆企业”（典型的如苹果公司，自己没有制造能力，只负责产品企划和市场营销）模式推进，对中国企业存在较大的依赖，而供应链重建又非一日之功。因此，在全球化背景下，中美出现沟通与合作的迹象，如落实《中美第一阶段经贸协议》等，“商谈”会成为后续的主要交往模式，也为重建互信奠定了基础。

八、中国自主外交契合欧洲“战略自主”。中国 2001 年加入世界贸易组织后获得了十年发展的黄金期，那是中国适应全球规则的过程。2022 年是在适应规则之后，“自主意识”觉醒，进一步确立“自主外交”的新开始。这可能给世界造成一些不安，但却是大国必然的选择。或许，这一过程也契合了“美国第一”所导致的世界各国主权意识的觉醒，甚至给中国发展同欧洲各国、韩国、日本、印度等国平等外交、自主外交提供了契机。北约秘书长延斯·斯托尔滕贝格 2021 年 12 月 6 日在美国《防务新闻》周刊网站撰文指出，世界正变得更具竞争性、更不稳定和更不可预测，未来一年要开启“北约 2030”战略（2021 年 6 月北约峰会提出），在更加不确定的世界中确保安全和自由。这对美国而言，能够起到加强同盟合作的作用，但对中国来说，也不失为一个新的机会。

九、助力发展中国家发展与共赢。“一带一路”建设、中非合作等为中国与发展中国家共同发展提供了平台，中国通过助力发展中国家，也获得了自己的发展和国际地位，扩大了中国的国际影响力。

十、中国社会治理模式给未来发展的“不确定性”带来了确定性。未来发展中，社会风险进一步加大，全球不确定性因素进一步增多，但中国社会治理模式网格化、精细化，基本面比较稳定，为未来发展带来确定性，也构成未来发展的基石。

值此之际，《私法》与知识产权出版社也开启了合作之旅。我相信，我们是黄金搭档，我们的合作也会助力中国法治事业的发展！

易继明

2022 年 1 月 9 日

CONTENTS 目录

地理标志保护专题研究

论我国地理标志保护模式

易继明*
秦　洋**

摘　要　TRIPS所揭示的地理标志是指标明货物来源于某一地区，而且该货物的特定质量、声誉或者其他特征主要归因于这一地理来源的标识。我国地理标志资源丰富，潜在商业价值突出。2017年《中华人民共和国民法总则》及其后的《中华人民共和国民法典》明确将地理标志列为知识产权的独立客体之一。2018年国务院机构改革之前，我国地理标志保护形成了商标、地理标志产品和农产品地理标志"三足鼎立"的管理体制，造成法律术语不一、规范体系混乱的局面。机构改革之后，"三足鼎立"局面逐渐缓和，直至2022年形成归口国家知识产权局统一管理的体制。目前，世界上形成了地理标志保护的两大模式。欧盟模式是以法国、意大利等欧洲国家为代表的专门立法保护模式，与美国模式即代表新型工业化国家的商标法保护模式之间存在较大的分歧，其背后是传统生产模式与工业化模式之争。事实上，世界上并不存在最优的地理标志保护模式，只存在适应本国国情的制度。尽管地理标志与商标同属信号传递机制，可以降低消费者搜寻成本、缓和市场交易中普遍存在的信息不对称问题，但商标制度并不能有效契合我国悠久的农业文明和历史文化，因此制定《地理标志法》对地理标志进行专门保护，是顺应我国传统产业发展及其现代性转换的制度选择。

关键词　地理标志；保护模式；商标法；地理标志法

目　次

---

* 易继明(1968—　)，北京大学国际知识产权研究中心主任、北京大学法学院教授，法学博士。
** 秦洋(1994—　)，国家开发银行法律合规部工作，法学硕士。

引言

2022 年 11 月 17 日,中华人民共和国农业农村部(以下简称“农业农村部”)发布第 623 号公告,明确废止原农业部 2008 年 8 月 1 日制定、同月 8 日发布施行的《农产品地理标志登记程序》(原农业部第 1071 号公告)。[1] 事实上,根据农业农村部信访处答网民关于“农产品地理标志认证政策咨询”的留言,农业农村部于 2022 年 3 月起,已经停止了农产品地理标志登记工作,包括受理、评审、公示和公告。[2] 应该说,这是根据 2018 年国家机构改革之后,地理标志行政管理领域结束分散管理模式,真正开启“地理标志集体商标、证明商标”“地理标志产品”和“农产品地理标志”之“三合一体制”的新开端。因为原涉地理标志之商标由原国家工商行政管理总局署理,地理标志产品由原国家质量监督检验检疫总局署理,农产品地理标志由原农业农村部署理,而现均归由重新组建的国家知识产权局署理,借用历史上的三国演义说,算是“三家归晋”了。

2018 年国家机构改革之前,本人主持的北京大学国际知识产权研究中心(以下简称“北大中心”)承担了国家知识产权战略实施部际联席会议办公室 2017 年度委托项目《地理标志保护模式研究》专项研究任务,我和我指导的法学硕士研究生秦洋等共同承接这一课题的研究任务。专项研究报告得到了国家知识产权局原副局长贺化的高度评价,对后续的机构改革也产生了一定的积极影响。后来,秦洋同学以此为基础,形成了她的硕士学位论文。秦洋同学毕业工作后,北大中心的后续研究并未结束。2018 年党和国家机构改革之后,北大中心一方面继续参与国家知识产权局知识产权保护司组织的《地理标志产品保护办法》修

〔1〕 原农业部第 1071 号公告称,“为规范农产品地理标志登记和使用管理,根据《农产品质量安全法》《农产品地理标志管理办法》等有关规定,我部组织制定了《农产品地理标志登记程序》和《农产品地理标志使用规范》,现予发布,自发布之日起施行。”

〔2〕 参见《农业农村部:已停止农产品地理标志登记工作》,资料来源:https://www.sohu.com/a/607542092_121123817;访问时间:2022 年 11 月 25 日。

改、《中欧地理标志保护与合作协定》落地等工作；另一方面，也积极呼吁尚有疑虑而未并入国家知识产权局的农产品地理标志保护工作纳入统一保护体系。2021 年 9 月，我就地理标志保护制度建设问题向有关部门提出政策建议，相关建议被采纳（参见附录一《对我国地理标志保护制度的政策建议》）。[1] 2021 年 11 月17 日，我还就此在《法治日报》发表了相关内容的署名文章即《对我国地理标志保护制度建设的政策建议》。[2]

事实上，2015 年 12 月 18 日印发的《国务院关于新形势下加快知识产权强国建设的若干意见》（国发〔2015〕71 号）中提出，要“适时做好地理标志立法工作”。2016 年 12 月 30 日国务院印发《“十三五”国家知识产权保护和运用规划》（国发〔2016〕86 号）再次提出，要“适时做好地理标志立法工作”，加强地理标志领域的知识产权工作。2017 年公布的《中华人民共和国民法总则》（以下简称《民法总则》）和 2020 年 5 月 28 日第十三届全国人大第三次会议通过的《中华人民共和国民法典》（以下简称《民法典》），均在第 123 条第 2 款明确将地理标志列为知识产权的客体之一，独立于“商标”且与之并行。2021 年 9 月，中共中央、国务院印发的《知识产权强国建设纲要（2021－2035 年）》明确提出，“探索制定地理标志、外观设计等专门法律法规，健全专门保护与商标保护相互协调的统一地理标志保护制度”[3]。由此，地理标志保护及相关立法工作逐渐受到各方面重视，并被纳入同年 10 月国务院印发的《“十四五”国家知识产权保护和运用规划》。[4]

我国地理标志资源丰富，潜在商业价值突出。据统计，我国地理标志产品的相关产值已经突破 1 万亿元，发展地理标志特色产业已成为各地发展区域特色经济、实施精准脱贫的一条重要途径；[5]根据国家知识产权局的统计，2020 年和 2021 年中国地理标志产品直接产值分别突破人民币 6000 亿元和 7000 亿元，2021 年达到 7033.76 亿元。[6] 不过，如前所述，在地理标志管理模式上，我国此前形成了工商部门、质检部门和农业部门“三足鼎立”的局面。具体而言，依照《中华人民共和国商标法》（以下简称《商标法》）及其实施条例，地理标志可通过集体商标、证明商标制度加以保护，此由原国家工商行政管理总局商标局负责；

---

〔1〕 本人提交的政策建议分为两个部分：一是主文即本报告之附录一；一是主文所附的本报告主体内容，即主文的支撑报告。

〔2〕 易继明：《对我国地理标志保护制度的政策建议》，载《法治日报》2021 年 11 月 17 日，第 11 版。

〔3〕 《知识产权强国建设纲要（2021—2035 年）》，载国务院知识产权战略实施工作部际联席会议办公室（组织编写）：《〈知识产权强国建设纲要（2021—2035 年）〉辅导读本》，知识产权出版社 2022 年版，第 4 页。

〔4〕 《“十四五”国家知识产权保护和运用规划》2021 年 10 月 9 日由国务院印发，规划提出，“加强地理标志、商业秘密等领域立法”。参见《国务院关于印发“十四五”国家知识产权保护和运用规划的通知》，国发〔2021〕20 号文件。

〔5〕 参见《我国地理标志产品相关产值已突破 1 万亿元》，载国务院新闻办公室网，http://www.scio.gov.cn/xwfbh/xwbfbh/wqfbh/42311/44346/zy44350/document/1693395/1693395.htm；访问时间：2022 年 11 月 25 日。

〔6〕 参见《国家知识产权局：知识产权维权援助机构总数达到 1300 余家》，资料来源：https://baijiahao.baidu.com/s?id=1746211158492028318&wfr=spider&for=pc；访问时间：2022 年 11 月 25 日。

原国家质量监督检验检疫总局依据《地理标志产品保护规定》对经申请注册的地理标志产品享有一定的行政管理权;原农业部基于其2007年发布的《农产品地理标志管理办法》,负责管理和保护农产品地理标志。2018年国务院机构改革后,重新组建的国家知识产权局整合了原国家工商行政管理总局的商标管理职责与原国家质量监督检验检疫总局的原产地地理标志管理职责,统一行使地理标志产品保护体系、地理标志集体商标与证明商标两种管理职能,以及农产品地理标志管理——如前所述,尽管有些波折,但最终还是被纳入国家知识产权局统一管理,实现了"归口管理"。在保护机制上,以商标法和专门法为主的多元化保护模式,导致法律术语不一、立法体系混乱。与此同时,分散的管理格局易造成管理混乱、效率低下的局面,并易引发权利冲突问题。在国际视野下,自《巴黎公约》首次提出"货源标记"和"原产地名称"概念之后,对地理标志概念的界定历经《马德里协定》的"货源标记"到《里斯本协定》的"原产地名称",再至《与贸易有关的知识产权协定》(Agreement on Trade-Related Aspects of Intellectual Property Rights,TRIPS)才形成"地理标志"这一术语。由此可见,尽管存在国际公约,但术语差异,内涵不一,各国对地理标志的定义与解读仍不完全相同,所使用的术语亦五花八门。此外,就地理标志的保护模式而言,各国做出了不同的立法选择。而"以欧洲国家为代表的专门立法保护"和"以新世界国家为代表的商标法保护"两大模式之争,更是引发了旷日持久的多哈回合贸易谈判。

由此可见,对于地理标志的保护模式,尚不存在各国公认的最优方案。厘清我国地理标志管理和保护的现状及其问题、明晰地理标志的权利性质与权利归属、分析不同国家作出不同制度选择的原因及各自的利弊、构建适合我国国情的地理标志保护模式,仍是亟须研究和解决的重点问题。

一、地理标志的概念和性质

(一)地理标志的概念

国际社会对地理标志的保护始于《巴黎公约》。公约采用了"货源标记"(indications of source)和"原产地名称"(appellations of origin)两个概念,但未就二者的定义作出明确规定。公约第1条第2款指出,货源标记与原产地名称同属工业产权的保护对象。

《制止商品产地虚假或欺骗性标记马德里协定》是《巴黎公约》体系下有关货源标记保护的专门协定,此协定亦可视为世界上最早对货源标记予以专门保护的国际公约。根据《马德里协定》第1条第1款,[1]一般认为"货源标记"是指用以表示产品来自某一国家、地区或特定地方的名称或标记,而与产品的质量、特点无关。

《保护原产地名称及其国际注册里斯本协定》采用"原产地名称"这一术语,

---

[1] 本款规定:"凡带有虚假或欺骗性标志的商品,其标志系将本协定所适用的国家之一或其中一国的某地直接或间接地标作原产国或原产地的,上述各国应在进口时予以扣押。"

并首次对其作出明确定义。根据《里斯本协定》第2条第1款,原产地名称系指一个国家、地区或地方的地理名称,用于指示一项产品来源于该地,其质量或特征完全或主要取决于地理环境,包括自然和人文因素。

TRIPS首次使用了"地理标志"(geographical indication)的概念。根据TRIPS第22条第1款,地理标志指标明货物来源于某一世界贸易组织(World Trade Organization,WTO)成员领土或领土内某一地区的标识,该货物的特定质量、声誉或其他特征主要归因于其地理来源。这一定义借鉴了《里斯本协定》中对"原产地名称"的规定,但二者又存在如下区别:其一,仅就文本规定而言,《里斯本协定》中的"原产地名称"仅限于地理名称,不包括非地名标志,但"地理标志"概念未作这一严格限定,不具有地理含义的名称或标志亦可作为间接地理标志获得保护。[1] 其二,根据《里斯本协定》的规定,"原产地名称"所指示的产品,其"质量或特征"完全或主要取决于地理环境,而TRIPS对地理标志的定义则增加了"声誉"要素。相比于"质量"和"特征"要素,"声誉"是一个较为主观的概念。由此产生的疑问是:如何理解"声誉"与"质量""特征"之间的关系?仅享有可归因于其地理来源的声誉,而不具有与产地相关之质量或特征的,是否可获保护?有观点认为,"声誉"是独立于"质量""特征"的附加元素,"声誉"要素的引入已超出《里斯本协定》对产品"质量或特征"的排他性关注。因此,前述情形下,仅仅具有一定"声誉"的商品难以获得《里斯本协定》下的"原产地名称"保护,但仍满足TRIPS关于"地理标志"的定义。[2] 与此相反,另有观点认为,尽管《里斯本协定》关于原产地名称的定义仅提到"质量"与"特征"要素,但该协定实际上暗含这样的假定:基于这一质量或特征的产品自然会具有声誉优势。因而,《里斯本协定》与TRIPS在"声誉"要素上并不存在实质性差异。[3] 其三,《里斯本协定》明确指出,产品的质量或特征归因于地理环境中的"自然和人文因素",而TRIPS则使用了更为模糊的"地理来源"这一表述,未对自然因素和人文因素明确列举。

在国际公约层面,从《巴黎公约》首次提出"货源标记"和"原产地名称"的概念以来,对地理标志含义的界定经历了由《马德里协定》的"货源标记"到《里斯本协定》的"原产地名称",最终至TRIPS提出"地理标志"的变化过程。在此,一个自然而然的问题是:应如何理解货源标记、原产地名称与地理标志三者之间的关

---

[1] 换言之,从公约文本来看,《里斯本协定》仅保护直接地理标志,而与之不同的是,直接地理标志和间接地理标志均属于TRIPS所规定的"地理标志"范畴。所谓直接地理标志,即含有地理名称的标识,如库尔勒香梨等。间接地理标志则是指不具有地理含义的名称或标志,此类标识仅在满足与特定地理区域、特定产品相联系的条件下,才可获得地理标志保护。故对间接地理标志提供保护的门槛比直接地理标志更为严格。参见王笑冰:《地理标志法律保护新论——以中欧比较为视角》,中国政法大学出版社2013年版,第23—25页。

[2] *See* Dwijen Rangnekar, *Geographical Indications: A Review of Proposals at the TRIPS Council: Extending Article 23 to Products other than Wines and Spirits*, UNCTAD-ICTSD Project on IPRs and Sustainable Development, Issue Paper, No. 4, June, 2003, p. 18.

[3] *See* Daniel J. Gervais, *Traditional Knowledge: Are We Closer to the Answers? The Potential Role of Geographical Indications*, ILSA Journal of International and Comparative Law, Vol. 15, pp. 560-561 (2009).

系?由于货源标记仅表示商品的产地,而与商品的质量、特征无关,因而一般认为货源标记可涵盖原产地名称与地理标志。对于后两者之间的关系,则存在多种观点:有学者主张,由于原产地名称只包含直接的地理来源标识且未引入“声誉”要素,故原产地名称的范围要小于地理标志;[1]亦有观点认为,原产地名称与地理标志的含义基本相同,差别不大;[2]另有观点指出,原产地名称与地理标志是货源标记之下的两个独立概念,适用于不同类别的产品;[3]此外,还有学者认为,地理标志不适用于服务,且其所指示的地域范围限于一国领土之内,而原产地名称则不受前述限制,尽管二者均属于货源标记的子集,但彼此间却是交叉关系。[4] 实际上,各国对地理标志的认识不尽一致,所采用的术语也有所不同。目前尚不存在统一、抽象的地理标志概念,国际公约及各国国内法所反映出的分歧,本质上是由各国对地理标志保护不同的利益需求所决定的,这也从侧面反映出各国在保护模式、保护程度上的差异。

(二)地理标志的性质

从法律角度而言,地理标志的性质问题,即地理标志属于私权抑或公权的问题。不同学者的观点,存在较大的分歧。一种观点主张地理标志应与专利权、著作权、商标权等知识产权一样,属于私权。持此观点的主要依据是,TRIPS序言部分明确宣称“知识产权属于私权”,而地理标志作为TRIPS规定的知识产权类型之一,固然属于私权范畴。

也有学者认为,尽管地理标志属于私权范畴,但其并非个人权利,而是一种集体性权利。因为绝大多数情况下,地理标志为相应地理区域内的多主体所共同使用,与商标明确指向个体生产者不同,地理标志所体现出的是一种集体识别性。其所反映的商品的优良品质、声誉等是世代创造、积累的结果,故地理标志属于集体财产,由产地的居民共同所有,并可通过赋予私权的方法加以保护。[5]

但针对地理标志的私权属性,亦不乏质疑之声。其主要理由在于,与商标权不同,地理标志不能被转让给特定地域以外的生产者,也不能许可该地域之外的生产者使用。从法经济学的视角考察,“一项财产权包括两个方面,即排除他人的权利和将财产转让给他人的权利”[6],而地理标志显然不具有可转让性。而

---

[1] *See* Felix Addor, Alexandra Grazioli, *Geographical Indications beyond Wines and Spirits: A Roadmap for a Better Protection for Geographical Indications in the WTO TRIPS Agreement*, The Journal of World Intellectual Property, Vol. 5, p. 870(2002).

[2] 参见吴汉东主编:《知识产权法学》(第6版),北京大学出版社2014年版,第297页。

[3] *See* Molly Torsen, Apples and Oranges: *French and American Models of Geographic Indications Policies Demonstrate an International Lack of Consensus*, The Trademark Reporter, Vol. 95, p. 1420 (2005).

[4] 参见王笑冰:《地理标志法律保护新论——以中欧比较为视角》,中国政法大学出版社2013年版,第21页。

[5] 参见张玉敏:《地理标志的性质和保护模式选择》,载《法学杂志》2007年第6期,第7页。

[6] [美]威廉·M. 兰德斯、理查德·A. 波斯纳:《知识产权法的经济结构》(中译本第2版),金海军译,北京大学出版社2016年版,第14页。

且，地理标志与特定地域相联系，凡该地域内满足相应生产条件的生产者均可使用。正因如此，地理标志很难完全契合私有产权的概念。[1] 法国学者 Louis Lorvellec 更是直接指出，受监控的原产地名称（AOC）不属于任何人，故其上不存在任何财产主体，将之定性为财产权更是无从谈起。[2]

对地理标志法律性质在认识上的分歧，可能导致权利归属、保护模式选择方面的不同制度安排。公权与私权之区别，仅是学理上为方便研究所进行的划分。区分二者的意义在于，对于私权奉行“法不禁止即自由”的原则，而公权的行使应严格遵守法定主义，即所谓“法无授权不可为”，以防止私权受到不当侵害。[3] 关于知识产权的私权性，目前已无争议。而作为知识产权的其中一种类型，地理标志的私权性之所以引发争议，主要源于其具有集体性和不可转让性这两大特征，由此导致地理标志在权利归属、国家干预程度等方面的特殊性。具体而言，地理标志并不为个人享有，其所有者往往由代表生产者利益的集体性组织或国家机关构成，具有“公法”上的身份，[4]而相应地理区域内的生产者仅具有一定的使用权。由此便产生了所有人和使用人的分离状态，但此种状态只是因地理标志的特殊性所导致的一种使用管理形式，这种特殊性并未从根本上动摇其私权属性，基于该标识而产生的“利害关系人”与“第三人”之间的法律关系，仍是平等主体之间的民事法律关系。[5]

美国法院及学者亦借用商标法中的“第二含义”理论，为地理标志的私权性提供了合理化解释。如果一个地理标志可以指示具有特定品质的商品，则表明该标识不仅与商品的产地相联系，还必须可以传达除产地以外的其他信息。借用商标法中的“第二含义”理论，地理标志的“初始含义”即该标识所指代的特定地理区域，其“第二含义”即在消费者中建立起来的商品特定质量、品质与产地之间的联系。地理标志的“第二含义”是其获得显著性的来源。而此种“第二含义”是通过生产者在制造、销售商品过程中不断使用该标识而建立的，为鼓励这种投资，应赋予该地区内的生产者对地理标志的私有产权。[6] 美国联邦最高法院早在 1903 年 French Republic v. Saratoga Vichy Spring Co. 一案的判决书中写道：“地理名称通常可获得第二指示性含义，使得该标识不再仅表示商品制造或生产的地区，并且能够指示制造商或生产商以及商品的优良品质。正基于此，地理名

---

〔1〕 *See* Dev Gangjee, Quibbling Siblings: *Conflicts between Trademarks and Geographical Indications*, Chicago-Kent Law Review, Vol. 82, p. 1257(2007).

〔2〕 *See* Louis Lorvellec, *You've Got to Fight for Your Right to Party: A Response to Professor Jim Chen*, Minn. J. Global Trade, Vol. 5, p. 69(1996).

〔3〕 参见张玉敏：《地理标志的性质和保护模式选择》，载《法学杂志》2007 年第 6 期，第 7 页。

〔4〕 参见董炳和：《地理标志知识产权制度研究——构建以利益分享为基础的权利体系》，中国政法大学出版社 2005 年版，第 224 页。

〔5〕 参见张今：《WTO 知识产权协议中的地理标志和我国相关保护制度》，载郑胜利主编：《北大知识产权评论》（第 2 卷），法律出版社 2004 年版，第 304 页。

〔6〕 *See* Amy P. Cotton, "*123 Years at the Negotiating Table and Still No Dessert? The Case in Support of TRIPS Geographical Indication Protections*", Chicago-Kent Law Review, Vol. 82, pp. 1310-1311 (2007).

称的所有者可享有一项排他性权利，禁止不在该地区的其他生产者使用这一标识。”[1]

在我国语境下，2017年公布的《民法总则》和2021年1月1日起实施的《民法典》均在第123条将地理标志列为知识产权的客体之一，可以将此视为我国立法对地理标志私权属性的确认。

二、地理标志保护模式分析

（一）地理标志保护的三种路径

在国际公约层面，《巴黎公约》对地理标志的保护较为有限。该公约并未对地理标志规定专门的救济措施，仅在第10条规定“直接或间接使用商品原产地的虚假标记”可适用第9条中规定的扣押或禁止进口等救济措施。在《巴黎公约》中，地理标志主要是受到反不正当竞争规则的保护，此种保护以可能造成混淆为前提，实际上是沿用商标保护的逻辑来保护地理标志。[2]

《里斯本协定》确立了较之《巴黎公约》更高的原产地名称保护水平。由《里斯本协定》第3条可知，其所提供之保护将禁止任何假冒或仿冒行为，即使标明了产品的真实产地，或使用翻译文字，或附加“类”“式”“样”“仿”等类似表述。同时，其赋予原产地名称优先于商标的法律地位。根据同法第5条第6款的规定，与原产地名称相冲突的商标即便使用在先，主管部门也有权要求其在两年之内停止使用。

不同于此前的国际公约，TRIPS基于货物类别的不同，对地理标志予以差别保护。其中第22条规定了对所有地理标志的一般保护。该条第2款，标明或暗示货物来自真实产地之外的其他地区，从而令公众对货物的地理来源产生误解，以及构成《巴黎公约》第10条之二范围内的不公平竞争的使用行为，均应受到禁止。而协定第23条对酒类地理标志提供了强保护。具体而言，依据该条第1款，葡萄酒、烈性酒地理标志不得使用于并非产自该地理标志所标示地区的葡萄酒、烈性酒之上，即使已标明酒类的真实原产地，或使用翻译文字，或附有“种类”“类型”“式样”“仿制”等类似表述。这一规定，与《里斯本协定》第3条相一致；但是，《里斯本协定》中的该项规定并不局限于酒类，而是适用于所有地理标志。另外，针对商标与地理标志的冲突，TRIPS第23条第2款规定，非产自地理标志所标示地区的葡萄酒、烈性酒，不得将包含该地理标志的标识注册为商标。WTO成员可以在立法允许的情况下，依职权或利害关系方的请求，拒绝将此类标识注册为商标，或宣告已注册商标无效。由前述规定可以看出，TRIPS对葡萄酒、烈性酒地理标志的保护，均不要求相应的使用行为可能导致公众对其产地产生混淆或误认，而仅需证明使用地理标志的葡萄酒或烈性酒并不具有其所标示的地

---

[1] *See* French Republic *v.* Saratoga Vichy Spring Co. ,191 U. S. 427,435(1903).

[2] *See* Deborah J. Kemp, Lynn M. Forsythe, “*Trademarks and Geographical Indications: A Case of California Champagne*”, Chapman Law Review, Vol. 10, p. 273(2006).

理来源。TRIPS对地理标志的保护水平总体上低于《里斯本协定》，亦从侧面反映出不同国家在地理标志领域复杂的利益斗争。

就各国国内法对地理标志的保护而言，1998年WTO与贸易有关的知识产权理事会曾就地理标志保护情况，要求WTO相关成员针对理事会提出的问题清单限期提交答复。[1] 根据理事会秘书处对各成员答复的总结，地理标志的保护方式大体可分为三类：商业行为法律保护、商标法保护以及专门保护。具体表述如下。[2]

商业行为法通常并不专门就地理标志的保护作出规定，但为该法所禁止的商业行为中可能包含滥用地理标志的行为。此类法律主要包括反不正当竞争法、消费者保护法以及涉及产品标签、食品安全等相关内容的法律规定。部分国家还可借由普通法中的假冒诉讼为地理标志提供保护。商业行为法对地理标志的保护并不以事先注册为条件，而是关注于地理标志的具体使用行为是否违反了反不正当竞争、消费者保护、商品说明以及食品标准等方面的一般规则。并且此种保护方式通常平等适用于本国地理标志和外国地理标志。

商标法对地理标志的保护可分为两类：其一，防止将地理标志注册为商标并使用。大多数WTO成员提供了此种保护方式，这又可具体细分为两种不同的保护水平。一方面，对于所有地理标志，若包含此地理标志的商标可能导致公众对相关商品或服务的地理来源产生混淆或误认，则该商标不予注册；另一方面，对于某些特定的地理标志，如特定种类产品的地理标志或已被认可受保护的地理标志，不以造成公众混淆或误认为前提，从而可获得更高水平的保护。其二，地理标志可作为集体商标或证明商标受到保护，以防止第三人未经授权的使用行为。集体商标、证明商标通常适用商标法的一般程序，但仍需制定特别的使用规则，以保证所有符合条件的使用者受到公平对待。而某些特殊情形下，如特定地理区域内仅一个生产者生产相关商品时，地理标志亦可通过普通商标进行保护。商标法保护模式在本国与外国地理标志之间，并无差异。

地理标志的专门保护包括两种情形：一是通过专门立法加以规定；二是在商标、市场、标签、税收等相关法律中设置专门规定保护地理标志。

在前述三种保护模式中，专门保护的保护力度最强。多数WTO成员对地

---

〔1〕 *See* Council for Trade-Related Aspects of Intellectual Property Rights, "Review under Article 24. 2 of the Application of the Provisions of the Section of the TRIPS Agreement on Geographical Indications, Checklist of Questions", WTO Document IP/C/13, 14 May 1998; Council for Trade-Related Aspects of Intellectual Property Rights, "Review under Article 24. 2 of the Application of the Provisions of the Section of the TRIPS Agreement on Geographical Indications, Checklist of Questions, Addendum", WTO Document IP/C/13/Add. 1, 11 August 1998.

〔2〕 *See* Council for Trade-Related Aspects of Intellectual Property Rights, "Review under Article 24. 2 of the Application of the Provisions of the Section of the TRIPS Agreement on Geographical Indications, Summary of the Responses to the Checklist of Questions (IP/C/13 and Add. 1)", WTO Document IP/C/W/253/Rev. 1, 24 November 2003, pp. 6-11.

理标志提供的专门保护,以该标识事先获得认可为前提,但也有例外情形。诚然,各成员对事先认可程序的规定,差异较大。对外国地理标志的事先认可,多基于双边、区域性以及多边条约,或借由普通申请程序得以实现;而绝大多数情况下,该地理标志在原产国受保护是一个前提条件。表 1 是 TRIPS 理事会秘书处根据各成员的答复,对其国内法中地理标志专门保护的范围以及是否包含事先认可程序的总结。

表 1 WTO 各成员地理标志专门保护的范围以及是否包含事先认可程序

成员	产品				
	葡萄酒	烈性酒	其他农业产品或食品	一般产品	服务
澳大利亚	√	×			
加拿大	√	√			
古巴				√	
欧盟	√	√	√		
奥地利	√				
比利时				√	
法国	√	√	√	√	
德国	√	√		×	
希腊	√				
意大利	√				
西班牙	√	√	√		
瑞典	×	×			
英国	√	√			
日本	√	√			
韩国	×	×	√		
墨西哥				√	
挪威	×	×			
波兰				√	
瑞士	√	√	√	×	×
土耳其				√	
美国	√	√			

注:Council for Trade-Related Aspects of Intellectual Property Rights,"Review under Article 24. 2 of the Application of the Provisions of the Section of the TRIPS Agreement on Geographical Indications,Summary of the Responses to the Checklist of Questions(IP/C/13 and Add. 1)",WTO Document IP/C/W/253/Rev. 1,24 November 2003,p. 11. 其中"√"表示提供专门保护且包含事先认可程序,"×"表示提供专门保护但无事先认可程序。

由表 1 可以看出,部分国家如古巴、比利时、墨西哥等未区分产品类别,对所有产品提供专门保护;另有部分国家包括法国、西班牙、瑞士,以及欧盟,同时对葡萄酒、烈性酒与其他农业产品或食品的地理标志施以专门保护，但基于产品类别的不同分别作出规定；而多数国家对地理标志的专门保护仅仅适用于葡萄酒、烈性酒产品。表 2 是 TRIPS 理事会秘书处对各成员地理标志保护方式的归纳。

表 2 WTO 各成员地理标志的保护方式

成员	商业行为法保护		商标法保护				专门保护	
	反不正当竞争	消费者保护	假冒诉讼	防止将地理标志注册为商标		集体商标与证明商标	事先认可要求	
				所有地理标志	特定地理标志		无	有
澳大利亚	√	√	√	√	√		√	√
加拿大	√	√	√		√			√
古巴				√			√	√
欧盟	√	√		√	√			√
奥地利	√			√	√			√
比利时	√	√		√	√			√
丹麦	√	√		√	√	√		
芬兰	√	√		√	√			
法国	√	√		√	√			√
德国	√	√		√		√	√	√
希腊				√	√			
爱尔兰				√	√			
意大利					√			√
荷兰	√	√		√		√	?	
西班牙		√		√	√			√
瑞典		√			√	√	√	
英国		√	√	√	√	√		√
中国香港		√	√	√		√		
冰岛	√?	√		√	√			
日本	√			√	√			√
韩国	√	√		√	√		√	√
墨西哥	√	√		√				√
新西兰		√	√	√	√			
挪威	√	√		√	√		√	
秘鲁	√			√	√		×	√
波兰	√	√?		√	√		√	√
瑞士	√	√		√	√	√	√	√

续表

成员	商业行为法保护			商标法保护			专门保护	
	反不正当竞争	消费者保护	假冒诉讼	防止将地理标志注册为商标		集体商标与证明商标	事先认可要求	
				所有地理标志	特定地理标志		无	有
土耳其	√	√		√				√
美国	√	√	√?	√	√	√		√

* 标注问号的地方存在不确定性,相关国家或地区在答复 WTO 与贸易有关的知识产权理事会提出的问题时,仅笼统提及了提供相关保护,但未明确说明具体规定。

注:Council for Trade-Related Aspects of Intellectual Property Rights,"Review under Article 24.2 of the Application of the Provisions of the Section of the TRIPS Agreement on Geographical Indications,Summary of the Responses to the Checklist of Questions(IP/C/13 and Add. 1)",WTO Document IP/C/W/253/Rev. 1,24 November 2003,pp. 8-9.

表 2 是理事会秘书处对各成员地理标志保护方式的归纳。可以看出,多数国家和地区并非采用单一保护方式,而是并用多种保护手段,并以其中一种为主,兼以其他方式作为补充。总体而言,以法国为代表的传统欧洲国家多以专门立法保护为主,而以美国为代表的新世界国家则以商标法保护为主。这两大模式的对立,也在相关国际公约地理标志议题的谈判中引发了旷日持久的争论。

(二)美国模式

美国对地理标志的保护以商标法为主,辅以反不正当竞争法等联邦及各州立法、行政法规以及普通法中的保护条例。

1. 商标法

《美国商标法》对地理标志的保护主要包括三方面:其一,一般性地禁止地理名称注册为商标;其二,允许地理标志注册为集体商标或证明商标;其三,禁止对产地名称作虚假描述或表示。

现行《美国商标法》对含有地理标志的商标的注册限制,分三种情形加以具体规定。

其一,针对"地理描述性"标识,若某一标识对于所申请的商品或服务而言"主要是地理描述性的"(primarily geographically descriptive),则禁止其在主登记簿上注册登记。[1] 但"地理描述性"标识如果通过申请人在其商品的使用中已经获得显著性,亦即获得"第二含义",则应准予注册。[2]

其二,针对"地理欺骗性"标识,若某一标识对于所申请的商品或服务而言"主要是地理上欺骗性的错误描述"(primarily geographically deceptively misde-

[1] *See* 15 U.S.C. § 1052(e)(2).

[2] *See* 15 U.S.C. § 1052(f).

scriptive)，则禁止其在主登记簿上注册登记。[1] 对于此类标识，即使通过申请人的商业使用已获得“第二含义”，也不能作为商标进行注册。[2] 这一规定，是在1994年1月1日北美自由贸易协定（North American Free Trade Agreement, NAFTA）对美国正式生效后加入的。在此之前，对于“地理欺骗性”标识适用关于“地理描述性”标识的一般规定，只要具有“第二含义”即可获得注册。在认定某一标识具有“地理欺骗性”从而拒绝注册时，商标审查员需表明其符合以下四个条件：①该标识的主要含义是一个广为人知的地理位置；②使用该标识的商品或服务并非来自标识所指示的地区；③购买者很可能认为商品或服务来自该标识所指示的地区；④这一虚假陈述很大程度上是相关消费者作出购买决定的主要考虑因素。[3] 在美国商标法因NAFTA对美生效而作出修改之前，判断某一标识是否具有“地理欺骗性”，并不要求基于该标识的虚假陈述是导致消费者作出购买决定的主要原因。但在In re California Innovations, Inc. 一案中，联邦巡回上诉法院认为，在NAFTA对商标法作出修改后，标识因构成商标法规定的“地理欺骗性”标识而不予注册时，应重点关注该标识对公众的欺骗性。[4] 整体而言，NAFTA对含有地理标志的商标的注册限制，较之以往更为严格。

其三，针对葡萄酒、烈性酒地理标志的特殊规定，禁止在葡萄酒或烈性酒上将指示其他地区（并非商品来源）的地理标志注册为商标，而该标识在WTO协定对美国生效一年后才被商标申请人首次使用于其酒类产品上。[5] 并且即使该标识通过使用获得显著性，亦不能获得商标注册。[6] 由此，葡萄酒、烈性酒地理标志实际上获得了比其他产品更高程度的保护，因其并不要求造成消费者混淆或误认，只要使用该地理标志的葡萄酒或烈性酒产品并非来自标识所指示的地区即可。

除一般性地禁止地理名称注册为商标之外，《美国商标法》允许地理标志作为集体商标或证明商标受到保护。“集体商标”是由合作社、协会或其他集体组织所使用的，用以表明成员身份的标志。所谓“证明商标”，即由标志所有人以外的一人或数人使用于其商品或服务上，以证明该商品或服务具有某些特征的标志。[7] 以地理标志证明商标为例，在《美国商标法》下，证明商标与普通商标存在较大差异。一方面，证明商标所有人本身并不使用该标志，其仅通过控制证明商标的授权使用，以确保使用该标志的商品或服务符合相应的证明标准；另一方面，证明商标的作用并非指向某一具体的商业来源，亦非将某一商业主体的商品或服务与其他商业主体区别开来，因而任何满足相应证明标准的主体均可经授权使用该证明商标。证明商标应按普通商标的有关规定予以注册。能够对标志

---

〔1〕 *See* 15 U. S. C. § 1052(e)(3).

〔2〕 *See* 15 U. S. C. § 1052(f).

〔3〕 *See* Trademark Manual of Examining Procedure § 1210.01(b).

〔4〕 换言之，《美国商标法》修改后，“地理欺骗性”标识不得注册为商标，不再是因为缺乏显著性，而重在其对公众的欺骗性。*See* In re California Innovations, Inc., 329 F. 3d 1334, 1339(Fed. Cir. 2003).

〔5〕 *See* 15 U. S. C. § 1052(a).

〔6〕 *See* 15 U. S. C. § 1052(f).

〔7〕 *See* 15 U. S. C. § 1127.

的使用进行合法控制的个人、州、市、国家等均可提出注册申请,无论其是否具有工业或商业场所。[1] 换言之,美国并不禁止个人拥有地理标志证明商标。但当一个地理名称作为证明商标使用时,有两点需要考虑:保留该地区所有人使用这一地理名称的自由,与此同时,防止对该标志的滥用或非法使用,以免经授权使用该地理标志的主体遭受损害。而事实上,私人难以有效实现这些目标。所以在美国,在多数情况下,控制地理标志证明商标的是政府机构或经政府授权的机构。[2] 针对不符合使用标准而擅自使用其商标的主体,地理标志证明商标的所有者可通过诉讼寻求救济。对地理标志证明商标侵权与否的判定与普通商标无异,同样以是否造成消费者混淆或误认作为标准。关于异议和撤销程序,任何利益相关者均可对已注册的地理标志提出异议或撤销,只要该主体认为此地理标志的注册登记将有损其利益。例如,任一主体认为地理标志证明商标的所有人未执行其标准或拒绝授权符合标准的主体使用从而构成歧视,则该主体可申请异议或撤销程序,也可以在联邦法院提起诉讼。此外,构成通用名称的地理名称或标识不受保护。而某一地理名称或标识是否构成通用名称,取决于消费者是否将之视为指向某一类商品或服务的全部,而不是作为一个地理来源。

《美国商标法》第 43 条对使用虚假产地名称、虚假描述等作出了禁止性规定。根据该条,任何人在商品(包括商品容器)或服务上使用虚假的产地名称、进行虚假或误导性描述,可能造成消费者混淆或误认,或欺骗消费者其与他人存在某种联系,或在商业广告及推广活动中,对自己或他人商品与服务的性质、特征、质量或地理来源作出虚假描述,应向受损害者承担民事责任。并且凡标有违反本条规定的标志或标签的商品,均不得进口到美国或通过美国海关入境。[3] 本条规定在《美国商标法》中处于比较特殊的地位,其更类似反不正当竞争规范,可视为保护地理标志的补充性规定。[4]

美国主要通过商标法(尤其是集体商标、证明商标)保护地理标志,其特点在于:第一,权利主体多为政府或经其授权的组织,包括代表特定商品或服务提供者的行业协会等,但亦允许个人申请注册地理标志证明商标;第二,地理标志集体商标与证明商标的注册、复审程序与普通商标无异;第三,地理标志集体商标与证明商标的侵权判定,以可能造成消费者混淆或误认为标准;第四,与普通商标相同,地理标志集体商标、证明商标的侵权救济措施也包括民事救济、刑事救济和边境执法等。

2. 反不正当竞争法

反不正当竞争法是美国最为重要的经济法规之一,是由《谢尔曼法》《克莱顿

---

〔1〕 *See* 15 U. S. C. § 1054.

〔2〕 *See* United States Patent and Trademark Office, *Geographical Indication Protection in the United States*, https://www.uspto.gov/sites/default/files/web/offices/dcom/olia/globalip/pdf/gi_system.pdf, p. 3, 2022-10-06.

〔3〕 *See* 15 U. S. C. § 1125.

〔4〕 参见董炳和:《地理标志知识产权制度研究——构建以利益分享为基础的权利体系》,中国政法大学出版社 2005 年版,第 112 页。

法》与《联邦贸易委员会法》等诸多法律、法规构成的法律规范体系。其中,《联邦贸易委员会法》重在制止不公平的竞争手段,对不正当竞争行为作出了禁止性规定。根据该法第5条,商业中或影响商业的不正当竞争方式、不正当或者欺骗性的行为与做法,均属违法。[1] 因而,涉及地理标志的使用行为若构成不正当竞争,可借助本条加以保护。

3. 葡萄酒、烈性酒地理标志的特殊保护

美国同样对葡萄酒、烈性酒地理标志提供有别于其他产品的特殊保护,由美国烟酒税务与贸易管理局(The Alcohol and Tobacco Tax and Trade Bureau, TTB)负责。TTB是美国财政部下属的执行机构,负责与酒精饮料产品相关的税收、标签、广告等联邦法律、法规的行政执法。其中,联邦酒精管理法案要求酒精饮料产品的标签和广告应符合规定,不得欺骗消费者,并应向消费者提供关于产品来源的充分信息。[2]

美国联邦法规第27卷也可作为对酒类地理标志提供保护的法律依据。其第4、第5部分分别对葡萄酒、烈性酒的标签和广告作出规定。依其规定,葡萄酒与烈性酒的标签、广告不得含有“任何虚假或不真实的陈述……以致导致误导的印象”[3]。据此,在葡萄酒、烈性酒产品上误导性使用地理标志(包括同名地理标志),将被禁止。

对于葡萄酒标签,一般来说,具有葡萄种植意义的地理品牌名称不得在产品标签中使用,除非该葡萄酒产品符合所指向的地理区域的原产地要求。所谓具有葡萄种植意义的地理名称,是指经联邦法规第27卷第9部分认定或由外国政府批准为种植区的州、县名称,或者被TTB相应官员判定为具有种植意义的名称。[4] 禁止在标签中使用“其他陈述、设计等指示或暗示除葡萄酒真实原产地之外的其他来源”。[5] 同时,禁止在葡萄酒标签上使用将对产品的年份、来源或其他特征造成误导的品牌名称。[6]

在确立美国葡萄种植区方面,任何人均可向TTB提交确立“美国葡萄种植区”(American viticultural area, AVA)的申请。申请应满足如下条件:拟申请的AVA所确定的地名必须与葡萄种植区直接相关,并且拟申请的AVA边界内的所有区域应以申请书中指定的名称在全国或当地为人知晓;申请书必须详细说明确定AVA边界的基础,概述该边界内区域的共同点或相似之处,并具体说明边界内区域与边界外的相邻区域有何不同;申请书必须以叙述形式说明影响AVA的种植条件并使之有别于其他地区的特征,且应具体说明这些特征如何影响葡萄种植,以及与

---

[1] *See* 15 U.S.C. § 45(a).

[2] *See* 27 U.S.C. § 205(e)(f).

[3] *See* 27 C.F.R. § 4.39(a)(1), 27 C.F.R. § 4.64(a)(1), 27 C.F.R. § 5.122(a), 27 C.F.R. § 5.235(a)(1).

[4] *See* 27 C.F.R. § 4.39(i).

[5] *See* 27 C.F.R. § 4.39(k).

[6] *See* 27 C.F.R. § 4.33(b).

AVA 边界外相邻区域如何区别,这些特征具体包括气候、地质、土壤、物理性质、海拔等;申请书应基于美国地质勘探局地图中的标记,对 AVA 具体边界的确定作出详细的叙述性描述。[1] AVA 申请一旦获得批准,TTB 将就该原产地形成长期的法规,相应的地理名称就可使用在葡萄酒标签上,但前提是使用该地理名称的葡萄酒产品中,不少于 85%的葡萄酒来自葡萄种植区内种植的葡萄。[2] 不同于欧洲的原产地名称制度,美国葡萄酒的地理名称保护并不涉及有关风味、质量控制等方面的内容,而仅仅意在表明葡萄的种植地。[3]

对于烈性酒标签,法规规定,标签中不应包含任何可能对产品年份、来源及其他特征等产生错误印象或推断的品牌名称。[4] 如果 TTB 特定官员认为某一烈性酒的地理名称经使用和常识判断已经失去其地理含义,致使其成为通用名称,则此类地理名称不受保护。[5]

4. 普通法

未在美国专利商标局(United States Patent and Trademark Office,USPTO)注册登记的地理标志仍可获得普通法的保护。例如,美国商标审理与上诉委员会(Trademark Trial and Appeal Board)在 Institut National Des Appellations *v.* Brown-Forman Corp 一案中认为,因为在美国消费者的认知中,"Cognac"指向来源于法国干邑地区的白兰地,而非其他地区生产的白兰地,并且该标志的使用受到控制和限制,其仅可在符合特定地区来源标准的商品上使用。因此,"Cognac"不属于通用名称,尽管该标志并未注册,但仍可作为(未注册的)证明商标受到普通法保护。[6]

5. 小结

美国对地理标志的保护相对较为宽松。例如,若产品具有特定质量或声誉,但与标志所指示的特定区域仅存在间接联系的情形下,仍允许生产者使用相应的地理标志。比如,对葡萄的处理是在种植地以外进行的,仍允许制造商在最终的商品上(如葡萄干)使用原料的产地名称。又如,用俄勒冈州威拉米特山谷地区种植的苹果生产苹果汁,即使苹果汁的生产过程完全在该地区之外进行,但此苹果汁产品仍可使用该地理标志。[7]

---

〔1〕 *See* 27 C. F. R. § 9. 12(a).

〔2〕 *See* 27 C. F. R. § 4. 25(e).

〔3〕 参见赵小平:《地理标志的法律保护研究》,法律出版社 2007 年版,第 204 页。

〔4〕 *See* 27 C. F. R. § 5. 34(a).

〔5〕 *See* 27 C. F. R. § 5. 154(a).

〔6〕 *See* Institut National Des Appellations *v.* Brown-Forman Corp, 47 USPQ2d 1875, 1884 (TTAB 1998), cited from United States Patent and Trademark Office, *Geographical Indication Protection in the United States*, https://www. uspto. gov/sites/default/files/web/offices/dcom/olia/globalip/pdf/gi_system. pdf, p. 6, 2022-10-06.

〔7〕 *See* Council for Trade-Related Aspects of Intellectual Property Rights, "Review under Article 24. 2 of the Application of the Provisions of the Section of the TRIPS Agreement on Geographical Indications, Responses from the United States", WTO Document IP/C/W/117/Add 3, 1 December 1998, p. 6.

关于地理标志在服务上的使用，美国联邦注册商标体系对地理标志的保护同等适用于商品和服务，反不正当竞争法（包括联邦和州两个层面）中的相关规定也同样适用于服务。至于其他具体法规对地理标志的保护是否适用于服务，则取决于法律文本的规定和对文本的解释。

关于地理标志的保护方式，USPTO认为，地理标志可视作商标的子集。地理标志与商标功能相同，包括来源识别、品质保证以及创造商业价值。借助商标体系（通常是指集体商标和证明商标制度）保护美国本土和其他国家的地理标志，美国可以提供高于TRIPS要求的保护水平。[1] USPTO将通过商标制度保护地理标志的优点，可以概括为以下五个方面。

其一，美国本国和其他国家的商业主体对美国现有的商标法律制度已经较为熟悉，以此为基础对地理标志加以保护，无须投入额外成本以确立新的地理标志注册或保护体系，可有效节约制度成本。

其二，作为商标受到保护的地理标志，将不局限于地名，也包括图案、三维标志甚至声音、气味等构成的地理标志。

其三，经由商标制度保护地理标志符合TRIPS规定的国民待遇原则，也履行了美国所承担的公约义务。

其四，商标制度具有自我监管（self-policing）的性质，具体而言，同业竞争者、地理标志所指示区域内的生产者以及商标所有者，可以有效地就侵权、不符合证明标准等问题主张救济，政府无须投入过多的执行成本。

其五，私主体针对侵权行为或未经授权的使用行为享有更多的维权主动性，而不必坐等政府采取行动。商标所有者自身可决定何时主张救济，并及时采取行动。[2]

当然，以商标法作为地理标志保护的主要方式，亦存在较难克服的弊端。一方面，由商标局管理地理标志，恐难以发挥其作为产业工具的作用；另一方面，地理标志与商标尚存一定差异，例如在申请过程中，商标申请并不包含对地理环境或产品质量的特殊要求，一定程度上制约了地理标志发挥环境保护、文化传承等积极的社会功能。

（三）欧洲模式

与美国不同，欧盟将地理标志视为独立于商标之外的单独的知识产权类型，并为之提供专门立法保护。欧盟的地理标志制度受法国影响最大，可分为两大部分：一是对酒类以外的农产品、食品地理标志的保护；二是对葡萄酒、烈性酒等

---

〔1〕 *See* United States Patent and Trademark Office, *Geographical Indication Protection in the United States*, https://www.uspto.gov/sites/default/files/web/offices/dcom/olia/globalip/pdf/gi_system.pdf, p. 1, 2022-10-06.

〔2〕 *See* United States Patent and Trademark Office, *Geographical Indication Protection in the United States*, https://www.uspto.gov/sites/default/files/web/offices/dcom/olia/globalip/pdf/gi_system.pdf, p. 2, 2022-10-06.

酒类地理标志的保护。

1. 农产品、食品地理标志保护

欧洲理事会1992年通过的《保护农产品、食品地理标志和原产地名称的条例(第2081/92号条例)》是欧盟第一部涉及农产品、食品地理标志保护的规定。其后,美国以该条例违反TRIPS为由,在WTO发起争端解决程序。最终专家组认定,《第2081/92号条例》关于第三国的规定不符合国民待遇原则。[1] 该条例随即被2006年颁布的《保护农产品、食品地理标志和原产地名称的条例(第510/2006号条例)》废止。此后,《第510/2006号条例》又经修改。现行有效的关于农产品、食品地理标志保护的规范,规定在《关于农产品和食品质量方案的条例(第1151/2012号条例)》中。

《第1151/2012号条例》旨在帮助农业产品与食品的生产者向购买者和消费者传达产品的特征与农业属性,以期实现如下四个目标:其一,确保具有增值特色和品质的农产品、食品生产者享有公平竞争环境;其二,消费者可获得与此类产品相关的可靠信息;其三,尊重知识产权;其四,维护欧盟内部市场的完整性。条例所规定的措施,亦将支持农业和加工活动以及与高品质产品相关的农业系统,以此推动欧洲农业发展政策目标的实现。[2] 由此可以看出,欧洲对农产品、食品地理标志的保护重在确保高品质产品可获得溢价收益。

就具体制度而言,条例分别规定了"受保护的原产地名称"(Protected Designation of Origin,PDO)与"受保护的地理标志"(Protected Geographical Indication,PGI)两个并行的概念。PDO要求产品产自特定地方、地区,或在少数个案中产自一个国家,产品的质量或特征主要或完全取决于特定的地理环境,包括其固有的自然因素和人为因素,并且产品的生产步骤全部在标志所指定的地理区域内进行。[3] 与PDO略有不同,PGI仅要求产品来自特定地方、地区或国家,产品的质量、声誉或其他特征主要归因于其地理来源,而产品的至少一个生产步骤在标志所指定的地理区域内完成即可。[4] 由此可以看出,相对于PGI而言,PDO的要求更为严苛。

条例第49条对PDO与PGI的注册申请人作出了规定。依据该条,PDO与PGI原则上应由从事相关产品工作的团体提出注册申请,但也允许同时满足如下两个条件的单个自然人或法人提出申请:一是该自然人或法人是唯一愿意提交申请的生产者;二是所确定的地理区域具有明显不同于相邻地区的特征,或者该产品的特征与相邻地区产出的产品不同。此外,如若PDO与PGI所指定的地区是跨境的地理区域,则允许来自不同成员国或其他国家的多个团体提出一个联合注册申请。[5]

---

[1] *See* WTO document WT/DS174/R, March 15, 2005.

[2] *See* Article 1(1) of Regulation 1151/2012.

[3] *See* Article 5(1) of Regulation 1151/2012.

[4] *See* Article 5(2) of Regulation 1151/2012.

[5] *See* Article 49 of Regulation 1151/2012.

就地理标志的保护范围而言，对于 PDO 或 PGI，以下四种行为将受到禁止：第一，直接或间接地将 PDO 或 PGI 商业性地使用于注册未指定的产品之上，而该产品与注册指定的产品类似，或者这种使用利用了 PDO 或 PGI 的声誉，包括将该产品作为其他产品组成部分的情形；第二，滥用、模仿或暗示性使用，即使同时标出了产品的真正来源地，或者使用的是翻译文字，或者伴有诸如“类”“型”“式”“如同产自”“仿”等类似表述，包括将该产品作为其他产品组成部分的情形；第三，在产品的内外包装、广告材料或相关文件上就产品的出处、产地、性质或基本品质作出其他错误或误导性的表述，以及将产品放入可能导致对其来源产生错误认识的容器中；第四，可能在产品真实来源方面误导消费者的其他行为。[1]

2. 酒类地理标志保护

欧盟对酒类地理标志的保护，根据产品类型的不同，区分葡萄酒与烈性酒，在不同条例中进行了规定。其中，葡萄酒地理标志受《建立农产品共同市场组织的条例（第 1308/2013 号条例）》保护，烈性酒地理标志受《烈性酒定义、描述、介绍和标签，其他食品介绍和标签中烈性酒名称的使用，烈性酒地理标志的保护以及酒精饮料中乙醇和农产品蒸馏物的使用条例（第 2019/787 号条例）》保护。

与前述《第 1151/2012 号条例》类似，《第 1308/2013 号条例》对葡萄酒地理标志的保护同样区分了 PDO 与 PGI 两个概念，二者在注册条件上的差异对比，列示如表 3。[2] 由此可以看出，与 PDO 相比，PGI 对产品的要求更为宽松。

表 3 葡萄酒 PDO 与 PGI 之对比

种类		PDO	PGI
注册条件	产品	产品的质量与特征主要或完全取决于独特的地理环境，包括其固有的自然因素和人文因素	该产品具有可归因于其地理来源的特定质量、声誉或其他特征
	产地	产自一个特定地方、地区或国家（仅在例外情况下）	产自一个特定地方、地区或国家（仅在例外情况下）
	原材料	用以生产该葡萄酒的葡萄全部产自该地理区域	用以生产该产品的葡萄至少有 85% 产自该地理区域
	生产	产品的生产在该地理区域内进行	产品的生产在该地理区域内进行
	品种	该葡萄酒产自属于 Vitis vinifera 的葡萄品种或者 Vitis vinifera 品种与其他葡萄品种的杂交品种	该葡萄酒产自属于 Vitis vinifera 的葡萄品种或者 Vitis vinifera 品种与其他葡萄品种的杂交品种

凡经营符合相应产品规格的葡萄酒，均可使用 PDO 与 PGI。与此同时，为保护 PDO 与 PGI，禁止下列使用行为：一是直接或间接地将 PDO 或 PGI 商业性地使用（包括用作产品原料）在不符合产品规格要求的同类产品上，或者此类使

[1] *See* Article 13(1)of Regulation 1151/2012.

[2] *See* Article 93(1)of Regulation 1308/2013.

用行为利用、削弱或稀释了PDO或PGI的声誉;二是滥用、模仿或暗示性使用(包括将产品用作原料),即使标明了产品的真实产地,或者使用的是翻译或直译形式,或者伴有“类型”“品种”“方法”“如同产于”“仿制”“风味”“相似”或类似表达;三是在葡萄酒的内外包装、广告材料或文件中对产品的来源、出处、性质或基本特征作出其他虚假或引人误解的表述,或者将葡萄酒装入容易使人对产品来源发生错误认识的容器中;四是其他可能使消费者对产品真实来源发生误认的行为。[1]

《第2019/787号条例》对烈性酒地理标志的保护作出了规定,不同于前述各条例,该条例中仅明确了“地理标志”的概念,而未对“原产地名称”加以规定。根据其规定,烈性酒地理标志系指可用以表明其产自某一国家、地区或地方的标识,而该种烈性酒的特定品质、声誉或其他特征主要由其地理来源所决定。[2] 除此之外,关于烈性酒地理标志保护的其他规则,与《第1308/2013号条例》对葡萄酒的相关规定大同小异。

3. 小结

欧盟主要以专门法形式保护地理标志。由此导致:一方面,地理标志须经事先的认可程序。欧盟委员会负责PDO与PGI的统一注册,经注册的PDO与PGI在欧盟范围内有效,由欧盟各成员国具体负责对PDO与PGI的保护和执法;另一方面,专门保护模式使得欧盟对地理标志的整体保护水平较高,但其所适用的范围相对有限。例如在欧盟层面,地理标志制度并不适用于服务;[3]就产品而言,也仅适用于农产品与食品、葡萄酒与烈性酒等。欧盟关于标签和广告的条例,亦可为地理标志提供一定的保护,并且此类保护不依赖于地理标志在原属国的事先认可;而欧盟对地理标志的专门保护通常存在一个一般前提,即该地理标志在原属国获得认可与保护。[4]

此外,欧盟地理标志专门法保护的特殊性还在于,其立法中存在PDO与PGI两个并行的概念。PDO与PGI的区别主要在于构成要件上的差异,如前所述,PDO要求产品的品质或特征可归因于特定地理环境中的自然因素与人为因素,并且产品的全部生产步骤均在该地区内进行;而PGI引入了“声誉”要素,仅要求产品的质量、声誉或其他特征主要归因于其地理来源,产品至少一个生产步骤在该地区内完成即可。PDO与PGI并立局面的形成,与欧盟内部不同国家之

---

[1] *See* Article 103 of Regulation 1308/2013.

[2] *See* Article 3(4) of Regulation 2019/787.

[3] *See* Council for Trade-Related Aspects of Intellectual Property Rights, “Review under Article 24.2 of the Application of the Provisions of the Section of the TRIPS Agreement on Geographical Indications, Responses to the Checklist of Questions, Addendum”, WTO Document IP/C/W/117/Add 10, 26 March 1999, p. 4.

[4] *See* Council for Trade-Related Aspects of Intellectual Property Rights, “Review under Article 24.2 of the Application of the Provisions of the Section of the TRIPS Agreement on Geographical Indications, Responses to the Checklist of Questions, Addendum”, WTO Document IP/C/W/117/Add 10, 26 March 1999, p. 9.

间的利益分歧密不可分。欧洲南部国家(如法国、意大利等)的气候适宜农业生产,从而形成了大量地方传统特色产品,而北部国家气候相对严酷,农业种植受限。历史上不同国家农业实践发展的差异,导致不同国家对地理标志保护的多元化利益诉求。[1] 但无论PDO抑或PGI均强调产品质量或品质与产地的客观联系,例如,PDO与PGI都有提交产品规范或技术文档的要求[2],二者在注册程序、保护范围上并无差异,体现出欧盟加强地理标志保护的立场。

(四)两大保护模式的博弈

1. 产业发展中的符号博弈

同商标类似,地理标志亦属于商业标识;作为符号之一种,地理标志可用作信号传递机制。在理论层面,可从信息经济学的视角对这一机制加以解释。

由于多数产品在使用前无法判断其质量之优劣(此类产品通常被称为"经验商品"),因而生产者往往比消费者掌握更多关于产品质量的信息,即买方与卖方之间,必然存在信息不对称。因为无法事先判断产品质量的好坏,消费者将会对不同质量的产品支付相同价格。在这种情形之下,劣质品往往比优质品更具成本优势,由此导致优质品的生产者削减产量或降低产品质量,而劣质品的生产者为追求更大利润则不断地扩大产量。当更多的劣质品充斥市场,消费者根据以往对产品质量的经验判断,将进一步降低购买数量和支付意愿。如此循环往复,就导致低质量的产品将高品质产品挤出市场的"逆向选择"问题,市场中也就出现了"劣币驱逐良币"的现象,最终导致整个市场萎缩。[3] 这种"逆向选择",代表了一种常见的市场失灵,通常需要政府加以干预。在这种情况下,政府应采取的合理措施是提供更准确的产品信息,使消费者能够做出更好的购买决策。在这方面,地理标志可以作为发出市场信号的重要方法,通过向消费者传递产品质量信息,降低消费者的搜寻成本,并确保产品的质量,从而降低交易者之间信息不对称的程度。[4]

世界范围内的地理标志保护模式,主要是以法国等欧洲国家为代表的专门立法保护与以美国等新世界国家为代表的商标法保护的两大模式之争。

地理标志的这两种保护模式之争,本质上是传统生产模式与工业化模式之争。美国与欧洲国家在地理标志保护上的不同模式选择,与其自身的产业发展模式有着密切联系。以法国、意大利为代表的传统欧洲国家践行的是家庭化、小规模的经济发展模式;而以美国、澳大利亚为代表的新世界国家则实现了规模

---

〔1〕 参见王笑冰:《关联性要素与地理标志法的构造》,载《法学研究》2015年第3期,第89页。

〔2〕 *See* Article 8 of Regulation 1151/2012, Article 94 of Regulation 1308/2013, Article 23 of Regulation 2019/787.

〔3〕 *See* George A. Akerlof, *The Market for 'Lemons': Quality Uncertainty and the Market Mechanism*, The Quarterly Journal of Economics, Vol. 84, No. 3, pp. 489-490(1970).

〔4〕 *See* Dwijen Rangnekar, *The Socio-Economics of Geographical Indications: A Review of Empirical Evidence from Europe*, UNCTAD-ICTSD Project on IPRs and Sustainable Development, Issue Paper No. 8, May, p. 13(2004).

化、工业化的产业发展方式。传统欧洲国家之所以选择保护力度更高的地理标志专门法保护模式,其根本原因在于希望通过保护有价值的产品名称,借助地理标志制度将自身特色产品与新世界国家工业化批量生产的同类商品相区别,以确保其传统地方产品之特色,借此攫取垄断价格,并免受新世界国家大型跨国公司的竞争威胁。同时,地理标志保护亦可成为一种替代性农业政策工具。欧盟农业补贴因在各国间分配不均而备受争议,但削减农业补贴将使得欧洲国家的农业市场面临严峻的竞争威胁。通过地理标志保护,可促进农业生产转向优质优价的发展模式,并使其产品获得高于普通产品的垄断价格,从而摆脱对农业直接补贴的依赖。与此同时,加强地理标志保护,可在一定程度上保护各成员国和各地区的生态文化特色,维持旅游资源的吸引力和旅游收入。但美国、澳大利亚等新世界国家也对此种地理标志保护政策提出了质疑:一方面,严格的地理标志保护未必能够实现欧盟所预期的政策目标;另一方面,在法国、意大利等国家的原产地名称制度下,由于产品的生产必须依照传统要求进行,不得擅自改变生产工艺,因而此种严格的地理标志保护制度将会极大地限制技术创新的空间。[1]专门立法保护与商标法保护两种保护模式背后的利益博弈,也导致了旷日持久的多哈回合贸易谈判。

2. TPP 地理标志条款背后的利益博弈

"世界贸易组织《知识产权协定》(TRIPS)的生效,使知识产权从智力创造领域直接融入国际经贸领域,并标志着知识产权制度进入统一标准的新阶段。"[2]毫无疑问,TRIPS 实现了知识产权与国际贸易的互相"捆绑"。但是,TRIPS 设立的知识产权最低保护标准,已不能满足发达国家的利益诉求。以美国为首的发达国家逐渐将目光转向双边或区域自由贸易协定,典型的如近年来引人关注的《跨太平洋伙伴关系协定》(Trans-Pacific Partnership Agreement,TPP),意图通过"复边机制"实现更高的知识产权保护标准。尽管 2017 年 1 月随着特朗普政府的上台,美国正式宣布退出 TPP,但以日本为首的 11 个国家于 2018 年 3 月 8 日签署了取而代之的《全面进步的跨太平洋伙伴关系协定》(Comprehensive and Progressive Agreement for Trans-Pacific Partnership,CPTPP)。通过分析 TPP 文本中的地理标志条款,仍可清晰地看出各国在该领域的利益诉求与博弈。

TPP 的最终文本中设专门章节对地理标志作出了规定。其第 18.1 条规定了地理标志的定义,即识别一货物来源于一缔约方领土或该领土内一地区或地方的标识,该货物的特定质量、声誉或其他特性主要归因于其地理来源。TPP 对地理标志的定义与 TRIPS 完全一致。

就地理标志的保护方式而言,TPP 第 18.19 条规定:"每一缔约方应规定商标包括集体商标和证明商标……每一缔约方也应规定可作为地理标志的标记受

---

〔1〕 参见王笑冰:《地理标志法律保护新论——以中欧比较为视角》,中国政法大学出版社 2013 年版,第 43—52 页。

〔2〕 吴汉东:《国际变革大势与中国发展大局中的知识产权制度》,载《法学研究》2009 年第 2 期,第 3 页。

其商标制度的保护。”当然，该条注释中指明，任何标记或标记的组合应有资格通过一种或多种保护地理标志的法律手段或此类手段的结合进行保护。第18.30条规定：“各缔约方认识到地理标志可通过商标或专门制度或其他法律手段予以保护。”综合这两条规定可以看出，TPP承认地理标志可通过多种保护方式加以保护，但亦明确缔约方必须赋予其商标法保护。

此外，TPP第18.32条规定了地理标志的异议和撤销。根据该条规定，若缔约方确立了保护或认可地理标志的行政程序，则应规定允许利害关系人对地理标志的保护或认可提出异议、寻求注销该地理标志的程序。提出异议的理由包括以下三种：一是该地理标志可能与该缔约方领土内在先善意申请注册的商标或已注册商标产生混淆；二是该地理标志可能与依照该缔约方法律已获得权利的在先商标产生混淆；三是该地理标志在该缔约方领土内是通用语言中的惯常术语作为相关货物的通用名称。利害关系人至少可以基于前述第一项理由申请注销该地理标志。对比来看，根据TRIPS第24.6条的规定，若某一地理标志在WTO成员领土内是此类货物或服务的通用名称，则不适用TRIPS关于地理标志的规定。这一规定，与TPP中利害关系人可提出异议的第三项理由相同。同时，TRIPS第24.9条明确指出，若某一地理标志在起源国不受保护，则WTO各成员亦无义务依照TRIPS的规定保护该地理标志。但TRIPS中的这两条规定均旨在说明地理标志在何种情形下不受保护，以明确WTO各成员对地理标志保护所承担的义务，而未明确利害关系人有权对地理标志提出异议或申请注销。

TPP地理标志规则的背后，无不充斥着利益的博弈。这一点，也反映在TPP谈判过程中各版本草案与最终文本之间规则设计的不断变动上。2010年11月，网络上流出由美国起草的TPP泄露版本(以下简称美国版草案)。另外，2013年11月维基解密也披露了TPP相关章节的草案(以下简称2013年草案)。有学者比较了TPP美国版草案、2013年草案和TPP最终文本中与商标权相关的条款，其中关于地理标志条款的比较结果如表4所示。

表4 美国版草案、2013年草案和TPP最终文本中地理标志相关条款的比较[1]

美国版草案	2013年草案	TPP最终文本
1. 在商标权章节下设置地理标志相关条款； 2. 在商标法体系之下对地理标志进行保护，对地理商标的保护程度和对普通商标的保护几乎相同。	1. 从商标权章节中脱离出来，作为独立对象单独予以保护； 2. 利用地理商标清单对已有地理商标进行保护； 3. 对同名地理标志也有具体规范。	1. 在葡萄酒和烈性酒地理标志的保护、异议和注销的理由方面有较大幅度的变化； 2. 取消了地理商标清单； 3. 删除了对同名地理标志的规定； 4. 新增国际协议条款，规范其他国际协议中对地理标志保护与TPP的冲突。

---

〔1〕 宋锡祥、周聖：《TPP最终文本对商标权的规制及其对中国的影响与对策》，载《上海大学学报(社会科学版)》2016年第3期，第4页。

在“美国版草案”中,TPP 对地理标志的规定原本放置在商标权章节下,直至 2013 年草案才从商标权章节中独立出来,设专门章节加以规定。从中可看出美国希望将地理标志保护纳入商标法律制度的强烈动机。

TPP 谈判过程中形成的各草案以及最终文本的相关规定,或多或少体现出对地理标志保护的弱化。例如,在“美国版草案”中,规定允许原产地外的产品或服务注册并使用原产地的地理标志。[1] 而根据 TRIPS 第 22.2 条的规定,在货物的标志或说明中标明或暗示货物产自真实产地以外的其他地区、误导公众的行为,应当受到禁止。但 TPP“允许原产地外的产品或服务注册并使用原产地的地理标志”的规定,完全突破了 TRIPS 本条规定的内容。究其背后的原因,美国企业往往拥有先进的农业技术,完全可以自行生产出其他缔约国的地理标志产品,若其生产的产品可使用其他缔约国的地理标志,则其产品可获得额外的溢价收益,并大大提升自身的市场竞争力。

而 TPP 中对地理标志异议和注销事由的规定,也明显有弱化地理标志保护的倾向。例如,根据第 18.32 条中规定的前两项可提出异议的理由,结合 TPP 中关于“驰名商标”的相关规定,若有在先的、与地理标志相同或类似的商标已经注册,或即使未注册但构成“驰名”,则地理标志的保护都会受到限制。如此规定,意味着商标权人的利益已经凌驾于地理标志权利人的利益之上。这也同样反映出美国意图弱化地理标志权保护、强化商标权保护的利益诉求。美国作为新世界国家,相比于传统欧洲大陆国家,欠缺知名度高、历史悠久的地理标志,但却拥有“Google”“微软”“可口可乐”等大量极具市场价值的国际知名商标,因而其更加重视对商标的保护。

3. 美国与欧盟地理标志保护新动向

近年来,欧盟致力于在其领土内外扩大自身地理标志体系的适用。在欧盟范围内,其试图将这一制度的适用从农产品和食品扩大至非农产品。2022 年 4 月,欧盟委员会发布了一项关于扩大欧盟地理标志保护的新提案[2],拟制定手工艺品和工业产品地理标志保护条例,将地理标志保护范围扩大到含瓷器、玻璃、服装、天然石材、珠宝、纺织品、餐具等产品的手工业。

在欧盟范围外,其试图通过双边贸易协定来推进自身地理标志保护进程。在贸易谈判中,欧盟通常致力于将 TRIPS 中对葡萄酒、烈性酒的地理标志保护规则拓展至其他农产品,商讨欧盟地理标志在第三国与在先商标的共存问题,加强对欧盟地理标志的行政保护等[3],并交换可自动获得保护的地理标志名录,以强化欧盟地理标志体系对第三国的市场准入和商标保护方面的影响,提升欧盟

---

〔1〕 参见胡晶晶:《TPP 美国草案知识产权章节内容与未来走向》,载国家知识产权战略网,http://www.nipso.cn/onews.asp? id=26236,2022 年 10 月 6 日最新访问。

〔2〕 *See* European Commission, *Impact Assessment Report on geographical indication protection for craft and industrial products*, https://single-market-economy.ec.europa.eu/system/files/2022-04/SWD_2022_115_1_EN_impact_assessment_part1_v2.pdf, 2022-10-06.

〔3〕 参见穆建华:《欧盟农产品地理标志体系研究及启示》,载《农产品质量与安全》2021 年第 2 期,第 91 页。

出口产品的市场竞争力。在近几年欧盟与加拿大、日本、新加坡和越南签署的双边自由贸易协定中，分别有173个、72个、196个和169个欧盟地理标志产品被列入协定附件的地理标志保护名录。历时8年谈判，2020年9月14日，中国与欧盟正式签署了《中欧地理标志协定》，该协定于2021年3月1日正式生效。双方各275个地理标志产品纳入地理标志互认清单，进一步加强了中国与欧盟在地理标志保护上的合作。此外，对于正处在谈判过程中的欧盟与印度、印度尼西亚等国的自由贸易协定，地理标志保护也是其中的重要内容。

针对欧盟意图通过双边贸易协定寻求扩大地理标志产品保护范围的努力，美国贸易代表办公室在2022年4月发布的2022年《特别301报告》中再次强调，欧盟在其自身以及第三国市场中对地理标志的保护方式，对美国生产者和贸易商（尤其是其中拥有在先商标权或使用通用食品名称的生产者）的市场准入产生了负面影响。例如，欧盟要求其贸易伙伴禁止除来自欧盟特定地区之外的其他所有生产者使用特定的产品名称，即使这些名称已经构成产品的通用名称。报告认为，欧盟的地理标志体系是导致美国与欧盟在粮食与农业贸易中存在巨大赤字的重要原因。

作为对欧盟积极推广其地理标志政策的回应，美国也试图通过自由贸易协定、国际组织以及双边机制等实现自身在地理标志保护机制上的目标。具体包括：一是确保地理标志保护不违反在先权利（主要是商标权）；二是确保地理标志保护不影响利益相关者使用通用名称；三是明确允许利益相关者对正在申请注册或已获得注册的地理标志提出异议或注销程序；四是对于复合名称构成的地理标志，确保在其注册公告中标明其中的通用名称部分；五是反对将葡萄酒和烈性酒地理标志的特殊保护规则延伸至其他产品。这些主张，在中美双方于美东时间2020年1月15日在美国华盛顿签署的《中美第一阶段经贸协议》中也有所体现。该协议第一章知识产权部分将地理标志单列一节，从实体和程序两方面对地理标志提出了整体保护要求，包括明确保护通用名称、尊重在先商标权、允许提出异议和撤销程序、为依赖商标或使用通用名称的产品提供公平的市场准入等。

目前，美国正通过与澳大利亚、巴西、印度尼西亚、日本、韩国、马来西亚、新西兰、菲律宾、新加坡等多个国家进行双边接触[1]，与欧盟在自由贸易区伙伴选择上展开竞争，借此阻止欧盟扩大地理标志保护范围的意图。由此可以看出，美国与欧盟在地理标志保护模式上的分歧与利益之争由来已久；并且，还将持续下去。

4. 小结

正因地理标志在传递产品质量信息、降低消费者搜寻成本、确保生产者溢价收益方面具有重要意义，它越来越多地被视为实现产品差异化的有用工具，有助于提高经济效率，促进产业发展和国际贸易。因此在各国地理标志保护强度的选择、保护模式的设计中，都会考虑本国国情、产业发展模式及国际贸易等因素。

---

〔1〕 *See* Office of the United States Trade Representative, *2022 Special 301 Report*, https://ustr.gov/sites/default/files/IssueAreas/IP/2022 Special 301 Report.pdf, p. 28, 2022-10-06.

从某种意义上讲，地理标志制度本质上是一种对符号资源的产权制度，即在特定地理标志名称或相关可视性标识等稀缺资源上设立产权，使得特定地区内的主体可以排除他人对该资源的竞争性使用。地理标志制度所保护的是地理标志产品的特定质量、声誉等及其与该地区自然因素、人文因素之间的固有联系，防止该地区外的生产者“搭便车”或削弱、歪曲这种固有联系。这种保护，可以确保该地区内的生产者能够基于此种固有联系获得相应的溢价收益，进而为其保证特定地理标志产品的质量提供正向激励，并由此形成良性循环。

地方性资源的全球化过程中，自然存在着以法国为主的传统欧洲国家要维持与扩大这种溢价收益，而以美国为主的新型工业化国家试图“搭便车”攫取这种收益的问题。于传统欧洲国家而言，需要以符号之名维持产品质量和特色；对新型工业化国家来说，期冀以产品之实消解符号的地方性特色。在国际贸易中，符号传递逻辑不同、保护模式分歧，背后实际上揭示的是符合本国国情的产业发展模式及传统文化的传承问题。由是观之，地理标志保护模式选择之事，看似是个“小问题”，但折射出的却是文明承续的“大问题”。

三、中国地理标志保护现状——从“三足鼎立”到“归口管理”

(一)概述

2018 年 3 月国务院机构改革之前，我国地理标志保护形成了“三足鼎立”的管理格局。如前提及，具体如下：依照《商标法》及其实施条例，地理标志可作为集体商标或证明商标申请注册并加以保护，此由原国家工商行政管理总局商标局负责。2003 年发布的《集体商标、证明商标注册和管理办法》对地理标志集体商标、证明商标的申请与注册事项作出了具体规定。原国家质量监督检验检疫总局依据《地理标志产品保护规定》对地理标志产品具有一定的行政管理权。根据《中华人民共和国农业法》第 23 条第 3 款的规定，“符合规定产地及生产规范要求的农产品可以依照有关法律或者行政法规的规定申请使用农产品地理标志”。《中华人民共和国农业法》第 49 条第 1 款也明确指出，农产品地理标志作为知识产权的客体类型之一受到保护。据此，农业部于 2007 年发布《农产品地理标志管理办法》，负责管理和保护农产品地理标志。除此“三足鼎立”之外，2017 年 7 月 1 日正式实施的《中华人民共和国中医药法》第 23 条第 1 款规定，国家鼓励采取地理标志产品保护等措施保护道地中药材。另外，地理标志还受《中华人民共和国反不正当竞争法》《中华人民共和国消费者权益保护法》《中华人民共和国产品质量法》等商业行为法的兜底性保护。由此，我国地理标志保护事实上形成了多头管理的“军阀混战”格局。

(二)地理标志集体商标、证明商标保护

在《民法总则》[1]、《民法典》之前，我国关于地理标志保护的立法规定主要体

---

[1] 自《民法典》颁布实施后，本法已废止。关于此类问题，本书不再另行标注，已废止的法亦不用原××法提示。《合同法》《侵权责任法》等也做同样处理。

现在《商标法》中，可细分为三个方面：其一，根据《商标法》第 16 条第 1 款，禁止在并非产自特定地区的商品上注册或使用包含地理标志、误导公众的商标；其二，《商标法》第 10 条第 2 款一般性地禁止将县级以上行政区划的地名或者公众知晓的外国地名作为商标使用，不以可能造成消费者混淆或误认为前提。这一规定可在一定程度上缓和地理标志与商标的冲突，防止具有公共属性的地理标志被单一生产者予以私有产权化；其三，《商标法实施条例》（本文以下简称《实施条例》）第 4 条明确了地理标志可作为集体商标、证明商标。对此，原工商总局发布的《集体商标、证明商标注册和管理办法》（本文以下简称《办法》）第 4 条至第 9 条作出了更为细化的规定。

按照《商标法》及其《实施条例》和《办法》上的规定，第一，地理标志集体商标、证明商标的申请人应为团体、协会或其他组织，并且应该满足如下两个条件：一是具有监督使用该地理标志商品的特定品质的能力；二是经管辖该地理标志所标示地区的人民政府或者行业主管部门批准。地理标志集体商标的申请人应由来自特定地区内的成员组成。而关于地理标志集体商标、证明商标的使用，依据《实施条例》第 4 条，特定地区内的生产者应有权使用该地理标志，除非其生产的商品不符合使用地理标志的条件。即使该生产者并非相关团体、协会或其他组织的成员，也可以正当使用该地理标志。

第二，《商标法》第 16 条第 2 款已直接明确了地理标志的定义，即“标示某商品来源于某地区，该商品的特定质量、信誉或者其他特征，主要由该地区的自然因素或者人文因素所决定的标志”。《办法》第 8 条进一步规定，可注册为集体商标、证明商标的地理标志不仅指地名，也包括其他能够标示某商品来自相应地区的可视性标志。

第三，地理标志所适用的商品类别不受限制，不论是农产品还是工业产品，成品还是原材料，对地理标志保护都不产生影响。

第四，由《办法》第 6 条至第 8 条可知，以地理标志申请集体商标、证明商标注册时，应在申请文件中说明三方面内容，包括：商品所具有的特定质量、信誉或其他特征；该商品的特定质量、信誉或其他特征与当地自然因素和人文因素的关系；该地理标志所标示地区的范围。其中，对于该特定地区并不要求与现行行政区划名称、范围完全一致。

第五，为履行 TRIPS 关于葡萄酒和烈性酒地理标志特殊保护的规定，《办法》第 12 条还对葡萄酒和烈性酒地理标志的强保护作了特别规定。[1]

第六，外国地理标志在我国可作为集体商标、证明商标注册的前提条件是，该地理标志在原属国受法律保护。

---

〔1〕 依据该条，对于“使用他人作为集体商标、证明商标注册的葡萄酒、烈性酒地理标志标示并非来源于该地理标志所标示地区的葡萄酒、烈性酒，即使同时标出了商品的真正来源地，或者使用的是翻译文字，或者伴有诸如某某‘种’、某某‘型’、某某‘式’、某某‘类’等表述”的行为，应当予以禁止。

(三)地理标志产品保护

早在1999年,国家质量技术监督局就发布了我国第一部专门规定地理标志制度的部门规章——《原产地域产品保护规定》。此部门规章,曾与2001年修订后的《商标法》并存,构成地理标志保护的两种并行模式。其后,该规章被2005年国家质量监督检验检疫总局颁布的《地理标志产品保护规定》所取代,二者在内容上一脉相承,原先的原产地域产品保护制度,实际上被保留下来。

《地理标志产品保护规定》采用了"地理标志产品"的用语,[1]并对产品类别作了细化规定,包括本地区的种植、养殖产品,以及由本地区的原材料或部分来自其他地区的原材料、在本地区按照特定工艺生产和加工的产品。不同于《商标法》及TRIPS,地理标志产品仅限于"以地理名称命名的产品",即直接地理标志,而不涉及间接地理标志的保护。

地理标志产品保护制度可分为两大主要部分:一方面,某一产品是否构成地理标志产品,须由当地县级以上人民政府指定的地理标志产品保护申请机构或人民政府认定的协会和企业提出申请,并经主管机关审核批准;另一方面,在产品经审核批准程序被认定为地理标志产品之后,相应地区内某一具体生产者可否使用该地理标志,也必须提出使用申请并经过审查登记,这就是双重申请程序。另外,两种程序均规定先由地方主管部门对申请进行初审,继而由原国家质量监督检验检疫总局进行形式审查和技术审查。这就形成了地理标志产品保护体系中特有的"双重申请+两级审查"体制。

关于地理标志产品的保护,地方主管部门可依法查处下列三种行为:一是擅自使用或伪造地理标志名称及专用标志;二是不符合地理标志产品标准和管理规范而使用该地理标志;三是使用与专用标志近似的名称或标识,造成消费者将该产品误认为地理标志保护产品的行为。

(四)农产品地理标志保护

我国第二部专门规定地理标志保护制度的部门规章是2007年农业部发布、2019年修订的《农产品地理标志管理办法》,其与《商标法》《地理标志产品保护规定》"三足鼎立",形成了我国地理标志保护制度的三套并行体系。

《农产品地理标志管理办法》第2条第2款对农产品地理标志的定义及适用范围作出了规定。[2] 由本款规定,农产品地理标志必须是直接地理标志,不包括非地名的间接地理标志,并且该定义仅适用于初级农产品,不包括经过工业加工的产品。某一农产品标志欲依照《农产品地理标志管理办法》获得保护,须经主管机关审查登记。

---

〔1〕《地理标志产品保护规定》第2条,所谓地理标志产品,是指"产自特定地域,所具有的质量、声誉或其他特性本质上取决于该产地的自然因素和人文因素,经审核批准以地理名称进行命名的产品"。

〔2〕《农产品地理标志管理办法》规定,"农产品地理标志,是指标示农产品来源于特定地域,产品品质和相关特征主要取决于自然生态环境和历史人文因素,并以地域名称冠名的特有农产品标志"。

农产品地理标志登记申请,由省级人民政府农业行政主管部门初审,经中国绿色食品发展中心审查并组织登记评审委员会进行专家评审,通过评审且在公示期内无异议的,由农业农村部做出登记决定并公告。农产品地理标志登记证书长期有效。特定地区内的生产者欲使用农产品地理标志,应向登记证书持有人提出申请并签订使用协议,进而可将农产品地理标志使用在产品及包装上,或用于商业宣传。

对比之下可以发现,农业部门的农产品地理标志保护制度与前述质检部门的地理标志产品保护体系有共同点,亦有区别。相似之处在于,二者均属于行政专门保护制度,未规定民事救济措施,且地理标志的登记或注册申请均经过地方政府机构初审后上报至主管部门,并经实质审查(技术审查或专家评审)。区别在于:第一,农产品地理标志经核准登记后,相应地区内的生产者要使用该标识,由登记证书持有人作出许可即可,无须行政主管部门批准,而地理标志产品获得注册后要使用相应标识必须经过主管机关审查核准;第二,农产品地理标志仅适用于初级农产品,而地理标志产品的保护范围则较为广泛。

(五)从"三足鼎立"到"归口管理"

这里姑且不论中药领域的道地药材之保护问题。就前已述及的《商标法》《地理标志产品保护规定》与《农产品地理标志保护管理办法》规范而言,均已建立了相应的注册体系,接受地理标志注册登记。但这三种保护体制彼此独立,各行政主管部门之间亦未就相同地理标志的重复注册问题设计协调机制,由此导致部分地理标志在不同制度下的双重甚至多重保护现象。

多头管理容易引发地理标志保护中的权利冲突问题。以"金华火腿"案为例,浙江省浦江县食品公司于 1979 年 10 月经申请获准注册金华火腿商标,之后,该注册商标所有权由浙江省食品公司受让取得。但是,金华市正宗金华火腿生产厂家因不愿支付许可费而无权使用"金华火腿"商标。鉴于此,金华市根据《原产地域产品保护规定》向原国家质量技术监督局申报了原产地域产品保护,由此形成了"金华火腿"注册商标与原产地域产品保护并存的状况。2003 年 10 月,浙江省食品公司以金华市的火腿生产企业构成商标侵权为由,向法院提起诉讼。此案中,上海市第二中级人民法院按照"依法同等保护""尊重历史、权利与义务平衡""诚实信用、依法行使权利"三个原则处理商标和原产地域产品之间的关系。具体而言,法院认为,由于历史原因,在商标与原产地域产品分属不同权利人的情况下,各权利人应规范使用其标识,以避免权利冲突。注册商标专用权与原产地域产品均受法律保护,商标权人无权禁止他人正当使用"金华"标识,法院由此驳回了原告的诉讼请求。[1]

"三足鼎立"的管理乱象,不可避免地造成权利冲突纠纷,这也是我国地理标

---

〔1〕 参见"浙江省食品有限公司诉上海市泰康食品有限公司、浙江永康四路火腿一厂商标侵权纠纷案",上海市第二中级人民法院民事判决书(2003)沪二中民五(知)初字第 239 号;又参见吕国强、吴登楼:《我国地理标志法律制度的完善》,载《法学》2006 年第 1 期,第 157—159 页。

志保护模式选择过程中亟待解决的问题。针对这一问题,中央机构编制委员会办公室于 2011 年印发《关于完善地理标志保护管理体制机制的意见》(中央编办发〔2011〕26 号)。这一意见明确指出,要尽快建立部际联席协调机制,由工商总局与农业部、质检总局建立联合认定机制,统一受理地理标志保护申请,三个部门按照职责从不同角度分别进行审核,在此基础上统一标识并共同发布。在保护环节发挥三个部门各自优势,在职责范围内分别承担地理标志保护的相关工作。《2012 年国家知识产权战略实施推进计划》中也强调,要推进建立地理标志部际协调机制,推动《地理标志部际联席会议制度》和《地理标志注册联合认定和保护办法》出台。基于此,工商总局经与农业部、质检总局协商,制定并修改完善了《地理标志部际联席会议制度(草案)》和《地理标志注册联合认定和保护办法(草案)》。但截至 2018 年国务院机构改革方案颁布之前,地理标志部际联席会议制度与地理标志注册联合认定和保护办法的正式文本并未出台,部际联席会议制度以及联合认定机制亦未成形。需要说明的是,部际联席协调机制仅是在既定的职责分工基础上,整合不同部门的业务流程,统一相关政策标准,以期形成合力,但并未真正实现地理标志保护领域的"大一统",在地理标志的注册、保护方面,各部门仍然处于"各自为政"的状态。

2018 年国务院机构改革之后,重新组建的国家知识产权局整合了工商总局的商标管理职责、质检总局的原产地地理标志管理和农业部的农产品地理标志管理职责,统一行使地理标志产品保护体系、地理标志集体商标与证明商标以及农产品地理标志管理职能。此次机构改革,为地理标志的统一确权和保护体系建设创造了条件。特别是,2020 年 4 月 3 日国家知识产权局发布和施行《地理标志专用标志使用管理办法(试行)》〔1〕,统一和规范地理标志专用标志使用,对协调统一的地理标志保护体系建立起到了促进作用。诚然,2020 年 9 月国家知识产权局发布《地理标志保护规定(征求意见稿)》,旨在进一步完善我国地理标志法律规则,但依然未解决三种保护模式交叉冲突以及农产品地理标志分头管理的问题,而且征求意见稿尚在激烈讨论之中。不过,2022 年 11 月 17 日农业农村部第 623 号公告废止《农产品地理标志登记程序》,是"三合一"管理体制真正实施的开端,构建农产品地理标志、地理标志集证商标及地理标志产品协调统一的保护制度,迎来了难得的一次契机。

四、中国的选择:制定"地理标志法"

(一)我国地理标志保护模式之选择

如前所述,世界上地理标志保护制度大体可归类为"以专门立法保护为主"与"以商标法保护为主"两大模式。有鉴于此,构建我国地理标志保护制度时也存在两种思路、三种方案:一是将地理标志完全纳入商标法中,主要通过集体商标、证明

〔1〕《地理标志专用标志使用管理办法(试行)》,国家知识产权局 2020 年 4 月 3 日公告,第 354 号文件。

商标制度进行保护；二是制定专门的“地理标志法”；三是制定统一的“商业标识法”，将商标、地理标志、商号等商业标识一并加以规定。严格来说，第三种立法模式并不是一个完全独立的新路径，因为即便将地理标志囊括在《商业标识法》之中，也仍旧涉及是单独规定地理标志保护规则抑或由商标制度加以保护这个问题。

关于立法模式的选择，一种观点认为，宜采取商标法与专门法并行、共同保护的模式。[1] 有学者进一步明确了商标法与专门法的主次关系，主张我国地理标志制度应由三部分构成，其中以专门保护制度为主，并在商标法中一般性地禁止将地理标志注册为普通商标，但允许适用集体商标、证明商标制度加以保护，同时借助反不正当竞争法规制涉及地理标志的不正当竞争行为，亦即“构建以地理标志保护法为主导、商标法为基础、反不正当竞争法为补充的地理标志保护体系”。[2] 另有学者建议，径直选择专门立法模式保护地理标志。[3] 鲜有观点支持将地理标志完全纳入商标法之中，而不对专门保护制度做出规定。究其原因，可能是由于我国目前已存在地理标志产品保护、农产品地理标志保护两套专门保护制度。

在考虑我国地理标志保护制度构建时，一个无法回避的问题是，商标制度能否有效契合地理标志的保护需求，以及如何看待地理标志与商标的关系，是否应赋予地理标志独立于商标的保护地位？尽管原《民法总则》和《民法典》第123条将地理标志独立于商标作为知识产权的客体类型之一，似乎已给出答案，但前述种种问题，仍有待进一步思考。

地理标志与商标均属于信号传递机制，可用于降低消费者搜寻成本，缓和市场交易中生产者与消费者之间信息不对称的程度。信号传递机制能否有效发挥作用，一方面取决于生产者对产品质量的持续追求，另一方面也与社会成员对信号有效性的认知密切相关。正因如此，需要建立相应的法律制度以保证信号的有效性，这也是构建商标制度、地理标志制度的正当性基础。我们认为，尽管地理标志与商标存在相似性，将地理标志囊括在商标制度中并不能为其提供妥善保护。主要原因有二。

第一，初始投资的差异导致地理标志无法融入普通商标制度。对于商标而言，从商品质量到标识知名度的积累过程，往往由单个生产者投资完成。与之不同，地理标志是由特定地区内的劳动者经过祖祖辈辈的努力、代代相传，在地方自然因素的基础上融入人文工艺形成的。对于目前该地区内的生产者来说，地理标志知名度的积累、投资过程业已完成。由于特定地区内的生产者为数众多，通常难以由单一生产者排他性地独占某一地理标志，但若完全不对地理标志进

---

〔1〕 参见张玉敏：《地理标志的性质和保护模式选择》，载《法学杂志》2007年第6期，第10页。

〔2〕 参见董炳和：《地理标志知识产权制度研究——构建以利益分享为基础的权利体系》，中国政法大学出版社2005年第1版，第285页；孟祥娟、李晓波：《地理标志保护制度存在的问题其解决》，载《知识产权》2014年第7期，第65页。

〔3〕 参见王莲峰、黄泽雁：《地理标志保护模式之争与我国的立法选择》，载《华东政法学院学报》2006年第6期，第50页。

行某种程度的私有产权化,譬如,允许该地区内所有生产者可无条件地使用相应地理标志,而不对其所生产产品的质量、品质等附带一定的要求或进行相应的管理,则该地理标志无疑将在该地区的生产者中成为"公共物品",某一生产者提供劣质的地理标志产品将损害这一地理标志的核心价值,并给同一地区内的所有生产者造成损害。在此种情况下,地区内利益最大化的生产者并无动力付出额外的成本来维护地理标志产品的特定品质,从而造成"公地悲剧"。因而,无论是《商标法》《地理标志产品保护规定》,还是《农产品地理标志保护管理办法》,均意在通过集体性组织对地理标志加以管理和保护,即由集体性组织作为地理标志名义上的占有人。因此,基于地理标志本身的公共属性,其与普通商标存在较大差异,并且由于地理标志难以对应于单个生产者,其亦不符合普通商标对"显著性"的要求,从而无法适用普通商标制度。

第二,制度逻辑的不同,造成集体商标、证明商标制度对地理标志的保护相对薄弱。地理标志的核心要素是产品与产地的关联性,类似创造性之于专利、独创性之于作品、显著性之于商标。所谓产品与产地的关联性,即产品须具有可归因于地理环境属性的特定质量、特征等。此种关联性并不以消费者的主观认知为标准,而应着重审查产地的自然、人文因素造就产品特定质量或特征的客观事实。因为我国经济长期依赖生产要素投入带来的粗放型增长,部分地区生态环境恶化严重,随着工业化与城市化的推进,农村人口大规模流动导致农村空心化和经济社会功能退化。由此,加快推进农业发展方式转变和生态文明建设,是加快经济发展方式转变的重要部署之一。[1] 我国的地理标志产品主要是农产品,中药材、茶叶等特色产品在我国也占有重要地位。因此,我国地理标志保护制度的整体价值取向应以"富农"为主,借助地理标志保护促进农业生产转向优质优价的发展模式。欲实现这一政策目标,使农业生产者能够从其优质产品中获得相应的溢价收益,就必须通过制度设计确保消费者可通过地理标志获知有关产品品质的准确信息。换言之,保证地理标志产品客观上具有与产地相关的品质或特征,是地理标志制度的核心内容之一。但商标制度建立在消费者主观认知的基础上,通过集体商标、证明商标制度保护地理标志时,将产生如下两个问题:其一,难以有效实现地理标志的品质保证功能。尽管品质保证功能已被公认为属于商标的一种功能,但品质保证功能的实现并非基于商标本身的作用,而是由商标的标示商品来源功能所衍生出来的。商标制度中并不存在行政机关或第三方检测机构对商品质量的把控,商标权人之所以倾向于维护商品的质量,主要是基于其追求自身长期利润最大化的动机,一旦降低商品质量,商标权人初期为维护商标信誉所进行的投资将难以获得回报。而地理标志强调产品与地理来源之间的客观联系,若制度设计中不关注产地环境对产品品质的客观影响,缺乏对产品质量的把控,地理标志的核心价值将会受到损害,农业生产者也难从其中获得溢价收益,以致无法实现该制度的政策性目标。其二,商标制度难以有效遏制地

---

〔1〕 参见王笑冰:《关联性要素与地理标志法的构造》,载《法学研究》2015年第3期,第100页。

理标志侵权行为。商标侵权在判定上以误导为要件，如不做特别规定，难以有效制止诸如未经授权使用他人地理标志但标明真实产地等滥用、模仿、引人联想地理标志的侵权行为。

因此，相比于商标制度，构建地理标志专门保护制度应是目前最适合我国国情的选择。此外，笔者认为，在专门保护之外，应不再通过集体商标、证明商标制度保护地理标志。否则，对于同一地理标志，若两种制度下的权利人相一致，则将造成重复保护的现象，浪费行政管理资源；若权利人不一致，无疑会引发权利冲突，而这一问题正是当下我国地理标志保护中亟待解决的问题，构建专门保护制度的意义由此也会大打折扣。

至于是否有必要制定统一的“商标标识法”，目前我国尚未实现商业标识的统一立法保护，除商标单独立法外，知名商品特有名称、包装、装潢等商业标识规定在反不正当竞争法中，由于商业标识种类的多样性，不同商业标识在权利内容、保护范围等方面差异较大，考虑到不同类别商业标识保护在制度“成本—收益”上的差异，我国尚不具备制定统一“商业标识法”的条件。因此，制定单独的“地理标志法”，应是我国现阶段的最优选择。同时，宜在《商标法》中通过规则设计避免地理标志与普通商标相冲突，并以《中华人民共和国反不正当竞争法》《中华人民共和国产品质量法》《中华人民共和国消费者权益保护法》等商业行为法兜底保护，但不再适用集体商标、证明商标制度保护地理标志。

（二）“地理标志法”设计方案

地理标志专门保护制度主要可分为三大部分：一是地理标志的申请与注册；二是地理标志的使用与管理；三是地理标志的保护范围及侵权责任等。

地理标志的申请与注册，旨在审查某一标识（通常由“地名＋产品类别名称”构成或者其他具有地理意义的可视性标识）是否构成地理标志，亦即该标识所标示的产品是否具有可归因于产地自然或人文因素的特定品质与相关特征。通常，由申请人向国务院知识产权行政部门提出注册申请，申请经审核批准后，颁发注册证书。对地理标志注册申请的审查，是一种宏观层面的审查，并不涉及该地区内某一具体的产品生产者。这种审查，主要考察是否应对一个标识进行一定程度上的产权化，从而排除不符合相关条件的主体对该标识未经许可的使用行为；并且，将基于该标识的溢价收益，将地理标志使用权归属于特定地域范围内的生产者。

地理标志的使用与管理，重在关注地区内某一具体生产者所生产的产品是否符合使用地理标志的条件。在制度设计上，地理标志的申请与注册，涉及产权界定及其与公共利益的协调，宜交由国务院知识产权行政部门进行统一审查。而地理标志的使用与管理，则是在某一标识已被认定为地理标志的基础上，对有资格使用该地理标志的具体生产者的范围加以确定。这部分，包括对具体生产者所生产产品的质量审查等技术层面的问题，可由申请注册人（如专业性更强的行业协会等集体性组织）或者相关公共部门负责管理，实施类似著作权保护中的集体管理制度。而行政主管机关,则可以通过对行业协会、相关公共部门等集体性组织的适当管理,如要求行业协会或者相关公共部门将其指定的质量标准等进行备案并公示,或者在行业协会等与具体生产者就地理标志的使用资格产生纠纷时,居中处理争议,从而防止集体性组织因其自身的垄断性而不当损害生产者的合法权益。

对于地理标志的保护范围及侵权责任等问题,现行《地理标志产品保护规定》《农产品地理标志管理办法》均未规定民事救济措施,"地理标志法"在进行规则设计时,应注意避免出现此项立法空白,以确保民事主体因地理标志侵权行为遭受损害时,能够获得切实有效的救济。

具体而言,"地理标志法"可分为"一般规定""地理标志注册的申请、审查与核准""注册地理标志的异议、撤销与无效宣告""地理标志专用标志的使用""地理标志的使用许可与集体管理""法律责任"以及"附则"共七章。

第一章　一般规定

第二章　地理标志注册的申请、审查与核准

第三章　注册地理标志的异议、撤销与无效宣告

第四章　地理标志专用标志的使用

第五章　地理标志的使用许可与集体管理

第六章　法律责任

第七章　附则

以上七章,具体章名可以简化,但各章内容大体如此。第一章"一般规定"中应对立法目的、地理标志的定义、基本原则、行政主管部门及涉外地理标志问题等内容加以规定,以起到对整部法律的统领与指导作用。第二章围绕地理标志的认证展开,即判断某一标识能否构成地理标志,涉及申请主体、申请程序、获准注册的实质性条件以及审查核准程序等,地理标志核准注册是后续进行地理标志保护与管理的前提。第三章用以规定已注册地理标志的异议、撤销、无效宣告程序,借此为合法权益因地理标志的不当注册而遭受侵害的民事主体提供救济的机会。第四章围绕已经建立的地理标志专用标志的使用规定,进一步优化,并与许可使用和"集体管理"等制度加以衔接。第五章以使用许可制度设计为主,并从地理标志的公共属性出发,建立地理标志"集体管理"制度,重在明确作为地理标志名义占有人的集体性组织的角色定位、其与特定地区内具体生产者之间的关系等。第六章"法律责任"涉及地理标志的保护范围、侵权行为的构成及行政与司法救济措施等,特别是民事侵权案件中集体组织与具体生产者的诉讼地位。最后一章"附则"将对本法的施行日期以及与原有法律、法规的协调等作出规定。

(三)具体规则设计之初步探索

1. 地理标志的定义

目前,世界各国及国际公约中,尚不存在统一、抽象的地理标志概念。不同于《马德里协定》中的"货源标记"以及《里斯本协定》中的"原产地名称",我国采

用了“地理标志”这一术语。除部门规章之外，立法层面，我国仅有《商标法》对地理标志的定义进行了明确规定，即“标示某商品来源于某地区，该商品的特定质量、信誉或者其他特征，主要由该地区的自然因素或者人文因素所决定的标志”。《地理标志产品保护规定》《农产品地理标志管理办法》《地理标志保护规定（征求意见稿）》中关于地理标志的定义，与《商标法》大同小异，但又存在如下区别。

其一，“信誉”或“声誉”要素是否规定在对“地理标志”概念的界定之中？“声誉”要素是 TRIPS 对地理标志概念进行界定时所引入的。《农产品地理标志管理办法》对农产品地理标志的定义中未纳入“声誉”要素，而是采用了“产品品质和相关特征”的表述，《商标法》与《地理标志产品保护规定》《地理标志保护规定（征求意见稿）》均规定了“质量”“信誉”（或“声誉”）“其他特征”三个要素，仅要求其中一个要素与地理来源具有关联性即可。如何理解“声誉”与“质量”“特征”之间的关系？仅享有可归因于其地理来源的声誉，而不具有与产地相关之质量或特征的，是否可获保护？笔者认为，不同于商标制度建立在消费者的主观认知之上，地理标志专门保护制度强调产品品质与地理来源的客观联系。保护地理标志的初衷，就是确保特定地区内的生产者所生产的产品具有地方性产品质量和特色，由此获得基于产品特定质量或品质而形成的溢价收益。如此看来，声誉或信誉依附于地方性产品质量和特色，不能独立于产品的质量、品质或者特色而存在。因此，“地理标志法”对地理标志的定义中需要引入“声誉”要素——因为历史形成的这种产品质量、品质或者特色应该有较大的影响力，获得了一定的声誉或者信誉，但仅仅具有符号的传播力或者影响力还是不够的，必须与地理来源有着密切联系。

其二，地理标志是否仅包括地名标志？地理标志的一般构成是“地名＋产品类别名称”，如平谷大桃等。但是，地理标志不仅包括直接地理标志，还包括间接地理标志，诸如印度泰姬陵、巴黎埃菲尔铁塔等地方标志性建筑，抑或日本富士山等地方著名自然景观。而我国《农产品地理标志管理办法》《地理标志产品保护规定》分别明确将地理标志限定为“地域名称”“地理名称”。根据《地理标志保护规定（征求意见稿）》第 6 条，地理标志不仅包括“由具有地理指示功能的名称和反映产品真实属性的通用名称构成的组合名称”，也包括“有长久使用历史的‘约定俗成’的名称”。但这一规定，将地理标志限定在“名称”上，未涵盖其他可视性标志。《商标法》笼统地使用了“标志”一词，同时《集体商标、证明商标注册和管理办法》第 8 条进一步明确，地理标志不仅指地区的名称，还包括其他可视性标志。我国“地理标志法”在规则设计时，可以参照《商标法》，对地理标志的定义不局限于地名标志，以满足间接地理标志的保护需求。

其三，自然因素与人文因素之间是并列关系抑或选择关系，亦即应规定产品的特定品质或特征主要取决于“自然因素和人文因素”还是“自然因素或人文因素”？我国对“地理标志”的理解，整体上与 TRIPS 相一致。但同时，也兼顾了《里斯本协定》对“原产地名称”的界定，即要求产品的品质等归因于产地的“自然因素”“人文因素”，而不是笼统的地理环境。关于如何理解自然因素与人文因素之间的关系,实际上涉及如下问题,即缺乏与产地自然因素的关联性而主要受人文因素影响的产品(如手工艺品等),可否受地理标志保护?同理,缺乏与产地人文社会因素的关联性、主要由自然因素决定的产品(如矿产品、野生动植物产品等),能否构成地理标志?《农产品地理标志管理办法》《地理标志产品保护规定》《地理标志保护规定(征求意见稿)》均要求产品必须同时融入产地的自然因素和人文因素,而《商标法》仅要求包含其中一种因素即可。考虑到我国通过商标法对地理标志的保护已有一定的历史,也产生了不少仅基于自然因素或者仅基于人文因素而保护的地理标志产品,同时考虑到地理标志保护对地方经济尤其是农村经济的促进意义,因此应该参照《商标法》的规定,对地理标志所保护的产品范围作出相对宽泛的规定。

其四,地理标志保护是否仅及于产品(或者商品)?或者说,是否还包括服务呢?目前,世界上地理标志保护多在于保护产品,很少及于服务。理论上讲,如果我们考虑地理来源的人文因素,不仅局限于自然因素,也就能够考虑(可能包含自然因素的)人文社会环境下的特定服务。特别是,我国幅员辽阔、地理人文环境复杂,各种民俗下的服务项目,也应该在地理标志保护下维持其地方性特色,让我们子孙后代能够享受到这种特色服务。客观上,商标保护体系是平等地适用于产品和服务的,而且反不正当竞争法也同样适用于服务。因此,从标志保护、行为规制和我国国情来说,地理标志保护体系也应该开一个口子,平等地保护产品和服务,以便于进一步丰富地理标志的内涵。

综上所述,笔者认为,《地理标志法》应将地理标志定义如下:地理标志是指标示某一产品或者服务来源于某一特定地区,该产品或者服务的特定质量、声誉或者其他特征,主要由该地区的自然因素或者人文因素所决定的标志。

2. 地理标志与商标

基于客体的同一性,地理标志与商标之间存在一定的交叉重叠,二者的冲突及协调,是地理标志立法中需着重关注的问题之一。对这一问题的回答,亦可以从侧面反映出不同国家对地理标志保护所采取的立场和态度。

欧盟并未规定通过集体商标、证明商标制度保护地理标志。与此同时,《第1151/2012号条例》明确规定,PDO与PGI不得变为通用名称,这体现出欧盟对地理标志的强保护水平。然而,允许地理标志注册为商标,极有可能加剧地理标志被通用化的风险。正因如此,如何处理二者的关系,尤其是地理标志与在先商标的关系,是对地理标志采取专门保护模式的国家所无法回避的问题。

对此,欧盟在此问题上区分了三种情形分别加以规定:其一,若拟申请注册的PDO或PGI与在先商标相冲突,考虑到在先商标的声誉、已使用时间的长短等,如果拟注册的PDO或PGI可能导致消费者对产品真实来源产生误认,则该PDO或PGI将不予核准注册;[1]其二,若已注册的PDO或PGI与在后提出注册申请的商标相冲突,即该商标的使用违反条例第13(1)条的规定,且该商标所

[1] *See* Article 6(4) of Regulation 1151/2012.

使用的产品类别与 PDO 或 PGI 一致，则该商标注册申请应予以驳回，已获注册的商标应被宣告无效；[1]其三，对于违反第 13(1)条的商标，若该商标已于 PDO 或 PGI 申请注册前在欧盟境内被善意地申请、注册或依据相关法律规定通过使用而得以确立，且不存在其他无效或撤销事由，即使 PDO 或 PGI 被核准注册，该商标仍可继续使用并续展。[2] 换言之，此种情形下，商标可与 PDO 或 PGI 共存。可以看出，在欧盟，地理标志相对于商标具有一定的优先性。具体而言，若地理标志申请注册在先，则在后的商标注册申请应予驳回，已注册的商标将被宣告无效；若商标善意申请注册在先，在不会导致消费者对产品真实来源产生误认的情况下，与之相冲突的地理标志可与在先商标共存。

《法国知识产权法典》第 L. 711-4 条明确将受保护的原产地名称或地理标志列为在先权利之一，与在先权利相冲突的标志不得作为商标注册。德国对地理标志与商标赋予了同等地位。《德国商标和其他标记保护法》第 6 条规定了解决权利冲突的原则，可将之简单概括为"时间在先、权利优先"，即以时间为标准确定权利的优先性，其中商标以申请日、地理标志以确权日为准。第 13 条亦规定，侵犯他人在先权利的商标可被撤销注册，而地理标志被明确列为在先权利之一种。第 21 条规定了主张在先权利的时间限制及权利丧失的情形：根据该条规定，地理标志权利人若明知且默许在后注册、与之相冲突的商标连续使用 5 年，则该权利人无权禁止在后注册的商标在注册指定的商品或服务上使用，在后商标为恶意申请注册的不在此限。反之同理，商标所有人若明知且在后地理标志连续使用 5 年，则商标所有人无权禁止该地理标志的使用，但在后地理标志取得授权时具有恶意的除外。

美国专利商标局认为，地理标志可视作商标的子集。[3] 如前所述，地理标志在美国也主要借由集体商标、证明商标制度加以保护；对商标与地理标志之冲突的规制，集中表现为对地名商标注册的限制。依据美国现行商标法，可分为如下三种情形：一是针对"地理描述性"标识，若某一标识对于所申请的商品或服务而言"主要是地理描述性的"，则禁止其在主登记簿上注册登记。[4] 但"地理描述性"标识如果通过申请人在其商品的使用已经获得显著性，亦即获得"第二含义"，则应准予注册。[5] 二是针对"地理欺骗性"标识，若某一标识对于所申请的商品或服务而言"主要是地理上欺骗性的错误描述"，则禁止其在主登记簿上注册登记。[6] 对于此类标识，即使通过申请人的商业使用已获得"第二含义"，也不

[1] *See* Article 14(1) of Regulation 1151/2012.

[2] *See* Article 14(2) of Regulation 1151/2012.

[3] *See* United States Patent and Trademark Office, *Geographical Indication Protection in the United States*, https://www.uspto.gov/sites/default/files/web/offices/dcom/olia/globalip/pdf/gi_system.pdf, p. 1, 2022-10-06.

[4] *See* 15 U. S. C. § 1052(e)(2).

[5] *See* 15 U. S. C. § 1052(f).

[6] *See* 15 U. S. C. § 1052(e)(3).

能作为商标进行注册。[1] 三是针对葡萄酒、烈性酒地理标志的特殊规定,禁止在葡萄酒或烈性酒上将指示其他地区(并非商品来源)的地理标志注册为商标,[2] 并且即使该标识通过使用获得显著性,亦不能获得商标注册。[3] 由此,葡萄酒、烈性酒地理标志实际上获得了比其他产品更高程度的保护,因其并不要求造成消费者混淆或误认,只要使用该地理标志的葡萄酒或烈性酒产品并非来自标识所指示地区即可。

TRIPS对此问题亦有所涉及。第22.3条规定,若某一商标所包含的地理标志或构成该商标的地理标志并非货物的真实来源地,且会使公众对其真实原产地产生误解,则WTO成员在其立法允许的情况下可依职权或依利害关系方的请求,拒绝该商标注册或宣布注册无效。与之类似,TRIPS第23.2条对葡萄酒、烈性酒地理标志提供了更高程度的保护,即不要求公众对葡萄酒、烈性酒的真实原产地产生误解,只要葡萄酒、烈性酒的商标包含地理标志,而该葡萄酒或烈性酒并非产自地理标志所标示的地区,WTO成员即可在其立法规定的范围内依职权或依利害关系方的请求,拒绝该商标注册或宣布注册无效。第24.5条规定,在TRIPS对WTO成员的适用日之前,或者某一地理标志在其原属国获得保护之前,如果某一商标已被善意地提出申请或注册,或已通过善意使用而获得商标权,即便这一商标与该地理标志相同或类似,也不影响该商标的注册资格、注册的有效性以及商标的使用权。并且依据第24.7条,WTO成员可规定,依据第22.3条、第23.2条针对某一商标的使用或注册,要求获得地理标志保护的,应当于该商标对受保护地理标志的非法使用已在该WTO成员中广为人知后的5年内提出,或于该商标在该WTO成员中注册之日起5年内提出,地理标志被恶意作为商标使用或注册的,不受5年期限的限制。TRIPS第22.3条与第23.2条对地理标志提供了优先于商标的保护,这主要体现了传统欧洲国家的利益,而第24.5条与第24.7条分别规定了在先善意取得商标权的例外以及主张地理标志保护的时间限制,这两项规定,则是对新世界工业化国家利益诉求的妥协。由此也可看出,TRIPS在地理标志保护两大不同立场之间的艰难平衡。

在我国立法中,《商标法》第10条第2款一般性地禁止将地名注册为商标,此项规定可在一定程度上缓和地理标志与商标之间的潜在冲突。除此以外,《商标法》中可用以解决地理标志与商标关系的规定主要有如下两方面:其一,根据《商标法》第16条第1款,禁止在并非产自特定地区的商品上注册或使用包含地理标志、误导公众的商标;但已经善意取得注册的,继续有效。这一规定与TRIPS第22.3条、第24.5条基本一致;其二,由于在我国的商标制度中,地理标志可注册为集体商标、证明商标并借此获得保护,因而地理标志与商标之间的张力往往表现为地理标志集体商标或证明商标与普通商标之间的冲突。此种情形

---

〔1〕 *See* 15 U.S.C. § 1052(f).

〔2〕 *See* 15 U.S.C. § 1052(a).

〔3〕 *See* 15 U.S.C. § 1052(f).

下，可适用《商标法》第13条关于驰名商标特别保护的规定，或者第30条关于“同他人在同种或类似商品上已注册或初步审定的商标相同或近似的，由商标局驳回商标注册申请”的规定。适用第16条与适用第13条或第30条的区别在于，前者法院需审查相关商品的品质信誉等特点是否与其地理环境存在关联关系，因为这是判定某一标识能否构成地理标志的核心要素，并且即使已被其他国家认定为原产地名称或地理标志，若无法举证证明存在此种关联性，亦不能当然地作出肯定推断。[1]对此种关联性的判断是司法实践中的难点之一，无疑也会加重当事人的举证责任。

关于葡萄酒和烈性酒地理标志的加强保护，《集体商标、证明商标注册和管理办法》第12条作了特别规定。由该条规定，使用葡萄酒、烈性酒地理标志标示并非来源于特定地区的葡萄酒、烈性酒，即使同时标出商品的真实产地，或使用翻译文字，或伴有诸如“种”“型”“式”“类”等表述，亦应当予以禁止。本条类似TRIPS第23.2条的规定，但后者不要求公众对葡萄酒、烈性酒的真实原产地产生误解。与之相比，《集体商标、证明商标注册和管理办法》第12条表述的原文是对于前述不当使用葡萄酒、烈性酒地理标志的行为“适用商标法第十六条的规定”，《商标法》第16条第1款则明确将“误导公众”作为拒绝核准商标注册并禁止使用的前提条件。然而，结合《集体商标、证明商标注册和管理办法》第12条对行为类型的描述，如“同时标出商品的真实产地”等，似又不以误导公众为前提，颇有矛盾之处，应在后续立法中加以明确。

尽管《商标法》已作出前述规定，但立法上关于如何处理地理标志集体商标、证明商标与普通商标之间的冲突仍存空白。特别是，当二者产生冲突时，在后提出注册申请的地理标志集体商标、证明商标的有效性为何，地理标志与普通商标的冲突是局限于同类产品抑或为前者提供跨类保护，地理标志集体商标、证明商标中具有显著识别性的部分可否单独获得保护，等等，这些问题，也为司法实践留下了空间。

法院对地理标志与商标之间关系的态度，也经历了一定的转变。在“长沙玉

---

[1] 例如，在“法国国家原产地名称局诉黄晓东等商标争议行政纠纷案”中，法国国家原产地名称局请求撤销争议商标“博美隆”的理由之一是，该商标系对法国葡萄酒产品的原产地名称/地理标志“POMEROL”的抄袭、摹仿。作为证据，法国国家原产地名称局提交了法国官方公报，其内容包括关于《波美侯(Pomerol)》原产地监控命名的法令。但该官方公报中并未明确说明产自“POMEROL”地区的葡萄酒商品的特定质量、信誉或者其他特征与该原产地的关联关系，亦无其他证据对此加以证明。北京市高级人民法院认为，尽管地理标志在我国的保护并不以获得商标注册为前提，但获得地理标志保护的标志，应符合《商标法》第16条第2款关于地理标志定义的规定。本案中，在案证据尚不足以证明相关葡萄酒商品的品质信誉等特点与地理环境的关联关系，因而难以认定“POMEROL”是葡萄酒商品上的地理标志。法国国家原产地名称局的主张最终未获支持。又如“灵宝市菌类生产管理办公室与国家工商行政管理总局商标评审委员会其他案”，北京知产法院同样认为，由于现有证据并未体现出当地自然因素与商品特定质量的关联性，因此无法证明“灵宝香菇”构成地理标志可作为证明商标获得注册。参见法国国家原产地名称局诉黄晓东等商标争议行政纠纷案，北京市高级人民法院行政判决书(2014)高行终字第1567号、灵宝市菌类生产管理办公室与国家工商行政管理总局商标评审委员会其他案，北京知识产权法院行政判决书(2015)京知行初字第2081号。

露企业营销策划有限公司与国家工商行政管理总局商标评审委员会等因商标异议复审行政纠纷上诉案”中,恩施玉露协会申请注册“恩施玉露”证明商标,玉露公司以其在先取得的“玉露”商标针对“恩施玉露”证明商标的注册提出了异议。此案中,北京市高级人民法院认为,地理标志的功能主要在于标示某商品来源于某地区,该商品的特定质量、信誉或者其他特征,主要由该地区的自然因素或者人文因素所决定,而商标的主要功能在于区分商品或者服务的来源。因此,在对使用在相同或类似商品上的近似商标进行比较时,不应将具有不同功能的证明商标与普通商标进行近似性的比对。[1] 又如,在“国家工商行政管理总局商标评审委员会等诉永胜县他留乌骨鸡养殖协会因商标争议行政纠纷案”中,福凤禽业公司以其在先取得的“他留 TALIU 及图”商标,针对他留乌骨鸡养殖协会申请注册“他留乌骨鸡 Ta Liu Wu Gu Ji 及图”商标提出撤销申请。在该案中,法院同样认为,在对使用在相同或类似商品上的近似商标进行比较以判定相关商标是否构成侵权时,不应将具有不同功能的证明商标与商品商标进行近似性的比对。[2] 针对地理标志集体商标、证明商标与普通商标的关系,2014 年 1 月 22 日发布的《北京市高级人民法院关于商标授权确权行政案件的审理指南》第 5 条规定:“当事人依据其在先注册的普通商标主张他人申请注册的地理标志证明商标或者集体商标违反商标法第 13 条第 3 款或者第 30 条的规定不应予以核准注册或者宣告无效的,不予支持。当事人依据其在先注册的地理标志证明商标或者集体商标主张他人申请注册的普通商标违反商标法第 13 条第 3 款或者第 30 条的规定不应予以核准注册或者宣告无效的,不予支持。”但在 2016 年的“纳帕河谷酿酒人协会上诉国家工商行政管理总局商标评审委员会其他案”中,中商公司向商标局申请在酒类商品上注册“螺旋卡帕 SCREWKAPPANAPA”商标,而“纳帕河谷(NapaValley)”是使用在葡萄酒商品上的地理标志,并已在我国获准注册为证明商标。纳帕河谷协会对“螺旋卡帕 SCREWKAPPANAPA”商标提出异议。法院在判断被异议商标与引证商标是否构成使用在同一种或者类似商品上的近似商标时,径直分析了二者是否使用于同一种或者类似商品,以及是否容易导致混淆或误认等,而未对普通商标与证明商标的性质加以区分,并最终认定二者构成近似商标。[3] 可以看出,法院最初的立场是将地理标志集体商标、证明商标与普通商标严格界分,不作近似性比对,允许二者共存。而后期,法院的观点则发生了转变,即不对二者加以区分,进而直接判断其是否构成使用在同种或类似商品上的近似商标。

在司法解释层面,根据 2017 年 1 月发布、2020 年 12 月修订的《最高人民法

---

〔1〕 参见长沙玉露企业营销策划有限公司与国家工商行政管理总局商标评审委员会等因商标异议复审行政纠纷上诉案,北京市高级人民法院行政判决书(2013)高行终字第 1201 号。

〔2〕 参见国家工商行政管理总局商标评审委员会等诉永胜县他留乌骨鸡养殖协会因商标争议行政纠纷案,北京市高级人民法院行政判决书(2014)高行(知)终字第 2078 号。

〔3〕 参见纳帕河谷酿酒人协会上诉国家工商行政管理总局商标评审委员会其他案,北京市高级人民法院行政判决书(2016)京行终 2295 号。

院关于审理商标授权确权行政案件若干问题的规定》第17条第1款的规定[1]，地理标志可以获得类似驰名商标的跨类保护。申言之，当地理标志与商标存在冲突时，即使二者所标示的产品并非同类商品，该地理标志仍可获得一定的保护。最高人民法院在这一司法解释中的最新立场，值得关注。

关于地理标志集体商标、证明商标中具有显著识别性的部分是否可以单独获得保护的问题，法院所持的观点是，地理标志保护不仅保护该标志的整体，也包括其中具有显著性的可识别部分。例如，前述“纳帕河谷酿酒人协会上诉国家工商行政管理总局商标评审委员会其他案”中，被异议商标由中文“螺旋卡帕”和英文“SCREWKAPPANAPA”组合而成。北京高院认为，被异议商标包含的英文单词“NAPA”是地理标志“纳帕河谷（NapaValley）”的英文表达方式中最具有显著识别性的部分，易造成相关公众对葡萄酒产地的误解。因此，被异议商标的申请注册，违反了《商标法》第16条第1款的规定。[2]

同为商业标识，由于客体具有交叉重叠性，地理标志与商标之间有着天然的张力。举例而言，如若不做特别规定，对于“西湖龙井”这一标识，既可以作为商标通过商标制度加以保护，也可以借由地理标志专门保护制度进行保护，这样便在权利主体不一致的情况下，极易引发权利冲突。就如何处理地理标志与商标的关系，一个首要面对的问题是，在整体导向上，如何看待地理标志与商标的相对重要性：是赋予二者完全等同的地位，还是令二者其中之一具有一定的优先性？

笔者认为，一般来说，当地理标志与商标存在矛盾冲突时，应优先考虑地理标志的保护。地理标志与商标同属知识产权的子类，二者之间的冲突尤其表现在“商标申请注册在先、地理标志主张保护在后”的情形中。从权利的正当性这一视角出发，由洛克的财产权劳动学说，劳动是获取财产权的重要途径，也为知识产权等财产权提供了合理性基础。[3] 对前述情形，若赋予地理标志与商标完全等同的地位，似应以时间先后为标准保护在先商标而非在后地理标志。但是，主张地理标志保护的地方特色产品通常是由特定地区的劳动者经过祖祖辈辈的努力、代代相传，在地方自然因素的基础上融入人文、工艺等形成的。正因如此，所谓“在后”地理标志仅是指申请保护在后，特定地区内的生产者通过劳动取得地理标志相关权利的正当性基础，在时间上要远早于商标的注册申请。事实上，商业标识的生命力在于使用。从这一点来看，以使用为基础形成的地方性特色，往往超越了后来商标的注册申请。因此，完全按照申请的先后顺序处理地理标志与商标之间的关系，并不具有当然的合理性。同时，赋予地理标志相对于商标

---

〔1〕 本款规定：“地理标志利害关系人依据商标法第16条主张他人商标不应予以注册或者应予无效，如果诉争商标指定使用的商品与地理标志产品并非相同商品，而地理标志利害关系人能够证明诉争商标使用在该产品上仍然容易导致相关公众误认为该产品来源于该地区并因此具有特定的质量、信誉或者其他特征的，人民法院应予支持。”

〔2〕 参见纳帕河谷酿酒人协会上诉国家工商行政管理总局商标评审委员会其他案，北京市高级人民法院行政判决书(2016)京行终2295号。

〔3〕 参见易继明：《评财产权劳动学说》，载《法学研究》2000年第3期，第95—107页；又参见易继明、李辉凤：《财产权及其哲学基础》，载《政法论坛》2000年第3期，第16—17页。

的优先保护地位，也有助于解决目前地方特色产品的多头管理和避免商标抢注的现象。试想，若严格按照申请注册的先后顺序优先保护在先商标或在先地理标志，所造成的结果必然是，一部分地方特色产品的商业标识通过商标制度保护，另一部分则通过单独的地理标志制度加以保护，如此一来，多头管理问题仍存，亦有违构架地理标志专门保护制度的初衷。另外，这一做法容易诱发针对地理标志的商标抢注现象。

至于具体规则的设计，除《商标法》一般性地禁止将地名注册为商标以避免潜在冲突以外，可分为两种情形进一步考虑：第一，地理标志先于商标申请注册并获得保护。《商标法》第 9 条与第 32 条均规定申请商标注册不得损害他人合法的在先权利，但立法对于在先权利的范围则未予明确。有观点认为，在先权利包括但不限于商标权、著作权、地理标志权、商号权、外观设计专利权、姓名权、肖像权。[1] 因此，可在《商标法》中明确将地理标志列为在先权利之一，以解决商标与在先地理标志的冲突。同时，可为在先地理标志提供类似驰名商标的保护地位，即便在后商标指定使用的商品与地理标志产品并非同种或类似商品，若在后商标包含地理标志或地理标志中具有显著识别性的部分，容易导致相关公众误认为该商品来源于该地区并因此具有特定的质量或其他特征的，则在后商标应不予注册或被宣告无效。此种规则设计与现行《商标法》的规定略有不同。由《商标法》第 16 条第 1 款，若商标中包含地理标志，则在同时满足“商品并非来源于标志所标示的地区”“误导公众”两个条件的情况下，商标才将被拒绝注册并禁止使用。换言之，如果该商标的注册申请人确实来自特定地区，不会造成相关公众对商品真实来源地产生误认，则商标的有效性不受影响。但如此规定必然造成同一标识作为在先地理标志与在后商标共存的局面，如若通过建立并完善地理标志专门保护制度已足以满足地理标志的保护需求，那么为避免多头管理的乱象，应尽量通过规则的设计来消除二者共存的局面。

第二，商标先于地理标志申请注册并获得保护。[2] 根据国家知识产权局 2020 年 9 月发布的《地理标志保护规定(征求意见稿)》第 7 条，若申请保护的地理标志与在先注册商标、未注册驰名商标相冲突，误导公众的，则不给予地理标志保护。这一规定实质上是以时间先后作为确定权利优先性、解决权利冲突的原则。但笔者认为，如前所述，当二者产生冲突时，应赋予地理标志相对优先的保护地位。在这种倾向性下，对于在后地理标志，若其满足立法规定的核准注册的实质性条件，则应肯定其有效性，准予注册。若与在先商标共存，则应附加适当区别标识，合理避让在先商标权，避免造成相关公众混淆或误认。而对于在先商标，应适当兼顾地理标志的优先保护地位与商标注册申请的在先性，仅在商标

---

〔1〕 参见吴汉东主编：《知识产权法学》(第 6 版)，北京大学出版社 2014 年版，第 215 页。

〔2〕 需说明的是，此种情形具体是指某一满足地理标志注册条件的商业标识，在申请地理标志注册前，已被作为普通商标申请注册并获得保护。基于前述讨论，对于我国地理标志保护模式的选择，本文的主张是构建独立的地理标志保护制度，而不再借助商标法中的集体商标、证明商标制度。因而，此处讨论主要针对普通商标与地理标志之间的冲突，而不涉及集体商标或证明商标。

具有“欺骗性”时否定其有效性。具体来说，可在《商标法》中规定，若在先商标中包含地理标志或地理标志中具有显著识别性的部分，而该商品并非来源于该标志所标示的地区，误导公众的，则地理标志权利主体可在规定期限内提出异议，或者自商标注册之日起五年内请求商评委宣告该注册商标无效。葡萄酒、烈性酒商标与地理标志相冲突的，不要求公众对商品的真实原产地产生误解，只要该商品并非产自该标志所标示的地区，即可拒绝商标注册或宣告注册无效。但考虑到历史因素，商标已经在先善意取得注册的继续有效，此类商标已在相关公众中产生了特定的含义，不会造成消费者对商品来源的误认，如“青岛啤酒”等。另外，对于与地理标志相冲突的在先商标，亦可通过规则设计，允许地理标志权利人申请以丧失显著性为由予以撤销，以协调地理标志与商标之间的冲突。

3. 地理标志与通用名称

地理标志与通用名称的关系是地理标志制度中的重要内容，也是地理标志相关国际公约谈判中各国的主要分歧点之一。这里，主要讨论两个问题：一是通用名称可否注册为地理标志以及通用名称的判定标准；二是通用名称向地理标志的转化，亦即地理标志的“收回”问题。

就第一个问题而言，如前所述，地理标志的核心要素是产品与产地的关联性，即产品须具有可归因于地理来源的特定质量、声誉、特征等。而所谓“通用名称”，仅表示某种或某类产品，不能指示产品地理来源与产品特定质量、声誉、特征之间的联系。因而，仅从概念角度出发，地理标志与通用名称之间具有天然的互斥性，通用名称不得作为地理标志受到保护。

关于地理标志与通用名称，国际公约及各国地理标志立法均有涉及。在国际公约层面，《马德里协定》第 4 条将通用名称排除在货源标记的范围之外，并赋予各国法院一定的自由裁量权，以确定某一名称是否具有通用性质，但葡萄产品的货源标记不得视为通用名称。而根据《里斯本协定》第 6 条，原产地名称只要在原属国受到保护，就不能在同样为之提供保护的里斯本联盟国家视为通用名称。TRIPS 第 24.6 条规定，如果某一 WTO 成员的地理标志在其他成员中已成为通用名称，则其他成员无义务对该地理标志提供 TRIPS 所要求的保护。对于葡萄酒产品，若其他成员用于葡萄酒的地理标志与 WTO 协定生效前某一成员领土内已存在的葡萄酒通用名称相同，则该成员无义务保护这一地理标志。换言之，本条为葡萄酒产品的地理标志提供了更高程度的保护，即在 WTO 协定生效后，葡萄酒地理标志将不得再被视为通用名称。

在欧盟，《第 1151/2012 号条例》明确规定，通用名称不得注册为 PDO 或 PGI。[1] 所谓通用名称，是指产品的名称尽管与产品最初生产或销售的地方、地区或国家相关，但已在欧盟成为该产品的常用名称。[2] 另外，PDO 与 PGI 亦不

[1] *See* Article 6(1)of Regulation 1151/2012.

[2] *See* Article 3 of Regulation 1151/2012.

得变为通用名称。[1] 判断某一标识是否构成通用名称时,需考虑所有相关因素,特别是如下两点:一是该标识在消费地区的现状,二是相关国家或欧盟的法案。[2]

《美国商标法》亦规定,构成通用名称的地理名称或标识不受保护。而某一地理名称或标识是否构成通用名称,取决于消费者是否将之视为指向某一类商品或服务的全部,而不是作为一个地理来源。此外,美国联邦法规第27卷第4部分对葡萄酒的标签和广告作了规定,该部分规定也是对葡萄酒地理标志提供保护的法律依据。其中第24条,将葡萄酒地理名称分为通用、半通用和非通用名称三种:通用名称,是指原先具有地理意义,现在仅表示某种或某类葡萄酒,如Vermouth、Sake;半通用名称,同样指向某种或某类葡萄酒,可用于并非产自该地理名称所标示地区的葡萄酒产品上,但须标明产品的真实原产地,且该葡萄酒应符合联邦法规规定的产品标准,或者在不存在这种标准时,满足贸易中对此种或此类葡萄酒的理解,如Burgundy、Champagne等;非通用名称仅能用在产自该地理名称所标示地区的葡萄酒产品上。构成非通用名称的条件是,在消费者群体或者商业贸易中,人们普遍认为,该标识指向产自特定地区的葡萄酒产品,与其他葡萄酒产品有所区别。非通用名称,又分为特定葡萄酒的独特名称(如Chateau Lafite等)与非特定葡萄酒的独特名称(如American、California等)。[3]

可以看出,国际公约与主要国家地理标志立法中,均一般性地禁止将通用名称注册为地理标志。不同之处在于,各国对某一地理名称是否构成通用名称的判定标准,宽严不一。尽管从概念上,地理标志与通用名称似乎泾渭分明;但在实际判定中,二者之间的界限又不甚明晰,甚至可以说存在一定的模糊地带。除部分欧洲大陆国家有保护地理标志的法律传统之外,大多数国家早期并未对地理标志保护作出制度安排。由于缺乏保护地理标志的传统,也出于地理标志权利主体怠于维护其权利等原因,部分地理标志被长期使用在并非产自特定地区的产品上,造成不同程度的通用化。尽管在消费者的认知或商业贸易中,这部分地理标志已不能将产品与特定地区唯一地联系起来,但该标志仍代表了某种特定的品质,而该品质曾经是建立在标志所标示地区独特的地理因素基础上的。传统欧洲大陆国家普遍认为,若产品地理来源的排他性、地理环境的独特性使该产品具有不同于其他任何地方同类产品的品质特征。换言之,若产品因其产地地理因素的"不可复制性"而在质量特征上具有"唯一性""不可模仿性",那么附加在该产品上具有地理意义的名称就不能构成通用名称,不得归属于公共领域。对此,有德国学者指出,诸如葡萄酒等产品,其品质特征本质上取决于产地独特的自然因素,如葡萄种植地的土壤成分、气候、水质等。此种情形下,将该地理标志使用在其他产品上,会使消费者对产品质量产生错误认识,从而造成对消费者

---

〔1〕 *See* Article 13(2)of Regulation 1151/2012.

〔2〕 *See* Article 41(2)of Regulation 1151/2012.

〔3〕 *See* 27 C. F. R. § 4. 24.

的欺骗。因而,此类地理标志,难以转化为通用名称。[1] 基于此,欧盟委员会主张,对于此类地理标志,只要符合 PDO 的注册条件即可获得注册,而无须判断该标志是否属于通用名称。也就是说,即便这种地理标志已被一定程度地通用化,以致消费者不能完全将相关产品与特定地区对应起来,但其仍可获得地理标志保护,以保护该产品的独特品质,同时令消费者免遭欺骗。对于其他地理标志,不构成通用名称是获得地理标志注册的前提条件。与之形成鲜明对比的是,美国对葡萄酒半通用名称并不提供保护,只要标明真实原产地并符合一定的质量标准,即可将该地理名称使用在并非产自特定地区的葡萄酒产品上。由此观之,相较于美国,欧洲国家对地理标志是否构成通用名称的判定更为严格。这种立场上的差异与不同国家的法律传统、贸易利益等紧密相关。

我国地理标志保护历史较短,地理标志通用化现象已出现。[2] 我国现阶段构建地理标志制度时,一方面,应规定禁止将通用名称注册为地理标志,《地理标志保护规定(征求意见稿)》第 7 条已作出相关规定;另一方面,可以通过切实落实地理标志保护,以及禁止将地理标志注册为商标等规则设计,防止地理标志的进一步通用化。至于是否需要比照欧盟在立法中规定禁止部分地理标志演变为通用名称,笔者认为,从法经济学的视角来看,社会制度的构建均应从"成本—收益"的维度加以考察,以期通过具体规则的设计,实现社会整体福利的最大化。构建地理标志保护制度,通过向消费者传递产品质量信息,可以有效降低消费者的搜寻成本,以解决市场交易中普遍存在的信息不对称问题,这是该制度可能降低的社会成本,亦即制度收益。但同时,保护地理标志亦将增加一定的社会成本。这方面,主要体现为如下两点:其一,针对同业竞争者,建立地理标志保护制度可能增加他人在同类产品上选择标识的成本,这意味着市场上同行业的其他生产者需要"绕开"现有地理标志,继而寻找其他标识来标示其产品,由此产生社会成本;其二,针对消费者,地理标志保护可能诱使相关生产者通过广告宣传等,打造一个夸大的高品质产(商)品形象,从而获得更高的垄断寻租收益,损害消费者利益。后一种成本,可通过构建有效的管理制度、规范地理标志的使用,在一定程度上加以控制。对于已在不同程度上被通用化的地理名称而言,由于消费者已不能将相关产品与特定地区唯一地对应起来,故此类地理名称在降低消费者搜寻成本方面作用较小。与此同时,鉴于其通用化趋势,同行竞争者选择其他标识的"绕开成本"较高。此外,相比于葡萄酒在传统欧洲国家商业贸易中的重要性,我国国际贸易价值较高的地方特色产品,其地理标志通用化问题尚不突出。所以,我国暂无必要对地理标志与通用名称关系之间作出类似欧盟的制度安排。对某一地理名称是否构成通用名称的判断,宜赋予地理标志授权确权机

---

[1] *See* Herman Cohen Jehoram(ed.), *Protection of Geographic Denominations of Goods and Services*, 1980, p. 23,转引自田芙蓉:《地理标志与通用名称相互转变条件的比较研究》,载《知识产权》2006 年第 1 期,第 84 页。

[2] 例如,安徽宣城市的宣纸、新疆的哈密瓜曾先后被注册为地理标志产品,但目前宣纸与哈密瓜在消费者认知中大多已成为产品的类别名称。

构与司法机关一定的自由裁量权，并且应以消费者的认知情况为准，包括商业实践中其他地区的生产者在使用该地理名称时，是否试图将该标识与特定地区联系起来，也可纳入考虑因素。

前述第二个问题，即地理标志的“收回”与通用名称的逆转保护，也是国际贸易谈判中的重要议题。TRIPS 第 24.6 条规定，WTO 成员无须对在本国或本地区内已成为通用名称的其他成员的地理标志提供保护，无论该地理标志在原属国是否受到保护。但是，对于已在其他国家或地区演变为通用名称的地理标志，若其对原属国具有重大贸易利益，后者可通过贸易谈判，要求相应国家和地区重新为已变成通用名称的地理标志提供保护，以实现双方各自的政治、经济利益。例如，欧盟与澳大利亚关于葡萄酒贸易的协议、欧盟与加拿大关于葡萄酒和烈性酒饮料的贸易协议等，对欧盟已变成通用名称的地理标志，规定了不同的过渡期，将逐步停止对这些标识的通用性使用。[1] 因此，对于地理标志的“收回”问题，我国可以在立法中进行一般性规定。因为原“三足鼎立”局面中，授权或者注册泛化，规范性不足，造成消费者地理来源的认知偏差，出现一定程度的通用化现象，需要通过一般性条款给审查机构和法院提供特别规范化空间。同时，在地理标志国际合作中，也留下一些双边或者多边谈判的空间。

4. 同名地理标志

同名地理标志的出现，与欧洲殖民的历史密不可分。美国、澳大利亚等新世界国家有很多地名与欧洲相同，乃是传统欧洲国家海外殖民时期将本国地理名称移植殖民地的原因，包括“New York”[2]之类的命名。为避免地理标志相同所造成的市场混乱，有必要对此问题加以规范。

依据 TRIPS 第 22.4 条，虽然在文字上表明产品的真实产地，但却虚假地向公众表明该产品产自其他地区的地理标志，适用第 22 条前三款的规定。具体而言，对于此类地理标志，WTO 成员应向利害关系方提供法律手段以防止将其使用在货物上，从而在该货物的地理来源方面使公众产生误解，禁止构成不公平竞争行为的任何使用，并且可在立法允许的情况下依职权或利害关系方的请求，拒绝将此类标识注册为商标，或宣告已注册商标无效。第 23.3 条对葡萄酒同名地理标志作了特别规定。由该条，在遵守第 22.4 条规定的前提下，应对每一种标志予以保护。WTO 成员应确定相互区分同名地理标志的可行条件，保证公平对待有关生产者且不致误导消费者。结合这两条，TRIPS 在同名地理标志的问题上，区分葡萄酒与其他产品采取了不同立场。对于葡萄酒，满足如下三个条件，则每个地理标志均可获得保护：一是同名地理标志之间能够相互区分；二是相关生产者受到公平对待；三是不会令消费者对产品地理来源产生误解。但是，对于其他产品的同名地理标志，若误导消费者或构成不公平竞争行为，则无法获得地

---

〔1〕 参见田芙蓉：《地理标志与通用名称相互转变条件的比较研究》，载《知识产权》2006 年第 1 期，第 86 页。

〔2〕 “New York”(纽约)，1624 年荷兰殖民时期建立美洲贸易站时，称之为“新阿姆斯特丹”(New Amsterdam)。1664 年，纽约及其周边地区为英国所占，便移植英国一处地名“York”(约克)，改称之为“纽约”(New York)。

理标志保护并且禁止使用。而对于不构成误导的情形，TRIPS 未作明确规定。

关于同名地理标志，根据欧盟《第 1151/2012 号条例》，若拟申请注册的名称与已注册地理标志全部或部分相同，将不予注册；除非实践中对二者在当地传统使用和展示方式上已有足够的分别，并且仍需考虑能否确保生产者被公平对待以及消费者不受误导。即使拟申请注册的同名地理标志对于产品的真实产地而言是准确的，但会误导消费者认为产品来自另一地域，仍将被拒绝注册。〔1〕关于酒类同名地理标志，若申请注册的名称与已注册名称全部或部分相同，原则上仍允许注册，但需适当考虑当地传统用法以及任何可能造成混淆的风险。如果造成消费者误认为该产品出自其他地区，即便申请注册的名称所标示的是产品的真实原产地，也将不予注册。另外，除注册环节外，使用已注册的同名地理标志时亦应符合如下要求：实践中对二者已有足够的区分，以公平的方式对待相关生产者以及确保消费者不受误导。〔2〕与《第 1151/2012 号条例》对农产品、食品同名地理标志原则上禁止注册、满足特定条件下可获注册的立场有所不同，从条文的表述来看，欧盟对酒类同名地理标志持更强的保护态度，一般允许同名标志的注册。

一度引起广泛关注的 TPP 草案也曾对同名地理标志作出规定。2013 年维基解密披露的 TPP 相关章节的草案中曾规定，“各缔约国可以对同名地理标志的保护作出规定。若规定了该保护制度，在确保公平对待相关产品以及避免误导消费者的前提下，该缔约国可在必要时规定用以区分同名地理标志并具有可操作性的条件。”该条由新西兰、智利、越南、马来西亚、文莱、新加坡和墨西哥提议，但遭到秘鲁、美国和澳大利亚反对。〔3〕而 TPP 协定最终文本，也删除了本条对同名地理标志的规定。〔4〕由此，美国、澳大利亚等新世界国家对同名地理标志保护相对消极的态度可见一斑。之所以采取这种立场，多是出于自身贸易利益的考量，由于新、旧世界国家存在地名上的重叠性，为传统欧洲国家知名度高、历史悠久的同名地理标志提供保护，极有可能对本土同类产品的市场销售造成冲击。

具体到我国语境下，依照《集体商标、证明商标注册和管理办法》第 9 条的规定，多个同名葡萄酒地理标志均可通过集体商标或证明制度加以保护；前提是可以彼此区分，并可确保消费者不受误导。这一规定，与 TRIPS 第 23.3 条大同小异。《地理标志保护规定（征求意见稿）》第 7 条第（四）项规定，产品名称与受保护地理标志的产品名称相同，导致公众对产品的地理来源产生误认的，不给予地理标志保护。由于语言上的差异，我国与国外地名重合的情形相对较少，但国内不同地区地名相同的情况，实属常见。因而，我国是否规定同名地理标志保护规则，如何设计具体规范，重点不在于对国际贸易利益的促进，而应着重考虑国内

〔1〕 *See* Article 6(3) of Regulation 1151/2012.

〔2〕 *See* Article 100(1) of Regulation 1308/2013.

〔3〕《跨太平洋伙伴关系协议定》“知识产权”章节，工信部电子知识产权中心译，载国家知识产权局条法司编：《专利法研究 2013》，知识产权出版社 2015 年版，第 310 页。

〔4〕 参见宋锡祥、周聖：《TPP 最终文本对商标权的规制及其对中国的影响与对策》，载《上海大学学报（社会科学版）》2016 年第 3 期，第 4 页。

不同地区经济与文化产业发展的适当平衡。基于此,在满足同名地理标志可相互区分、相关生产者被公平对待、消费者不受误导的条件下,宜规定同名地理标志均可获得注册。并且,这一规则的适用,不应局限于葡萄酒产品,以确保来自同名地区的不同地方特色产品,能够平等地受到保护。

5. 异议与无效宣告事由

《商标法》《地理标志产品保护规定》《农产品地理标志保护管理办法》中均未规定地理标志登记注册中的异议程序和无效宣告程序。这将导致民事主体的合法权益因地理标志的不当注册而遭受损害时,难以获得及时有效的救济。此项规则的缺失,应在《地理标志法》中予以填补。

关于提起异议及无效宣告程序的事由,欧盟《第 1151/2012 号条例》第 10 条就拒绝地理标志注册的异议事由所作的规定可资参考。主要包括以下四点:①不满足原产地名称与地理标志定义中规定的构成要件,或者不符合产品规范,包括生产工艺、产品标准等;②违反地理标志与动植物品种名称、同名地理标志、地理标志与商标的相关规定;③地理标志的注册将危及完全或部分同名的名称、商标或产品的存续,而该名称、商标及产品在这一地理标志注册公告时已在市场上至少合法存在了 5 年;④申请注册的地理标志已构成通用名称。[1] TPP 第 18.32 条,亦规定了地理标志的异议和撤销。根据该条规定,若缔约方确立了保护或认可地理标志的行政程序,则应规定允许利害关系人提出异议、寻求注销该地理标志的程序。提出异议的理由包括以下三种:一是该地理标志可能与该缔约方领土内在先善意申请注册的商标或已注册商标产生混淆;二是该地理标志可能与依照该缔约方法律已获得权利的在先商标产生混淆;三是该地理标志在该缔约方领土内是通用语言中惯常术语作为相关货物的通用名称。利害关系人至少可以基于前述第一项理由,申请注销该地理标志。可以看出,TPP 在否定地理标志有效性的事由上,着重关注地理标志与商标的冲突,并且明显有弱化地理标志保护、强化商标保护的倾向,这也是美国利益诉求的一种体现。

《地理标志保护规定(征求意见稿)》第 7 条列明了 7 种异议和撤销事由[2],但未区分绝对无效事由和相对无效事由,针对相对无效事由,未规定可提出无效宣告申请的时间限制。笔者建议,在地理标志的异议和无效宣告事由上,可参照《商标法》的相关规定,区分绝对事由和相对事由,并对二者分别进行规定。绝对事由包括:①不符合地理标志的定义;②不满足地理标志核准注册的实质性条件,包括申请人资质、产品的质量特色或其他特征及其与地理来源的关系、生产技术规范和产品质量安全技术标准、产地范围的确定等;③系争地理标志已属于

---

〔1〕 *See* Article 10 of Regulation 1151/2012.

〔2〕 《地理标志保护规定(征求意见稿)》第 7 条具体包括:①违反法律、社会公德或者妨害公共利益;②构成产品的通用名称;③与他人注册商标、未注册驰名商标相冲突,误导公众;④与受保护地理标志相同,导致公众对产品的地理来源产生误认;⑤与植物品种或者动物育种名称相同,导致公众对产品的地理来源产生误认;⑥产品违反安全、卫生、环保的要求,对环境、生态、资源可能产生危害;⑦外国地理标志在所属国或者地区被撤销保护。

通用名称。任何单位或者个人均可基于绝对事由申请宣告已注册地理标志无效，且不受时间限制，行政主管部门也可依职权启动无效宣告程序。相对事由主要是指地理标志与在先商标、同名地理标志等在先权利之间的冲突。考虑到维护市场秩序稳定的需要，基于相对事由申请宣告地理标志无效，其申请主体宜限定于在先权利人或利害关系人，并应在一定期限内提出申请。

五、结论

地理标志制度的确立，一定程度上助推了农产品特色化及其价格的提升，促进区域农业经济的发展，起到了扶农富农的作用。随着《民法总则》、《民法典》将地理标志独立于商标列为知识产权的独立客体，同时也随着地理标志管理“三合一体制”的形成，地理标志保护模式的选择与制度设计问题日益凸显出来，成为摆在我们面前的重大课题。

本文从地理标志的概念、性质入手，对美国、欧盟两大典型立法模式进行分析，进而对我国地理标志制度现状予以剖析、反思。地理标志的保护方式大体可分为三类：商业行为法律保护、商标法保护以及专门保护。世界范围内的地理标志保护模式，主要是以法国、意大利等传统欧洲国家为代表的专门立法保护和以美国等新世界国家为代表的商标法保护的两大模式之争。较之于其他发达国家，我国地理标志保护制度建立的时间相对较晚。地理标志保护实践中，原行政部门多头管理、地区之间利益争夺、地方性产业驱动等现象，削弱了地理标志制度的作用。

从本质上讲，地理标志制度是一种对符号资源的制度安排，在传递产品质量信息、降低消费者搜寻成本、确保生产者溢价收益方面发挥着重要的作用。美欧之间在地理标志与在先商标的关系、地理标志保护是否影响通用名称的自由使用、已注册地理标志的异议、注销或者无效宣告程序、葡萄酒和烈性酒地理标志强保护的延伸等问题上，长期存在着争议。其背后所反映出的，是传统欧洲国家与新世界国家产业发展模式的分歧，即传统生产模式与工业化模式之争。

而在我国语境下，地理标志制度整体上以“扶农”“富农”“强农”为价值取向，商标制度并不能有效契合地理标志的保护需求。同时，由于商业标识种类的多样性，考虑到不同商业标识在权利内容、保护范围等方面差异较大，我国尚不具备制定统一“商业标识法”的条件。因此，在地理标志保护模式问题上，制定一部单独的“地理标志法”，是我国现阶段地理标志制度的最优选择。基于此，本文提出了“地理标志法”的七章结构设计的初步构想，并对地理标志的定义，地理标志与商标、地理标志与通用名称、同名地理标志，异议、撤销与无效宣告等具体规则，进行了初步的探索。

欧盟地理标志特殊保护立法经验及其对我国的启示〔1〕

孙　智*

摘　要　欧盟对地理标志采取“专门法为主、商标法为辅,彼此协调配合”的协同保护模式。欧盟立法对地理标志保护最大特色体现在,对欧盟地区具有比较优势的地理标志资源的特殊保护与对其他地理标志资源的一般保护相结合。欧盟地理标志保护专门法并不是单纯意义的地理标志知识产权保护制度,而是包括了十分严密的农产品和食品质量监控制度,以及扶持欧盟农业农村发展的政策机制。作为一种辅助性法律手段,欧盟商标法对地理标志的补充保护主要体现在:一是为所有种类地理标志提供防御性保护,二是通过注册集体商标的方式对欧盟特色优势资源以外的地理标志资源提供一般保护。从某种意义上讲,欧盟地理标志保护制度其实也是一种针对不同产品类别地理标志的“歧视性”制度设计。欧盟针对不同产品类别地理标志的歧视性保护做法,不值得提倡和学习。但是,欧盟各项地理标志保护立法之间对于地理标志提供各有分工、相互协作、密切配合的体系化协同保护实践,及其对自身传统和优势特色资源的特别关注和重视,并在全球范围内就地理标志坚定不移地主张和贯彻“强保护”的理念和行动等经验,值得我国借鉴。针对目前我国地理标志保护面临的制度困境,借鉴欧盟制度经验,建议尽快完善我国地理标志保护立法,包括抓紧制定出台高位阶的地理标志保护专门法和修改完善商标法及相关立法,以及进一步整合地理标志管理体制,构建分类审查、统一认定和立体化保护的地理标志特殊保护管理制度,由此从根本上实现对我国地理标志资源的充分保护,保障和促进地方特色经济高质量发展,助力乡村全面振兴。

关键词　地理标志;专门法;商标法;集体商标;农业农村发展;欧盟

目　次

---

* 孙智(1987—　),男,贵州遵义人,法学博士,贵州师范大学法学院/知识产权中心副教授、硕士生导师,研究方向:知识产权法。

〔1〕 本文系2021年贵州省哲学社会科学规划青年课题“贵州地理标志产品法律保护体系构建研究”(21GZQN16)的阶段性成果。

地理标志是重要的知识产权。我国地理标志资源丰富，潜在商业价值和文化价值十分突出，加强地理标志保护对于推动区域特色经济发展、助力乡村振兴、促进外贸外交以及弘扬传统文化等意义重大。2020 年 9 月 14 日，中欧签署《中华人民共和国政府与欧洲联盟地理标志保护与合作协定》(简称《中欧地理标志协定》)，协定于 2021 年 3 月 1 日正式生效。该协定是我国对外商签的第一个全面的、高水平的地理标志保护双边协定，协定对地理标志设定了高水平保护规则，这种高水平保护势必对我国地理标志保护制度建设产生深刻影响。2022 年 1 月 10 日，国家知识产权局印发我国首个《地理标志保护和运用“十四五”规划》，其中明确提出要“加强国外地理标志法律制度比较研究，健全专门保护与商标保护相互协调的统一地理标志保护制度”，“积极落实中欧地理标志保护与合作协定”，等等。在此背景下，有必要对国际上地理标志“强保护”的强势推动者——欧盟的地理标志法律保护制度做体系性考察，为完善我国地理标志保护制度，以及进一步深化中欧地理标志保护双边合作，提供一些积极有益的经验和启示。

一、欧盟地理标志制度的形成脉络及特殊保护立法概况

欧盟的地理标志法律保护包括欧盟和成员国两个层面。本文主要考察欧盟层面的地理标志特殊保护制度经验。从世界范围来看，欧盟地区可以说既是地理标志保护历史传统最为深厚的地区，也是地理标志保护最为严密的地区，其地理标志保护法律制度既是最复杂的，同时也是最完备的。地理标志知识产权保护之所以能够走向全球，主要就是受欧盟及其主要成员国的影响和长期推动。

欧盟层面的地理标志保护体系以成员国国内法为基础，尤其受法国、德国等核心成员国的影响较大。欧洲“一直是一个居民有着很大差异，土壤、道路、发展的障碍物、动植物和气候方面错杂纷呈和由各种相互交叉的宏观和微观环境组成的错综复杂的地区”[1]。其中，南欧地区自然条件相对优越，很适合农业生产和生活。当地的人们在长期的农业生产过程中培育出了十分丰富的地方特色产品，尤其是农产品、食品和其他产品。例如，法国的“洛克福羊乳干酪”(Roquefort)、“香槟酒”(Champagne)，意大利的“帕尔玛火腿”(Prosciutto di Parma)、“基安蒂

---

〔1〕[英]M. M. 博斯坦、D. C. 科尔曼、彼得·马赛厄斯：《剑桥欧洲经济史(第 2 卷)：中世纪的贸易和工业》，王春法等译，经济科学出版社 2004 年版，第 6 页。

红葡萄酒”(Chianti),希腊的“菲达奶酪”(Feta),等等。这些地理标志产品不仅具有鲜明的地域特色,而且在欧洲乃至全球享有盛誉。为了保护这些产品的声誉和市场利益,欧洲国家很早就非常重视给予其地理标志保护。比如,早在1222年,南斯拉夫就颁布了一项管理葡萄酒销售的特许状(a charter),其中规定了葡萄酒贸易“只允许从该地区出产的产品带有地理标志”。[1] 14世纪,法国也颁布了管理规章,用于防止非出产地的葡萄酒使用该地名。1410年,法国夏尔六世还为“洛克福羊乳干酪”颁发了特殊证书,通过钦赐“特权”形式对地理标志进行保护。[2] 近代以来,以法国、意大利、德国、西班牙等为代表的欧洲国家,通过制定出台专门法或者修改完善《商标法》和《反不正当竞争法》等多种方式,为地理标志保护建立起了相对完善的国内法律体系。同时,其还在国际上积极呼吁、斡旋和推动,最终促成了《保护工业产权巴黎公约》《制止商品虚假或欺骗性产地标记马德里协定》《原产地名称保护及其国际注册里斯本协定》《与贸易有关的知识产权协议》(TRIPS)以及《原产地名称和地理标志里斯本协定日内瓦文本》等多边条约的成功缔结,从而使得曾偏隅欧洲的地理标志保护得以走向世界的各个角落。

1951年4月18日,法国、联邦德国、意大利、比利时、荷兰和卢森堡六国在法国巴黎签署《建立欧洲煤钢共同体条约》,成立了欧洲煤钢共同体。1957年3月25日,六国在意大利罗马签订了《欧洲经济共同体条约》和《欧洲原子能共同体条约》,建立了欧洲经济共同体和欧洲原子能共同体。1965年4月8日,六国又进一步签署了《布鲁塞尔条约》,从而将欧洲煤钢共同体、欧洲经济共同体和欧洲原子能共同体统一起来,统称欧洲共同体(简称欧共体)。后来,随着一系列新条约的签署和其他成员国的陆续加入,欧共体组织得以不断发展壮大。1993年11月1日,随着《马斯特里赫特条约》的生效,欧洲联盟(简称欧盟)正式成立,欧洲三大共同体纳入欧盟。2009年12月生效的《里斯本条约》废止了“欧洲共同体”,其地位和职权由欧盟承接。[3]

欧盟(欧共体)成立以后,最先实施地理标志保护立法的同样也是在葡萄酒领域。据考察,欧共体在20世纪70年代即开始颁布条例对酒类地理标志进行规范。1989年8月9日,欧共体通过了关于葡萄酒和葡萄汁描述和表示一般规则的《(EEC)第2392/89号条例》(现已失效)[4]。之后,伴随欧共体统一市场进程的发展,欧共体对地理标志的保护逐渐从葡萄酒、烈酒发展到奶酪、农产品和食品等领域。1992年7月24日,欧共体出台了首部对农产品和食品地理标志提

---

[1] Evans G, Blakeney M, *The international protection of geographical indications yesterday, today and tomorrow*, Emerging issues in intellectual property trade, technology and market freedom. Edward Elgar, Cheltenham, 2007, p. 363.

[2] 林秀芹、孙智:《我国地理标志法律保护的困境及出路》,载《云南师范大学学报(哲学社会科学版)》. 2020年第1期,第49—61页。

[3] 李明德:《欧盟知识产权法》,法律出版社2010年版,第3—6页。

[4] See Council Regulation(EEC) No 2392/89 of 24 July 1989 laying down general rules for the description and presentation of wines and grape musts.

供专门保护的立法《(EEC)第 2081/92 号条例》(现已失效)[1]。此后又经过数十年立法变革及实践发展,欧盟逐渐建立起一套系统完备的地理标志协同保护法律体系。值得一提的是,欧盟不仅是 WTO 原始成员,履行着 TRIPS 规定的地理标志保护义务。同时,欧盟还作为至关重要的第五个成员于 2019 年 11 月 26 日加入了《原产地名称和地理标志里斯本协定日内瓦文本》,从而使该文本达到了其所规定的生效的最低条件,于 2020 年 2 月 26 日正式生效。[2]

根据欧盟委员会在 2019 年发布的一份研究报告(见表 1)显示,2017 年欧洲食品和饮料行业的总销售额约 11010 亿欧元,其中欧盟 28 个成员国的地理标志产品(包括 GIs 和 TSGs)的销售额约 771.5 亿欧元(不包括 TSGs 的销售额为 747.6 亿欧元)[3],占食品和饮料行业总销售额的 7%(不包括 TSGs 占销售额的 6.8%)。其中,葡萄酒类占比为 51%(394.18 亿欧元),农产品和食品类占比为 36%(273.39 亿欧元),烈酒类占比为 13%(103.47 亿欧元)。2017 年,欧盟地区出口到非欧盟国家的地理标志产品(包括 GIs 和 TSGs)约 170.3 亿欧元(GIs 为 169.5 亿欧元),占欧盟地区对外食品饮料贸易额的 15.5%(GIs 为 15.4%)。从 2010 年到 2017 年,欧盟地区的地理标志产品总销售额增长了 42%。其中,葡萄酒类的销售额增长了 33%,贡献了 43%的增长份额,特别是法国、意大利和西班牙葡萄酒的增长,占葡萄酒增长贡献的 79%;自 2010 年以来,农产品和食品类的增幅最大(超过 65%),几乎占 2010—2017 年增长份额的一半;烈酒类增长了 26%,占增长份额的 9%,这主要是由于法国烈酒的增长。[4]

表 1 2010—2017 年欧盟 28 个成员国各类地理标志产品的销售额(单位:百万欧元)

地理标志产品类别	2010 年	2011 年	2012 年	2013 年	2014 年	2015 年	2016 年	2017 年	2017 年合计	年均增长	增长幅度(2010—2017 年)	增长份额(2010—2017 年)
葡萄酒类	29630	32099	33934	34976	35741	37586	37889	39418	51%	4.2%	33%	43%
农产品和食品类	16603	19672	21433	21922	23068	23714	26074	27339	36%	7.4%	65%	47%
烈酒类	8249	9140	9458	9500	9063	9456	9493	10347	13%	3.3%	26%	9%

---

[1] See Council Regulation(EEC) No 2081/92 of 14 July 1992 on the protection of geographical indications and designations of origin for agricultural products and foodstuffs.

[2] See WIPO, *European Union Joins Geneva Act of WIPO's Lisbon Agreement, Enabling Entry into Force*, athttps://www.wipo.int/pressroom/en/articles/2019/article_0015.html, Mar. 11, 2020.

[3] 如果排除英国,2017 年欧盟 27 个成员国的地理标志产品(包括 GI 和 TSG)总销售额为 694 亿欧元。See AND-International, *Study on economic value of EU quality schemes, geographical indications (GIs) and traditional specialities guaranteed (TSGs): Executive summary*, Publications Office of the European Union, Directorate-General for Agriculture and Rural Development, p. 2(2009).

[4] AND-International, *Study on economic value of EU quality schemes, geographical indications (GIs) and traditional specialities guaranteed (TSGs): Final report*, Publications Office of the European Union, Directorate-General for Agriculture and Rural Development, p. 16-21(2019).

续表

地理标志产品类别	2010年	2011年	2012年	2013年	2014年	2015年	2016年	2017年	2017年合计	年均增长	增长幅度(2010—2017年)	增长份额(2010—2017年)
加味葡萄酒类	31	36	35	32	37	39	39	43	0.1%	4.8%	39%	0%
合计(排除TSGs)	54513	59357	62852	64215	66151	69483	71592	74759	97%	4.6%	37%	91%
合计(包括GI和TSGs)	54513	60946	64861	66431	67909	70794	73495	77148	100%	5.1%	42%	100%

从表1欧盟28个成员国已注册地理标志的产品在2010—2017年期间的销售情况可以看到,地理标志保护对欧盟地区具有非常重要的现实经济利益。所以,在全球范围内推动地理标志“强保护”问题上,欧盟始终坚定不移。

根据考察发现,欧盟目前对地理标志采取的是“专门法为主、商标法为辅,彼此协调配合”的协同保护模式。欧盟层面不仅通过出台一系列条例(Regulation)和指令(Directive)等,为地理标志建立起十分严密的专门保护制度,同时还在《商标法》上为地理标志保护做了颇为细致的制度安排。欧盟立法对地理标志保护的最大特色体现在,对欧盟地区具有比较优势的地理标志资源(包括葡萄酒、烈酒、农产品和食品等)的特殊保护与对其他地理标志资源的一般保护相结合。

二、欧盟专门法对地理标志优势资源的特殊保护

(一)欧盟地理标志保护专门法的基本框架

欧盟现行地理标志专门法保护制度主要由下列四项条例及配套指令等共同构成:一是适用于农产品和食品(agricultural products and foodstuffs)的《(EU)1151/2012号条例》[1];二是适用于葡萄酒(wine)的《(EU)第1308/2013号条例》[2];三是适用于烈酒(spirit drinks)的《(EU)第2019/787号条例》[3];四是适用于加

〔1〕 See Regulation(EU)No. 1151/2012 of the European Parliament and of the Council of 21 November 2012 on quality schemes for agricultural products and foodstuffs.

〔2〕 See Regulation(EU)No. 1308/2013 of the European Parliament and of the Council of 17 December 2013 establishing a common organisation of the markets in agricultural products and repealing Council Regulations(EEC)No. 922/72,(EEC)No. 234/79,(EC)No. 1037/2001 and(EC)No. 1234/2007.

〔3〕 See Regulation(EU)2019/787 of the European Parliament and of the Council of 17 April 2019 on the definition, description, presentation and labelling of spirit drinks, the use of the names of spirit drinks in the presentation and labelling of other foodstuffs, the protection of geographical indications for spirit drinks, the use of ethyl alcohol and distillates of agricultural origin in alcoholic beverages, and repealing Regulation(EC)No 110/2008.

味葡萄酒(aromatised wine)的《(EU)第 251/2014 号条例》[1],等等。从《中欧地理标志协定》文本内容来看,这些立法在《中欧地理标志协定》附录一"双方法律"第二部分"欧盟法律"当中均有明确列举。[2] 在具体制度设计上,欧盟专门法采取了颇为独特的"分类立法—分类注册—分类保护"的特殊保护做法。即欧盟层面不仅针对不同类别产品(均为欧盟特色优势产品)地理标志分别制定了单行条例以及指令等立法,并且还分别为之建立了不同的注册保护体系。

在欧盟专门法上,地理标志保护不仅拥有多项单行法规,更有着多个不同的地理标志术语概念,其中包括"受保护的原产地名称"(PDO)、"受保护的地理标志"(PGI)、"传统特产保证"(TSG)以及"地理标志"(GI)等,由此足见欧盟地理标志专门法保护制度构造的复杂性。这些不同的地理标志术语概念的主要差异,欧盟官方解释是"主要与有多少原材料来自该地区或者有多少生产过程必须在特定地区进行有关"[3]。事实上,这种复杂概念及保护体系的存在,尤其是 PDO 和 PGI 的共存,最初主要是为了协调兼顾法、德两个主要欧盟成员国不同地理标志的保护实践,正如 1994 年 TRIPS 中地理标志"双重保护标准"的形成,也是国家之间利益博弈和妥协的畸形产物。[4] 从欧盟立法及其保护做法来看,PDO 和 PGI 定义虽然有别,但保护水平并无二致,它们均受相同程度的特别保护。

在具体制度内容上,以《(EU)1151/2012 号条例》为例。[5] 该条例不仅在第 2 章系统规定了 PDO 和 PGI 的知识产权保护规则,包括:保护目的(第 4 条),保护条件(第 5 条),通用化以及与动植物品种名称、与同名地理标志和商标的冲突处理(第 6 条),产品说明书(第 7 条),注册申请内容(第 8 条),过渡性国家保护(第 9 条),异议理由(第 10 条),PDO 和 PGI 注册簿(第 11 条),名称、符号及标志(第 12 条),保护(第 13 条),商标、原产地名称及地理标志之间的关系(第 14 条),PDO 和 PGI 使用过渡期(第 15 条),等等;在第 3 章规定了 TSG 的知识产权保护规则(包括保护目的、条件、产品说明书、注册申请及异议、使用限制等);以及在第 4 章规定了选择性质量术语(optional quality terms)的相关规则,主要包括"山货""边区货"等。同时,该条例还在第 5 章、第 6 章等章节,针对 PDO、PGI、TSG 等规定了极为严密的官方控制措施,包括这些名称的主管机构、产品规格的合规

---

[1] See Regulation(EU) No. 251/2014 of the European Parliament and of the Council of 26 February 2014 on the definition, description, presentation, labelling and the protection of geographical indications of aromatised wine products and repealing Council Regulation(EEC) No. 1601/91.

[2] 参见《中华人民共和国政府与欧洲联盟地理标志保护与合作协定》附录一。

[3] European Commission. Quality schemes explained, Geographical indications [EB/OL]. [2019-09-23]. https://ec. europa. eu/info/food-farming-fisheries/food-safety-and-quality/certification/quality-labels/quality-schemes-explained_en.

[4] 据文献介绍,法国和德国均不愿意放弃自己的地理标志定义方法。See Hughes J, *Champagne, feta, and bourbon: The spirited debate about geographical indications*, *Hastings LJ*, 58, p. 325(2006).

[5] 据观察,欧盟地理标志保护多项单行法规,虽然针对不同类型产品做了不同的技术性要求,但是在相关地理标志实质性保护内容的规定上均大同小异。因此,这里仅以《(EU)1151/2012 号条例》为考察样本。

性审查、市场上名称的使用监督、官方授权的第三方控制机构的职能职责、控制活动计划及报告，质量计划标志、符号和生产者的法律地位，以及当地农业及直销等一系列质量监控机制和产业促进措施。[1]

由此不难看到，欧盟层面的地理标志保护专门法，其实已经不是单纯意义的地理标志知识产权保护制度，而是包括了十分严密的农产品和食品质量监控制度，以及扶持欧盟地区农业农村发展的政策机制。确切地说，在欧盟层面，地理标志制度已成为其实施共同农业政策(Common Agricultural Policy, CAP)的一项较新的制度工具。这套制度在欧盟官方称谓为“质量计划”(quality schemes)或“质量政策”(quality policy)。如贾斯汀·休斯(Justin Hughes)教授所言，“欧盟热衷于保护地理标志，更多反映了欧盟现代农业政策，而不是保存历史体系的夙愿”[2]。欧盟《1151/2012号条例》第1条即明确规定，其立法目的在于，一方面，“旨在帮助农产品和食品生产者向购买者和消费者传达这些农产品和食品的产品特性和农业特性，从而确保：(a)对农民和具有增值特性和属性的农产品和食品生产者的公平竞争；(b)向消费者提供与此类产品有关的可靠信息；(c)尊重知识产权；(d)内部市场的完整性”。另一方面，“旨在支持农业和加工活动以及与高质量产品相关的农业系统，从而有助于实现农村发展政策目标”。[3]

归纳而言，欧盟层面的现行地理标志专门法保护制度，实质上是下列三套不同制度的合而为一：一是地理标志知识产权保护制度，二是地理标志产品质量监控制度(地理标志产品管理制度)，三是欧盟地区的农业农村发展政策。

(二)欧盟专门法中地理标志的保护方式

欧盟专门法对地理标志采取“注册保护制”。非经欧盟官方注册，地理标志不能受到欧盟专门法的保护。值得一提的是，在欧盟层面，商标和外观设计的注册均由欧盟知识产权局管理，但是地理标志的注册和管理工作则不是放在欧盟知识产权局，而是由欧盟农业与农村发展总司管理。

根据《(EU)1151/2012号条例》的规定，原产地名称和地理标志保护申请只能由特定组织[4]提出。地理标志注册申请需要提供产品说明书(Product specification)，该说明书至少应当包括“名称使用”“产品特性说明”“产区范围”“产品来源于产区范围的证据”“产品获取方法等描述”“关联性详细说明”“主

---

[1] See Regulation(EU)No. 1151/2012 of the European Parliament and of the Council of 21 November 2012 on quality schemes for agricultural products and foodstuffs.

[2] Hughes J, *Champagne, feta, and bourbon: The spirited debate about geographical indications*, Hastings LJ, 58, p. 350(2006).

[3] See Regulation(EU)No. 1151/2012 of the European Parliament and of the Council of 21 November 2012 on quality schemes for agricultural products and foodstuffs. Article 1.

[4] 这里的“组织”，是指主要由使用同一产品的生产者或加工者组成的各种协会，无论其法律形式如何。

管部门信息”以及“标签规则”等重要内容。[1] 从欧盟地理标志保护具体实践来看，在一定情形下，产品说明书还能够起到确定某一地理标志保护范围的作用。[2]

统计显示，截至 2021 年 6 月 30 日，欧盟专门法保护体系下已注册地理标志总数为 3435 个。其中，农产品和食品地理标志 1557 个，葡萄酒地理标志 1622 个，烈酒类地理标志 251 个，加味葡萄酒地理标志 5 个。[3] 2021 年 3 月 1 日生效的《中欧地理标志协定》附录共纳入中欧双方各 275 个地理标志产品，分两批次进行保护。按照该协定的规定，第一批中欧双方各 100 个地理标志（附录三和附录四）于协定生效之日起即已受到保护，第二批双方各 175 个地理标志（附录五和附录六）保护于协定生效后第一个四年内进行处理。

（三）欧盟专门法中的地理标志保护条件

在欧盟专门法体系下，不同类别地理标志的保护条件有所不同。按照《(EU)1151/2012 号条例》的规定，首先，原产地名称（PDO）注册保护需要满足以下三个实质条件：①该名称所识别的产品来源于特定地方、地区，在例外情况下包括国家；②该产品的质量或特征完全或主要归因于其地理环境，包括自然和人文因素；③该产品所有生产步骤均在限定地理区域内完成。[4] 其次，地理标志（PGI）注册保护需要满足以下三个实质条件：①该名称所识别的产品来源于特定地方、地区或国家；②该产品的特定质量、声誉或其他特征主要归因于其地理来源；③该产品至少其中一个生产步骤在限定地理区域内进行。[5] 再次，关于欧盟法中的 GI，须注意它并非我们通常所理解的地理标志。在欧盟法上，GI 仅用来保护来源于一个国家、地区或地方的烈酒类或加味葡萄酒的名称。与 PGI 保护条件类似，GI 也只要求产品的特定质量、声誉或其他特征主要归因于其地理来源。[6] 另外，关于 TSG，它所强调的是相关传统，如产品生产方法或秘方，不要求与特定地理区域存在联系。TSG 仅适用于食品和农产品，注册 TSG 的产品名称可以防止伪造和滥用。[7] 除了 PDO、PGI、GI、TSG，在欧盟地理标志专门法

---

[1] See Regulation(EU)No. 1151/2012 of the European Parliament and of the Council of 21 November 2012 on quality schemes for agricultural products and foodstuffs. Article 7.

[2] See Case C-108/01 - Consorziodel Prosciutto di Parma and Salumificio S. Rita.

[3] https://ec. europa. eu/info/food-farming-fisheries/food-safety-and-quality/certification/quality-labels/geographical-indications-register/.

[4] See Regulation(EU)No. 1151/2012 of the European Parliament and of the Council of 21 November 2012 on quality schemes for agricultural products and foodstuffs. Article 5. 1.

[5] See Regulation(EU)No. 1151/2012 of the European Parliament and of the Council of 21 November 2012 on quality schemes for agricultural products and foodstuffs. Article 5. 2.

[6] 例如，GI“苏格兰威士忌”(Scotch Whisky)在苏格兰已经生产了 500 多年，包括蒸馏和熟化，但原料并不完全产自苏格兰地区。

[7] 例如，TSG“贵兹啤酒”(Gueuze)是一种基于传统的自然发酵啤酒。它通常在比利时布鲁塞尔及周边地区生产。尽管如此，TSG 的生产方法是受保护的，可以在其他地方生产。

上，还有“山货”(Mountain product)[1]、“边区货”(Product of EU's outermost regions，POR)[2]等特殊地理标志保护。在这些不同种类的地理标志当中，PDO、PGI、GI、TSG、POR 均有对应的产品专用标签。

欧盟专门法明确规定，如果相关地理标志产品来源于欧盟地区，必须使用相应的地理标志产品专用标签，但如果相关地理标志产品来源于欧盟之外的地区，则可以选择性使用。根据《中欧地理标志协定》第 5 条第 2 款规定，中欧双方“如果某一地理标志得到本协定的保护，在遵循附录一所列另一方相关法律的前提下，该地理标志所涵盖的产品在另一方领土范围内，可以使用其官方标志”[3]。由此可见，被纳入该协定互认互保清单的我国地理标志不仅受到欧盟立法保护，同时可以(非强制性)使用欧盟的地理标志官方标志(地理标志产品专用标签)。

(四)欧盟专门法中地理标志的保护范围和保护水平

按照《(EU)1151/2012 号条例》的规定，已注册名称(包括原产地名称和地理标志等)的保护旨在防止以下各种行为：①任何将已注册名称直接或间接商业性地使用在注册未指定的产品上，只要这些产品与该名称下注册的产品类似(comparable)，或者该名称的使用利用了受保护名称的声誉(reputation)，包括这些产品被用作原料时；②任何误用(misuse)、仿冒(imitation)或暗示性(evocation)使用，即使标明了产品或服务的真实来源，或者以翻译形式，或者附有诸如“款”“型”“式”“样”“仿”等类似表达，包括这些产品被用作原料时；③任何在相关产品内部或外包装、广告资料或文件上就产品出处、来源、性质或主要品质作其他任何虚假或误导性表示，以及将产品装入容易对产品来源产生误认的容器中；④任何容易使消费者对产品真实来源发生误认的其他行为。[4] 由此赋予了地理标志极高的保护范围和水平。如国外学者所言，这实质上是采用了针对驰名商标保护的“淡化”(dilution)或“淡化＋”(dilution plus)标准。[5]

例如，在“古冈左拉芝士贸易协会诉霍夫迈斯特奶业公司等”一案中，欧盟法院(CJEU)认为，《(EEC)第 2081/92 号条例》第 13 条第 1 款第(b)项[现为《(EU)1151/2012 号条例》第 13 条第 1 款第(b)项]中所称“暗示性”(evocation)，涵盖了

---

〔1〕 “山货”一词强调的是在自然条件恶劣的山区出产的产品的特殊性，其仅适用于食品和农产品。“山货”要求原材料和动物饲料来自山区；对于加工产品，应在这些地区生产。这种类型的地理标志保护，主要是为了帮助山区农民销售产品，扶持偏远山区的发展。

〔2〕 在欧盟最外围的地区(“边区”)，由于地处偏远，与世隔绝，包括地理和气象条件恶劣，农业发展困难。为了确保“边区”[例如，法国海外领地——瓜德罗普岛(Guadeloupe)、法属圭亚那(French Guiana)、留尼旺岛(Réunion)和马提尼克岛(Martinique)，以及亚速尔群岛(Azores)、马德拉岛(Madeira)和加那利群岛(Canary)]的农产品得到更广泛关注，欧盟还创建了一个专门的“边区”标识(logo)。

〔3〕 参见《中华人民共和国政府与欧洲联盟地理标志保护与合作协定》第五条第二款。

〔4〕 See Regulation(EU)No. 1151/2012 of the European Parliament and of the Council of 21 November 2012 on quality schemes for agricultural products and foodstuffs. Article13. 1.

〔5〕 Hughes J，*Champagne，feta，and bourbon：The spirited debate about geographical indications*，Hastings LJ，58，p. 319(2006).

用于指示产品的名称包含有受保护名称的一部分的情况，因为当消费者见到产品的名称时，其脑海中所闪现的就是受保护名称的产品，这种情况下，即使不存在与受保护名称的混淆可能性，但其仍然存在一种暗示性，所以即使未受共同体保护的情况下，也应将保护范围扩大到该名称中与相关术语相重复的那些部分。基于此，欧盟法院在该案中判定，奶酪产品上的“卡孟培朱勒”(Cambozola)已暗示性地指向了 PDO“戈尔根朱勒”(Gorgonzola)。[1]

(五)欧盟专门法对地理标志与商标及通用名称的关系处理

1. 地理标志保护与商标的冲突处理

按照《(EU)1151/2012 号条例》的规定，在欧盟层面，地理标志的保护具有显著的、优先于商标的法律地位，主要体现在以下两方面。

第一，如果地理标志注册在先、商标注册在后，则适用在先原则处理。即当原产地名称或地理标志已根据该条例获得注册，如果在后申请注册的商标的使用可能违反该条例第 13 条第 1 款并且构成类似产品，则应拒绝该商标注册申请。已经注册的商标，应被宣告无效。[2]

第二，如果商标在先、地理标志注册在后，一般可以共存。即在原产地名称或地理标志在欧盟申请注册之前，如果使用了可能违反该条例第 13 条第 1 款规定的相关商标在欧盟地区系善意地、根据相关立法已申请注册、已注册或已通过使用取得，根据欧盟相关法律该商标不具有宣告无效或撤销理由的情况下，在后原产地名称或地理标志可以获得注册，同时该商标在相关产品上仍可继续使用或续展。这种情况下，应允许 PDO 或 PGI 的使用与相关商标的使用共存。[3]

2. 地理标志保护与通用名称的关系协调

按照《(EU)1151/2012 号条例》规定，PDO 和 PGI 不得沦为通用名称。[4]欧盟层面其他专门法同样也规定，已经注册的地理标志不得沦为通用名称。由此可以看到，欧盟专门法对于已注册的地理标志，采取的是与 1958 年缔结的《原产地名称保护及其国际注册里斯本协定》基本一致的“通用化”绝对保留做法。

关于通用名称的判断标准，欧盟早期在《(EEC)第 2081/92 号条例》当中，曾规定了“三要素判断法”，即需要考虑：一是名称在其来源国和消费地区现况；二

---

〔1〕 欧盟法院认为，这两个术语以相同的两个音节结尾，并且包含相同数量的音节，因此它们在语音和视觉上具有明显的相似性。See Case C-87/97，Consorzio per la tuteladelformaggio Gorgonzola *v* Käserei Champignon Hofmeister GmbH & Co. KG and Eduard Bracharz GmbH. Judgment of the Court(Fifth Chamber)of 4 March 1999.

〔2〕 See Regulation(EU)No. 1151/2012 of the European Parliament and of the Council of 21 November 2012 on quality schemes for agricultural products and foodstuffs. Article 14. 1.

〔3〕 See Regulation(EU)No. 1151/2012 of the European Parliament and of the Council of 21 November 2012 on quality schemes for agricultural products and foodstuffs. Article 14. 2.

〔4〕 See Regulation(EU)No. 1151/2012 of the European Parliament and of the Council of 21 November 2012 on quality schemes for agricultural products and foodstuffs. Article 13. 2.

是其他成员国现况;三是相关国家或欧盟的法律。[1] 这些判定因素后来在《(EC)第510/2006号条例》中被整合为两项,并被替代它的《(EU)1151/2012号条例》保留下来,即规定,确定某一名称是否属于通用名称,需要考虑所有的相关因素,尤其是这样两个方面:一是消费地区现况;二是相关国家或欧盟的法律。[2]

欧盟实务层面对地理标志通用化的判定是极为谨慎的。例如,在"菲达奶酪"(Feta)案中,欧盟委员会适用《(EEC)第2081/92号条例》三要素标准,通过对欧盟地区12个成员国共计12 800名国民做了一次民意调查,调查结果显示,在知晓"Feta"名称的人群中,大多数都联想到它是来源于希腊的一种奶酪,欧盟委员会据此认为,Feta名称没有沦为《(EEC)第2081/92号条例》第3条意义上的通用名称,并将其注册为PDO。该案中,欧盟委员会还特别指出,"历史上对原产地名称保护的无能,不构成该名称演化为通用名称的当然理由"[3]。

三、欧盟商标法对所有种类地理标志资源的补充性保护

欧盟专门法保护制度虽然对地理标志提供了高水平强保护,但客观地讲,其采取严格的"注册保护制",则是存在制度缺陷或漏洞的。因为那些没有在欧盟专门法保护体系下取得注册的地理标志,并不能够获得欧盟专门法的特殊保护。于此,欧盟商标法便成了欧盟层面保护地理标志知识产权的重要补充性和辅助性的基本法律手段。所以,我们需要看到,欧盟层面对地理标志的法律保护,并不是单纯地依靠专门法这一种方式,而是采取了专门法与商标法紧密配合的协同保护模式。从目前来看,国内学界对欧盟的地理标志专门法保护制度介绍居多,但对于欧盟地理标志商标法保护制度的研究还颇为不足。事实上,一直以来,《商标法》都是欧盟保护地理标志的一项重要法律手段。2016年,欧盟进行了新一轮商标立法变革。此次立法变革在包括费用结构、商标类型、注册条件、程序问题、侵权诉讼和海关查封等方面作了重大调整。[4] 变革之后,欧盟商标法律制度主要由《(EU)第2017/1001号条例》(以下简称《欧盟商标条例》)[5]和《(EU)第2015/2436号指令》(以下简称《欧盟商标指令》)[6]等商标保护条例、指令及其他规范性文件共同构成。根据考察发现,欧盟现行商标法律制度对地理标志的补充性保护,主要体现在以下两个层面:一是为所有种类的地理标志提供防御性保

[1] See Council Regulation(EEC) No 2081/92 on the protection of geographical indications and designations of origin for agricultural products and foodstuffs, article 3. 1.

[2] See Regulation(EU) No. 1151/2012 of the European Parliament and of the Council of 21 November 2012 on quality schemes for agricultural products and foodstuffs. Article 41. 2.

[3] See Joined Cases C-289/96, C-293/96 and C-299/96, Kingdom of Denmark, Federal Republic of Germany and French Republic v Commission of the European Communities, p. 69-70.

[4] Eleni Kokkini, Geographical Indications in the New EU Trademark Law Regime, https://ficpi.org/news/geographical-indications-in-the-new-eu-trade-mark-law-regime.

[5] See Regulation(EU) 2017/1001 of the European Parliament and of the Council of 14 June 2017 on the European Union trade mark.

[6] See Directive(EU) 2015/2436 of the European Parliament and of the Council of 16 December 2015 to approximate the laws of the Member States relating to trade marks.

护，二是通过注册集体商标的方式对欧盟特色优势资源以外的地理标志进行保护。

(一)欧盟商标法对地理标志的防御性保护

欧盟商标法对地理标志的防御性保护，主要体现在商标注册环节对带有地理标志(由地理标志构成或包含有地理标志)的商标拒绝注册从同类商品范围延伸到了非类似的商品，以及给予地理标志权利人对已注册商标无效宣告的救济。

1. 从“同类保护”到“跨类保护”的立法变迁

据考察，早在欧盟新商标法修订前的版本，即《(EC)第 207/2009 号条例》(以下简称《欧共体商标条例》)第 7 条第 1 款第(j)项中就有明确规定，商标由识别葡萄酒和烈酒的地理标志构成或者包含有该地理标志，而该葡萄酒或烈酒并非来源于该原产地，[1]以及商标由根据《(EC)第 510/2006 号条例》所注册的地理标志构成或者包含该地理标志，该商标的使用违反该条例第 13 条的规定，[2]如果它们涉及“相同”产品，并且商标优先权日晚于地理标志优先权日的，相关商标应当被拒绝注册。欧盟官方认为，《欧共体商标条例》第 7 条第 1 款的规定在地理标志保护方面仍然存在诸多问题，主要表现为：第一，该条例将地理标志保护限定在与葡萄酒或烈酒“相同”的产品范围，与《(EC)第 479/2008 号条例》第 45 条第 2 款和《(EC)第 110/2008 号条例》第 16 条所规定的、保护葡萄酒或烈酒名称适用于不符合受保护名称产品规格的“类似”(comparable)产品以及盗用受保护原产地名称和地理标志的声誉的其他任何产品的规定相冲突；第二，《欧共体商标条例》第 7 条第 1 款第(k)项规定限定在相同商品上，也与《(EC)第 510/2006 号条例》第 13 条规定的保护适用于类似产品以及其他盗用 PDO 和 PGI 的声誉的使用不相符合；第三，该条例相关规定所提供的保护尚未涉及 TSG，等等。[3]针对《欧共体商标条例》在地理标志保护方面存在的这些明显缺陷和不足，欧盟新修订的商标法作了尽可能地调整和补充。

根据新修订的《欧盟商标条例》第 7 条第 1 款(《欧盟商标指令》第 4 条第 1 款)的规定，“下列涉及原产地的商标不予注册，已经注册的应宣告无效：……(c)仅由在商业活动中用于表示商品或服务原产地等的符号或标志组成的商标；……(g)具有欺骗性，容易使公众对商品或服务原产地等产生误认的商标；……(j)根据联盟法律或国家法律以及联盟或有关成员国加入的国际条约所提供保护的原产地名称和地理标志，商标应被拒绝注册；(k)根据欧盟法律或欧盟加入的国际条约所提供保护的葡萄酒传统名称，商标应被拒绝注册；(l)根据欧盟法律或欧盟加入

---

〔1〕 See Council Regulation(EC)No 207/2009 of 26 February 2009 on the Community trade mark(codified version). Article 7. 1(j).

〔2〕 See Council Regulation(EC)No 207/2009 of 26 February 2009 on the Community trade mark(codified version). Article 7. 1(k).

〔3〕 Kur A & Senftleben M R F, *European Trade Mark Law - A Commentary*, Oxford University Press, 2017, p. 246.

的国际条约所提供保护的 TSG,商标应被拒绝注册……”[1]从该条规定可以看出,新修订的《欧盟商标条例》对《欧共体商标条例》存在的不足作了相应的补充和完善。其不仅明确规定了地理标志在商标法中能够获得防御性的“跨类保护”,并且还增加了对 TSG 等特殊类型地理标志的保护规则。同时,《欧盟商标条例》还将防御性保护的范围延伸到了未在欧盟专门法体系下注册的其他地理标志,其中包括那些依照欧盟其他法律(如商标法等)、成员国法律以及欧盟或有关成员国已加入的相关国际条约所提供保护的地理标志,进而有效弥补了欧盟专门法采取的注册保护制对于未注册地理标志保护存在的制度疏漏。

2. 实务层面两个典型案例的比较观察

从欧盟商标法体系下对地理标志提供防御性保护的具体实践来看,有关地理标志不正当使用和商标注册争议等问题,涉及农产品和食品地理标志保护的具体案例似乎并不多见,大多数都是发生在葡萄酒和烈酒地理标志的保护领域。

这里简要介绍两个典型案例:一个是“亚瑟茗庄诉欧盟内部市场协调局”一案。该案中,尽管“里昂之士”(Tierra de León)和“卡斯蒂利亚-莱昂”(Castilla y León)均为在欧盟注册的 PDO,但是欧盟内部市场协调局(OHIM)仍然接受了“米歇尔·莱昂”(MICHEL LEON)商标的注册申请,上诉委员会也维持了注册,理由为:争议商标的字母“o”上面缺少重音,同时因其与相当常见的名 Michel(法语)结合,给人留下的是个人姓名的显著印象,并没有将特定地理标志联系起来。[2] 另一个是“天使之堤庄园诉欧盟内部市场协调局”一案。该案中,欧盟普通法院(GCEU)依据 TRIPS 第 23 条和《欧共体商标条例》第 1 款第(j)项[现《欧盟商标条例》第 7 条第 1 款第(k)项]规定,裁定拒绝了“帕罗玛特酿”(Cuvée Palomar)商标注册,所依据的主要事实和理由为:“Palomar”是受西班牙法律保护并在欧盟层面注册的 PDO“瓦伦西亚”(Valencia)的一部分,而不论相关公众在商业来源问题上是否真实受到了欺骗。[3] 前一案件发生在 2005 年,后一个发生在 2010 年。从这两个案件的不同处理结果可以看到,近年来,欧盟层面不仅通过积极出台和修订专门法进一步强化了对地理标志的法律保护,同时欧盟商标立法及实务层面针对地理标志的防御性保护强度也在不断提升。

(二)欧盟集体商标制度对其他地理标志资源的一般保护

欧盟商标法不仅为所有地理标志建立了严密的防御性保护体系,同时还规定,对于农产品和食品(包括葡萄酒、烈酒、加味葡萄酒和 TSG)以外的其他地理标志资源,可以通过注册欧盟集体商标的方式获得欧盟商标权的保护。

---

[1] See Regulation(EU)2017/1001 of the European Parliament and of the Council of 14 June 2017 on the European Union trade mark. Article 7. 1(c),(g),(j),(k),(l).

[2] See Case T-346/04, Sadas SA *v*. Office for Harmonisation in the Internal Market(Trade Marks and Designs)(OHIM), Judgment of the General Court(Third Chamber)of 24 November 2005.

[3] See Case T-237/08, Abadía Retuerta, SA *v*. Office for Harmonisation in the Internal Market(Trade Marks and Designs)(OHIM), Judgment of the General Court(Third Chamber)of 11 May 2010.

1. 欧盟集体商标制度的基本框架

集体商标制度是欧盟商标法律制度的重要组成部分。早在新商标法修改之前,《欧共体商标条例》当中就已经明确规定了集体商标的法律保护。根据该条例的规定,地理标志可以通过注册欧盟集体商标的方式进行保护。

从新修订的《欧盟商标条例》的规定来看,集体商标保护的实质内容并没有多大变化,只是条文序号作了调整(由原来《欧共体商标条例》第 66 条至第 74 条调整到了《欧盟商标条例》第 74 条至第 82 条)。值得一提的是,欧盟新商标法修订的一大亮点是,正式引入了证明商标保护制度。但是,根据《欧盟商标条例》的规定,地理标志被明确地排除在欧盟证明商标保护范围之外。[1] 这一排除的具体理由,据欧盟层面解释,主要是为了避免与《(EU)1151/2012 号条例》所建立的地理标志专门法保护制度发生重叠。[2] 鉴于欧盟证明商标制度并不保护地理标志,这里不再对之作具体介绍,在此重点对欧盟集体商标制度进行考察。

根据《欧盟商标条例》第 74 条第 1 款规定,"欧盟集体商标是指由协会申请并成为所有人以后,能够将协会成员的商品或服务与其他企业的商标或服务相区分的一种欧盟商标。依照法律规定,具有以自己的名义享有各种权利和义务、订立合同或者履行其他法律行为、起诉和被起诉的资格的制造商、生产者、服务提供者或贸易商的协会,以及受公法管辖的法人,可以申请注册欧盟集体商标。"[3]据考察,欧盟层面没有对集体商标的具体类型作进一步划分。但是,在欧盟部分成员国,"集体商标"概念包括两种不同类型:一种是单纯的集体商标,其功能仅为识别协会成员的商品或者服务的共同特征,并与其竞争者的商品或服务相区分;另一种是"保证或证明"集体商标(在功能上比较类似于证明商标),其旨在向消费者保证该集体商标下的商品符合特定质量要求,这一保证或证明标准通常由一个独立机构掌握。[4] 但是,《欧盟商标条例》并没有做任何这样的区分,其仅是规定了单一种类的欧盟集体商标制度,没有具体提及保证和证明的功能。

按照《欧盟商标条例》第 75 条的规定,集体商标注册需要提交集体商标使用管理规则。根据规定,欧盟集体商标注册申请人应当自申请日起 2 个月内提交集体商标使用管理规则。该使用管理规则应当具体列明被许可使用人、成为该协会成员的条件、商标使用条件,包括制裁措施。[5] 在欧盟集体商标使用管理规则的相关规定(列明事项)当中,没有具体提到商品品质独特性的要求。已注册

---

[1] See Regulation(EU)2017/1001 of the European Parliament and of the Council of 14 June 2017 on the European Union trade mark. Article 83. 1.

[2] Kur A & Senftleben M R F, *European Trade Mark Law - A Commentary*, Oxford University Press, 2017, p. 9.

[3] See Regulation(EU)2017/1001 of the European Parliament and of the Council of 14 June 2017 on the European Union trade mark. Article74. 1.

[4] 查尔斯·吉伦、韦蕾娜·博哈德:《简明欧洲商标与外观设计法》,李琛等译,商务印书馆 2017 年版,第 234 页。

[5] See Regulation(EU)2017/1001 of the European Parliament and of the Council of 14 June 2017 on the European Union trade mark. Article 75.

欧盟集体商标,可以通过欧盟商标在线数据库查询集体商标使用管理规则。[1]

欧盟集体商标注册所赋予的权利与普通商标注册所赋予的权利基本相同。值得注意的是,欧盟集体商标制度一定程度上顾及了集体商标的集体权利属性。比如,为了更好地维护协会成员的权益,《欧盟商标条例》第 80 条规定,"第 25 条第 3 款和第 4 款有关被许可人权利的规定,同样适用于经授权使用欧盟集体商标的任何人。未经许可使用欧盟集体商标致使经授权使用该商标的人遭受损失的,欧盟集体商标所有人有权代表他们请求赔偿。"[2]同时,《欧盟商标条例》第 25 条第 3 款还规定,"在不违反合同条款的情况下,经所有人同意,被许可人可以对商标侵权行为提起诉讼。但是,如果所有人经正式通知后未在合理期限内提起诉讼,独占被许可人有权提起诉讼。"第 4 款进一步规定,"为获得损害赔偿,被许可人有权参与由商标所有人提起的侵权诉讼。"按照欧盟商标法的这些规定,集体商标协会成员被视为被许可人,针对集体商标的侵权行为,协会成员既可以根据《欧盟商标条例》第 25 条第 3 款的规定主张权利(包括提起诉讼等),同时也可以根据第 25 条第 4 款的规定参与诉讼、获得损害赔偿,等等。

2. 地理标志的欧盟集体商标保护

欧盟商标法明确规定,地理标志可以通过注册欧盟集体商标的方式获得欧盟商标法的一般保护。实践中,大量的欧盟非农产品类地理标志,以及欧盟以外地区的地理标志在欧盟寻求保护,都是通过注册欧盟集体商标的方式进行的。

已注册为欧盟集体商标的地理标志,具体的保护手段与普通的欧盟集体商标保护并没有多大差别。《欧盟商标条例》第 74 条第 2 款特别规定,"与第 7 条第 1 款第(c)项的规定不同,在贸易中用于表示商品或者服务的地理来源的符号或标志,可以构成《欧盟商标条例》第 74 条第 1 款规定的集体商标。但是,欧盟集体商标所有人不得禁止第三方在贸易中依据诚实的工商业习惯使用该符号或标志,特别是不得援引这种商标禁止有权使用地理名称的第三方。"[3]由此可知,欧盟商标法还对地理标志集体商标的保护和公有领域的关系作了适当处理。换句话说,根据该条文的规定,欧盟地理标志集体商标保护同样存在权利限制和例外,如果非成员使用地名是根据诚实惯例,就不能由有权使用该地名的权利人禁止使用。同时,《欧盟商标条例》第 75 条第 2 款后半段还规定,"如果集体商标是由指示商品或服务地理来源的符号或标志构成,则集体商标使用管理规则应允许其商品或服务来源于相关地域的任何人成为该商标所有人协会的成员。"[4]由

---

〔1〕 比较而言,我国现行《商标法》制度框架下,尽管注册集体商标和证明商标也需要提交相应的使用管理规则,但是从我国现行制度实践来看,该使用管理规则并不公开,在中国商标网(国家知识产权局商标局)暂无法查询到相应信息。

〔2〕 See Regulation(EU)2017/1001 of the European Parliament and of the Council of 14 June 2017 on the European Union trade mark, Article 80.

〔3〕 See Regulation(EU)2017/1001 of the European Parliament and of the Council of 14 June 2017 on the European Union trade mark, Article 74. 2.

〔4〕 See Regulation(EU)2017/1001 of the European Parliament and of the Council of 14 June 2017 on the European Union trade mark, Article 75. 2.

此充分地顾及了地理标志权利主体的地域群体性、开放性和流动性等权属特征。

按照欧盟《(EU)1151/2012 号条例》第 12 条第 5 款的规定，在欧盟获得注册的地理标志集体商标，同样也可以使用 PDO 和 PGI 标签。[1] 由于欧盟专门立法已经为农产品和食品地理标志（包括葡萄酒、烈酒、加味葡萄酒和 TSG）建立了一套独立的特殊保护制度，为了避免重叠保护，能够获得欧盟集体商标注册保护的地理标志，原则上仅限于农产品和食品以外的领域，以及农产品和食品地理标志的图形（pictures）或标识（logos）等具有固有显著性的构成元素。

（三）欧盟构建非农产品地理标志专门保护制度的最新立法动态

近年来，欧盟层面不仅完善了酒类饮料和农产品地理标志特殊保护制度，同时还在研究构建非农产品（non-agricultural products）地理标志的专门保护制度。

2020 年 11 月 25 日，欧盟通过知识产权行动计划宣布，考虑在欧盟层面为手工艺和工业产品建立地理标志保护制度的可行性。值得注意的是，不同于对酒类饮料和农产品地理标志注册保护由欧盟农业与农村发展总司管理，欧盟的这项行动计划主要是由欧盟知识产权局（EUIPO）牵头和管理。2021 年 3 月 1 日生效的《中欧地理标志协定》第 1 条第 2 款明文规定，“双方同意在考虑双方立法发展的情况下，在本协定生效后，考虑到将本协定覆盖的地理标志范围延伸至第二条所列各项法律规定的范围未覆盖的类别，特别是手工艺品。”[2]在此之后，2022 年 4 月 13 日，欧盟委员会首次提出了保护手工艺和工业产品知识产权基本立法框架的草案。[3] 欧盟委员会认为，“借鉴酒类饮料和农产品地理标志制度的成功经验，该法规草案旨在使生产者能够在欧洲和其他地区有效保护与其地区及其传统知识相关的手工艺和工业产品。该法规通过规定欧盟的标志保护，将使消费者更容易识别这些产品的质量，并作出更知情的选择。这将有助于促进、吸引和保留欧洲各地区的技能和就业，促进其经济发展。该草案还将确保传统手工艺和工业产品与农业领域已经存在的受保护的地理标志处于平等地位。”[4]与酒类饮料和农产品地理标志注册程序类似，该法规草案也提出建立成员国和欧盟层面的两级申请程序（即由成员国的指定机关进行初审，通过之后再提交 EUIPO 进一步审查和批准），对于没有国家审查程序的成员国也可以直接向 EUIPO

---

[1] See Regulation(EU) No. 1151/2012 of the European Parliament and of the Council of 21 November 2012 on quality schemes for agricultural products and foodstuffs. Article 12. 5.

[2] 参见《中华人民共和国政府与欧洲联盟地理标志保护与合作协定》第一条第二款。

[3] 其中，所谓“手工艺品”（Craft products），是指完全由手工或借助手工工具或包括机械手段生产的产品，无论如何，直接手工贡献仍然是成品最重要的组成部分。所谓“工业产品”（Industrial products），是指以标准化方式生产的产品，通常是大规模和机械化生产。See European Commission, *Questions and Answers: Regulation on geographical indications for craft and industrial products*, (2022-04-13)[2022-04-15], https://ec. europa. eu/commission/presscorner/detail/en/QANDA_22_2407.

[4] See European Commission, *Intellectual property: Commission boosts protection of European craft and industrial products in the EU and beyond*, (2022-04-13)[2022-04-15], https://ec. europa. eu/commission/presscorner/detail/en/IP_22_2406.

递交申请。但与酒类饮料和农产品地理标志注册要求有所不同的是,该草案为生产商提供了自我声明其产品符合产品规格的可能性,以使该制度更加便捷和低成本。截至目前,该立法还处于提议讨论阶段,尚未审议通过生效,因而通过注册集体商标的方式进行保护仍然是现阶段欧盟层面保护非农产品地理标志的主要法律途径。

从欧盟层面来看,上述行动计划实际上进一步释放了一种积极的信号,表达了欧盟层面在非农产品地理标志保护方面拟构建专门保护制度的积极姿态和发展趋势。但也需要注意的是,一方面,由于欧盟在非农产品地理标志领域没有像在农产品和食品等地理标志领域那样拥有极为显著的产业和经济利益,因此,其虽然表达了一种积极姿态,但实际行动和进展还有待进一步跟踪观察。另一方面,我国在非农产品地理标志(包括传统工艺品、中药材等)领域具有很大的利益诉求,我们在与欧盟开展地理标志保护和合作的过程中,需要特别注意到,欧盟层面目前对非农产品地理标志主要通过注册集体商标的方式进行保护。因此,我们除了需要积极关注欧盟专门法制度并持续关注其最新发展,同时也需要充分关注欧盟商标法制度,从多个维度强化我国优势特色地理标志资源的在欧保护。

四、欧盟地理标志特殊保护立法经验对我国的启示

欧盟层面通过专门法与商标法密切配合,针对地理标志这种比较特殊的知识产权保护对象构建起高度完备同时也十分复杂的法律机制,为维护欧盟及其成员国地理标志利益,促进欧盟地区特色经济发展起到了极为关键的制度作用。

我国尽管有着丰富的地理标志资源,但并没有欧盟地区那样悠久的地理标志保护传统。地理标志保护在我国是一件新事物,是制度舶来品,改革开放以后才从域外移植并逐步建立。在制度移植和构建的早期阶段,受多方面因素影响,我国逐步构建起商标法保护和专门法保护两种体制并行的复合型地理标志法律框架,并建立了三套具体的地理标志保护管理制度,即集体商标和证明商标注册制度、地理标志产品审批制度和农产品地理标志登记制度,且运行至今。毋庸置疑,这些制度均为我国地理标志保护事业发展贡献出了各自的力量。但同时亦毋庸讳言,在制度移植和构建的过程中,由于理论准备不够充分,以及相关部门各自为政,互相之间缺乏有效沟通与协调、衔接和配合等,以至于我国虽然已经搭建起地理标志保护制度的基本框架,但目前来说并不完善。地理标志领域法治化水平不高,保护体系还不健全,缺乏一部高位阶的专门立法,面临两种立法体制冲突性并存和多套保护管理制度混乱同在的复杂窘况,实践中的地理标志保护还面临比较严重的重叠保护和权利冲突等现实困境,一定程度上限制了我国地理标志的充分保护,制约了我国地理标志产业经济高质量发展,亟须研究完善。

从某种意义上讲,欧盟地理标志法律保护制度的形成由于是其主要成员国之间利益博弈和妥协的产物,实质上也是一种具有“歧视性”的制度设计。之所以说它具有歧视性,主要体现在欧盟层面针对不同产品类别地理标志给予区别

保护。一方面，欧盟对于农产品和食品、葡萄酒、烈酒类以及加味葡萄酒等欧盟地区的优势特色地理标志资源，主要通过制定出台专门法的方式进行严密的法律保护和质量管控，甚至为之单独构筑了一套类似甚至高于驰名商标保护水平的法律机制，以此牢固地维护着欧盟及其主要成员国在相关地理标志领域的核心经济利益。另一方面，对于欧盟特色优势地理标志资源以外的其他地理标志资源，目前则主要依靠欧盟商标法的相关规定，通过注册欧盟集体商标等方式进行保护，或者只能够在各成员国寻求保护，其所能获得的保护水平相对有限。尽管欧盟对不同种类地理标志资源的保护具有一定的歧视性，但欧盟各项地理标志保护立法之间对于地理标志的具体保护，则是各有分工、相互协作、密切配合的，其对地理标志提供的保护是十分周详和严密的，尤其不存在混乱立法和重叠保护等乱象。

欧盟层面构建的“专门法为主、商标法为辅，彼此协调配合”的地理标志协同保护法律框架，及其针对地理标志这种比较特殊的知识产权保护对象、基于不同产品资源所提供的差异化保护实践，对于现阶段我国地理标志保护制度建设，是很有启迪的。一方面，欧盟作为一个具有超国家性质和职能的地区性国际组织，欧盟层面的地理标志保护制度由于是其立足当地实际，在长期实践探索、协调内部矛盾等过程中逐步形成的三套制度（即地理标志知识产权保护制度、地理标志产品管理制度和欧盟农业农村发展政策）的合而为一，这种特殊的制度构造有其独特的生长和适用环境，我们不能完全照搬。同时，欧盟层面针对不同产品类别地理标志的歧视性保护做法，也不值得提倡和学习。恰如有的学者所言，“没有任何的法理依据支持因产品类别的不同而给予地理标志不同水平的保护”[1]。但在另一方面，欧盟立足自身传统及资源优势，在全球范围内就地理标志保护坚定不移地主张和贯彻“强保护”的理念和行动，则是值得我国积极学习和参考借鉴的。

我国是一个农业大国，农耕文化历史悠久、内涵丰富，具有绚丽多彩和独具特色的农业生物多样性。农业生物多样性不仅是我国优秀传统文化的根基，同时也涵养着中华民族的精神家园。恰如北京大学易继明教授所言，“和美国不同，我国尽管已经实现了工业化，但仍然保留了传统农业社会的优良文化传统，中国人对乡土乡情、原汁原味、乡愁记忆的认同度之高与移民国家完全不可同日而语。这是我国文化建设的基本国情，也是地理标志制度建设的文化经济基础和根本”[2]。由此看来，我国与欧盟地区的情况是颇为相似或接近的。所以，中欧之间在地理标志保护领域有着很大的交流互鉴潜力和合作发展空间。欧盟层面的“三合一”协同保护立法模式虽然不能完全照搬，但对我国地理标志保护制度建设仍然具有重要参考借鉴价值，其至少能够为我国地理标志保护制度的完善带来以下几点建设性启示：首先，我国地理标志保护制度设计和运行，在立法理念上需要进行突破和作出方向性选择，有必要遵循类似欧盟的强保护理念和

---

〔1〕 王晓艳：《论我国地理标志的保护模式》，载《知识产权》2019 年第 11 期，第 59—68 页。
〔2〕 易继明：《对我国地理标志保护制度建设的政策建议》，载《法治日报》2021 年 11 月 17 日，第 11 版。

立法行动,同时应极力避免陷入冲突立法、重叠保护和权利冲突等不应该出现的复杂乱象。其次,我们需要充分认识到地理标志的本质特性,即地理标志作为一种用来识别商品来源于特定地域范围、该商品具有归因于其产地特殊自然人文环境的独特品质特性并因此具有声誉的特殊商业标记,从而在法律上统一和细化地理标志保护的特殊条件和注册程序,完善地理标志产品管理和专用标志的使用管理,明确将地理标志的保护范围和保护水平提升到一个比较高的程度,包括提供类似驰名商标的反淡化保护,在处理地理标志与普通商标的保护冲突时适度赋予地理标志优先地位,以及慎重处理地理标志保护与公有领域(包括通用名称、正当使用等)之间的关系,等等。再次,进一步完善我国地理标志保护制度,应当充分体现出对本国特色优势资源的特别关注和重视,如茶叶、传统医药、白酒、工艺品、少数民族特色生态产品,以及对乡村经济发展起到强劲带动作用的其他特色农产品和食品等。最后,考虑到地理标志的集体权利属性,还有必要强化对地理标志权利行使的集体管理等规则的建立、健全和完善,在具体制度设计上给予地理标志实际使用者(地理标志的真正权利人)合理制度待遇,特别是在立法上明确赋予他们针对地理标志不当抢注、假冒侵权等行为积极寻求法律救济(包括获得损害赔偿)的权利。

针对目前我国地理标志保护面临的制度困境,借鉴欧盟制度经验,一方面,建议尽快完善我国地理标志保护立法,包括两个层面:首先,宜抓紧制定出台高位阶的地理标志保护专门法,对地理标志的保护目的、保护范围、保护条件、保护程序、保护方式、权利行使、产品管理、专用标志、资源保存以及产业促进等积极性保护规则作统一具体规定;其次,有必要抓紧修改完善商标法及相关立法,进一步凸显地理标志的独立属性,健全完善地理标志的反抢注、反混淆、反淡化、反不正当竞争、反通用化以及防止地理标志特殊资源被不当利用等防御性保护规则。另一方面,建议进一步整合地理标志管理体制,将农业农村部系统的农产品地理标志管理职能与国家知识产权局系统的地理标志产品管理职能和地理标志集体证明商标注册管理职能做实质性调整和统一,构建分类审查、统一认定和立体化保护的地理标志特殊保护管理制度。由此从根本上实现对我国地理标志资源的充分保护,保障和促进地方特色经济高质量发展,助力乡村全面振兴。

论 文

“绿色民法典”时代环境民事公私益诉讼衔接制度研究[1]

孙洪坤*
陈雅玲**

摘 要 环境民事公益诉讼和私益诉讼衔接存在受案范围划分不清、诉讼主体差异、审理程序众多不明、裁判溯及力扩张等问题。对此，本文提出“绿色民法典”具备的公私融合价值取向；以诉讼法哲学和诉讼效益理论为基础，重构公益与私益之间的关系理论和公益诉讼与私益诉讼之间的差别化理论；以既判力理论的精准适用为原则，处理环境民事公益诉讼既判力扩张的问题；以诉讼效益理论与环境正义理论的统筹适用为基础，处理两诉审理程序所需衔接部分的问题，同时为两诉赔偿顺位问题做理论支撑。应对环境民事公私益诉讼衔接程序规则进行启动、运行和保障方式三位一体的规范。

关键词 “绿色民法典”；环境民事公益诉讼；私益诉讼；衔接制度

目 次

---

* 孙洪坤(1975—)，安徽大学法学院教授、博士生导师。
** 陈雅玲(1994—)，安徽法治与社会安全研究中心研究员。
〔1〕 本文系国家社科基金项目“绿色生态文明理念下环境公益诉讼立法完善研究”(17BFX120)成果。

2020年,我国正式通过并颁布《民法典》,总则篇第九条规定了绿色原则[1],奠定了民法典绿色化和“绿色民法典”[2]的基础。绿色原则条款的加入,拓宽了《民法典》的价值范畴。与此同时,“绿色民法典”将司法解释规定的公益赔偿范围上升为法律条文增补惩罚性赔偿,构建了环境污染和生态破坏领域完整的侵权责任体系与损害赔偿制度。虽然当前已有司法解释对惩罚性赔偿条款作了解释规定,但这一规定并未着重在公私利益交互如何衔接上,凸显了当前环境民事公私益诉讼的衔接问题。就整体而言,民法典对环境侵权行为中公益和私益间利益平衡和价值取向问题赋予了新的研究意义,同时也对公私共存模式的合理化论证提出新的挑战。

一、环境民事公私益诉讼衔接的基础问题

厘清环境民事公私益诉讼的基础概念,才能从根本上把握两诉讼衔接问题产生的内在机理,才能更好地理解完善环境民事公私益诉讼衔接规则的路径和方向。明确环境民事公私益诉讼之间的区别,才能把握好两诉衔接应有之义。

(一)环境民事公益与私益的概念与界分

公共利益与私人利益之间的关系问题主要存在两种观点。一种观点认为,公共利益是独立于个人利益之外的一种特殊利益,如孙笑侠先生认为“社会公共利益具有整体性和普遍性两大特点。即社会公共利益在主题上是整体的而不是局部的利益,在内容上是普遍的而不是特殊的利益”[3]。另一种观点认为,其为私人利益总和说,如英国哲学家、法学家边沁认为:“不理解什么是个人利益,谈论共同体的利益毫无意义”[4]。两种观点的主要落点在于公共利益与个人利益是包含关系还是交叉关系,即两个利益准确的概念界定问题。在学界尚未达成共识的前提下,以保障环境利益为主要目的的环境诉讼,确实难以明确划分公益诉讼与私益诉讼的界限。

“环境要素的天然属性并不包含公益与私益的区分,而是人类制度对其进行的主观区分”[5]。“环境民事”一词中,“环境”并不影响原有公共利益与私人利益之间的关系,而“民事”因民事诉讼是调整平等主体之间的关系问题的,因而限定了环境民事公益诉讼与私益诉讼中探讨的公益与私益范围。具体而言,环境民事公益诉讼因包含“民事”就不可避免地涉及私益的问题,进一步把公共利益与个人利益限制在环境民事的前提下,公共利益与个人利益的范围也应当随之有所限制。因此,“在无任何前提的条件下,公共利益与个人利益的关系应该按照

---

[1] 《民法典》第9条:“民事主体从事民事活动,应当有利于节约资源、保护生态环境。”

[2] 竺效:《民法典:环境保护风向标》,载《光明日报》2020年7月11日,第7版。

[3] 孙笑侠:《法的现象与观念》,山东人民出版社2001年版,第68—69页。

[4] [英]边沁:《道德与立法原理导论》,时殷弘译,商务印书馆2011年版,第58页。

[5] 范战平:《环境公益诉讼中“公益”的再审视》,载《郑州大学学报(哲学社会科学版)》2020年第6期。

马克思主义辩证方式来确定,即公共利益与个人利益是辩证统一关系"[1]。因此,在环境民事的前缀下,环境民事"公益"的概念范围应当认定为私益的集合体。在这一解释下,环境民事公益诉讼存在更加合理,同时相关公益诉讼区分为民事公益诉讼和行政公益诉讼的标准更加清晰。

环境民事公益作为私益的集合体,赋予特殊主体起诉权,这是区分环境民事公益诉讼与集团诉讼的主要方面,之所以环境民事私益的集合体需要一个特殊主体来维护,根本原因在于环境利益本身具有易被私主体忽视的特点。除此之外,环境民事公益保障的国家利益、全体人民的利益,本身就是私主体利益形成的一个集合体。

主张环境公益并非私益的叠加,无非就是认为环境公益因为包含众多个人环境权益的情况下,产生了一定的特殊化,衍生出可以用于主张部分未有环境私益范围内的权益。简言之,在一些没有人类存在的环境中,特殊主体可以主张环境民事公益,但却无任何私主体会主张个人私益受到损害。在这种情况下,环境民事公益的主张,实则是代表整个国家公民的利益即国家的现有及将有利益。而在同一环境侵权行为情况下,认可环境公益是私益的集合体,实际就是为现有未主张权益的个人及未来的权益享有人主张的一个集合权利。

公私利益关系是环境民事公私益诉讼基础的概念,正确处理环境民事公私益诉讼衔接问题离不开对利益的深层次探究,同时环境民事公私利益的定位也涉及两诉衔接的价值取向。因此,正确处理两诉衔接问题需要厘清环境民事公私利益顺位。

(二)环境民事公私益诉讼的联系与区别

"环境公共利益在本质上可以还原为不特定多数人独立享受生态服务功能的私人利益"[2]。所以,民事公私益诉讼的终极目的应当既有对公共环境利益的保障,又有对私主体民事权益的保障。处理两诉界分这个问题可以从两者之间的区别与联系出发,把握两诉各自的特点,实现两诉在衔接问题上的专业化处理。另外学界对生态环境损害赔偿诉讼法律属性所进行的讨论主要有五种观点,即"国益诉讼说、公益诉讼说、私益诉讼说、私益诉讼与公益诉讼过渡说以及特殊的环境民事公益诉讼说"[3]。本文认为其属于典型的公私混合诉讼,为今后环境公私益诉讼融合发展和其他类型公私混同诉讼专门立法奠定基础,故在此不做讨论。

"依据不同的分类标准可以将诉讼分成不同类型,若以诉讼维护和救济的权益为分类标准,可以将诉讼分成公益诉讼和私益诉讼"[4]。据此,根据环境民事

---

〔1〕 颜运秋:《公益诉讼理念与实践研究》,法律出版社 2019 年版,第 31 页。

〔2〕 黄忠顺:《环境公益诉讼制度扩张解释论》,载《中国人民大学学报》2016 年第 2 期。

〔3〕 傅贤国:《〈民法典〉背景下生态环境损害赔偿诉讼的定位研究——兼论与环境民事公益诉讼的关系》,载《广西社会科学》2021 年第 10 期。

〔4〕 黄锡生、谢玲:《环境公益诉讼制度的类型界分与功能定位——以对环境公益诉讼"二分法"否定观点的反思为进路》,载《现代法学》2015 年第 6 期。

公私益诉讼衔接的关键节点，将环境民事公益诉讼和私益诉讼的联系与区别，做进一步的归纳总结，可以得出两者在本质上都具有维护社会公共利益的价值。环境公益诉讼是在私益诉讼的基础上发展而来，公益诉讼是为了补足私益诉讼，二者是互补关系；环境民事公私益诉讼的显著区别可以通过表 1 概括。

表 1　环境民事公私益诉讼的区别

	环境民事公益诉讼	环境民事私益诉讼
诉讼目的	维护社会公共利益	民事主体之间的纠纷
原告资格	不要求有利害关系	必须有利害关系
诉讼地位	诉讼双方往往不平等	平等主体之间
诉讼请求	损害赔偿＋不作为之诉	损害赔偿之诉
法官作用	更大的权限，如调查收集证据	居中裁判

表 1 显示当前环境民事公私益诉讼之间，具有联系密切与区别显著的特点。两诉之间明确的互补关系，为构建两诉衔接规则提供理论支撑的桥梁；两者之间显著的差别，为构建环境民事公私益协同保障体系提供明确的方向。但两者都是环境民事诉讼的一部分，故而不能否认环境民事公益诉讼与私益诉讼之间的相对关系。

(三)环境民事公私益诉讼衔接的法律规范概述

当前，环境民事公私益诉讼衔接内容，是由《民法典》与《环境民事公益诉讼解释》两部分为实体和程序规则的核心，其他法律法规和司法解释的内容为辅助。环境民事公私益诉讼衔接制度的完善，离不开对现有相关法律规范的总结，从整体立法情况来看，“环境公益诉讼的特殊法律规定远多于环境私益诉讼”〔1〕。依据法律法规公布情况将近年来环境公益诉讼的发展做以下具体描述。

首先，环境公益诉讼实施的形式变得更加多样，从环境民事公益诉讼到环境行政公益诉讼，再到现在单独设立的生态环境损害赔偿制度；其次，法律法规对环境公益诉讼主体的规定也在不断扩展，从新增检察机关具有提起环境民事公益诉讼和环境行政公益诉讼的权利，到规定了市级以上人民政府及其指定的部门和机构，有权提起生态环境损害赔偿的磋商和诉讼；再次，环境公益诉讼的诉求内容也在增加，先是增加了赔偿生态环境受到损害至恢复原状期间的服务功能损失，后增加了生态环境功能永久性损害造成的损失；最后，关于环境公益诉讼的程序性规定也有了显著变化，如环境行政公益诉讼的诉前程序即检察建议的增补，以及《生态环境损害赔偿制度改革方案》中特设了前置磋商程序等。

根据上述内容，环境民事公私益诉讼涉及的主要法律规范的历史发展脉络可以由图 1 集中呈现，以颁布时间为准。

〔1〕 黄大芬、张辉：《环境私益诉讼与环境公益诉讼的界分——回归诉讼本来面貌》，载《河南科技大学学报(社会科学版)》2018 年第 5 期。

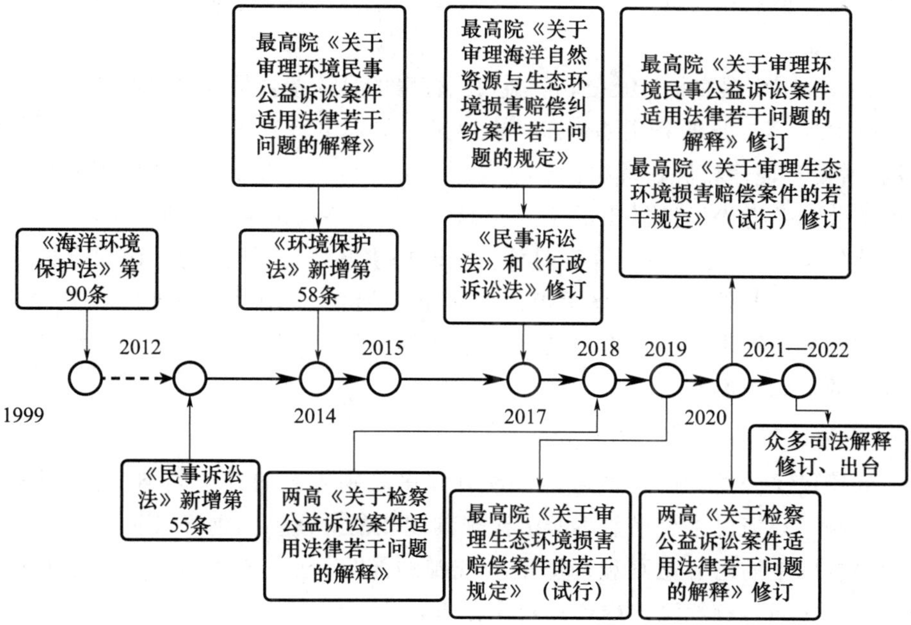

图1 环境民事公私益诉讼法律法规发展脉络图

从图1可见，环境民事公私益诉讼相关的法律法规比较散乱，且后续修改繁多。2021年，《民法典》正式实施后，为了与绿色原则相匹配，相关法律法规和司法解释也在第一时间做了适应民法典内容的调整。2022年最高人民法院出台《民法典》总则编司法解释，第三条明确滥用民事权利的行为既包含公共利益又有私人利益，且造成损害的根据规定按照侵权责任编处理，进一步明确了民事公私利益协同保障的权利范围。

（四）环境民事公私益诉讼衔接的法律规则阐释

环境民事公私益诉讼已有衔接规则的明确阐释，是后续衔接制度和衔接发展研究的基础，是两诉衔接理论与实践协同促进和有效结合的核心。对现有规则体系清晰认知，才能准确把握两诉讼衔接规则未来改进的具体方向。归纳概括已有两诉衔接规则，分析两诉衔接的核心依据，对衔接内容做进一步系统展示和归纳，能够明确当前两诉确需和亟须的衔接规则，为后续研究提供更为清晰的思路。

1.“绿色民法典”中相关环境民事公私益诉讼衔接的依据

我国《民法典》是“世界上首次规定‘绿色原则’的民法典，除原则性条款之外，在物权编、合同编、侵权责任编三个分编用了近30多个绿色条文”建立了“绿色规则”体系。[1] 这足以体现《民法典》对环境保护的重视。“绿色物权”制度体系确立了环境私益与公益双重保护机制[2]。当然，环境民事公益诉讼存在得到

---

〔1〕 吕忠梅：《〈民法典〉“绿色规则”的环境法透视》，载《法学杂志》2020年第10期。
〔2〕 吕忠梅：《实施〈民法典〉绿色条款的几点思考》，载《法律适用》2020年第23期。

法律认可为原有衔接问题中涉及环境民事公益诉讼存在合理性的问题,给出了官方的认证。

《民法典》中最直接涉及公私利益协同保障的具体条款是侵权责任编的第 1234 条和第 1235 条。这两条主要规定的内容是:"引入生态破坏责任以扩张权利救济范围;增设环境侵权惩罚性赔偿制度等。"因此,"绿色民法典"在制度体系上为环境民事公私益诉讼衔接做出的主要贡献,一是为环境民事公益诉讼的存在提供实体法依据,二是为两诉讼并存时价值判断提供基础,三是为两诉讼融合模式研究提供参考。此外,民事主体承担民事责任的方式也因为《民法典》得到了拓展,这为实现环境民事公益诉讼目的提供了新的可能,也进一步丰富了环境民事公益诉讼的概念内涵。

2. 两诉衔接规则的总结分析

环境民事公益诉讼和私益诉讼现有程序规则体系的详细归纳概括,是从根本上明确了环境民事公私益诉讼衔接规制现状的方法。当前环境民事公私益诉讼程序规则中的已有规则和确需衔接规制的部分,是完善两诉衔接规则的根本来源。本文通过查找法律内容和对比分析,得出以下几个结论。

首先,依据民事诉讼法相关程序规则顺序,当前两诉讼规则中,有关审判组织、回避、期间和送达、保全和先予执行、简易程序、第二审程序、特别程序、督促程序和公示催告程序等,暂未有法律法规规定两诉讼独立或特别的程序规则。因此,对于这一部分程序规则,两诉可直接同步参照民事诉讼法的规定,并不存在相关衔接问题。

其次,对现有环境民事公私益诉讼规则进行对比,可以得出如表 2 程序规则的差异与衔接内容。

表 2　环境公益诉讼与私益诉讼程序规则的差异与衔接

诉讼程序	差异		衔接规则
	公益诉讼	私益诉讼	
管辖制度	一般管辖+特殊地域管辖	一般管辖	未有明确衔接规则
原告资格	法律规定的机关和有关组织	必须具备利害关系	同一侵权行为案件中私益诉讼主体不可参与到公益诉讼中。
证据	法院可调查收集证据,可委托鉴定,可驳回原告自认损害社会公共利益的行为	法院中立	同一侵权行为案件中,公益诉讼生效判决的证据可直接用于私益诉讼。
调解	调解协议应当公告,调解书应当公开	以自愿为原则	未有明确衔接规则
对妨害民事诉讼的强制措施	着重强调追究社会组织通过诉讼违法收受财物和谋取经济利益的行为	对诉讼参与人一视同仁	未有明确衔接规则

续表

诉讼程序	差异		衔接规则
	公益诉讼	私益诉讼	
诉讼费用	对原告缴纳诉讼费用有较多宽容条款	严格依据《诉讼费用交纳办法》	未有明确衔接规则
起诉与受理	原告需要额外提供被告行为危害社会公共利益的初步证明材料;人民法院可根据危害社会公共利益的情况要求原告变更诉讼请求	一般民事诉讼证明材料	未有明确衔接规则
审理前的准备	人民法院需在受理后告知负有环境监管部门	法院不具备告知义务	未有明确衔接规则
开庭审理	被告不得提出反诉、可以请求被告承担预防性费用、检验鉴定费用等	民事诉讼一般规定	未有明确衔接规则
诉讼中止和终结	政府环保部门履行职责后原告可撤诉。法庭辩论终结后,原告撤诉不予准许	民事诉讼一般规定	未有明确衔接规则
判决和裁定	判决主要涉及生态修复等环境保护内容	一般涉及经济利益,私益诉讼判决既判力有限	公益诉讼判决对同一污染行为的私益诉讼案件有既判力
执行程序	需要采取强制执行措施的,应当移送执行	民事诉讼一般规定	私益诉讼赔偿顺序优先于公益诉讼赔偿

表2清晰地展现了当前环境民事公私益诉讼程序规则,经过比较分析,可以得出如下与两诉需要进一步衔接规制的内容。

第一,两诉管辖制度差异显著而衔接规则缺失。在同一环境侵权行为下,依据现有法律法规和司法解释,环境民事公私益诉讼可能在不同地区且不同层级的法院受理,是造成两诉并轨制司法资源浪费的源头,故而亟须建构衔接规则。

第二,原告资格的限制。在同一环境侵权案件中,现有司法解释明确限制了私益诉讼主体参与公益诉讼的可能。环境民事私益诉讼主体另行起诉保障自身权益,虽然能够援引公益诉讼案件的判决,但这也限制了私益诉讼主体协助公益诉讼案件的范围。生态环境损害赔偿诉讼中地方政府作为原告参与诉讼,将其界定为利益关系主体或是法律规定的主体,是区分该诉讼为公益诉讼或私益诉讼的根本,但在实践中,该诉讼一直被归类为公益诉讼,因此有必要进一步明确公益诉讼原告资格。

第三,证据。程序规则表明环境诉讼中只要受害人证明行为人实施了排放污染环境的有害物质的行为,而其合法权益在该行为实施后受到危害,受害人就已尽到举证责任。[1] 而公益诉讼相比私益诉讼,法官发挥职权的度存在显著差

〔1〕 韩德强:《环境资源纠纷案件裁判规则环境侵权》,法律出版社2021年版,第2页。

异,对案件证明的参与情况明显不同,这也使公私利益保障程度存在差距。因此,证据证明的程序性规则有必要做衔接规制。

第四,调解书是否公开要求不一致。环境私益诉讼涉及当事人的隐私,可以选择不公开相关内容,但这也极大程度上限制了公益诉讼原告从私益诉讼案件中发现相关损害公共利益案件的线索和信息。因此,环境私益诉讼调解书的内容和情况,是否应该公开,以及如何与公益诉讼衔接需要进一步论证。

第五,不同的强制措施和诉讼费用规则。公益诉讼相比私益诉讼具有更严格的强制措施,能够更好地解决环境公共利益问题。但是对社会组织的要求,可能影响社会组织提起公益诉讼的积极性。

第六,起诉与受理的不同选择。环境民事公益诉讼案件,法院在案件受理的过程中不仅被赋予要求原告变更诉讼请求的权利,而且公益诉讼提交需要的证明材料相比私益诉讼要多很多。案件起诉与受理地复杂程度,能够在很大程序上影响案件受案率和法院最终统计的案件数量情况。环境民事公益诉讼与私益诉讼在起诉与受理阶段复杂程序差异极大,私益诉讼服务公益诉讼的展开可以在这一阶段做衔接促进。

第七,审理前的告知义务。环境民事公益诉讼因为涉及公众的环境利益,法院被强制要求有告知环境监管部门的义务,这无疑对环境部门及时处理环境问题有促进作用。然而,环境民事私益诉讼中法院并不具有相应的告知义务,即尽管环境私益诉讼可能存在涉及公共利益的情况,法院也没有任何义务告知环境监管部门这不利于环境公私益诉讼统筹发展,因此仍有必要做进一步的衔接规制。

第八,环境公益诉讼不得提出反诉的特殊规定。环境公益诉讼不得反诉的规定基于公益诉讼原告非案件利害关系人而设定[1],这也基于原告在案件处理过程中不涉及自身利益而具备客观公正性的认定。不得反诉,一方面保护了原告的利益避免了诉讼浪费;另一方面也提高了原告滋生任意诉讼或随意放弃利益的可能性。相比而言,在环境私益诉讼中,私益诉讼原告基于对自身利益的维护,对利益的追求更为直接和有效。

第九,环境民事公益诉讼中原告撤诉的规定。法律规定在环境监管部门全部履行完职责实现原告的全部诉讼请求后原告可以申请撤诉。在这一规定中,满足原告诉讼请求即可撤诉,要求原告对诉讼请求范围界定的精准性,同时对原告维护国家和社会公共利益的主观能动性要求较高。相比而言,环境私益诉讼中原告是否撤诉以及撤诉的后果都能实现维护实际利害关系人的真实意愿。

第十,判决和裁定内容不完全相同。环境民事公私益诉讼能够涉及的民事责任类型基本一致,然而实践中环境民事公益诉讼主要涉及停止侵害、排除妨碍、消除危险和恢复原状等类型,而私益诉讼中绝大部分是赔偿损失等与经济利益相关的类型。

---

〔1〕 孙洪坤等:《环境公益诉讼专门立法研究》,法律出版社2018年版,第6页。

第十一，执行程序一般性规定与特殊性规定矛盾。环境民事私益诉讼一般优于公益诉讼赔偿，然而环境利益中私人利益与公共利益相比价值位阶并不应该直接被固定，且两者价值往往出现交织状况和绝对数值不匹配的情况，单纯依据现有私益诉讼优于公益诉讼赔偿的顺位衔接规则并不能满足实践需要。

综上所述，两诉的具体衔接规范可以先从以上十一个部分逐步完善推进。与此同时，两诉衔接规则的体系化和制度化的工作，也可以从完善拓展当前两诉讼未有衔接规则之处开始。

二、"绿色民法典"时代环境民事公私益诉讼衔接之现实困境

矛盾的普遍性，揭示环境民事公私益诉讼作为对立诉讼同时存在时必然存在着矛盾。环境民事公私益诉讼之间存在的差异是矛盾产生的根源，由差异和共存状态产生的矛盾也促进着事物的发展。"绿色民法典"时代环境民事公私益诉讼衔接制度的构建，需要抓住矛盾的中心点即明确当前环境民事公私益诉讼中对立统一的关系问题，才能切实解决和处理好两诉的衔接问题，从而推动两诉衔接规则的进一步构建完善。本文从两诉衔接的基础概念开始分析，着手研究两诉实践案件处理情况，结合现有研究文献中提出的相关问题，对两诉衔接问题产生的原因进行全面分析和总结，旨在为两诉衔接问题的分析和处理提供一定的理论基础。

(一)环境民事公私益诉讼案件的现实状况

环境公益诉讼制度发展特征可以概括为："案件诉讼主体范围不断扩大、诉讼规则逐步健全、理论实践研究不断丰富和案件类型日趋多元"[1]，等等。深入了解环境民事公私益诉讼衔接问题，还需要对典型案件进行具体研究，以明确两诉发展的具体问题。从宏观看，两诉的案例数量展现出两者衔接存在重大碰撞，相关法律规制缺乏完善规定；从具体案件适用衔接规则的情况看，法官对相关衔接问题的自由裁量范围存疑，反映出当前实践中对衔接规则的较多需求。

1. 环境民事公私益诉讼案件宏观情况

对环境民事公私益诉讼案件的宏观情况研究，需要有具体的客观数据做支撑才能更好地反映现实问题。本文通过对比查找最高人民法院、最高人民检察院和裁判文书网等发布的相关数据，发现相关环境民事公私益诉讼案件数量和情况的数据信息中，最高人民法院发布的《中国环境资源审判》系列中的相关数据最为精准。尽管我国环境公益诉讼发展历史短暂，前期最高人民法院统计的相关数据也不完善，但依数据做出表格呈现出的问题还是十分明显。

根据最高人民法院公布的《中国环境资源审判(2014—2021)》(白皮书)公布的信息显示，由环保组织提起的环境民事公益诉讼自2014年起正式进入公众视

---

〔1〕 江必新：《中国环境公益诉讼的实践发展及制度完善》，载《法律适用》2019年第1期。

野。全国人大在 2015 年 7 月授权检察机关提起环境公益诉讼，自此检察环境公益诉讼的数量稳步提升，与环保组织提起的环境民事公益诉讼案件数量形成强烈对比。其中检察环境民事公益诉讼案件数量变化最大，自 2017 年 7 月有了明确统计。自此，官方文件中环境民事公益诉讼涵盖的相关案件，包括环保组织提起的环境民事公益诉讼案件、检察机关提起的环境民事公益诉讼和环境刑事附带民事公益诉讼案件。

对我国环境民事公私益诉讼案件的数量进行统计分析，可以归纳总结出如表 3 案件数量的统计情况。

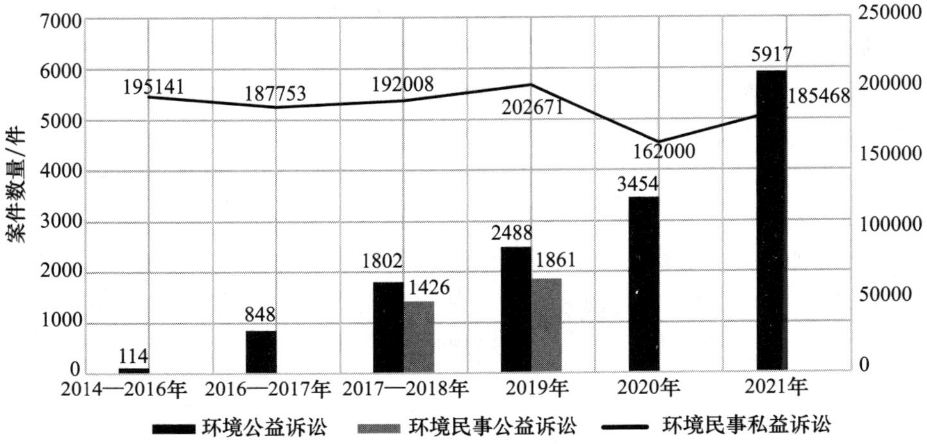

图 2　2014—2021 年部分环境案件数量统计

由图 2 可知，环境民事公益诉讼案件的数量和环境民事私益诉讼案件数量之间的显著差异。公益诉讼案件数量明显低于私益诉讼案件，可见实践中环境民事公私益诉讼案件发展之间脱节情况明显。其次，图 2 也清楚地展示出，环境民事公益诉讼占据公益诉讼案件数量的绝大多数，环境民事公益诉讼案件的发展情况关系到整个公益诉讼和环境诉讼的发展进程。

2020 年，由社会组织提起的环境民事公益诉讼案件数量为 103 件，此后检察机关提起的环境民事公益诉讼案件数量都未有明确统计。这侧面反映出实践中环境民事公益诉讼案件不再过度区分起诉主体，当然，这一情况也与检察环境民事公益诉讼区分为纯民事公益诉讼和刑事附带民事公益诉讼两种类型相关。然而，检察民事公益诉讼存在明显的“刑事化”相关性，这着重体现了当前公益诉讼制度建设不完备的问题。[1] 在环境民事公益诉讼的案件数量远超环境行政公益诉讼的情况下，厘清环境民事公益诉讼本身的分类，探寻环境民事公益诉讼与私益诉讼之间衔接规则的基础，是推动环境公益诉讼发展的关键。

上述论证表明当前环境民事公私益诉讼之间衔接规则的研究，是实现环境民事公私协同发展的切实需求，是环境民事公益诉讼充分发挥其应有作用的必

〔1〕 张嘉军：《论检察民事公益诉讼的“刑事化”及其消解》，载《河南财经政法大学学报》2021 年第 3 期。

要手段，是环境诉讼实现公私利益协同保障和维护的桥梁，是推进环境诉讼有效维护环境利益的重要抓手。

2. 环境民事公私益诉讼具体案件分析

基于前述全国环境民事公私益诉讼案件总体数量反映出的较多现实状况，进一步明确环境民事公私益诉讼案件衔接的具体问题，需要对环境民事公私益诉讼衔接相关有代表性的案件进行分析。笔者通过对最高人民法院发布的典型案例、指导性案例和最高人民检察院发布的指导性案例进行检索发现，当前两高发布的案例中直接指出与环境民事公私益诉讼衔接相关的典型案例仅有一宗。因此，本文着重对该案例进行具体分析，以期从该案件中进一步查找环境公私益诉讼衔接的实践问题。

(1)典型案例案情简介

根据最高人民法院发布的《2019 年度人民法院环境资源典型案例》[1]显示，中山市围垦有限公司与苏洪新等 5 人、中山市慈航农业投资有限公司土壤污染责任纠纷案，是公认的关于环境民事公益诉讼和私益诉讼衔接的典型案例。本案的特殊性主要在于：围垦公司提起的民事私益诉讼于 2017 年 6 月 2 日立案，而公益诉讼于 2017 年 7 月 10 日立案，私益诉讼立案时间早于公益诉讼，然而最终的结果是公益诉讼案件先于私益诉讼案件结案；同一侵权行为中的私益诉讼起诉人，其诉讼请求在一审判决中被认定为已经由公益诉讼案件包含而不予支持。

本案的主要争议焦点在于，私益诉讼立案后，私益诉讼起诉人围垦公司作为涉案土地的使用权人，依据《检察建议书》(中检民建 20173 号)，"依法起诉追究侵权行为人的责任，为了避免该区域环境污染损害的进一步扩大，你公司应及时对涉案垃圾进行清理处理"后，委托第三方清运、处理违法倾倒固废。但围垦公司明确表示其在 2017 年 5 月即提起本案诉讼前，已知晓华南环科所出具的评估报告，并清楚该所提出的修复方案和相应评估的费用，但其在得知该所推荐的修复方案后，并未参考该修复方案，而是根据中山市人民检察院的检察建议书做出固废清理。

判决显示：广州市中级人民法院(2017)粤 01 民初 201 号民事判决作出时，围垦公司确已依据《检察建议书》对涉案土地上的固废物委托第三方清运、处理。而该判决作出的依据并非《检察建议书》的内容，而是华南环科所出具的评估报告。该评估报告在围垦公司委托第三方清运、处理涉案土地上的固废之前作出。法院明确表示围垦公司未依据评估报告做出清运处理的行为，可以在合理范围内请求赔偿，然而法院要求围垦公司举证证明其所产生的相应费用的必要性和合理性。围垦公司因未举证证明其涉案所产生相应费用的必要性和合理性，最终被认定为不予支持。

---

[1] 参见最高人民法院《2019 年度人民法院环境资源典型案例》，资料来源：http://www.court.gov.cn/zixun-xiangqing-228361.html；访问时间：2021 年 9 月 15 日。

(2)典型案例问题分析

对本案的基本案情进行环境民事公私益诉讼衔接的内容,可以大致描述为以下五个主要方面:一是诉讼主体,公益诉讼原告是环保组织,私益诉讼原告是土地所有人,然而,此处公私益诉讼的被告是相同的;二是诉讼请求,公益诉讼是赔偿加修复被支持,私益诉讼赔偿不被支持;三是诉讼顺序,公益诉讼在先;四是举证责任,公益诉讼在先已举证,私益诉讼仍需举证;五是既判力,公益诉讼在先,私益诉讼受公益诉讼裁判既判力影响。本案中,争议的问题集中在私益诉讼的赔偿请求是否应支持,法院提出需要证据证明赔偿内容和数额是否符合必要性和可行性等。

从判决结果看,法院依据围垦公司未证明环境修复方案的必要性和可行性,使终审确定不予赔偿。本文认为此判决引出以下几个问题:第一,围垦公司依据检察建议做出的及时清理行为是否需要证据证明其必要性;第二,围垦公司未参照审理过程中确定的评估报告来做出的清理行为,证明其合理性的标准是什么;第三,检察建议同时作用在私益诉讼和公益诉讼中是否合理。

上述问题,集中在证明标准和检察建议的效力上,根据判决结果可以清晰地看出,当前司法实践中检察建议的运用存在着较多不明的情况,生态环境赔偿和修复的标准并不明确,法院采纳判决依据的标准不明。

总体而言,该案例明确了司法实践中较多处理问题的规则,例如,公私益诉讼在同一阶段出现时,可以优先处理公益诉讼,为私益诉讼因果关系的证明提供了基础。但是,该案件的判决也进一步凸显了当前环境民事公私益诉讼衔接规则匮乏的现状,例如该案中公私益赔偿和修复责任存在竞合关系时应当如何处理,这也对私益诉讼赔偿请求范围的认定提出了挑战。

(二)环境民事公私益诉讼衔接之实践困境

实践案例发展情况和典型案例的情况,明确了实践中环境民事公私益诉讼之间衔接存在着诸多问题。结合学界对两诉衔接问题研究的内容,对这些问题进行分类归纳,有助于全方位的了解问题产生的原因,同时为体系化处理实践问题提供正确的指引。

1. 受案范围定位不清

受案范围定位不清的问题,其涉及公共利益与私人利益的划分问题和环境公益诉讼案件对象的范围交织问题。也是前述案件宏观情况中,私益诉讼案件显著高于公益诉讼的重要原因,实践中提起环境私益诉讼案件显然更受欢迎,而受案范围划分不清也为环境公益诉讼案件搁置、环境私益诉讼案件更好地提起创造了有利条件。

2. 诉讼主体差异显著

环境民事私益原告资格与一般民事诉讼主体并无不同,而环境民事公益诉讼的原告应是法律规定的机关和有关组织。虽然,表面上看两诉的诉讼主体在相关组织范围内可能存在共同之处,但实际上环境公益诉讼主体原告显然不能是公益诉讼当事人。"检察机关加入原告范围既突破了传统的当事人理论"[1]，又成为民事诉讼中的独特存在。然而，环境私益诉讼主体不能提起公益诉讼的规定，不仅阻碍了私益诉讼中涉及环境公共利益状况即时被发现的可能，而且造成了环境公益诉讼案件量远低于私益诉讼的现实窘境。

关于环境民事公益诉讼原告主体资格是否拓展和如何拓展的问题，已经成为环境民事公私益诉讼衔接制度中一个重要的研究方向。如有学者认为只有不断调整环境公益诉讼权利主体资格，才能符合不断发展变化的环境损害形势[2]。环境民事公私益诉讼两者之间的诉讼主体是否应该作相应的衔接适用，公益诉讼事件中的私主体是否有权提起公益诉讼，这些是环境民事公私益诉讼衔接的重要难点，同时也是决定两诉讼未来发展方向的关键。

3. 审理程序众多差异

根据《民法典》侵权责任编与《证据规定》的规定，环境私益诉讼已有明确的"谁主张、谁举证"，但未对私益诉讼在前的同一环境侵权行为公益诉讼案件的举证责任作出细致的规定。整体而言，我国环境民事诉讼实体证明中主要存在有："举证责任分配混乱、实体要件证明困难、当事人自行取证受限过大、科学证据适用不规范等突出问题"[3]。在典型案例中，虽然相关证据证明责任符合司法解释的规定可以适用于私益诉讼，但是私益诉讼直接援引的做法也引发了当事人权利可能被限制的思考。环境公益诉讼与私益诉讼之间原有的证明标准不同且两诉并未明确统一。因此，相关证明责任的标准问题需要《环境民事公益诉讼解释》进一步明确。

两诉审理程序中的其他衔接问题还有：公私益诉讼适配问题和审理顺位问题等。两诉并存主要依据《民事诉讼法》做关键性的基础法律支撑，然而两诉又存在着公私利益性质不同等多重区别，两者运用相同的民事诉讼审理程序，必然存在众多不适配的问题。例如，公益诉讼起诉与受理阶段和私益诉讼的要求显然不同。关于审理程序问题，《环境公益诉讼司法解释》第 29 条规定明显是以"公益诉讼先行"为前提制定的，而其中第 30 条只规定了私益诉讼当事人可以主张直接适用环境公益诉讼的生效裁判所认定的事实与证据。现实中往往会产生两诉在另一诉讼受理或起诉的时间段呈现至审判组织的情景，也就是说，当上一起诉讼裁判结果尚未形成时，下一起诉讼又开始了。那么，如果两者同时或私益诉讼先被提起，需要"法律法规或司法解释明确两者的起诉顺位"[4]。此外，司法实践中"刑事附带民事公私益诉讼的并行审理也面临着制度与实践的双重挑

---

〔1〕 孙洪坤、陶伯进：《检察机关参与环境公益诉讼的双重观察——兼论〈民事诉讼法〉第 55 条之完善》，载《东方法学》2013 年第 5 期。

〔2〕 孙洪坤、孙少炯：《重构环境公益诉讼理论基础》，载易继明主编：《私法》(总第 39 卷)，知识产权出版社 2022 年版，第 83 页。

〔3〕 李庆保：《环境民事诉讼证据制度研究》，法律出版社 2021 年版，第 2 页。

〔4〕 李丽：《环境民事公益诉讼程序研究》，中国政法大学出版社 2019 年版，第 112 页。

战"[1]。这些都是两诉衔接需要注重的程序性差异。

4. 赔偿范围顺位不明

《环境民事公益诉讼解释》第31条明确规定了公益诉讼与私益诉讼的赔偿顺序。即,根据一般认定的环境民事私益诉讼和公益诉讼赔偿顺位来看,环境民事公益的价值位阶往往低于环境民事私益,然而这样一概而论,并不符合环境民事公益与环境民事私益诉讼复杂构成的现状。特别需要关注的是,在侵权人的财产不足以承担两类诉讼全部责任时,公益在后的赔偿顺位必然会造成全部或部分公共利益无法得到救济的后果。即当环境民事公共利益是代表大多数人利益集合体时被置于私人利益之后,这与我国社会主义国家集体和社会公共利益优先的核心价值理念相违背。

将环境民事公私益诉讼衔接中的赔偿顺位问题单列,是基于赔偿顺位问题已成为当前司法程序中的典型问题,是法官处理环境民事公私益诉讼案件结案前必然面临的问题。前述典型案例中,因公益诉讼生效判决在先,最终法院不支持私益诉讼在公益诉讼生效判决范围之内的诉讼请求。典型案例具有指导法院裁判的作用,因此该案件实则对原有环境公私益诉讼之间私益赔偿的优先顺位提出了挑战。然而,环境公共利益与私人利益本身难以区分,尽管该案件有明确表示在公益范围内,已经判决的优先,但是受损私益很有可能存在于公益请求范围之内,同时被告人在偿付公益诉求之后很有可能无力支付私益诉求。故而,公私利益的优先性问题在这里再一次凸显。

司法实践中已经针对偿付能力不足这一问题做出调整,《1969年国际油污损害民事责任公约的1992年议定书》以及最高人民法院《关于审理船舶油污损害赔偿纠纷案件若干问题的规定》这两个规范性文件提出公私益采取按比例受偿的原则。但是,即便按比例偿付也存在各方利益可能无法完全维护的尴尬局面。因此,司法实践中两诉讼赔偿顺位问题需要法律和司法解释进一步确认。

5. 裁判溯及力的扩张

前述典型案例中,环境私益诉讼在公益诉讼之前提起,但是最终裁判却晚于公益诉讼,继而形成私益诉讼按照已有既判力扩张的相关规定,采纳公益诉讼裁判文书中的相关事实作为证明材料。同时,公私益诉讼的判决结果最终置于同一个判决书中呈现。该案件这么操作的主要依据是《环境民事公益诉讼解释》第30条[2],这一规定突破了原有既判力不允许扩张的做法,同时也带来环境私益诉讼裁判既判力能否扩张的立法未明问题。

通过广义和狭义两个维度对两诉衔接问题的总结归纳,可以看出当前环境

---

〔1〕 蔡虹、王瑞祺:《刑事附带民事公私益诉讼并审的程序展开》,载《海南大学学报(人文社会科学版)》,2021年第2期。

〔2〕 《环境民事公益诉讼解释》第30条:"因同一污染环境、破坏生态行为中已为环境公益诉讼生效裁判认定的事实对于私益诉讼的原、被告均具有免予举证的效力。"

民事公私益诉讼的衔接问题主要来源于相关规定的不明确。《环境民事公益诉讼解释》不仅让学界大多数人认定环境民事公私益诉讼当前属于并轨制运行状态，而且直接肯定了既判力扩张的合理性，然而这一规定也因此直接成为学者口诛笔伐的对象。笔者认为，根据宪法性法律《中华人民共和国立法法》[1]，关于诉讼制度只能通过制定法律来规定，故而该司法解释以解释之名定诉讼法未定之事的效力存疑。在肯定该司法解释效力的前提下，第 10 条的规定并未排除环境民事私益诉讼先提起的情况下，合并审理环境公益诉讼的可能性。另外，该司法解释扩充的环境公益诉讼生效判决的既判力也为环境私益诉讼生效判决既判力扩张提供了可能。在司法实践中，在环境民事公私益诉讼脱节、环境民事私益诉讼案件数量显著高于公益诉讼案件的情况下，环境民事私益诉讼若能发挥最大效力辅助环境公益诉讼案件发展，必能使环境民事公益诉讼的发展向前迈进一大步。

三、"绿色民法典"时代环境民事公私益诉讼衔接问题之原因分析和价值取向

对两诉衔接问题的原因分析，主要是在环境民事公私益诉讼确有衔接问题的前提下，从对现有环境公益诉讼衔接规范和规则的精准阐释出发，确定两诉衔接的规则需求和价值取向。深刻理解"绿色民法典"对环境民事公私益诉讼衔接制度的作用，准确把握好当前两诉衔接的制度规范，结合两诉的衔接目的和价值取向，参考借鉴前述公益诉讼制度起源的环境公民诉讼制度理论，以期实现对环境民事公私益诉讼衔接规则完善和发展方向的进一步把握。

(一)环境民事公私益诉讼衔接问题之原因分析

对环境民事公私益诉讼中产生的问题进行原因分析，从两诉的基础概念和理论渊源出发，深层次的理解和把握两诉衔接问题产生的诱因，对问题产生的原因进行分类，能够更有针对性地解决现有问题，同时避免后续因同一原因产生新的问题。深刻把握两诉衔接问题产生的诱因，为环境民事公私益诉讼衔接规则的进一步发展研究把好舵，才能从根本上处理好两诉衔接的问题。

1. 法律规定不够完善

目前环境公益诉讼的主要程序性规范都由司法解释等规定，司法解释的立法层级不够，难以得到普遍认可，同时也让学者有更多批判的理由。例如，审理顺位不明，是环境民事公私益诉讼衔接规则中要面对的基本问题。这一问题的产生主要原因还是在于《环境民事公益诉讼解释》对诉讼先决预设并未将公益诉讼予以先行或排后、或二者同时启动等三类情况涵盖。而《司法解释》规定这些程序问题并不符合我宪法性法律规范的要求。故而，法律有必要回应环境公益诉讼中审理顺位等各类程序性问题。

在层级上，两诉具备第一审管辖权的法院就有显著割裂情况。同一环境污

[1] 《中华人民共和国立法法》第 8 条："下列事项只能制定法律：(十)诉讼和仲裁制度。"

染所致环境破坏而启动的民事公益诉讼与私益诉讼,因管辖制度差异呈至不同地域不同级别审判组织,由于专业能力和级别差距等因素影响,很可能出现有差异的裁决结果,同源异判困境就很难避免。对于环境民事公益诉讼案件一审管辖权即由中级以上人民法院所有,既抬高了环境民事公益诉讼的门槛,又使环境民事公私益诉讼在初次受理时必然错过共同审理的可能。不同案件裁判结果间的冲突既会减损司法机关的公信力与权威性,又不利于维护公私两种环境权益,同时相同的证据也会造成审判机关司法资源的耗损。

检察机关参与环境民事公益诉讼,充分拓展和使用了原有的法律监督权,以法律赋予的原告身份代表公益群体参与诉讼,是直接以诉讼主体的身份行使法律监督权。而环境私益诉讼中,检察机关是以法律监督机关的身份,行使法律监督权。检察机关依据法律监督权做出不同类型的检察建议,可以分别适用于环境民事公私益诉讼,但检察建议在两诉中的效力问题暂未明确,这也是典型案例中出现的问题。因此,法律规定不够完善是两诉衔接问题产生的主要原因。

2. *司法解释界定模糊*

《环境民事公益诉讼解释》规定的两诉讼衔接制度,仅属于为了诉讼效益的提升让"私益诉讼搭公益诉讼便车的范畴"。该司法解释设立的初衷,是为了让环境民事私益诉讼可以运用到环境公益诉讼裁判的内容,从而达到提升司法效率的目的,然而,直接将其界定为两诉并轨制的依据并不妥当。虽然不能否认环境公益诉讼与私益诉讼在实体和程序层面上具有迥异之处,但就此绝对否定两者合并审理也属于完全偏颇。

该司法解释并未进一步规定公私益诉讼衔接其他情况的处理模式,虽然回应实践需求,对现实问题做了规范性建设,但是并未形成完善和体系化的衔接机制。环境民事公私益诉讼衔接规则其他司法解释中也有涉猎,但就整体而言,都未对衔接制度做明确精准的规范。因此,司法解释对法律规定解释得不清晰是两诉衔接问题产生的重要原因。

3. *共存理论价值冲突*

"环境司法的复杂动态包括少数群体或低收入社区的环境、社会、经济、健康和政治问题,环境正义的概念涉及领域众多"〔1〕。"环境问题的长效性等专属环境特征,使得环境正义保障与诉讼效益必然存在冲突。法官在处理案件过程中,必须精确地围绕这些价值问题,而不仅是相对效率问题"〔2〕。

环境民事公益诉讼与私益诉讼之间高度重合部分的司法资源浪费问题,在诉讼效益理论的指导下,理应作出清楚的判断。即满足环境正义要求时,最好的

---

〔1〕 Barry E. Hill, *Environmental Justice: Legal Theory and Practice*, in Environmental Law Reporter News & Analysis, 45, p. 10236(2015).

〔2〕 Laurence H. Tribe, *Constitutional Calculus: Equal Justice or Economic Efficiency*, in Harvard Law Review, 98, p. 596(1985).

办法是环境民事公私益诉讼单独发展，涵盖最大受案范围的案件；满足程序正义时，则需要尽可能减少环境民事诉讼案件数量，同一环境侵权行为尽可能在一案中判决，避免同源异判。然而，环境正义理论的支持者，在这一状况下，尚不能够清楚地指出两诉高度重合部分确定相互引用或是一方指导另一方的做法。这也是环境民事公益诉讼在我国单独存在时没有解决的问题，即环境公私益诉讼之间重复的情况，在两诉之间如何选择民事私益本质与公益共存之间存在着悖论等前提问题。因此，环境民事公私益诉讼衔接中，环境正义理论与诉讼效益理论价值冲突问题，是两诉衔接问题产生的根本原因之一。

（二）"绿色民法典"时代环境民事公私益诉讼衔接的价值取向

对于两诉衔接规则而言，价值取向即两诉衔接规则设立的最终目的。厘清环境民事公私益诉讼衔接规则的价值取向，是环境民事公私益诉讼衔接规则研究稳步向前的保障，是环境公私益诉讼目的精准实现的重要抓手，是理解"绿色民法典"对环境民事公私益诉讼衔接制度影响的关键。

1. 生态价值与经济价值的辩证统一

"绿色原则"的引入，为民事活动中注入了生态价值显著提升的标志。"绿色民法典"时代环境民事公私益诉讼中生态价值与经济价值的法价值位阶，由此产生了新的界定。

同一侵权行为下的环境民事公私益诉讼，是环境公共利益与个体利益冲突的集中爆发地，面临环境公益保障与个体私益之间的优先选择问题。从深层次来看这一问题，就是生态价值与经济价值何者优先的问题。依据习近平生态文明思想核心内涵"两山"理念的阐释，"绿水青山"与"金山银山"之间、生态保护与经济增长之间并非始终处于不可调和的对立关系，而是对立统一的关系。"宁要绿水青山，不要金山银山"的论述，则充分展现出生态价值与经济价值的顺位，人与生态需要达成平衡关系[1]，结合《民法典》中"绿色原则"的规定，两诉衔接中赔偿顺位问题的处理就有了基本的司法指引和价值准则。[2]

2. 诉讼效率与程序公正的共同实现

公正与效率的冲突是诉讼法中不可回避的话题，理论界也认为这是一个"二律背反"的矛盾。程序公正主要包含："程序法定、程序透明、裁判者的独立和中立、程序的平等性和及时性等"[3]。"实质的平等制度则需要满足潜在人口本身足够同质，以确保结果不会是倾斜的竞争环境的产物"[4]。因为环境民事公私益诉讼两者对应的人口显著不同，显然不能以简单的形式公平衡量，更不能照搬现有民事诉讼实体程序规则，应当以实质公平的实现为目标，逐步摆脱僵化的

---

〔1〕 孙洪坤、孙少炯：《基于人类—生态命运共同体的生态法哲学建构》，载《学术界》2021年第7期。

〔2〕 孙洪坤、陈雅玲：《环境犯罪认罪认罚从宽的适用困境及其破解》，载《安徽大学学报（哲学社会科学版）》2022年第3期。

〔3〕 孙洪坤：《程序与法治》，中国检察出版社2008年版，第175—182页。

〔4〕 Paul Stancil, *Substantive Equality and Procedural Justice*, in Iowa Law Review, 102, p. 1633(2017).

形式主义。诉讼效率与程序公正同步实现,是衔接规则在现阶段能够推动环境公益诉讼与私益诉讼重叠部分的有效利用,是解决裁判既判力扩张问题的有效途径。

就目前而言,环境诉讼中个人环境利益与公共环境利益存在重叠,两次启动司法程序,不仅加重当事人负担,而且浪费司法诉讼资源,不符合诉讼效益规则。与此同时,当前提升诉讼效益的方式即既判力扩张,在一定意义上是突破程序正义要求的,必须进一步完善这一方面的要求,以诉讼效率与程序公正共同实现为两诉衔接规制内容的出发点和落脚点。

3. 公私利益法价值位阶的准确界分

环境民事公私益诉讼中公私益价值位阶的判断,首先应当排除一概而论,按照一般逻辑,价值位阶的界定可以通过具体案件中公私益价值的差异来界定,也可以将最终公私利益价值位阶的裁量权利赋予法官。然而,环境公益诉讼中的公共利益价值往往是难以估量的,甚至不是既有利益。因此,具体案件具体分析的价值界定方式以及赋予法官自由裁量权显然并不符合要求。

环境民事公共利益和私人利益价值位阶的准确界分,目前学界多重在纠结对公共利益含义的理解和界定上,如“环境公共利益是一种与人身利益和财产利益相并列的人之利益”[1]。同时因“环境”一词本身的复杂性和环境私益的优先性,所以在同一侵权行为人的财产有限无法承担两类诉讼所确定的全部责任时,只能被迫接受公众环境利益的减损。这就使得环境公益诉讼失去了维系公共利益根本目的的职能。

“绿色民法典”将环境公益与私益的损害赔偿制度进行了融合规范,环境公私益诉讼损害赔偿的范围与价值位阶的确定息息相关,此时,公私益价值位阶的明确界分有了新的契机。

4. 环境公益诉讼价值的充分展现

生态环境领域的公益诉讼数量增长极快,但整体数量尚未与现实中实际公共环境侵害事件数量相匹配,这也导致法律所保护的正向的社会价值无法彰显。故而,环境民事公私益诉讼衔接制度研究,就有必要朝着促进环境民事公益诉讼充分发挥应有作用的方向迈进。

环境民事公益诉讼设立之初无实体法依据,且两诉讼并存本身存在概念难界定的问题,故实践中对环境民事公益诉讼案件的受理程序处于较为严格的状态,理论研究上学者们则一直纠结于其存在的合理性并对此争论不休,最终导致该诉讼的理论研究进步缓慢。《民法典》出台后,环境民事公益诉讼被普遍认可有了实体法依据。此时,理论上应当对环境民事公益诉讼的发展方向作进一步研究,实践中则应当重视和推动环境民事公益诉讼的有力提起。

依据环境民事公益诉讼发展缓慢的现状总结主要原因,例如,环境民事公益诉讼限制严格的启动主体资格,公私益诉讼不同诉讼主体开展权益救济衔接不

---

〔1〕 王小钢:《论环境公益诉讼的利益和权利基础》,载《浙江大学学报(人文社会科学版)》2011 年第 3 期。

融洽等问题,可以做出有针对性的促进环境民事公益诉讼发展的举措。当前已有学者提出增加不同主体参与环境权益救济途径的方案,如"环境公益诉讼适格原告向私益受害人扩张和被告涵盖环保机关"[1]。类似的建议和举措,在一定程度上不仅有利于实现污染损害个人利益的恢复,也有利于环境公益诉讼的发展。当然,该措施必须得到充分论证后才能确定其可行性和合理性。

5. 社会公众个体价值的有效运用

我国《民事诉讼法》明确规定,除法律规定具有资格的环保组织外,公民个人等不具有提起环境民事公益诉讼的权利。然而,环境损害的发生往往具有突然性、严重性与广泛传播性。单纯依靠现有权利主体提起环境民事公益诉讼,显然难以满足现有环境公益保障的需求。伴随《民法典》对"绿色原则"的确立,通过环境民事私益诉讼案件发现环境问题,切实推进环境公共利益的保障是非常有必要的。

诚然,众多环境民事私益诉讼最终都可能不涉及当前的公共利益,但环境权益中个人利益与公共利益难以分解的现状,纵使私益达不到公益保障的要求,但也可以率先为公益保障打好预防针。

四、"绿色民法典"时代环境民事公私益诉讼衔接之完善建议

"绿色民法典"时代环境民事公私益诉讼衔接问题与原因的阐述,明晰了实践中环境民事公私益诉讼衔接制度进一步完善的现实需求,验证了两诉衔接规则系统构建的合理性和可行性,两诉衔接规则和价值取向的确认,明确了两诉衔接制度欠缺的内容,为环境民事公私益诉讼衔接制度的进一步发展提供了方向。以现有《民法典》中实体规范与原有衔接规则之间的协调适用为基础,围绕《民法典》"绿色原则"和已有衔接机制的规范运用为核心,完善现有衔接制度,增补缺失衔接规则,实现"绿色民法典"时代环境民事公益诉讼和私益诉讼之间衔接制度的体系化。在系统梳理环境民事公私益诉讼衔接规则和衔接问题的基础上,以民事诉讼目的论、诉讼效益理论、环境正义理论和既判力理论等理论重构,切实解决当前"绿色民法典"时代环境民事公益诉讼和私益诉讼并轨制带来的现实问题,促进"绿色民法典"中相关环境民事公私益实体衔接规则的具体运用。在兼顾诉讼效益和程序公平的价值基础上,推进实现两个诉讼程序对公共利益和私人利益的共同保障达到最佳效果,为环境公益诉讼与私益诉讼之间客观存在的现实问题提出体系化、规范化的制度建设意见,为推动实现环境公益诉讼专门立法和创设公私法一体化专门诉讼制度奠定基础。

(一)推动两诉衔接理论的重构

"坚持理论指导和实践探索辩证统一,实现理论创新和实践创新良性互

---

〔1〕 黄忠顺:《环境公益诉讼制度扩张解释论》,载《中国人民大学学报》2016 年第 2 期。

动"[1]。思想理念是行动的先导[2],在实证和实践分析的基础之上,有必要对当前学术界提出的理论问题进行总结分析,进而把握当前理论推进的具体方向,明确未决的理论问题,以期更好地解决实践中的问题。

1. 以诉讼法哲学重构原有两诉差异关系理论

"诉讼法哲学",又可称为诉讼法法理学。"诉讼法哲学"是任一诉讼研究的法理基础,透过法理基础,能够寻求两诉程序运作过程中存在的基础理论问题,能够探寻实践中存在问题的本质,从源头出发,为两诉程序的完善构建提供理论基石。因而,诉讼法哲学在两诉衔接中的充分运用,能够实现将两诉基础原理化繁为简,抽丝剥茧式的根源化呈现。具体而言,以"诉讼法哲学"为统领,进行环境民事公私益诉讼衔接程序规则的理论研究,可以为两诉司法程序界定不清的问题提供理论基础,同时形成完整程序架构的理论体系,能够改善现有以司法解释为主体的两诉衔接制度。

"绿色民法典"时代环境民事公私益诉讼衔接制度研究,因《民法典》给出的实体法依据,探讨两诉衔接的理论重构,应重在诉讼法的基础理论研究,如诉讼体系理论和诉讼目的论等。以理论和实践的统合分析为基础,通过对环境民事公私益诉讼的整个程序做基础性理论分析和实践检验,从而明晰两诉衔接的价值理论。两诉衔接问题的本质是处理两个诉讼在程序运行过程中的摩擦,而衔接规则设立的作用在于实现两诉程序运作中应有的正义与价值,最终实现诉讼程序的目的和实体权利的目标。显然,当前两诉衔接规则的制定并没有充分运用诉讼法哲学理论,从而导致实践运用的系列困境。

当前环境民事公益诉讼与私益诉讼之间的差异研究,不可避免的问题是两诉的概念界定。不论是环境民事公私利益自身概念存在矛盾,还是环境民事私益诉讼权利主体缺乏环境权利的问题,都使环境民事公私益诉讼的衔接制度,难以有充分的理论支持。更重要的是,"我国环境公益诉讼采取的立法模式是附属型模式,该模式设立之初存在诸多方面的问题"[3]。因此,把衔接规则的制定着重在两诉的差异上,并不完全妥当且难以解决司法浪费的问题。

基于环境侵权的二元性,同一侵权行为下两诉必然产生复合性的效果,重在差异化处理的理论,不能满足当前节约司法资源的需求。《民法典》中"侵权责任编"第七章规定了生态环境损害修复责任问题,再次引出环境民事公私益诉讼与生态环境损害赔偿诉讼的差异讨论。

然而,当前两诉界分确有问题的前提下,直接从并轨制转向融合制似乎迈步过大。但是最高人民法院出台的《民法典》总则编的司法解释,更加明确地将公共利益与私人利益的保障权利赋予被侵权的主体,滥用民事权利成为民事主体损害公益和私益行为的统称,可以看出《民法典》为环境民事公私益诉讼走向确

---

〔1〕 习近平:《辩证唯物主义是中国共产党人的世界观和方法论》,载《求是》2019年第1期。

〔2〕 孙洪坤:《人与自然和谐共生的价值意蕴》,载《光明日报》2019年3月27日,第11版。

〔3〕 孙洪坤:《环境公益诉讼立法模式之批判与重构》,载《东方法学》2017年第1期。

定了基本方向。由此，本文通过图 3 中几何图形的关系来简单描述环境民事公益诉讼与私益诉讼之间可能的发展方向。显然，当前我国环境民事公私益诉讼法律规范处在两诉交叉的地界，尤其是在同一侵权行为下，环境民事公私益诉讼必然存在交叉关系，因此，无须将两诉作拆分状的探讨研究，应当重视的是现有两诉重合部分的协调衔接问题，以及未来可能出现公私融合状况的基础性理论研究。两诉衔接基础理论的研究应当着眼于明确现有两诉衔接规则相同处应否共通适用，程序规则适用时的时间序列和未规定衔接机制部分的问题处理等。

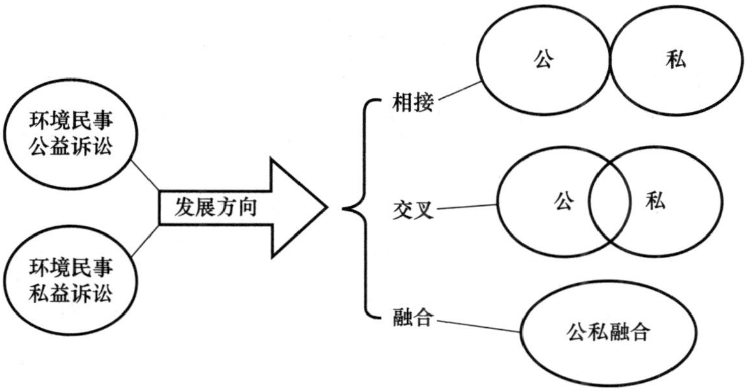

图 3　环境民事公私益诉讼可能的发展方向图

2. 以民事诉讼目的论判定各利益的价值位阶

民事诉讼目的论[1]是能够统筹指引环境民事公益诉讼和环境民事私益诉讼发展的重要理论。充分了解环境民事诉讼的根本目的，是研究环境民事公私益诉讼衔接制度的前提和出发点。对环境民事诉讼、环境民事公益诉讼和环境民事私益诉讼目的进行研究，一方面，有利于环境民事诉讼法学理论研究内容的深化，促进我国环境民事诉讼理论体系的完善，助推我国现有的两诉衔接审判模式的转化；另一方面，有利于贯彻落实现有环境民事公私益诉讼衔接规则，可以为我国环境民事公私益诉讼衔接立法的完善提供一个基本指导方向。

深刻理解国家在进行环境民事诉讼时对诉讼程序的现实需要、内在评价和选择，才能牢牢把握环境民事公私益诉讼设立的初衷和目的。以目的为导向，才能正确指引环境民事公私益诉讼做好价值位阶定位。正确运用民事诉讼目的论，才能就当前环境民事公私益诉讼衔接中赔偿顺位等问题提出合理的价值辨析理论。《民法典》“绿色原则”贯彻在民事诉讼中，集中体现的是保障环境权益的诉讼目的，是能够为环境民事公私权益价值取向提供基本依据的原则性条款。

以“绿色原则”为基础判定价值导向，可以作为两诉利益价值位阶确立的基础性理论支撑，将环境利益进行较为精确的评估，进而为两诉价值位阶确立提供

〔1〕 参见李祖军：《民事诉讼目的论》，法律出版社 2000 年版，第 1 页。

依据。在环境公私益诉讼提出时间存在差异的情况下,两诉的价值位阶因为受制于已有裁判既判力的影响,在先的判决利益必然优先。由此,环境民事公私益诉讼价值位阶的界分就得到了清晰的确认,两诉在赔偿顺位不清时公共利益与私人利益的选择可以参照适用以下规则。

当环境公共利益不特定且复杂时,环境民事公共利益和私人利益价值位阶的界定,应当着重在私人利益的探讨中。私人利益一般包括自然人的人身权益和财产权益。在环境违法行为人的财产有限且两诉同时提起时,公私利益的价值位阶就可以有清晰的排序。

当公共利益成为私人利益的集合体时,即包括特定多数人人身权益和财产权益时,公共利益应当优先于私人利益保障,以公益诉讼的优势保障好更多人的利益。由此,环境民事公私益诉讼价值位阶的界分就不再是环境公私益诉讼衔接中的难点。

3. 诉讼效益理论与环境正义理论的协同促进

诉讼效益理论,顾名思义是为提升诉讼效益而产生的理论。"诉讼效益要求达成迅速而经济的裁判之要求,得综合称之为促进诉讼或促进程序之要求,乃是要求促使诉讼程序更节省劳力、时间及费用,以迅速、经济地达成裁判"[1],即诉讼效益要求提高司法效率、降低诉讼成本同时符合司法公正。诉讼效益理论在环境公益诉讼中适用的主要问题在于环境正义理论与诉讼效益理论往往存在冲突。环境公私益诉讼衔接问题中,诉讼程序重复、司法资源浪费等问题是需要着重解决的。此时,诉讼效益理论的运用就可为构建整个衔接规则提供可行的理论基础。

"环境正义始于分配正义,或者更准确地说,始于分配不公"[2]。例如,"美国实现环境正义就要更多考虑种族问题"[3]。诉讼效益是程序法必须考虑的时间和机会成本。在环境诉讼中,诉讼效益与环境正义是一对难以调和的矛盾,过分关注两者之间的差异冲突并不明智,需要注重的是共存模式下的求同存异,或者是相互促进。就当前环境民事公益诉讼与私益诉讼发展的现状看,不管是诉讼效益理论或是环境正义理论都没有达到预想中的最佳效果。

基于诉讼效益理论,在现有立法基础上,单纯并轨制模式并不能满足现实需求,两诉讼理应制定更为完整的衔接程序,以达到在处理环境侵权行为时,同时提高保护环境公共利益和私人利益的效率,避免引发程序正义的争议的目的。然而,正是诉讼效益理论在两诉衔接问题上的不充分运用带来了程序正义的争议。按照矛盾论,诉讼效益理论与环境正义理论作为矛盾,应当同时具备同一性和斗争性。诉讼效益理论和环境正义理论在两诉衔接中的同一性,在于作为理

---

〔1〕 邱联恭:《口述民事诉讼法讲义》,元照出版社2012年版,第114页。

〔2〕 Jeff Todd, A "*Sense of Equity*" *in Environmental Justice Litigation*, in Harvard Environmental Law Review, 44, p. 176(2020).

〔3〕 Brenda Mallory & David Neal, *Practicing on Uneven Ground: Raising Environmental Justice Claims under Race Neutral Laws*, in Harvard Environmental Law Review, 45, p. 296(2021).

论的存在都是希望促进两诉协调发展。因此,诉讼效益理论与环境正义理论应当充分发挥同一性的情况,以促进两诉协调发展为原则,进一步制定完善更为精简的衔接规则,同时为衔接规则和制度完善做理论支撑。"程序正义是法所固有的检验司法活动是否公正的标准"。[1] 实现诉讼效益理论与环境正义理论并存,能够使环境民事公私益诉讼之间在满足程序正义的基础上协调发展。解决当前环境公私益诉讼中效率低下和环境状况需要严治的问题,是环境理论与实务研究中需要共同突破的核心难点。

环境民事诉讼的根本目的和最终目标都是为了保护生态环境,而保障生态环境必须确保环境正义,失去了环境正义,就失去了可持续发展,也就失去了实现共同富裕目标的价值,生态环境保障就成为空谈。此时就需要对环境正义和诉讼效益之间作风险权衡。风险权衡的概念在没有经过严格审查的情况下,已经成为检测和评估环境法的"意外后果"的主导框架。在功能上,风险权衡分析是一种寻找反常效应的方法;在形式上,它引发了恐慌,并为反监管言论提供了弹药。由于这些特点,"权衡"的概念使原本可以对环境法的积极推进有价值的研究领域变得贫瘠[2]。故而,关于环境法的研究虽然应有风险权衡,但不能因噎废食。

以环境正义理论为基础,考虑环境执行标准的科学性,能够从理论上赋予风险权衡以积极的评价,此时执行的顺位就应当突破固有的私人利益优先的规定。一般而言,按照环境民事公共利益是私人利益集合体的理念,就财产利益而言,法院执行时应当优先偿付公益诉讼以实现环境问题的优先处理;就人身利益而言,依据原有私人利益优先,保障好个人的人身权益。这种价值位阶的划分方式还是基于两诉严格并轨制的衔接规则。当两诉衔接达到诉讼执行程序可以同步进行时,依据环境正义理论,在优先处理好私人利益中的人身权益后,可将被执行人剩余可执行款项直接划归至统一的环境治理账户,以有效保护和恢复环境,共同处理环境民事公私益诉讼后的民事责任。

4. 推动既判力理论在两诉衔接中的准确适用

既判力,就是"不允许对已有裁判再起争执的效力就是既判力。"[3]既判力理论在产生之初是严格限制扩张的,这就要求明确判决中哪些判断事项会产生既判力的问题。"既判力理论在民事诉讼法学的理论体系中居于十分重要的地位",[4]虽然我国司法实践中普遍认可既判力不得扩张的理论,但环境民事公益诉讼与私益诉讼衔接中重点问题就是既判力的扩张问题,这也反映出理论界对现有环境民事公私益诉讼通过公益诉讼既有裁判的适用作为衔接方式的不认可。

---

〔1〕 卓泽渊:《法的价值论》(第三版),法律出版社 2017 年版,第 377 页。

〔2〕 Tomasovic B, *Trade offs in Environmental Law*, Journal of Land Use & Environmental Law, vol. 34, No. 1, p. 93—94(2018).

〔3〕 [日]高桥宏志:《民事诉讼法:制度与理论的深层分析》,林剑锋译,法律出版社 2004 年版,第 457 页。

〔4〕 邓辉辉:《民事诉讼既判力理论研究》,中国政法大学出版社 2014 年版,第 86 页。

环境民事公益诉讼裁判既判力问题的精准定位和准确研究,能够使两诉满足诉讼法哲学发展要求的情况下,实现精准衔接、相互促进。因而,解决上述问题可以有以下两个方向的基础理论研究:一是将环境民事公益诉讼裁判部分内容适用于私益诉讼的规定做理论基础的探讨,合理解释其未突破既判力不得扩张原则;二是进一步完善裁判效力基础理论研究,将我国裁判效力基础理论重新界定。

环境民事公私益诉讼制度的衔接模式研究,必须在考量现有既判力扩张方式合理性的基础上做进一步的尝试。现有规定下,环境民事公私益诉讼衔接规则,突破了既判力理论原有不允许扩张的合理性预设,且是容易形成误解的单向扩张。在不改变现状的情况下,对这种扩张的合理性解释成为难题。现有既判力理论存在为一部分案件合理扩张的情况,也有学者拓展出既判力扩张理论,但既判力理论在环境民事公私益诉讼衔接制度中的运用必须有更合理审慎的解释。然而,即便公益诉讼裁判中部分内容可以用于私益诉讼,也不能直接认定其突破了既判力不得扩张的标准,但根据已有学者的论证不能排除对其存在既判力扩张问题的合理怀疑。故而,新的既判力理论的设立,既要合理解释既判力的内涵,又要限制好既判力运用的范围,即裁判确定的案件事实,可以运用于基于同一客观事件产生的案件,除非有证据可以推翻原有裁判证明的事实。这也能为后续同一侵权行为下,私益诉讼裁判作用于公益诉讼打下基础。

(二)完善两诉衔接的具体路径

每一条规则的形成都是制度最初构想的实现,规则的不断完善是终极目标引领下的合理选择。完整的制度规则体系要求完善的基础规则构建,在环境民事公私益诉讼衔接规则构建具备主要原则的基础上,需要明确规则制定的路径,以实现两诉衔接规范的体系性和制度化。对现有环境民事公私益诉讼衔接规则的梳理分析,本文从实体、程序和执行三个方面提出衔接规则构建的建议。

1. 完善两诉衔接的实体规则

环境民事公益诉讼在《民法典》设立之前出现,一直被认为缺乏实体法依据。因此,《民法典》的出台使此前关于环境民事公益诉讼存在的合理性问题得到了解决。针对现有环境民事公私益诉讼衔接的主体不统一、两诉脱节等现实问题,可在实践中实行以下制度以实现两诉的有效衔接。

(1)推进环境民事公益诉讼法律体系逐步完善

当前两诉讼在较多方面都未有衔接规则,且已衔接之处也有较多问题亟待完善,因此就已有衔接规则主要规定环境民事公私益诉讼在前的衔接制度而言,当前推进环境私益诉讼在前案件和两诉同步提起时公益诉讼案件处理规则的制定,以及两诉同步运行审理程序的简化应当成为重中之重。在两诉衔接的制度构建中,应当更加注重两诉并行和协调解决环境问题的目标,过分探讨两诉区别能使两诉走向分离，过度强调两诉之间的重合部分也会使不同主体环境权益行使的自由度受到损害。

环境公益诉讼案件保障的一般是兼有权益，因此难以在实体法中进行赋权，而现实状况不允许忽视环境权益，因此，在权利界定不清时，可以借助义务推进权利的实现。权利与义务本身相辅相成，在规范好人们所需要遵守的义务时，权利自然就能得到保障。故而，两诉之间衔接的实体规则要注重推进两诉基础概念和价值目标的确定，尽可能确定两诉主体权利和义务的内容，以确定未来发展方向指导诉讼法实现诉讼目标。

(2)推动环境民事公益诉讼原告资格有序拓展

环境民事诉讼主体存在众多显著的差异，是公私益诉讼难以合并审理的重要原因。两诉讼过于明晰的诉讼主体分界，既阻碍了私益诉讼主体参与公共权益救济，又降低了公众行使环境诉讼权利的积极性。

按照现有学者研究和国外处理环境民事公私益诉讼衔接问题的方式来看，在公益诉讼原告主体资格范围难以满足现实需求的情况下，确有必要对其范围做进一步的拓展。在个体环境权确权不可行的前提下，拓宽环境民事公益诉讼中社会组织的范围或是拓宽检察机关行使的主体资格权利的方式似乎更为妥当，另外其他行政机关(如环保机关)若提起公益诉讼似乎也有其专业的优势。

(3)统一建立环境民事诉讼案件的损害对象库

损害对象的发现和明确，是环境民事公私益诉讼提出的前提。针对环境民事公私益诉讼脱节的现实状况，为实现公私益协同保障，可以建立环境民事诉讼案件损害对象库，实现两诉讼之间的有效互动，推进环境权益的统一保护。具体而言，当任一环境民事诉讼开始时，赋权法院等司法机关将损害对象录入库中，这些损害对象可以由具备原告资格的环境民事诉讼主体查看，让具备原告主体资格的诉讼主体查询到这一信息时可以及时做出是否起诉的判断。

图 4 展现了案件损害对象库的作用。

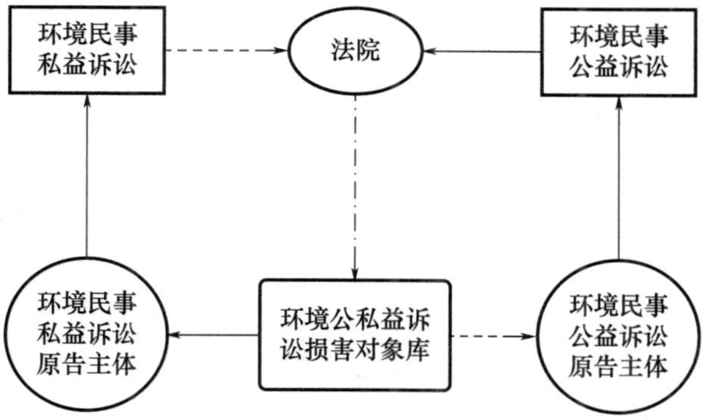

图 4　环境公私益损害对象库作用图

由法院作为环境民事公私益诉讼损害对象的统筹人，而环境民事公私益诉讼的原告主体负责自主判断是否需要提起诉讼，这也是尊重民事主体起诉权的表现。向诉讼主体明确展现损害对象，也能使具备环境民事诉讼原告资格的主体之间形成互相监督的局面。统一建立环境民事诉讼损害对象库,能够改善环境民事公益诉讼案件诉讼主体难以发现损害对象或者是环境私益诉讼存在损害对象却难以确定诉讼主体的情况。

2. 细化两诉衔接的程序规则

环境民事公私益诉讼衔接制度的程序规则,在现有两诉衔接中已经有了众多系统化的较为完善的研究。但是,关于两诉衔接的程序研究还存在如下问题:一是暂未完全在实践中运用;二是仍然缺乏切实可行的程序规则以实现两诉衔接促进。因此,有必要为衔接制度设立启动条件、运行方式和保障方式,对当前衔接规则展现的程序问题和学界提出的建议中的未决问题做出有效回应。

(1)环境民事公私益诉讼衔接制度之启动条件

现有环境民事公私益诉讼衔接规则,主要探讨的是同一侵权行为下两诉之间存在的衔接问题,然而切实保障环境利益,完善设立环境民事公私益诉讼衔接制度不能局限于此。故而,“绿色民法典”时代环境民事公私益诉讼衔接制度的启动条件,应当是在两诉单独发生时就设立,以确保每一个受损环境利益集中保障,此时并不需要事先确定该诉讼是否发生公私益诉讼衔接问题。

将两诉衔接制度启动程序前置于单一诉讼提起时,有如下三个优势:一是提前确定好该诉讼是否涉及另一诉讼,配合环境公私益诉讼损害对象库,能够实现任一环境侵权有迹可循;二是衔接制度启动能够实现环境公私益保障信息互通,避免环境公共利益保障无人认领的情况出现,推进实践环境正义;三是单一诉讼在先的诉讼,启动衔接程序可以促使公民更好地了解自身的权利,同时为公益诉讼起诉主体提供可诉方向,从而进一步推进环境民事诉讼的发展。

(2)环境民事公私益诉讼衔接制度之运行方式

根据诉讼体系理论,衔接制度的完善运行,要确保环境民事公私益诉讼之间相互联系、相互作用的有效性和系统性,保证两诉的目标和任务真正实现。在原有两诉衔接机制存在却难以推进两诉不断发展的现状下,必须为两诉讼并行发展建立一套协调、灵活、高效的运行机制。

首先,提升设立程序规则的法律层级,当前的程序性衔接规则,主要是司法解释受到了较多质疑且不符合《立法法》的规定,因此,提升两诉衔接机制的立法层级确有必要,同时需要及时整合并更新相关环境公益司法解释的内容。

其次,环境民事公私益诉讼衔接,要确定明确的体系化运行机制,制定环境修复与预防理念引领下的两诉衔接制度。环境污染或环境破坏造成的后果,时常难以预料或难以修复。美国的拉帕诺斯案(The Rapanos decision),有力地彰显了预防性监管政策与被动监管政策之间的区别,[1]此案充分地体现出预防性监管的重要性。因此,我国环境民事公私益诉讼衔接机制,也需要配合生态环境

---

〔1〕 Robert V. Percival, *Massachusetts v EPA: Escaping the Common Law's Growing Shadow*, in Supreme Court Review, 111, p. 125(2007).

保护整体预防为主、防治结合的理念,集中以预防原则[1]作为衔接机制运行的前提。

最后,体系化运行机制要求对环境民事公私益诉讼运行中可能产生问题的总结概括要全面具体,整个衔接机制的设立要具有流畅性和完善性,这就需要对环境民事公私益诉讼案件做体系化分析,对环境民事公私益诉讼的诉讼程序做分解对比,为环境民事公私益诉讼衔接规则做有预备性的方案,包括对现有衔接规则的精准完善和未有衔接规则之处问题的探究和新规则确立。

(3)环境民事公私益诉讼衔接制度之保障方式

保障环境民事公私益诉讼衔接制度的顺利运行,除了需要各方在实践中的积极配合,同时更要对衔接制度运行监管。在法院、检察机关和环保组织同时参与环境民事公私益诉讼时,任意一方兼具监管职能都有可能造成其原有职能难以实现。

就环境民事公私益诉讼而言,充分发挥公民监督的职能确有必要,而公民监督如何实现,可以依靠设立环境民事诉讼案件公告库或者资源站,为广大民众提供诉讼的基本信息,也为具有专门法律知识的学界创造衔接案例的获取和监督途径。充分运用现有数字化治理发展的成果,通过法律途径间接促进技术发展解决环境问题[2],实现生态环境监管数字化和生态环境司法保障数字化。

3. 厘清两诉衔接的执行规则

环境民事公私益诉讼衔接制度的运行也不能忽略诉讼本身与其他诉讼之间的协调配合。具体保障机制需要做到:第一,坚持以人民利益为中心,充分发挥人民监督力量;第二,统筹加强、集中统一管理环境民事公私益诉讼衔接完善规划路径;第三,大力推进环境民事公私益诉讼案件信息化管理;第四,加快完善衔接规则运行保障机制体系;第五,"注重环境司法人员专业能力建设和增进社会整体利益的保障"[3],协调好环境利益与经济利益之间的关系,促进环境诉讼与其他诉讼之间的协调有序发展。

例如,环境民事公私益诉讼执行顺位问题,可以通过统筹建立环境民事损害赔偿基金来解决,具体环境民事损害赔偿基金的流转方向如图 5 所示。对环境民事公私益诉讼中用于环境保护或修复的赔偿费用进行共同保管、统一调配和共同维护,可以确保公益诉讼损害赔偿范围有效覆盖,避免资金不足的局面出现。由基金管理人统筹拨款,实现环境污染或生态破坏局面的有利恢复和长效维护,同时减轻被告人承担一事双赔的后果,消除原有无法确定被告人已赔偿比例的尴尬局面。

---

[1] Robert V. Percival, *Who's afraid of the Precautionary Principle*, in Pace Environmental Law Review, 21, p. 2(2005).

[2] Daniel Van Fleet, *Legal Approaches to Promote Technological Solutions to Climate Change*, in Duke Law & Technology Review, vol. 68, No. 3, p. 471(2007).

[3] 孙洪坤:《公益诉讼、能力壁垒与相对合理——基于某省 C 市毒地案二审判决的法理省思》,载《东方法学》2021 年第 2 期。

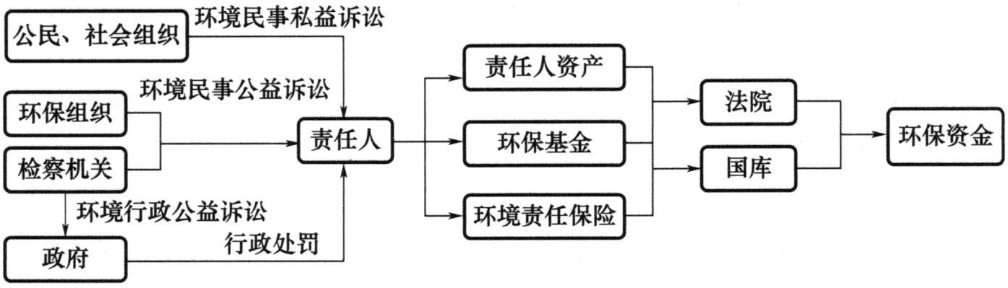

图5　环境民事损害赔偿基金统筹规划图

确定两诉统一赔偿款项后，执行制度就随之简易，即可两诉合并执行。此时，需要解决的是被告人难以执行完全部款项时的制度。因环境修复或赔偿费用应当用于恢复环境破坏或者进行环境维护，在被告人无力执行的情况下，可通过由被告人自身劳动恢复环境破坏结果，或者由被告人在一定期限内恢复原有环境生态。一旦被告人未达成执行方式的任意一种，可对被告人实施一定程度的辅助执行方案，例如失信限制行为等。

五、结语

"绿色民法典"时代环境民事公私益诉讼的衔接制度，是落实《民法典》绿色原则司法适用完善化的一个重要制度，是促进环境民事公益诉讼不断发展的重要动力，更是推进公民环境民事权益落实的根本保障。在环境民事公私益诉讼存在较多未决问题的前提下，直接重构或推翻原有衔接体系，并不能更好地推进环境民事公益诉讼和私益诉讼协同发展。择善而从系统完善环境民事公私益诉讼的衔接机制，在已有两诉衔接机制的基础上，实现环境民事公益诉讼与私益诉讼制度并存且共同促进才是正确选择。具体而言，针对受案范围划分不清的问题，以诉讼法哲学重构两诉差异关系理论重新界定两诉受案范围差异，同时进一步推进环境民事公益诉讼法律规范体系；对于诉讼主体差异问题，则寄希望于拓展公益诉讼原告资格范围和统一建立环境民事诉讼案件损害对象库来处理；对于两诉审理程序差异众多、赔偿范围和顺位不明的情况，通过重构两诉衔接适用中的民事诉讼目的论、诉讼效益理论和环境正义理论，规范两诉衔接程序规则的适用来实现程序选择；而"既判力扩张"的问题，可推动既判力理论在两诉衔接中的准确适用来完善。而以环境民事公私益诉讼衔接制度研究推动公私法融合、公私冗余诉讼发展将是未来两诉衔接发展的必由之路。

协议离婚的制度反思与规范重构

——从离婚法立法模式角度切入[1]

秦　琛*

摘　要　协议离婚是法律承认夫妻依合意解除婚姻关系的一类离婚制度。离婚理由这一概念长期被误解错用，阻碍了协议离婚宏观思考视角的构建；协议离婚与破裂原则的关系讨论乏人问津，导致了我国离婚法对二元离婚理由立法模式形成路径依赖，疑窦丛生。考察离婚理由概念的词语渊源、内涵特征、比较法认识以及功能论等方面，主导学界的"等同论"应被摒弃，协议离婚应理解为离婚理由的下位概念。回溯协议离婚的中外两脉制度史，其与破裂原则并非相互独立割裂而是存在表里关联。类型化比较协议离婚的当代立法例，无论是将协议离婚寓于破裂原则之下的一元离婚理由立法模式的立法坚持，还是多元离婚理由立法模式修正二者分离的立法趋势，均印证了前者是臻于完善的立法技术。复婚制度的认知谬误、离婚损害赔偿制度的规范混乱以及离婚冷静期制度的理解偏差皆是我国离婚理由二元模式立法衍生出的法的负面体系效应，可循的解决路径须从理论、历史与比较的三重思考中找寻。

关键词　协议离婚；破裂原则；离婚理由；立法模式

目　次

---

* 秦琛(1995—　)，男，甘肃酒泉人，苏州大学王健法学院2020级博士研究生。

〔1〕 江苏省科研与实践创新计划项目"协议离婚之比较研究与制度完善"(KYCX21_2893)。

引言

协议离婚，大陆法系国家(地区)多称其为两愿离婚(divorce by mutual consent)，系指法律承认夫妻依合意解除婚姻关系的一类离婚制度。[1] 比较法视野中，承认协议离婚的立法极为有限[2]，近代以来我国法律所认可的协议离婚并非完全受到外国法律思想影响，而是固有之两愿离婚传统与先进契约自由思想结合的产物。[3]

协议离婚是私法自治原则在家庭法领域中的重要展现，但困于基础理论积累不足、制度历史发掘尚浅以及比较法探究匮乏，学界对我国协议离婚的研究总体而言欠缺宏观思考与体系思维，导致在下列问题中仍存在困惑。第一，错误理解并使用作为基本概念的"离婚理由"，遮蔽了在宏观视角中认识协议离婚的可能性。只有对"离婚理由"这一概念正本清源，才可理顺协议离婚与离婚理由之间的概念关联和逻辑关系，从而为俯瞰离婚法律制度全貌提供理论前提。第二，自1950年新中国首部《婚姻法》颁布以来，我国即实行双轨制的离婚制度，当事人可以在自愿达成离婚协议后通过行政程序登记离婚，也可以通过诉讼程序经调解或判决离婚。[4] 制度延续的巨大历史惯性在某种程度上阻碍了反思思维生成，双轨离婚制度并存运行的合理性很少受到质疑。法律认可双方依合意并经过登记程序的协议离婚，同时又采用破裂原则下限定离婚原因的判决离婚，从而形成对离婚毫不干涉与严加管制的强烈对比，体现出离婚法的整体性质极不明确。[5] 第三，若将协议离婚置于离婚理由的概念下进行当代比较法观察，通过类型化梳理，我国现行双轨离婚制度可归类为"二元离婚理由立法模式"。透过这层视角，我国协议离婚作为与破裂原则割裂而独立的离婚理由引发的法典体系效应尽显无遗，集中体现在复婚制度、离婚损害赔偿制度以及离婚冷静期制度中。

---

〔1〕《元照英美法词典》中将"divorce by consent"译为协议离婚、合意离婚，将"divorce by mutual consent"译为两愿离婚。参见薛波主编、潘汉典总校订：《元照英美法词典》，法律出版社2007年版，第429页。我国台湾地区称之为两愿离婚，即"夫妻以消灭婚姻关系为目的之契约。"参见林菊枝：《亲属法新论》，五南图书出版公司1996年版，第114页。法国称之为"夫妻双方相互同意离婚"，即"两愿离婚"或"自愿离婚"，参见《法国民法典》(上册)，罗结珍译，法律出版社2005年版，第215页。我国学者将现行法所规定的以夫妻达成离婚合意为前提，通过行政登记程序的离婚方式称之为协议离婚、行政离婚或登记离婚。参见夏吟兰、龙翼飞等：《中国民法典释评——婚姻家庭编》，中国人民大学出版社2020年版，第187页。为行文方便，本文选取"协议离婚"的概念，统一于文中应用并采用广义的协议离婚定义。囿于篇幅，本文不讨论离婚协议内容等与离婚后果相关的法律问题。

〔2〕在欧洲，除马耳他外的所有欧盟成员国都在其国内法中承认了离婚制度，但在离婚理由、离婚难度和离婚所需的时间方面存在巨大差异。其中，奥地利、比利时、保加利亚、捷克、爱沙尼亚、法国、德国、希腊、匈牙利、拉脱维亚、立陶宛、卢森堡、荷兰、葡萄牙和罗马尼亚是承认协议离婚、离婚理由相对自由(comparatively liberal grounds for divorce)的国家。See N. A. Baarsma, The *Europeanisation of International Family Law*, Berlin Heidelberg: Springer-Verlag, 2011, pp. 147-149.

〔3〕参见林秀雄：《亲属法讲义》，元照出版有限公司2011年版，第167页。

〔4〕夏吟兰：《婚姻家庭编的创新和发展》，载《中国法学》2020年第4期。

〔5〕参见黄宗乐：《协议离婚制度之比较研究》，载《台大法学论丛》1980年第10卷第1期。

本文通过回溯协议离婚的制度史以探索其与破裂原则的逻辑关系，同时把握协议离婚在当代比较法中的立法规律与演变趋势，以期为认识我国协议离婚制度提供簇新的视野，为消解法典体系效应供给理论储备。

一、离婚理由的概念澄清与内涵重塑

"离婚理由"（ground for divorce）这一概念的具体含义在我国鲜有论及，以"判决离婚的法定理由"替代"离婚理由"的"等同论"基本成为学界惯例，协议离婚被置于离婚理由的概念外围而仅被称为离婚方式。[1] 从概念的词语渊源、内涵特征、比较法认识以及功能论等方面考察可知，"等同论"应被摒弃，协议离婚应作为离婚理由的下位概念。[2] 正确界定并统一建构作为法学概念的离婚理由，是对协议离婚进行体系定位、俯瞰离婚法整体结构安排的关键节点。

首先，"离婚理由"与"离婚原因"这对概念在我国学界存在混同使用的乱象，确有必要进行区分。从词源上探寻，"ground for divorce"在《元照英美法词典》中被译为"离婚的根据；离婚的法定理由"[3]，"ground"在《布莱克法律词典》中被解释为"某事（如法律主张或法律论证）之有效性所依赖的理由或要点"。[4] 据此，法定性是离婚理由概念的本质特征，欠缺法定性的事实主张只能被笼统称为不具备规范意义的"离婚原因"（practical reasons）。[5] 由于"ground"一词本身蕴藏了法定的意涵，使用时一般省略"legal"的重复限定，离婚理由即指法定离婚理由。在判决离婚情形下，当事人提起离婚诉讼时的主张多呈现为各种具体的、表象化的生活事实，即所谓用"叙事句子"以描述其所在之社会，而离婚理由这一法律概念的构建在于表达（立法者）规范意涵的"规范句子"，对于欠缺专业话语的一般人而言往往无法企及。[6]《最高人民法院关于适用〈民法典〉婚姻家庭编

---

〔1〕 参见张思沛：《离婚理由的比较分析》，载《中国法学》1989 年第 1 期；蒋月：《论我国现行法定离婚理由立法主义》，载《东方法学》2009 年第 4 期；马忆南、罗玲：《裁判离婚理由立法研究》，载《法学论坛》2014 年第 4 期。

〔2〕 法律概念本身存在两种理解，广义理解是指一切具有法律意义的概念，它既包括狭义上的法律概念或者说专门概念（即制定法中的概念），也包括其他可能起源于日常生活但具有法律意义的概念。本文选取广义理解，离婚理由并非我国制定法中的既有概念，而是狭义法律概念抽象化、学术化、理论化的结果，也称为"法学概念"。参见雷磊：《法律概念是重要的吗》，载《法学研究》2017 年第 4 期；李旭东：《论法律概念与法学概念的区别》，载《哈尔滨工业大学学报（社会科学版）》2015 年第 3 期。

〔3〕 参见薛波主编、潘汉典总校订：《元照英美法词典》，法律出版社 2007 年版，第 616 页。

〔4〕 See Bryan A. Garner(ed.), *Black's Law Dictionary* (*Ninth Edition*), Thomson Reuters: WEST PUBUSHING, 2009, p. 772.

〔5〕 美国学者在论述离婚理由时同样指出："美国殖民地时代几乎没有关于离婚的成文法，离婚实践也因地而异。如在马萨诸塞州，治安法官（magistrate）可以通奸、重婚、遗弃或阳痿等实际原因（practical reasons）批准离婚。独立战争后许多州始制离婚法，将离婚纳入民事诉讼程序，但面对现实中不断扩张的离婚原因，仅有部分上升为法定离婚理由（legal grounds for divorce）。"See Alison Clarke-Stewart & Cornelia Brentano, *Divorce Causes and Consequences*, New Haven: Yale University Press, 2006, p. 3.

〔6〕 参见黄茂荣：《法学方法与现代民法》（增订七版），台湾大学法学丛书编辑委员会 2020 年版，第 168 页。

的解释(一)》(以下简称"婚姻家庭编解释一")第1条至第4条分别阐明了诉讼离婚时"虐待""与他人同居"的认定标准、同居关系相关诉讼的受理与驳回以及"家风条款"的非请求权性质,充分表明"法律概念通常都有一个意义空间,词义上的模糊地带需要通过解释予以限缩"。〔1〕法律适用者须借助解释方能发现规范意义,对于寻求法律救济之人来说法律语言更构成理解障碍。〔2〕因此,当事人请求离婚时往往提出的是作为事实概念而非法律概念的离婚原因,法院(或婚姻登记机关)须进行事实认定、法律获取以及涵摄推理后,才能判断当事人所主张的离婚原因是否构成判决离婚的法定理由,从而做出准予离婚或不准离婚的判决(或离婚登记)。〔3〕

其次,协议离婚完全契合法定性特征,应纳入离婚理由概念之下。类型法定原则并非专属财产法领域,它也是家庭法的核心原则,决定了作为私法核心的私人自治原则在家庭法中的有限适用。〔4〕诉讼程序的判决离婚与行政程序的协议离婚主要在离婚审查机关、离婚程序、离婚标准以及离婚后果安排等方面存在差异,但从以下层面观察,二者均契合离婚理由法定性的特征。其一,种类上的法定性:离婚时当事人仅能从两种严格法定的离婚理由中选择其一,不得创设法定类型之外的其他离婚理由,如"事实离婚"并不能产生离婚的法律效果。其二,内容上的法定性:两种离婚理由的适用条件、具体程序、离婚标准等内容均为法定,任何关于离婚理由的事先约定都应被认定为无效,因为违背了婚姻基本价值和善良风俗的基本原则,事后通过合意离婚与事先作为约定离婚事由的离婚也有着完全不同的性质。〔5〕其三,效力上的法定性:根据《民法典》规定,完成离婚登记或者离婚判决书、调解书生效,发生相同的法律效果是婚姻关系解除(第1080条);婚姻关系解除后的部分效果也同样显示出法定性,如父母子女关系及其权利义务的延续(第1084条)、父母对子女的探望权(第1086条)、夫妻共同债务共同清偿原则(第1089条)以及离婚经济帮助(第1090条)。因此,将"离婚理由"狭义界定为"判决离婚的法定理由"的"等同论"欠妥。

再次,离婚理由涵盖协议离婚的认知在比较法上存在依据,这也为离婚理由的类型化处理提供了基础。法国里昂第三大学家庭法教授 Hugues Fulchiron 撰文指出,"法国于2004年全面修订了离婚法,指导性修法思想为维护离婚的司法属性,以及延续离婚理由的多样性。修订后的《法国民法典》所保留的四项离婚理由(grounds for divorce)可归类为两个大类,即协议离婚和争讼离婚(conten-

---

〔1〕〔德〕齐佩利乌斯:《法学方法论》,金振豹译,法律出版社2009年版,第16页。

〔2〕〔德〕伯恩·魏德士:《法理学》,丁晓春、吴越译,法律出版社2013年版,第93页。

〔3〕我国台湾地区有学者也表达了相同见解:协议离婚(两愿离婚)称之为"无因离婚",指出于夫妻合意,法律上不问其原因的离婚;判决离婚称之为"有因离婚",夫妻一方对于他方提起离婚之诉,法院认为有理由时,即存在"法定原因",才可准许离婚。参见陈棋炎、黄宗乐、郭振恭:《民法亲属新论》(修订十五版),三民书局2020年版,第172—182页。

〔4〕参见刘征峰:《家庭法中的类型法定原则——基于规范与生活事实的分离和整合视角》,载《中外法学》2018年第2期。

〔5〕参见李永军:《婚姻属性的民法典体系解释》,载《环球法律评论》2021年第5期。

tious divorce)，后者包含因过错离婚、婚姻破裂离婚(divorce faillite)和“接受离婚”(divorce accepté)。”[1]从其论述中可知，法国离婚法属于采纳多元离婚理由的立法例，虽然选择了协议离婚和破裂原则分离的脱钩模式，但仍将协议离婚纳入离婚理由之中。现行《德国民法典》第四编“亲属编”第一章第七节第一款名为“离婚之事由”(Scheidungsgründe)[2]，“Grund”对应英文词汇“ground”。应以同一概念描述和指代相同事物，宜将“Scheidungsgründe”译为“离婚理由”为妥。[3]虽然现行德国离婚法抛弃了过错原则转而采用破裂原则，但在一定程度上承认了协议离婚。[4] 尽管德国作为一元离婚理由的立法例，婚姻破裂是唯一的离婚理由，但由于“隐蔽的协议离婚”实际寓于德国民法第1566条的“破裂推定”中，因而可将协议离婚理解为从属于婚姻破裂离婚理由大项之下的、非独立的离婚理由。此外，著名的比较家庭法学者 Peter de Cruz 教授对世界范围内的离婚理由进行归类总结，区分了以“不可挽回的破裂”作为单一离婚理由(single ground approach)的立法例和将协议离婚作为一项独立离婚理由(a separate ground)的立法例。[5] 可汲取的启示是：无论一国的离婚法是以直接方式还是间接方式认可协议离婚，离婚理由概念核心的法定性特征即满足；区别在于，直接承认协议离婚、将之独立并与破裂原则并列的离婚立法可归类为二元离婚理由的立法例；间接承认协议离婚、将之附属于破裂原则项下的离婚立法可归类为一元离婚理由的立法例。

最后，从法律概念功能论的视角思考，“等同论”存在割裂性误导，以致引发对离婚法的全局性认知偏差。法律概念承载价值储藏功能，继受外国法律概念必须经历价值的同化与修正过程以实质符合本国国情，否则易被用为误导价值观念的工具。[6] 离婚理由是继受自外国的法律概念，其功能在于探知一国离婚法的宏观结构并在微观上对具体规范产生联动辐射作用。若依“等同论”，我国表面上貌似采纳了一元离婚理由立法模式，即选择了符合国际立法趋势的破裂原则作为唯一的法定离婚理由。但实际上，“等同论”将协议离婚与“破裂原则”完全割裂，掩盖了我国离婚法存在二元离婚理由立法模式的实质样态。在宏观视角下，我国一以贯之的二元离婚理由立法模式偏离了协议离婚

---

[1] See Hugues Fulchiron, *The New French Divorce Law*, in International Survey of Family Law, 4, pp. 243-257(2005).

[2] 参见台湾大学法律学院编译：《德国民法典》，北京大学出版社2016年版，第1149页。

[3] 《德国民法典》的国内译本中有学者选择将“Scheidungsgründe”翻译为“离婚理由”，本文表示赞同。参见杜景林、卢谌：《德国民法典——全条文注释》(下册)，中国政法大学出版社2015年版，第972页。

[4] 《德国民法典》第1566条第1款被称为“隐蔽的协议离婚”。参见[德]迪特尔·施瓦布：《德国家庭法》，王葆莳译，法律出版社2010年版，第180页。

[5] 前者“以‘不可挽回的破裂’作为单一离婚理由的立法例”，包括奥地利、捷克、丹麦、德国、荷兰、英格兰、威尔士、俄罗斯和苏格兰，后者“将协议离婚作为一项独立离婚理由的立法例”，包括比利时、保加利亚、法国、希腊和葡萄牙。See Peter de Cruz, *Family Law, Sex and Society: A Comparative Study of Family Law*, Oxon: Routledge, 2010, p. 26.

[6] 参见黄茂荣：《法学方法与现代民法》(增订七版)，台湾大学法学丛书编辑委员会2020年版，第174—176页。

的制度史启示、不符合当代比较法演变趋势;在微观视角下,其表现出对《民法典》中具体相关规范的强大辐射作用进而引发法典体系的抵牾与混乱,待后文展开论述。

综上,本文将离婚理由定义为:当事人据以向相关国家机关(包括行政机关和司法机关)提起离婚主张的法定依据,同时也是相关国家机关判断是否准予当事人解除婚姻关系的法定标准。由此,我国现行法上的离婚理由包括双方协议离婚和婚姻破裂离婚两个大类,为使后一类相对抽象的离婚理由具备操作性,《民法典》第1079条列举了五小类具体的、便于法院适用的离婚理由。[1]

二、制度史启示:协议离婚与破裂原则的关系厘定

在理论研究层面,协议离婚与破裂原则截然两分的认识在学界占据主流。如有学者认为无过错原则包含了两项具体的离婚理由,一为破裂原则,即婚姻不可避免地破裂,这是一项客观的原则;另外一项原则是协议离婚,即配偶双方可以单纯通过协议的方式结束婚姻。[2] 在立法实践层面,我国自1950年颁布《婚姻法》到2021年开始施行《民法典》"婚姻家庭编",立法技术上一贯沿用协议离婚与破裂原则二元分离的离婚理由立法设计。"溯古"的目的在于"论今",推寻中外两脉制度史可知,协议离婚与破裂原则并非割裂独立的,而是具有不可割离的内在联系。

(一)《拿破仑民法典》中协议离婚的启示

法国开启近代西方协议离婚立法的先河,肇始于"1792年离婚法"并完备于《拿破仑民法典》。法国"1792年离婚法"创设了两种离婚理由,协议离婚与因性情不合(incompatibility)为由的单意离婚。两种离婚理由属于激进的无过错主义立法,具有瓦解旧制度的进步意义,但普遍批评其带有典型革命式的盲目而沦为轻率离婚的特许状。[3] 一方面,"1792年离婚法"的重大缺陷并非在于带有浓厚自由色彩的离婚理由本身,而是缺乏制约离婚理由的有效程序机制,即"一个严肃对待婚姻的社会,离婚制度若欲被社会接受并符合公共利益,需要符合民族精神的离婚理由以及严谨的离婚程序。"[4]另一方面,对破裂原则的模糊认识是促使立法背离预期的重要诱因。大革命时期最鼓舞人心的变革是对婚姻本质的

---

〔1〕 我国《民法典》第1079条规定了感情破裂的离婚理由,但从立法术语的规范性来看,法律不应且不能评价"感情破裂",应为"婚姻破裂"。参见余华:《我国离婚法定理由制度之不足及完善》,载《法学杂志》2010年第8期。本文对该问题不展开讨论,文中的"婚姻破裂""感情破裂"以及"破裂原则"等概念在不同法制语境下交替使用,不作具体区分。

〔2〕 参见刘征峰:《家庭法中的类型法定原则——基于规范与生活事实的分离和整合视角》,载《中外法学》2018年第2期。

〔3〕 协议离婚的程序极为粗陋,仅设有前置调解与民事登记程序;单意离婚更是完全凭一方随意、轻率的主观意志操纵。See Samuel Stoljar, *A History of the French Law of Divorce-I*, in International Journal of Law and the Family, 137, p. 148 (1989).

〔4〕 See Samuel Stoljar, *A History of the French Law of Divorce-I*, in International Journal of Law and the Family, 137, p. 151 (1989).

新认识，婚姻必须包含相互的温情、培育个人的幸福。[1] 双方的感情因素跃升至影响婚姻存续的核心要素，感情破裂之际即是婚姻死亡之时，此刻法律赋予一方或双方解除婚姻的权利合理正当。但“1792 年离婚法”对于感情破裂的认知并未通过科学的立法技术予以表达：协议离婚与感情破裂的关系并未厘清，意愿因素脱离感情因素而被独立化后，轻率离婚等负面法律效果逐渐显露。

拿破仑掌权后为应对居高不下的离婚率、保持家庭与社会的相对稳定结构，1803 年颁布新家庭法以改造离婚制度，并于 1804 年归入民法典。[2] 拿破仑表面上扮演了激进的立法者角色，形式上秉持自由主义立场竭力完善协议离婚制度，但实际上他真正支持的只是以通奸为理由的离婚，双方同意仅仅作为掩盖此种离婚理由的“不显眼的程序”(discreet procedure)。[3] 其立法目的为，以显露于外的双方合意离婚之名掩盖深藏于内的婚姻破裂的客观事实。“拿破仑希望建立一种替代程序，将不道德行为隐藏在一个中性的幕布(neutral curtain)之后(即协议离婚)，而不允许直接揭露婚姻不忠的肮脏事实——通常涉及通奸的离婚诉讼(即导致婚姻破裂的具体离婚原因)。”[4]即所谓“揭露家庭内所为之事既不体面，亦有伤国民之名誉。”[5]在法律技术上，《拿破仑民法典》中的协议离婚采用证据(proof)或法律推定(legal presumption)的方式证明夫妻之间发生了导致婚姻破裂的严重情事。[6] 在离婚程序上，还须离婚当事人的父母或其他尊亲属同意，产生见证婚姻破裂的效果。

法国协议离婚制度从《1792 年离婚法》到《拿破仑民法典》的演变历程反映出立法者对婚姻破裂和协议离婚之间关系的认知不断深化，最终形成了程序烦琐但相对技术化(dilatory but technical)的离婚理由。[7] 双方协议离婚的深层本质并非离婚合意本身，以合意之名遮蔽琐碎又难以启齿的具体离婚原因，才是真正的制度功能之所在。《拿破仑民法典》中的协议离婚不是与破裂原则脱钩的离婚理由，立法者将其实际建构在破裂原则之下，只是采取了间接化的规范表达模式。

---

[1] “此时婚姻比以往任何时候都更应该是心灵的结合，而不是两个通常为了钱或没有爱情基础的结合。”See Suzanne Desan, *The Family on Trial in Revolutionary France*, Berkeley: University of California Press, 2004, p. 98.

[2] See Joanna Alexandra Norland, *When the Vow Breaks: Why the History of French Divorce Law Sounds a Warning about the Implications for Women of the Contemporary American Marriage Movement*, in Wisconsin Women's Law Journal, 321, p. 323(2002).

[3] See Samuel Stoljar, *A History of the French Law of Divorce-I*, in International Journal of Law and the Family, 137, p. 155(1989).

[4] “换句话说，相互同意只是虚伪，是罪恶向美德付出的代价。”See Samuel Stoljar, *A History of the French Law of Divorce-I*, in International Journal of Law and the Family, 137, p. 156(1989).

[5] 黄宗乐：《协议离婚制度之比较研究》，载《台大法学论丛》1980 年第 10 卷第 1 期。

[6] 《拿破仑民法典》第 233 条规定：“婚姻双方当事人在法律规定的形式和条件下提出证据充分证明其共同生活已是不可忍受的(unsupportable)之后，他们可以相互(mutual)并且坚定(unwavering)的同意解除婚姻关系。他们须证明存在一个绝对的离婚原因(a peremptory cause of divorce)。”See Bluebook 21st ed. Barrister of the Inner Temple, *Code Napoleon or the French Civil Code*(1824).

[7] See C. A. *Hereshoff Bartlett*, *Napoleon's Divorce*, in Law Quarterly Review, 164, p. 166(1920).

(二)我国古代和离制度的启示

和离制度的性质可类比于现代婚姻法中的协议离婚。和离在我国古代早期表现为一种非制度化的实践,至唐朝演变为成文法律,与七出、义绝并列为统治权威承认的法定离婚理由。[1]《唐律疏议第四十卷·户婚》第190条规定:"诸犯义绝者离之,违者,徒一年。若夫妻不相安谐而和离,不坐。疏议曰:若夫妻不相安谐,谓彼此情不相得,两愿离者,不坐。"后世之元律、明律以及清律承袭唐律规定,均确认"和离"作为法定离婚理由。[2] 多数观点认为,和离是我国古代因夫妻感情不和而允许双方自愿离异的离婚制度。[3] 夫妇或者男家与女家根据协议可以自由离婚,法律根本不做干涉,这曾是从古至今中国法一贯采取的立场。[4]"和"与"两愿"均意味着夫妻双方就离婚事项态度一致,即现代婚姻法语境下双方达成的离婚合意。允许婚姻当事人以感情不和为由并通过双方自愿达成一致合意的方式结束婚姻关系,折射出我国古代法制重视婚姻中的情感因素、尊重双方意愿的先进理念。

和离制度是我国古代伦理秩序与佛教思想融合的产物,夫妻感情在事实上成为婚姻关系的基础。与欧洲中世纪相异,中国古代奉行许可离婚主义,无论是礼教还是法律都将离婚视为一种正常的社会现象。[5] 透过《礼记·昏义》所记载的"婚姻者合二姓之好,上以事宗庙,下以继后世",可解读出我国古代婚姻完全是以家族为中心,不存在早期西方宗教婚姻所裹挟的神秘主义与不可消解的特征,而是凸显出浓烈的伦理属性。相对于七出、义绝制度,和离是一种相对自由、以平和方式解除婚姻的离婚理由,双方感情失和时顾及了女方的声誉和地位,"绝二姓之好"时也不至于给两个家族带来难堪与尴尬,体现出浓厚的家族本位特性。此外,我国最早的协议离婚文书"放妻书"中反复提到的"缘""因""前世""三生""结缘"等概念均源自佛教中"因缘和合"的观念,而判定结缘和合与否的外在标准则是夫妻的感情,反映了儒、释互动交融的大背景下,佛法教义渗透并塑造了时人的婚姻观念。[6]

我国古代和离制度的成文规定言简意赅,蕴含了古代先贤对"两愿离"与"情不相得"之间逻辑关系的精准把握。通过解读文义,和离的主体是夫妻双方当事人,并无国家强制力介入。[7] 和离适用的前提条件是"夫妻不相安谐",《疏议》中

---

〔1〕 参见陈顾远:《中国婚姻史》,商务印书馆2014年版,第186页。

〔2〕 参见胡志超:《中国破裂主义离婚法律制度》,法律出版社2010年版,第30页。

〔3〕 陈顾远先生指出,"盖不问原因如何,只需男女合意分离,即可离矣",由此可见其认为"和离"属于完全基于双方自由意志的协议离婚。参见陈顾远:《中国婚姻史》,商务印书馆2014年版,第186页;从和离条文的大语境看……和离意味着只有当夫妻双方因感情不和谐而两愿离婚时,国家才不予以处罚。"参见崔兰琴:《独立抑或附属:再论和离的法律地位——兼与范依畴商榷》,载《政法论坛》2012年第2期。

〔4〕 [日]滋贺秀三:《中国家族法原理》,张建国等译,商务印书馆2013年版,第486页。

〔5〕 参见金眉:《中国亲属法的近代转型》,法律出版社2010年版,第169—170页。

〔6〕 参见张朝阳:《佛教与唐律"和离"制度》,载《华中科技大学学报(社会科学版)》2015年第4期。

〔7〕 崔兰琴:《中国古代法上的和离》,载《法学研究》2010年第5期。

解释为“彼此情不相得”，“放妻书”中的表达为“二心不同，难归一意”“三年有怨，则来仇隙”以及“结为夫妇，不悦数年”等，不同语词表达出的实质是夫妻感情破裂是双方内部根本性的、概括性的离婚原因，接近于现代离婚法中的破裂原则。满足前提条件后，夫妻双方可以“聚会二亲”“两家六亲眷属团坐亭藤商量”等亲属参与见证的方式，获得“两共取稳，各自分离”“一别两宽、各生欢喜”等避免损及名誉、顾全家族声望的平和离婚的效果。这充分说明双方情愿离婚而并无逼迫，也并无可归责于双方的违背礼法道德的过错，更无须披露具体导致感情破裂的琐碎细节，与协议离婚的特征完全相符。[1]

总之，感情破裂是适用和离的前提条件，也是立法者允许解除婚姻的根本原因，从反面可以理解为若双方感情尚未失和破裂，即使存在离婚合意也不允许离婚；“和”与“两愿”仅是“不相安谐”与“情不相得”的外在表现形式。和离与《拿破仑民法典》对协议离婚与破裂原则的关系思考高度一致，均将协议离婚理解为附属于破裂原则的法定离婚理由。

三、当代法比较：离婚理由与协议离婚的二重表达

协议离婚并非普遍性的离婚理由，近代各国编纂法典（制定离婚法）时采用协议离婚者是少数。[2] 协议离婚必须体现当事人的自由意志，即夫妻双方对离婚的一致同意是制度精髓所在。[3] 法国、日本以及我国选择了多元离婚理由立法模式，共同特征是协议离婚与破裂原则脱钩，各自构成独立的离婚理由。相较而言，英国、德国以及意大利等国家采用了一元离婚理由立法模式，共同实质是将破裂原则作为唯一的离婚理由，双方的离婚合意须叠加分居期限等客观要件协同证明婚姻破裂才能解除婚姻关系，有学者亦称为“附条件的协议离婚”（conditional divorce by consent）。[4]

（一）一元离婚理由立法模式及其坚持

英国婚姻法中的离婚理由历经了一元、多元与再一元的演变，现行法中的一元离婚理由立法在逻辑认知与实践操作两个方面可圈可点。英国 1923 年的《婚姻诉讼法》规定通奸作为唯一的离婚理由，1937 年修法后扩张至虐待、遗弃、酗酒和不可治愈的精神疾病等五项。但英国离婚理由多元化改革仍无法满足社会需求，两个主要修法团体（皇家婚姻与离婚委员会和坎特伯雷大主教）在规范内容上也存在严重分歧：前者主张无过错原则而对婚姻提供有尊严地解除，后者认为离婚法旨在补救或矫正过错而仅赋予无过错方离婚权利。[5] 经反复争论与权

---

〔1〕 参见张艳云：《从敦煌〈放妻书〉看唐代婚姻中的和离制度》，载《敦煌研究》1999 年第 2 期。

〔2〕 黄宗乐：《协议离婚制度之比较研究》，载《台大法学论丛》1980 年第 10 卷第 1 期。

〔3〕 参见汪金兰：《协议离婚制度比较评析及其借鉴》，载《安徽大学学报（哲学社会科学版）》1997 年第 2 期。

〔4〕 See Lynne Marie Kohm, *On Mutual Consent to Divorce: A Debate with Two Sides to the Story*, in Appalachian Journal of Law, 8, p. 43(2008).

〔5〕 参见王晓丹：《论英国离婚法改革的法制发展》，载《台大法学论丛》2006 年第 5 期。

衡,1973 年英国《婚姻诉讼法》将“无可挽回的婚姻破裂”(irretrievably broken)作为唯一的离婚理由,五项具体的法定事由被举证后即可推定婚姻破裂并获得离婚。从逻辑层面观察,改革后的一元离婚理由立法正确认识了离婚与婚姻破裂的关系:所有的婚姻都有破裂的可能,但只有破裂的婚姻才会通过离婚加以解除。[1] 在操作性层面审视,改革后的一元离婚理由立法并非纯粹的破裂原则,而是整合了过错原则与破裂原则,认识到过错与婚姻破裂具有内在联系,使之成为证明婚姻破裂的有力证据。[2] 它通过列举五项以客观要件(虐待、分居等)为主、以主观要件(双方合意)为辅的具体事实为法官提供了明确的裁判指引,如果五项事实都不能证明,即使法官内心确信诉争婚姻已经到了无可挽回的破裂的程度,也不能允许离婚。[3]

英国婚姻法以间接方式承认了协议离婚,单纯的离婚合意不能产生离婚效果,借由叠加客观分居期限的条件对离婚合意进行了实质性限制。1973 年《婚姻诉讼法》中证明婚姻破裂的第四项事实标准(分居两年以上,经被申请人同意离婚)极具反传统意义,它实际认可了无不当行为证据(proof of wrongdoing)情形下的协议离婚。[4] 立法过程中对协议离婚的非难集中于两点:第一,离婚合意的真实性问题。“若要使相互同意成为独立的离婚理由,就需要更严密的程序保障,确保以自由和知情的方式给予同意”。[5] 第二,可能引发的负面效果。配偶一方很可能未经对方同意而随意挑唆离婚(instigate divorce),尤其是存在严重过错的情况下,可能使双方平等协商地位(bargaining position)发生扭曲。[6] “附条件的协议离婚”有力克服了两种疑虑,作为客观时间要件的分居期限限制一方面可以矫正离婚合意的轻率性,产生离婚冷静期的实质效果;另一方面结合主观合意要件产生法律推定的效果,将审查离婚意愿真实性的难题凭借法律技术进行简化,婚姻破裂推定做出后无须法院再审查双方的离婚意愿真实与否。[7] 近年来,英国法律委员会的调研结果表明,以合意为基础的协议离婚获得了广泛

---

〔1〕 一般意义上的婚姻破裂存在三种形态:一是“隐藏的破裂”,即婚姻实然破裂但没有表现出来;二是“事实离婚”,即婚姻虽然破裂但结束方式却是非正式的;三是依法离婚,即经历婚姻破裂并做出解除婚姻的决定。参见[加]罗德里克·菲利普斯:《分道扬镳——离婚简史》,李公昭译,中国对外翻译出版公司 1998 年版,第 123 页。

〔2〕 参见王晓丹:《论英国离婚法改革的法制发展》,载《台大法学论丛》2006 年第 5 期。

〔3〕 See Buffery *v.* Buffery [1988],Justice of the Peace,153,97-112(1989).

〔4〕 See Jonathan Herring,*Family Law*,Edinburgh Gate:Pearson Education Limited,2017,p. 148.

〔5〕 See Sonia Harris-Short & Joanna Miles,*FAMILY LAW-Text*,*Cases*,*and Materials*,Oxford:Oxford University Press,2011,p. 339.

〔6〕 “分居两年后,仍须双方同意才能离婚,可能会导致不公平的谈判。例如,只有一方放弃任何财产要求的情况下,另一方才给予同意。”See Law Commission,*Report on Reform of the Ground for Divorce*,in Scot Law Corn,No. 116,p. 23(1989).

〔7〕 McGill *v.* Robson(1972)一案形成的判例仅要求双方的离婚同意是有效的,并不苛以真实性。“另一方作出有效离婚同意的能力与缔结婚姻契约(contract of marriage)的有效性标准是相同的,即他的精神状况足以理解他所订立的契约的性质。”See Frank Bates,*Some Problems of the Consent Grounds for Divorce*,in Law Teacher,no. 2,p. 88(1973).

的民意支持，借公共利益为由彻底禁止协议离婚的滞后观念应随时间而消退。[1]

德国婚姻法离婚规定中的离婚理由也经历了从多元到一元的演变，但迥别于英国法之处在于德国最终完全抛弃了过错主义转而采纳了彻底的破裂原则。1977 年德国婚姻法改革之前一直沿用多元离婚理由立法，1946 年生效的《大德意志婚姻法》保留了纳粹时期离婚法中的过错原则作为主要的离婚理由，但第 55 条中首次正式引入破裂原则。[2] 改革后的《德国民法典》开启了一元离婚理由立法的新纪元，第 1565 条第 1 款第 1 句规定了剔除过错因素的一元离婚理由：婚姻破裂(scheitern)，同款第 2 句进一步对婚姻破裂进行定义：夫妻间共同生活(Lebensgemeinschaft)废止且无法期待恢复。[3] 法官审理离婚案件时应判断双方的婚姻关系是否有可能恢复，依据第 1566 条规定的两种婚姻破裂推定(Vermutung für das scheitern)进行判断，其中第一个推定的内容为"配偶双方分居已满一年，且双方均同意离婚。"无独有偶，德国法亦采纳了类似英国法中"分居叠加合意"的间接协议离婚，但将其安排为附属于一元离婚理由之下的非独立的离婚理由。若双方一致同意离婚，则表示婚姻已然确定地破裂了。[4] 因此，一元离婚理由立法下的德国法实际允许配偶双方一致同意而解除婚姻，即所谓德国学者宣称的协议离婚(die einverständliche Scheidung)。[5] 德国间接形式的协议离婚有三层积极意义：第一，第 1566 条第 1、2 款的两种推定是为了避免法院过多干涉配偶的隐私，只要符合破裂推定的条件，就无须进行实质性的破裂审查；[6]第二，确定婚姻是否破裂以及存在恢复可能性的过程中，作为共同主观意愿的双方同意也有助于法官判断，提高司法效率；[7]第三，附加分居期限的条件有助于维护婚姻、防止草率离婚和离婚权利滥用，使双方能有机会对离婚决定做出冷静思考，缓和婚姻破裂的构成要件所可能造成的肆意解除婚姻的可能性和对婚姻破裂的确定的不准确性。[8]

综上所述，一元离婚理由立法模式是英国与德国离婚法的改革趋势与立法经验，两国同作为两大法系的代表性国家也为世界范围内的离婚法立法模式、离婚理由设计提供了经典范例与思考素材。将协议离婚设计为通过叠加分居期限的条件而作为附属于破裂原则项下的一元离婚理由立法是两国不谋而合的共同选择，这也有力地印证了协议离婚制度史给予的启示——离婚合意与破裂原则

---

〔1〕 See Sonia Harris-Short & Joanna Miles, *FAMILY LAW-Text, Cases, and Materials*, Oxford: Oxford University Press, 2011, p. 339.

〔2〕 参见王强、David Siegel:《从〈人民法典〉到〈德国民法典〉——对德国亲属法在第三帝国时期发展的法史、法学解析》，载《河南师范大学学报(哲学社会科学版)》2016 年第 6 期。

〔3〕 参见台湾大学法律学院编译:《德国民法典》，北京大学出版社 2016 年版，第 1150 页。

〔4〕 参见[德]迪特尔·施瓦布:《德国家庭法》，王葆莳译，法律出版社 2010 年版，第 179 页。

〔5〕 Vgl. Wellenhofer, *Familienrecht*, 5. Aufl., 2019, S. 167. 转引自雷巍巍:《〈民法典〉离婚制度的创新与完善路径》，载《财经法学》2020 年第 6 期。

〔6〕 参见[德]迪特尔·施瓦布:《德国家庭法》，王葆莳译，法律出版社 2010 年版，第 174 页。

〔7〕 See Ilina Stefanovska, *Divorce by Mutual Consent in Comparative Law*, in Iustinianus Primus Law Review, no. 2, p. 11(2014).

〔8〕 参见樊丽君:《中德离婚法定理由比较》，载《法律科学》2005 年第 5 期。

存在不可割裂的表里关系。

（二）多元离婚理由立法模式及其修正

多元离婚理由立法选择从形式上看似乎具有分类合理细致、可供选择广泛的优势，但其实质却是基本逻辑混乱与立法技术粗陋的产物。1976 年法国离婚法律制度的现代化改革完成，《法国民法典》中规定了三种离婚理由：协议离婚、破裂原则以及过错原则。法国协议离婚制度分为两种类型：协定离婚（divorce-convention），即配偶共同请求法院离婚，并由双方就离婚后果达成一致意见；请辞离婚（divorce-resignation，或称“接受离婚”，divorce acceptè），要求配偶一方列举无法继续忍受共同生活的事实并主张离婚，经另一方接受后解除婚姻关系，离婚后果由法官安排。[1] 因法国离婚法律制度改革延续了波旁王朝复辟后的多元离婚理由立法而被称为“离婚菜单法”，立法目的是为实现促进两性平等尤其是离婚权利的平等，同时也被认为是过错主义与破裂主义调和妥协的结果。[2] 修法结果显现出历史接力的严重不足，拿破仑时期对于协议离婚与破裂原则二者表里关系的经典立法经验仅在“接受离婚”中部分被体现，但要求披露具体离婚原因的机械做法又解构了协议离婚本身，因为这违背了“无因性”的制度特征与保护隐私、维持名誉的制度功能。

多元离婚理由的一元化改造是立法趋势，法国于 2004 年再度改革离婚法律制度，着力点聚焦于修正协议离婚与破裂原则的关系。新法无须当事人披露引起婚姻破裂的具体离婚原因，仅要求离婚时双方均接受“婚姻破裂原则”，法官只关心双方对离婚是否同意。[3] 新法中的协定离婚与“接受离婚”两种协议离婚方式的共性在于，配偶双方必须就离婚原则（le principe du divorce）达成一致，离婚原则指婚姻破裂原则（le principe de la rupture du divorce）。[4] 隐微的修法举措却承载了回归历史、尊重经验的重要意义，具有明显借鉴拿破仑时期立法经验与技术的痕迹。新法中的协议离婚实际上要求当事人具备两种合意，离婚合意与承认破裂合意。离婚合意构成协议离婚的制度要素，缺乏制度要素的离婚理由不可称为协议离婚；承认破裂合意成为协议离婚与破裂原则挂钩的媒介，旧法中原本被割裂的两种离婚理由借此实现了实质关联。承认破裂合意的法律功能有两个：一方面，在立法技术上形成法律推定力，共同做出破裂承诺之后即推定离

---

〔1〕 See Mary Ann Glendon, *The French Divorce Reform Law of 1976*, in American Journal of Comparative Law, no. 2, p. 23(1976).

〔2〕 See Brigitte Ecolivet-Herzog, *The New French Divorce Law*, in International Lawyer (ABA), 11, no. 3, p. 484(1977).

〔3〕 理由在于：“这些事实除了引起当事人的不悦回忆外，基本无多大意义。”See Hugues Fulchiron, *The New French Divorce Law*, in International Survey of Family Law, 5, p. 244(2005).

〔4〕 协定离婚规定于《法国民法典》第 230 条，要求一份配偶双方签名的文件，表明他们在离婚原则和离婚后果上都达成一致；辞呈离婚规定于第 233 条，要求双方当事人接受婚姻破裂原则，即双方当事人都认可婚姻破裂的事实，不再考虑造成婚姻破裂的原因。参见［法］科琳・雷诺-布拉依思吉：《法国家庭法精要》（第 17 版），石雷译，法律出版社 2019 年版，第 71—77 页。

婚合意真实，无须再对抽象易变的离婚意愿进行审查；另一方面，概括性的破裂承诺避免了披露具体离婚原因，因应了协议离婚的制度属性和价值功能。因此，现行法国离婚法律制度可被界定为“间接的一元离婚理由”立法模式。此外，现行日本离婚法律制度也属于典型的多元离婚理由立法，但值得一提的是，日本家庭法学界已然敏锐地注意到了“西方法出现了婚姻破裂是离婚原因的唯一理由（德国和英国等）的倾向”，具体立法变革拭目以待。[1]

受前苏联立法影响，东欧诸国普遍承认作为独立离婚理由的协议离婚，属于多元离婚理由的立法。罗马尼亚、保加利亚、克罗地亚、塞尔维亚以及斯洛文尼亚等国离婚法的共性是破裂原则与协议离婚两种离婚理由独立并行、多种离婚理由共存，呈现出区分边界模糊、离婚标准差异较大以及离婚程序多样复杂的特征。[2] 全面的立法继受导致自觉的立法改革进程缓慢，东欧诸国未效仿法国对多元离婚理由进行整合修订，而选择以程序性措施弥补立法瑕疵。协议离婚与破裂原则脱钩导致离婚合意无法经由“破裂推定”的立法技术认定，只能通过程序性措施进行烦琐的审查。例如，保加利亚离婚法律制度中当事人的亲历义务以及法官的确信义务、克罗地亚离婚法律制度中的强制调解与存在未成年子女时的苛刻条款，以及黑山共和国家庭法规定当无法查明离婚意愿真实性时调查离婚原因的证据诉讼（evidentiary proceedings）。[3] 弥补性程序措施的制定不仅成本巨大，而且只能从表层对多元离婚理由衍生的缺漏小修小补，可预见最终仍是整合协议离婚于统一的破裂原则之下，进行一元离婚理由立法改革。

四、我国二元离婚理由立法模式的体系效应

我国 1950 年《婚姻法》中规定了两类离婚理由，双方自愿离婚即协议离婚的离婚理由，以及“存在正当原因”的一方要求离婚即婚姻破裂的离婚理由，奠定了我国离婚法二元离婚理由立法模式的雏形。后者的规范表达为“男女一方坚决要求离婚的，经区人民政府和司法机关调解无效时，亦准予离婚”。虽在规范中并未明确成就这类离婚理由的具体离婚标准，但实践中行政机关的先行调解无效后转由人民法院处理离婚案件，而法院的判决存在两种结果：有正当原因不能继续夫妻关系的，作准予离婚的判决，否则作不准离婚的判决。由此可知，获得离婚判决的实质标准是存在“正当原因”，具体判断交由法院结合证据材料自由裁量。[4]根据《1950 年婚姻法起草经过和起草理由的报告》中的相关表述，“存在

---

〔1〕 参见［日］加藤雅信等编：《民法学说百年史：日本民法施行 100 年纪念》，牟宪魁等译，商务印书馆 2017 年版，第 924 页。

〔2〕 See Ilina Stefanovska, *Divorce by Mutual Consent in Comparative Law*, in Iustinianus Primus Law Review, no. 2, pp. 1-4(2014).

〔3〕 See Ilina Stefanovska, *Divorce by Mutual Consent in Comparative Law*, in Iustinianus Primus Law Review, no. 2, p. 9(2014).

〔4〕 “一方仍坚持离婚而另一方不同意离婚，在这种情况下，人民法院势须根据调查研究所得的具体情况材料，加以审判和判决。”参见刘素萍主编：《婚姻法学参考资料》，中国人民大学出版社 1989 年版，第 76—77 页。

正当原因"进一步被阐释为"双方夫妻感情关系达到确实不能再继续共同生活的地步",该表述与《德国民法典》第 1565 条定义的婚姻破裂("夫妻间共同生活废止且无法期待恢复")基本一致,"存在正当原因"的一方要求离婚完全可以理解为婚姻破裂的离婚理由。因此,协议离婚与破裂原则互不牵涉而各自构成独立的离婚理由,结合比较法中的类型化研究,可将我国 1950 年《婚姻法》中的离婚理由立法划归为二元立法模式。构成我国二元离婚理由立法模式的制度渊源,基本可追溯至两个方面:第一,适当借鉴了我国古代和离制度的基本思想以及《大清民律草案》和《六法全书》中关于两愿离婚与判决离婚分立并存的立法模式;第二,基本照搬了 1926 年《苏联家庭法典》中的二元离婚理由的立法经验。〔1〕囿于时代局限,当时我国正处于法治建设的萌芽时期,立法者仓促进行制度获取和规范设计的同时并未驶入体系逻辑的深层来思考我国离婚立法模式构建的科学合理性。

我国 1980 年《婚姻法》虽从形式上对离婚法律制度做出了调整和完善,但实质仍是对 1950 年《婚姻法》中的二元离婚理由立法模式的承继。该法将双方自愿离婚和一方要求离婚分别列为两条规范,两种离婚理由的区分清晰度和相互独立性得到了进一步强化;第 25 条首次明确"感情确已破裂"的离婚标准,人民法院审理离婚案件时强调主要了解感情是否破裂。由此标志着我国以协议离婚和感情破裂两类离婚理由独立并存的立法模式基本成型。2001 年修订《婚姻法》后第 32 条增补了五项具体的离婚理由,即长期被学界所误用的"判决离婚的离婚理由(简称离婚理由)",意味着我国二元离婚理由立法模式完全定型。我国法学会会长王晨在《关于〈中华人民共和国民法典(草案)〉的说明》中明确指出"编纂民法典不是制定全新的民事法律,也不是简单的法律汇编,而是对现行的民事法律规范进行编订纂修",并明确了"体例科学、结构严谨、规范合理、内容完整并协调一致"的立法目标。尽管极个别学者目光独到地捕捉到了我国离婚法律制度中一贯存在的"协议离婚与诉讼离婚的标准不统一"的缺陷,但并未受到学界和立法机关的讨论与重视。〔2〕因而,后来颁布的《民法典》完全沿袭了 2001 年修订后《婚姻法》的二元离婚理由立法模式,即有学者浅尝辄止描述的"双轨制的离婚制度"。可见,立法者在立法过程中漠视了制度史发掘和比较法考察,缺失对共同作为离婚理由的协议离婚与感情破裂之间的逻辑关系的质疑与反思,并对

〔1〕 参见张希坡:《中国婚姻立法史》,人民出版社 2004 年版,第 204 页;"《苏联家庭法典》中未规定具有条理性的(formal)离婚理由:一是通过民事登记程序的无争议离婚(即双方自愿并就离婚后果达成一致的协议离婚);二是经由法院判决的诉讼离婚,法院须依职权查明双方是否无法继续共同生活、无法维持家庭。"不难发现,我国 1950 年《婚姻法》中的离婚理由具有明显描摹苏联立法的踪迹。See Michael J. Bazyler, *Soviet Family Law*, in University of Kansas Law Review, no. 1, p. 157 (1997).

〔2〕 "夫妻感情确已破裂是我国婚姻法确立的离婚法定标准,是离婚纠纷处理时准予离婚的唯一准绳。但夫妻感情破裂这一法定标准在协议离婚制度里还未涉及……双重标准出现在同一种关系的调整中,是我国协议离婚制度的一大缺陷。"覃海逢:《关于我国协议离婚制度若干问题研究》,载《学术论坛》2013 年第 5 期。

已具备历史惯性的二元离婚理由立法模式形成了强烈的路径依赖。其结果是，二元离婚理由立法模式衍生的以下法的负面体系效应在作为理性演绎的体系化法典中暴露无遗，严重冲击了法典规范脉络的融贯性要求，与我国民法典编纂的预期立法目标相去甚远。

（一）体系效应之一：复婚制度的认知谬误

《民法典》第1083条规定："离婚后，男女双方自愿恢复婚姻关系的，应当到婚姻登记机关重新进行结婚登记。"新法修改了旧《婚姻法》中关于复婚登记的规定，以"重新结婚登记"表述替代复婚登记。[1] 最高人民法院（以下简称为"最高法"）认为"本条是对《婚姻法》第35条的承袭，仅涉及一些文字上的变动"，并认为"复婚是一种法律行为，如果男女双方离婚后又自愿要求恢复夫妻关系的，说明双方的感情并未完全破裂，或造成离婚的原因已被消除。"[2]若在我国二元离婚理由立法模式的现状之下理解"最高法"给出的选言命题式的阐述，"双方感情并未完全破裂"应当对应解释《民法典》第1079条所规定的感情破裂的离婚理由，而"造成离婚的原因已被消除"可认为是针对《民法典》第1076条至第1078条所规定的协议离婚这一离婚理由的解释。根据如上对应展开分类讨论，本文认为"最高法"的观点存在如下不合理之处。

在以感情破裂作为离婚理由的情形下，"最高法"将复婚理解为双方业已解除的婚姻关系之复生，即认为"前婚姻"中尚未彻底破裂的感情是双方离婚后又选择复婚的根本动因。该理解看似符合常理，但在规范意义上将造成对司法公信力的颠覆性冲击：无异于指出审理离婚案件的法院是在明显违背判决离婚法定标准的情况下对"前婚姻"做出了离婚判决。这种解释在逻辑上易触发的连锁反应是，复婚行为本身将沦为认定"前婚姻"离婚判决错误、支持撤销生效离婚判决的有力证据。[3]

在以协议离婚作为离婚理由的情形下，若将复婚理解为"造成离婚的原因已被消除"，具有一定的合理性，间接表明"最高法"可能认识到协议离婚属于不苛以当事人释明具体离婚原因的"无因离婚"。作为协议离婚核心要件的"双方自愿"是当事人解除婚姻关系的法定离婚标准，而合意背后的诸如通奸、性格不合、家庭暴力等生活事实并非法律所关切，故以"离婚原因消除"的抽象表达概括繁杂多样之离婚原因的做法具有较强解释力。但从离婚程序上看，双方协议离婚须历经《民法典》第1078条婚姻登记机关审查离婚意愿以及第1077条离婚冷静

---

〔1〕 我国原《婚姻法》第35条规定："离婚后，男女双方自愿恢复夫妻关系的，应到婚姻登记机关进行复婚登记。婚姻登记机关应予以登记。"

〔2〕 最高人民法院民法典贯彻实施工作领导小组主编：《中华人民共和国民法典婚姻家庭编继承编理解与适用》，人民法院出版社2020年版，第281—283页。

〔3〕 例如：甲乙二人为合法夫妻，但为逃避债务而伪造事实并由一方起诉离婚；法院判决准予离婚，但之后甲乙又进行复婚登记。此时，债权人丙作为"无独立请求权第三人"，并以《民事诉讼法》第56条规定的"因不能归责于本人的事由未参加诉讼，但有证据证明发生法律效力的判决、裁定、调解书的部分或者全部内容错误，损害其民事权益"为由请求法院撤销已生效的离婚判决。

期的双重限制。上述两条规范的立法目的有二:婚姻登记机关审查双方离婚意愿以确保真实性;延长离婚申请时间、给予双方冷静思考的机会以阻断离婚决定的轻率性。若将双方协议离婚后再结婚的行为解释为"造成离婚的原因消除而复婚",将导致产生两种冲击规范功能、肢解规范目的的悖论:一种可能是导致"前婚姻"失败的离婚原因并非真实存在而是由双方凭空捏造,婚姻登记机关对此未审查或者未充分尽到审查义务,即表明第1078条的规范功能失效;另一种可能是双方是处于非理性状态下草率做出离婚决定的"冲动型离婚",即表明离婚冷静期不足以发挥预期的制度功能,使得第1077条的规范目的落空。因此,解释规范意涵之时必须兼顾相关制度的功能发挥和体系融洽,以舍弃其他规范自洽为代价的解释路径并不足取。

综上而言,"最高法"针对《民法典》第1083条做出的解释难谓合理。导致误解的根源在于我国离婚法二元离婚理由立法模式造成的割裂,若改采统一概括的一元离婚理由——婚姻破裂,我国离婚法律制度的体系逻辑脉络始能清晰。若当事人选择以协议离婚作为离婚理由主张离婚时,离婚合意成为附属于破裂原则之下的基础事实,法律推定当事人婚姻关系无可挽回地破裂是准予离婚的唯一理由与统一标准,这种推定应属于"不可反驳的推定"。[1] 法院做出离婚判决或者双方完成离婚登记则意味着法律推定双方婚姻无可挽回地破裂,受推定不利影响的一方当事人不能提出任何证据来反驳推定事实,"前婚姻"关系就此解除且在法律上无恢复的可能。于此,离婚后再结婚的行为不应理解为"复婚",而是与前婚姻关系毫厘无涉的新婚姻缔结行为,结婚条件与程序均应适用《民法典》中"结婚"章中的相关规范。进而言之,《民法典》第1083条是不具备任何规范意义的赘文,从立法论上应予删除。

(二)体系效应之二:离婚损害赔偿制度的规范混乱

二元离婚理由所引发的体系效应,还折射在离婚损害赔偿适用范围的规范混乱上。《民法典》颁布之前,《婚姻法》第46条规定了离婚损害赔偿,但未明确其适用范围。《婚姻法》第32条列举的判决离婚中"重婚或有配偶者与他人同居、实施家庭暴力或虐待、遗弃家庭成员"等行为与第46条列举的离婚损害赔偿中的过错方行为基本重合,此处的规范重复现象一方面暴露了立法技术粗陋,同时也暗示离婚损害赔偿的适用范围仅限于判决离婚。随后,《最高法关于适用〈婚姻法〉若干问题的解释(一)》(以下简称"婚姻法解释一")第29条第1款确认了这种暗示,将其适用范围明确限定于判决离婚的情形。[2] 但其后通过的《最高法关于适用〈婚姻法〉若干问题的解释(二)》(以下简称"婚姻法解释二")第27条

---

[1] 推定分为"可反驳的推定"与"不可反驳的推定",前者指事实推定,后者指法律推定;"不可反驳的推定"的主要类型之一是关于主体内心意思的法律推定,指根据某一个已知基础事实推出民事主体同意或否定的内心意思。参见张海燕:《论不可反驳的推定》,载《法学论坛》2013年第5期。

[2] 第29条第1款规定:"承担婚姻法第四十六条规定的损害赔偿责任的主体,为离婚诉讼当事人中无过错方的配偶。"

突然又将协议离婚的情形囊括在内，两部司法解释之间的抵牾非常明显。[1] 如今，《民法典》及相关司法解释完全照搬旧法模式，第 1091 条对离婚损害赔偿适用范围依旧语焉不详，并与第 1079 条继续形成规范重复现象。[2] “婚姻家庭编解释一”设置了 5 个条文细化解释，其中第 87 条第 1 款规定承担离婚损害赔偿的责任主体是“离婚诉讼当事人中无过错方的配偶”，明显将适用范围限缩在判决离婚情形；但第 89 条又延续了“婚姻法解释二”第 27 条的规定，协议离婚再次被突兀地植入离婚损害赔偿的适用范围，呈现出规范之间“函矢相攻”的冲突现象。

深究原因，上述立法混乱是由于在二元离婚理由立法模式之下，离婚配偶的过错因素被不合理地单独分配于判决离婚项下。协议离婚中的“双方自愿”被过度强调从而与感情破裂的规范教义完全脱钩，导致客观存在的过错因素被双方达成一致的离婚意愿所遮蔽。

首先，在二元离婚理由的立法模式下，判决离婚与离婚损害赔偿在规范逻辑上形成牵连关系，导致法典内部规范对于离婚损害赔偿的适用范围语焉不详。可以作为独立请求权基础的离婚损害赔偿需符合三项构成要件，包括夫妻一方的过错行为、过错行为与离婚之间的因果关系以及相对方因离婚遭受损害。[3] 所重合的这几类行为一方面属于证明“双方感情确已破裂”的法定标准，当夫妻一方实施这类行为、另一方起诉离婚时，当然构成法院判决准予离婚的依据；另一方面由于请求离婚损害赔偿的理由是法定的、过错的概念是特定的，同时它又属于离婚时可归责于行为方配偶的“客观过错行为”。[4] 由此可见，适用《民法典》第 1079 条必然成就第 1091 条的构成要件，前者构成后者的充分条件。但由于第 1076 条与第 1091 条并不存在规范构成上的牵连关系，因而仅从第 1091 条的文义来看，并未指明协议离婚情形能否援用离婚损害赔偿。

其次，在二元离婚理由的立法模式下，判决离婚与离婚损害赔偿在价值趋向上存在高度契合。近代离婚法的总体特征是有责主义，即所谓“对无责配偶予以离婚请求权以奖其忠实，而剥夺有责配偶之离婚请求权以示惩罚”。[5] 离婚法由近代向现代嬗变的总体趋势是从“允许离婚”到“放宽离婚标准”，即所谓“离婚法自由化”。[6] 我国《民法典》循此潮流，赋予过错方离婚请求权，但“离婚法自由

---

〔1〕 第 27 条第 1 款规定：“当事人在婚姻登记机关办理离婚登记手续后，以婚姻法第四十六条规定为由向人民法院提出损害赔偿请求的，人民法院应当受理。”

〔2〕 《民法典》第 1091 条所列举的过错方配偶实施的几类行为与第 1079 条所列举的判决离婚法定根据中的几类情形相重合，即“规范重复现象”。未重合的行为有两项，一是“有赌博、吸毒等恶习屡教不改”的情形，既不属于违反婚姻义务的行为，也不属于侵害配偶一方绝对权的侵权行为；二是“因感情不和分居满两年”的情形，属于不可归责于夫妻双方而导致婚姻破裂的情形。因此，这两项行为被离婚损害赔偿排除。

〔3〕 参见薛宁兰、谢鸿飞主编：《民法典评注——婚姻家庭编》，中国法制出版社 2020 年版，第 454—455 页。

〔4〕 参见孙若军：《论离婚损害赔偿制度》，载《法学家》2001 年第 5 期。

〔5〕 林菊枝：《亲属法新论》，五南图书出版公司 1996 年版，第 111 页。

〔6〕 See Doroghid. E, *Grounds for Divorce in European Countries*, in Research Division of the New School, 12, p. 2(1955).

化"并不等同于过度庇护造成婚姻失败的过错方。重婚、与他人同居、遗弃等行为违反的是相对义务,旧《婚姻法》中虽未明确夫妻相互负有不重婚以及不与他人同居的义务,但可通过旧《婚姻法》第3条关于基本原则的规定加以解释;而家庭暴力和虐待是典型的侵权行为。[1] 配偶一方实施这类行为虽然不丧失离婚请求权,但《关于人民法院审理离婚案件处理财产分割问题的若干具体意见》中明确提出了分割夫妻共同财产时应遵循照顾无过错方原则,体现了离婚后果上对过错方的惩戒功能。过错赔偿亦是离婚损害赔偿的核心,它实际是过错主义离婚法的保留,是在离婚附带事项上对过错方的制裁、对无过错方的救济。[2] 我国《民法典》延续二元离婚理由的立法模式,判决离婚和离婚损害赔偿在规范价值层面继续显现出高度耦合性,为"婚姻家庭编解释一"第87条第1款将离婚损害赔偿适用范围限缩在判决离婚情形提供理论支撑。

相较之下,协议离婚被设计为独立于感情破裂的离婚理由,其后果是双方自愿达成的离婚合意成为适用协议离婚的根本标准。一方面,"双方彼此愿意并同意离婚"的合意标准替代了须以分居等事实证明"共同生活废止且无恢复可能"的破裂标准,法律将决定婚姻存续的权利完全授予当事人的主观领域决定。[3] 另一方面,婚姻关系的实质属于一种"法律确认的具有身份属性的契约关系"[4],当婚姻的终身属性被否弃后,协议离婚的价值正当性被不断夸大,离婚自由跃升为宪法所确认的基本权利即是体现。因此,二元离婚理由立法模式下的协议离婚摆脱破裂原则的制约后,离婚合意的作用即被无限放大、价值被不当高估,引发了现实中严重的制度滥用现象。[5] 相较于破裂原则中一方配偶须举证证明存在导致"感情确已破裂"的法定事实,协议离婚中被过誉的离婚自由掩盖了隐藏于合意背后的配偶方过错,二元离婚理由立法模式下的协议离婚中也就无法评价哪方配偶为过错方,离婚损害赔偿自无适用的余地。

但是,协议离婚制度史的回溯已充分表明离婚合意只能遮掩过错而不能消解过错,排除协议离婚适用离婚损害赔偿的做法有违基本的法情感,既放纵了可谴责的过错方同时又剥夺了无过错方的救济权利。因此,"婚姻家庭编解释一"第89条将协议离婚违背体系性地突兀植入,与第87条以及《民法典》第1091条形成规范混乱的局面。解决思路须诉诸一元离婚理由的立法模式,整合协议离婚于破裂原则项下,形成统一概括式的离婚理由——"婚姻破裂"。此时离婚合意的意义仅在于避免披露具体离婚原因、减轻离婚痛苦,规范教义上须受破裂原则的限制而避免对离婚自由因素的不当夸大。进而,离婚损害赔偿的适用范围

---

[1] 参见张学军:《离婚损害赔偿制度辨析》,载《政治与法律》2008年第2期。

[2] 参见马忆南:《离婚救济制度的评价与选择》,载《中外法学》2005年第2期。

[3] See B. MacKenna, *Divorce by Consent and Divorce for Breakdown of Marriage*, in Modern Law Review, no. 2, p. 128(1967).

[4] 李永军:《婚姻属性的民法典体系解释》,载《环球法律评论》2021年第5期。

[5] 我国《民法典》增设离婚冷静期制度即是对这种错误认识的制度性纠偏,而对该制度的诟病也多从不当限制作为宪法基本权利的婚姻自由权角度展开论证。参见秦奥蕾:《论婚姻保护的立宪目的——兼回应"离婚冷静期"争议》,载《法学评论》2021年第6期。

即可简化为统一的破裂原则，协议离婚自然合理囊括其中。最终，可将第1091条精简为“因一方过错导致夫妻感情破裂而离婚的，无过错方有权请求离婚损害赔偿。”

（三）体系效应之三：离婚冷静期制度的理解偏差

我国《民法典》中的离婚冷静期制度为众所瞩目的制度增设，但在立法过程中引发激烈争议。[1] 反对者主要从离婚冷静期妨碍离婚自由、单方撤回权引发不公正等角度立论[2]，赞成者多立足于离婚冷静期的立法目的、适用范围以及规范构成等角度予以正名。[3] 社会公众质疑层出、学界对立意见尖锐所反映的实质是制度创新所依赖的共识基础极度匮乏，而我国建国后的婚姻法立法一脉相承的二元离婚理由立法模式是问题根源。法律的指引功能以直接或间接方式塑造公众的价值选择，离婚冷静期所引发的激烈价值重构使社会公众无所适从：延续70年的协议离婚立法相承的固定模式是达成合意即可解除婚姻，引导公众将绝对的离婚自由视为不可侵犯的至上价值；《民法典》以法律父爱主义的关怀要求当事人达成离婚合意时还必须冷静评估感情基础、理性权衡离婚成本，强迫公众接受“维护婚姻家庭结构稳定”的全新价值；陡然的理念转换严重冲击既有认知、违背公众预期，故将新制度的接纳程度拉至谷底。相比而言，一元离婚理由立法模式使离婚合意受制于破裂原则，如是将对公众产生的指引功能为：双方一致达成的离婚意愿并不足以解除婚姻，法律允许合意产生离婚效果的本质原因是婚姻破裂。下文将从一元离婚理由立法模式的预设出发阐释离婚冷静期制度的规范构造，以期消除误解而实现制度澄清。

以英国、德国为代表的一元离婚理由立法模式的启示在于，“不能仅因为双方分居，就说一桩婚姻在和解无望的情况下破裂了；同样，仅有共同的离婚意思也不够充分：同意可以撤回，意图亦可改变。”[4]在制度功能上，一元离婚理由中的“分居期限”与我国《民法典》中的“离婚冷静期”均具有防止轻率离婚的作用，“分居期间双方当事人会平静下来反思和考虑是否有和解的必要。”[5]“由于法律运行的前提假设是，稳定的婚姻符合国家的最大利益，因而立法机构对协议离婚的方式愈加谨慎，并要求提供充分离婚理由的证据——即使他们双方都同意离婚。”[6]在法律技术上，一元离婚理由通过设立分居制度，辅之以双方的离婚合意

---

〔1〕 参见吴小英：《“离婚冷静期”争议背后的几个学术焦点》，载《妇女研究论丛》2020年第7期。

〔2〕 参见李英锋：《离婚冷静期并非“长长益善”》，载《中国社会报》2019年7月8日，第8版。

〔3〕 参见夏沁：《民法典登记离婚冷静期条款的解释论》，载《法学家》2020年第5期；申晨：《〈民法典〉离婚登记冷静期的正当性分析》，载《经贸法律评论》2020年第6期。

〔4〕 See B. MacKenna, *Divorce by Consent and Divorce for Breakdown of Marriage*, in Modern Law Review, no. 2, p. 126(1967).

〔5〕 See Sonia Harris-Short & Joanna Miles, *FAMILY LAW-Text, Cases, and Materials*, Oxford: Oxford University Press, 2011, p. 156.

〔6〕 See Alison Clarke-Stewart & Cornelia Brentano, *Divorce Causes and Consequences*, New Haven: Yale University Press, 2006, p. 8.

共同证明“婚姻不可挽回地破裂”(或“共同生活废止,且无法期待恢复”),从而减轻实践中法院判断婚姻是否已经破裂的难度。[1] 我国若采纳一元离婚理由并引入破裂推定的法律技术以解释离婚冷静期制度,将产生较强解释力。

《民法典》第1077条第1款规定了冷静期内任何一方享有单方撤回权,撤回权行使表明一方的离婚意愿不存在,若置于一元离婚理由之下可以理解为双方婚姻关系尚未彻底破裂。因为婚姻破裂被普遍定义为“当事实和情况影响到双方(parties)的共同生活,对彼此(mutual)均为不利,以至于双方无法继续生活”,[2]强调相互性、共同性的牵绊特征 。二元离婚理由立法模式中的协议离婚的核心要件是双方共同的离婚合意,当其置于一元离婚理由立法模式下即转换为婚姻破裂的相互共同性要件。若一方在冷静期内行使撤回权,至少表明双方婚姻尚有挽回、修复的可能性,当事人前期达成的离婚合意之性质并非不可反驳的推定而是可以反证推翻的初始推定。一方撤回离婚申请是推翻此种推定的构成性事实,即表明双方婚姻关系尚未彻底破裂,故而法律规定不发生离婚法律效果具有合理性。否则,若因一方撤回离婚申请、但对方坚持离婚而偏倚保护后者诉求并赋予离婚法律效果,协议离婚便彻底沦为片意离婚,可能诱发的负面效果在前文论及的法国“1792年离婚法”中可见一斑。

《民法典》第1077条第2款前半句规定离婚冷静期届满后30日内双方应当亲自到婚姻登记机关申请离婚证。双方再次的共同申请行为将初始推定补强为不可反驳的推定,即双方婚姻关系确已破裂。双方协议离婚时,若不存在婚姻破裂的基础前提,便不会有人提出离婚请求;确认性质的共同请求行为表达了申请人没有意愿修复婚姻关系。第1077条第2款后半句规定“未申请的,视为撤回离婚登记申请”。“视为”一词体现了作为立法技术手段的拟制,而且属于“推定式拟制”中“当事人未为意思表示,而基于规范上的要求,拟制有某种意思表示的存在”的情形。[3] “无论分居期限还是离婚等待期限,期间内双方存在自愿和好(voluntary reconciliation)的可能性,期限届满才产生婚姻破裂的推定”。[4] 从反面理解,为期30日的离婚冷静期再叠加为期30日的离婚登记申请期,双方当事人在长达两个月的期限内足以理性评估感情基础、冷静思考离婚成本以及再度沟通协商。期限届满后但双方没有再次进行共同申请,则表达出双方协商和好、婚姻关系尚未破裂的高度盖然性,此时法律推定双方放弃了原本做出的离婚合意,即初始的破裂推定被双方未共同申请离婚登记的事实所推翻。

五、结语

我国《民法典》对二元离婚理由立法模式的路径依赖背离了协议离婚制度史

---

[1] 参见雷巍巍:《〈民法典〉离婚制度的创新与完善路径》,载《财经法学》2020年第6期。

[2] See B. MacKenna, *Divorce by Consent and Divorce for Breakdown of Marriage*, in Modern Law Review, no. 2, p. 124(1967).

[3] 参见黄茂荣:《法学方法与现代民法》,法律出版社2007年第5版,第197页。

[4] See B. MacKenna, *Divorce by Consent and Divorce for Breakdown of Marriage*, in Modern Law Review, no. 2, p. 125(1967).

赋予的启示，相较于世界范围内的离婚法律制度改革趋势而言也是一股吊诡的逆流。其所引发的体系效应亟待矫正，可循的路径无非有二。第一，通过完善相关司法解释与规章制度的方式厘清基本逻辑，以适度缓解协议离婚与破裂原则脱钩割裂所导致的多重体系效应；第二，在最大程度维护法秩序安定性的前提下修订《民法典》中的相关规范，以最小成本实现离婚理由一元化改革。

路径之一的具体方案可从以下两个方面具体展开。其一，民政部门应当明确婚姻登记机关的权限为仅对离婚进行形式审查，将《婚姻登记条例》第13条修改为“婚姻登记机关应当对离婚登记当事人出具的证件、证明材料进行形式审查并询问相关情况，但不得询问离婚原因。当事人一致表示双方自愿离婚并已对子女抚养、财产、债务等问题达成一致处理意见的，应当当场予以登记，发给离婚证。”其理由在于，无须当事人披露生活细节、说明离婚原因，符合协议离婚保护双方隐私、缓和离婚痛苦的制度功能。客观上婚姻登记机关无法进行实质审查，一方面，协议离婚中的离婚合意属于区别于契约行为的“共同行为”(Gesamtakt)[1]，由于意思表示同向性和关系团体性等特征，这类法律行为的效力瑕疵极难从外部查知；在能力层面上，婚姻登记机关不享有公民隐私调查权同时也不具备相应的法学素养，以及出于对行政效率的追求等因素，只能做到形式审查。其二，在离婚申请程序中，应当废除目前我国离婚登记申请书要求双方说明具体离婚原因的条款[2]，同时借鉴法国协议离婚接受“婚姻破裂原则”的立法经验，要求双方共同在离婚申请书中签字承诺“双方感情确已破裂”。其意义在于，概括性的破裂承认替代陈述具体离婚原因从而实现破裂原则与协议离婚的间接关联，符合基本逻辑常识：尚未破裂的婚姻中的双方当事人不会选择协议离婚；承诺破裂的要式行为提醒双方重新评估婚姻感情，一定程度上阻断轻率离婚的可能性；双方承诺破裂的合意包含一种推定，即推定双方的离婚合意真实而无须再进行实质审查。

路径之二的修法举措可以从以下三个角度配合进行。首先，将《民法典》第1076条修订为“夫妻双方自愿离婚的，应当签订书面离婚协议并亲自到婚姻登记机关申请离婚登记，视为夫妻感情破裂。”在避免彻底颠覆我国离婚理由立法传统与既定模式的前提下，通过最小幅度修改使得协议离婚与破裂原则挂钩。形式上虽未完全照搬英、德所采用将破裂原则作为唯一离婚理由的立法技术，但由此即可实现实质上的离婚理由一元化立法改革。其次，将第1077条第2款修订为“前款规定期限届满后三十日内，双方应当到婚姻登记机关申请离婚证，视为夫妻感情确已破裂；未申请的，视为撤回离婚登记申请。”配合第1076条的初始的、可反驳的推定，冷静期结束后的共同申请行为构成了终局的、不可反驳的推定，故前者的规范表达为“视为破裂”而后者是“视为确已破裂”。不可反驳的

---

[1] “与合同相关联的尚有共同行为、决议和协议。”参见[德]维尔纳·弗卢梅：《法律行为论》，迟颖译，法律出版社2013年版，第160页。

[2] 参见《民政部关于贯彻落实〈中华人民共和国民法典〉中有关婚姻登记规定的通知》附件一“离婚申请书”。

推定存在使得第1083条“复婚条款”失去规范意义,应予删除。最后,将第1091条第1款修订为“因一方过错导致夫妻感情破裂而离婚的,无过错方有权请求离婚损害赔偿。”如是,实际涵盖于破裂原则之下的协议离婚当然可以适用离婚损害赔偿,在保持协议离婚制度属性的同时弥补了现行规范“语焉不详”的不足。同时应删除第1091条第2款列举的五项具体规定以避免规范重复,并删除“婚姻家庭编解释一”第87条、第89条以减少法典外部的规范混乱。至于“一方过错”的认定,按照体系解释原理可以参照适用第1079条列举的包含有离婚过错的情形。

论视听作品的著作权归属
——创作原则与投资原则的分野

李欣洋[*]

摘　要　在2021年新修正生效的《著作权法》中，由于视听作品这类客体范围的扩大，视听作品著作权归属条款采取二元结构立法模式。基于著作权归属的创作原则与投资原则，对视听作品中的资本投入、创作风险承担、作品利用效率展开分析，不同类型视听作品应当适用不同的著作权归属原则。在解释论视野下，视听作品著作权归属条款的二元结构立法模式本质上是创作原则与投资原则的分野：电影、电视剧作品以投资原则进行权利配置，同时应将“著作权归属于制作者”的规则解释为著作权法定转让规则；“其他视听作品”以创作原则进行权利配置，采取“约定优先原则”，如果其他视听作品属于个人独立创作、合作作品、职务作品的，则根据一般性著作权归属规则确定著作权归属。

关键词　视听作品；著作权归属；创作原则；投资原则

目　次

* 李欣洋，中南财经政法大学知识产权研究中心硕士研究生，助理研究员。

一、问题的提出

2021年6月1日,新修正的《中华人民共和国著作权法》(以下简称《著作权法》)正式生效。其中关于视听作品及其著作权归属条款的修改是《著作权法》第三次修正最大的亮点之一,规则的反复变动使相关修改同时也伴随着巨大的争议。

首先,《著作权法》以“视听作品”替代了“原电影作品和以类似摄制电影的方法创作的作品”(以下简称“电影与类电作品”),这一修改从2012年的《著作权法修改草案(第一稿)》直至最终通过《著作权法》均未改变,是各方共识。[1] 我国《著作权法》第三次修正从“电影作品”到“视听作品”概念的转变,一方面是概念的变迁,即该类客体的定义从制作方法转变为表现形式的角度。而另一方面则是这类客体范围的扩大,原本因为制作方法的限制而游离于作品保护体系之外的连续画面将获得著作权保护,视听作品这类客体的范围得到一定程度的扩张,诸如网络短视频、游戏画面、体育赛事画面、网络直播画面、MV、微电影等新型视听内容也被认定为视听作品。

然而,视听作品著作权归属条款的修改则一直处于“沼泽地带”,在国家版权局的历次著作权法修改草案中,视听作品著作权归属在采取“约定优先”抑或“法定权利归属”之间不断反复,几乎每一稿草案的规定都不同。在2020年全国人民代表大会审议之后,《著作权法修正案草案(第一次审议稿)》关于视听作品的著作权归属继续延续了原《著作权法》的规定,但是在《著作权法修正案草案(第二次审议稿)》中对视听作品著作权归属条款作出了重大调整。其中,第二次审议稿首次区分了不同类型的视听作品,并为其分别规定了不同的著作权归属规则,这一权属规则的设计在此前草案中均未出现过。[2] 最终通过的《著作权法》延续了第二次审议稿的核心规则,并对视听作品的权属规则进行了一定的简化。新修正的《著作权法》第17条采取二元结构,即在视听作品内部区分电影作品、电视剧作品与“电影作品、电视剧作品以外的视听作品”(以下简称“其他视听作品”),其中电影作品、电视剧作品的著作权法定归属于制作者,而“其他视听作品”则适用“约定优先”的权属规则,其著作权归属首先依照约定,在没有约定的情况下由制片者享有。[3]

---

[1] 学界普遍认为,《著作权法》应当构建一个外延大于电影作品的如视听作品这一客体类型,以涵盖产业发展中不断出现的新类型作品。参见张玉敏、曹博:《录像制品性质初探》,载《清华法学》2011年第1期,第60—61页;卢海君:《“电影作品”定义之反思与重构》,载《知识产权》2011年第6期,第22—24页;杨幸芳、李伟民:《视听作品的定义与分类研究》,载《中国政法大学学报》2020年第3期,第49—52页。

[2] 《著作权法修正案草案(第二次审议稿)》第17条,“视听作品中的电影作品、电视剧作品的著作权由组织制作并承担责任的制片者享有……前款规定以外的视听作品构成合作作品或者职务作品的,著作权的归属依照本法有关规定确定;不构成合作作品或者职务作品的,著作权的归属由制作者和作者约定,没有约定或者约定不明确的,由制作者享有,但作者享有署名权和获得报酬的权利。”

[3] 新修正的《著作权法》第17条,“视听作品中的电影作品、电视剧作品的著作权由制作者享有,但编剧、导演、摄影、作词、作曲等作者享有署名权,并有权按照与制作者签订的合同获得报酬。前款规定以外的视听作品的著作权归属由当事人约定;没有约定或者约定不明确的,由制作者享有,但作者享有署名权和获得报酬的权利。”

《著作权法》第三次修正是立足于本国国情所作出的主动性安排，其中注重于满足国内版权产业的发展与变化。[1] 同样，关于视听作品及其著作权归属的修改也是出于国内视听产业发展的需要。在2001年第二次《著作权法》修正至《著作权法》第三次修正期间，由于内容传播技术与传播平台的快速发展，我国视听产业的格局发生了巨大的变化。视听产业的内容类型不再仅是传统的电影、电视剧，其中新型的视听内容也占据了视听产业的重要地位。特别是“用户生成内容”(User-generated content)的大量涌现，在网络平台借助技术手段推送的背景下，短视频、网络直播等新型的视听内容成为网络视听产业主要的内容类型。根据中国网络视听节目服务协会发布的《2021中国网络视听发展研究报告》，2020年网络视听产业规模超过6000亿元，用户规模达到9.44亿人。在网络视听行业的市场构成中，短视频市场规模为2051亿元，占比高达34.1%，而综合视频的市场规模为1190亿元，占比19.8%，网络直播市场规模为1134亿元，占比18.9%。其中值得注意的是，短视频成为新网民触网的第二大要素。仅次于即时通信，短视频成为网络视听产业发展的主要推动力。[2] 但是，原《著作权法》对于电影作品以及电影作品著作权归属的规定是以传统视听产业中的电影、电视剧为核心而设计的，这将难以满足新格局下新型视听内容应受法律保护的要求。

在此背景下，新修正的《著作权法》采用了视听作品这一包容性更强的概念，从而使其可以涵盖上述新型的视听内容，将符合独创性的连续画面都纳入作品保护体系。然而，将大量连续画面作为视听作品进行保护之后，视听作品的著作权归属则成了更为复杂的问题。在此之前，原《著作权法》对于电影作品的著作权归属采取“法定权利归属”规则，即电影作品的著作权法定归属于制片者，这一权属规则是否可以继续适用于现阶段所有视听作品？这是值得深思的。但不可否认的是，新修正的《著作权法》中视听作品这一概念早已不限于电影作品这一类型，其中可能包括短视频、网络直播、电子游戏画面、体育赛事画面等新型视听内容，这类视听作品显然与电影作品存在着巨大的差异。基于此，立法者认为视听作品的确立扩大了该类作品的范围，视听作品内部的类型已经多元化，仍然延续统一的权属规则——“法定权利归属”，可能造成不公平的后果。[3] 因此，新修正的《著作权法》对视听作品进行区分，从而规定了不同的著作权归属规则，将“法定权利归属”的适用限定于电影作品、电视剧作品之中。

---

[1] 吴汉东：《〈著作权法〉第三次修改的背景、体例和重点》，载《法商研究》2012年第4期，第4页。

[2] 中国网络视听节目服务协会：《2021中国网络视听发展研究报告》，载第九届中国网络视听大会，https://www.ciavc.com/News/ndetails/id/200.html；访问时间：2022年4月10日。

[3] 全国人民代表大会宪法和法律委员会《关于〈著作权法修正案（草案）〉审议结果的报告》（2020年8月8日）中指出，“有些地方、单位、专家和社会公众提出，草案将‘电影作品和以类似摄制电影的方法创作的作品’修改为视听作品，扩大了此类作品范围，将电影、电视剧作品与其他视听作品的著作权归属作统一规定不妥，建议对视听作品进行区分，对各自的著作权归属作相应的规定。宪法和法律委员会经研究，……”资料来源：http://www.npc.gov.cn/npc/c30834/202011/4aae8f3d0293467f889e320e1cbfee13.shtml；访问时间：2021年7月29日。

此前关于视听作品著作权归属研究的侧重形式上的权利归属模式,其研究结论无外乎视听作品著作权归属条款应采取美国的“视为作者原则”,[1]抑或视听作品著作权归属条款应回归大陆法系“推定转让”或“法定转让”规则,[2]争论双方陷入了立法论上的巨大争议。但上述研究都在一定程度上忽视了电影作品“法定权利归属”规则的理论基础——投资原则,都未分析投资原则在视听作品中的适用范围,其适用范围是包括所有视听作品还是仅限于电影作品?在《著作权法修正案草案(第二次审议稿)》公布之前,相关讨论一直默认“法定权利归属”规则适用于所有视听作品。由此可见,此前研究主要关注电影、电视剧等传统视听作品的著作权归属,而对于新型视听作品著作权归属的研究并未展开。但不可否认的是,在现有视听产业格局下大量新型视听作品的著作权归属已经成为一个必须解决的问题,这类新型视听作品在权利配置上是否需要同电影作品一样采取投资原则?这是本文尝试去回答的问题。

因此,在视听作品这一客体范围扩大之后,针对不同类型的视听作品,其中智力投资和资本投资情况截然不同,如何进行权利配置,如何兼顾投资者、创作者的利益分配,这是修正《著作权法》视听作品著作权归属条款的价值所在。在视听作品著作权归属条款的未来适用中,本文认为有三个问题亟待解决:第一,视听作品在著作权归属意义上是否需要进行类型化区分,以及采取何种类型化区分标准。第二,著作权归属的两个原则——创作原则与投资原则,在视听作品中适用的具体范围有待进一步厘清。第三,针对修正后的视听作品著作权归属条款需要进行一定的调适性解释。

二、著作权归属的两个原则:创作原则与投资原则

(一)著作权归属的创作原则

在《著作权法》中,关于著作权归属的制度安排存在两种模式:其一,创作原则,即由作品的创作者享有著作权;其二,投资原则,即由作品的投资者享有著作权。

在早期的著作权制度立法中,著作权归属主要采取创作原则,即进行了智力投入的实际创作者为著作权人,著作权归属于创作作品的自然人。换言之,创作者基于智力投入的创作而取得著作权。创作原则的权利配置在很大程度上源于英国著名思想家约翰·洛克的劳动学说。洛克认为,每人对自己的人身享有一种所有权,劳动同样是人身的延伸,因此劳动价值即财产权只有由劳动者自身享

[1] 相关观点参见李伟民:《视听作品著作权主体与归属制度研究》,载《中国政法大学学报》2017年第6期,第100—104页;熊琦:《著作权法中投资者视为作者的制度安排》,载《法学》2010年第9期,第88页。

[2] 相关观点参见张春艳:《我国视听作品著作权归属模式之剖析与选择》,载《知识产权》2015年第7期,第59—60页;张春艳:《论我国电影作品著作权的归属》,载《法学杂志》2012年第9期,第83—84页;罗施福等:《我国电影著作权归属制度的缺失与改进》,载《西部法学评论》2011年第6期,第5页;衣庆云:《电影作品著作权立法问题之异见》,载《知识产权》2012年第9期,第47页。

有。劳动学说也延伸到无形财产之上，创作者对于其智力劳动的成果当然地享有财产权。由此可见，劳动学说将知识产权视为自然权利意义上的劳动价值即财产权，因此作品著作权只能归属于劳动者（创作者），并以此为基础形成了早期著作权归属的创作原则。

英国在1710年生效的《安娜法》受到了洛克劳动学说的深刻影响，《安娜法》实现了从出版特权到作者私权保护的转变，被后世学者视为版权制度现代化的标志。《安娜法》在法律上确认了作者是其作品的当然所有者，作者对其作品享有排他性的权利。在《安娜法》颁布之后的"文学财产问题"之争中，洛克的劳动学说也成为"Millar v. Taylor案"和"Donaldson v. Beckett案"诉讼中作者一方正当性论证的基础，其中认为作者在创作时的智力劳动而获得权利，并基于作者的智力劳动而主张版权的永久保护。〔1〕 在18世纪末，法国颁布的《作者权法》首先强调的是作者的精神权利，而经济权利则从属于精神权利，其权利的原始主体只能是作者。〔2〕 虽然有学者认为著作权立法是以保护作者为口号，而行保护出版商（投资者）之实，但不可否认的是，在传统著作权法中，著作权归属是简单的，创作者即为作者，著作权由作者享有。〔3〕 由此可见，在工业革命前夕的著作权立法中，由于作品以个人创作为主，各国关于著作权归属的裁定一致采取创作原则。只有投入智力劳动的创作者才能成为作者，并由作者享有著作权，即实际创作者、作者、著作权主体具有同一性。

直至现代著作权法，创作原则依旧是著作权归属的根本性采纳依据，各国著作权法均以著作权归于作者为基本原则。

（二）实用主义投资原则的兴起

在商品经济快速发展之后，特别是第二次工业革命之后，随着生产力发展与技术进步，一系列新类型的作品不断出现，电影、电视等多媒体作品深刻地影响着人们的日常生活，并由此产生了庞大的电影产业，因此电影作品也开始被赋予了商品的特征。正由于此，作品的创作方式也发生着巨大的变化：第一，作品创作主体的复杂化。此前的作品仅仅是作为个人的智力创作成果，主要以个人创作为主，而电影作品本身的复杂化导致了其创作过程的复杂化，电影作品的创作需要多方创作主体的分工协作。第二，资本开始介入作品创作的过程。由于电影等新类型作品创作的成本巨大，因此多由投资者承担作品创作的成本，并由投资者组织、协调大量创作者进行作品创作。此外，公司法人开始成为现代商事主体的主要类型，同时大量创作者成为公司法人的雇员，而这类现代商事主体的发展导致了雇佣作品的大量涌现。

由于创作方式的变化，作品以不同的创作方式可以被分为个人作品与非个

---

〔1〕〔美〕马克·罗斯：《版权的起源》，杨明译，商务印书馆2018年版，第12—14页。

〔2〕郑成思：《版权法（上）》，中国人民大学出版社2009年版，第14—15页。

〔3〕熊琦：《著作权法中投资者视为作者的制度安排》，载《法学》2010年第9期，第81—82页。

人作品。[1] 投资者虽然未实际参与作品的创作,但基于资本投入对于非个人作品创作的关键性作用,投资者在著作权制度中的地位逐步提升。有着浓厚浪漫主义气息的创作原则显然难以满足投资者的需求,投资者不再满足于通过合同取得著作权,创作原则受到前所未有的挑战。因此,无论是版权法体系还是作者权法体系,都在著作权归属制度上突破了创作原则的限制,从而确立了投资原则,即投资者可以基于资本投入而取得著作权,或实现了法定转让形式上的妥协。

其中版权法体系国家率先作出了突破,美国版权法最早规定了具有实用主义色彩的“视为作者原则”。美国法院在“Bleistein v. Donaldson Lithographing Co. 案”中首次承认了“视为作者原则”,[2]在此之后的 1909 年《版权法》明确规定了将雇主视为作者,雇主对于雇员创作的作品享版权,[3]1976 年《版权法》又重新定义了雇佣作品,并将其区分为雇员创作的作品与委托作品(包括电影作品)。[4] 通过将雇主拟制为作者,使雇主可以控制其雇员的所有智力创作,有学者认为这意味着实际创作者的“死亡”。[5]

与此同时,以人格价值为基础的作者权法体系也受到了同样的冲击,面对电影作品的特殊性,严格地将著作权归属于创作者显然难以符合现实的要求。因此,作者权法体系国家同样接纳了投资原则,但有所不同的是作者权法体系国家采取了折中的妥协方案,即不承认投资者的作者身份,将作者身份限定于参与实际创作的自然人,但通过法定权利转让的方式由投资者取得部分的著作财产权。[6] 即使在一直坚持著作权一元论的德国,《德国著作权法》同样针对电影作品规定了类似的推定授权规则。[7]

最终,在现代著作权法中,著作权归属制度兼采创作原则与投资原则,以前者为一般性原则,以后者为著作权归属的例外。

---

〔1〕 个人作品与非个人作品的区分对于本文具有重要意义。非个人作品,是指作品创作的过程由资本要素介入,资本要素对作品创作发挥了主导性作用,作品创作不再由作者的意志所主导,这类作品称之为非个人作品。个人作品,是指并未受到个人以外的组织、资本要素影响,是以作者意志为主导而创作完成的作品。参见蒋舸:《雇佣关系与法人作品构成要件》,《法律科学(西北政法大学学报)》2014 年第 5 期,第 104 页。

〔2〕 Bleistein *v.* Donaldson Lithographing Co. ,188 U. S. 239.

〔3〕 The United States Copyright Act of 1909, § 26(repealed 1976).

〔4〕 Catherine A. Kling, *The Work Made for Hire Doctrine under the Copyright Act of 1976: Employees, Independent Contractors and the Actual Control Test*, in Washington University Law Review, 66, p. 423(1989).

〔5〕 See Catherine L. Fisk, *Authors at Work: The Origins of the Work-for-Hire Doctrine*, in 15 Yale J. L. & Human. 1, p. 1(2003).

〔6〕 作者权法体系国家的典型立法例包括:《法国知识产权法典》第 L. 132-24 条规定,视听作品作者签订合同即导致视听作品独占使用权转让给制作者;《意大利著作权法》第 45 条规定,电影作品的经济使用权归组织电影作品制作的人行使;《韩国著作权法》第 100 条规定,推定电影作品制作者享有对电影作品的必要使用权。《十二国著作权法》翻译组:《十二国著作权法》,清华大学出版社 2011 年版,第 84、290、530 页。

〔7〕 同上注,第 178 页。

（三）我国《著作权法》中著作权归属的两大原则

我国《著作权法》关于著作权归属的立法，同样兼采创作原则与投资原则，以著作权归于创作者为一般原则，以著作权归于投资者为例外规定。[1] 我国《著作权法》既继承了大陆法系“创作者为作者”的原则，同时又借鉴了版权法体系实用主义的立法传统。[2] 由于我国著作权制度发展时间较晚，并没有经历上述著作权归属原则的变迁，我国《著作权法》制定之初就是一部现代化的著作权法。[3] 因此，我国《著作权法》的权属规则是以创作原则为基础，同时吸收英美法系投资原则在权利归属上的特殊安排。

首先，《著作权法》第 11 条规定，“著作权属于作者，本法另有规定的除外。”这一规定强调创作原则在我国著作权归属制度中的核心地位，即原则上由作者享有著作权，一般情况下作品的创作者为作者。其次，我国著作权归属制度以投资原则为例外：一是在法定情况下可以将法人视为作者，即法人作品；二是特殊职务作品的著作财产权由法人享有，以及电影作品、电视剧作品的著作权由制作者享有，二者都属于上述“本法另有规定的除外”的情形。上述例外均体现了《著作权法》保护投资者的价值取向，即在特定情况下，投资者可以基于资本投入而取得著作权。

由此可见，我国著作权归属模式是以著作权归属于作者为基本原则，以兼顾投资者保护为例外。[4] 但值得注意的是，我国《著作权法》中投资者取得著作权的形式有所不同，在法人作品中是通过将法人视为作者规则，其以作者身份而享有著作权。而在电影作品中是由法律直接规定著作权归属于投资者，即“法定权利归属”规则，那么投资者没有成为电影作品的作者，电影作品的作者依旧是进行实际创作的自然人。因此，我国电影作品所适用的“法定权利归属”规则与美国电影作品所适用的“视为作者原则”，虽然都是以投资原则为基础，但二者在投资者是否具有作者身份上存在差异。

三、创作原则与投资原则在视听作品中的适用分析

作品以投资原则进行权利配置，其中要素包括作品创作中资本的投入、创作风险的承担、作品利用的效率，本文将从以上三个角度分析创作原则与投资原则在视听作品中的适用范围。

（一）视听作品创作中资本的投入

投资原则的核心要素是在作品创作中投资者的资本投入。由于现代作品实

---

〔1〕 吴汉东：《知识产权法》，法律出版社 2021 年版，第 175 页。

〔2〕 熊琦：《中国著作权立法中的制度创新》，载《中国社会科学》2018 年第 7 期，第 122 页。

〔3〕 孙新强：《论作者权体系的崩溃与重建——以法律现代化为视角》，载《清华法学》2014 年第 2 期，第 141 页。

〔4〕 曹新明：《我国著作权归属模式的立法完善》，载《法学》2011 年第 6 期，第 81—83 页。

现了商品化,作品不再仅是作者自身精神的延伸,同时也成了可以交易的、满足市场需求的商品。

首先,非个人作品已经成为版权产业的主流,由此作品的创作也从以个人创作为主转变为以集体创作为主。非个人作品的创作往往需要诸多创作者的分工协作,虽然客观上作品是由每一个创作者具体的智力投入而组成,但是个人创作者显然无法承担整部作品的创作。因此,对于该类作品而言,只有在资本投入的情况下才能完成创作,通过资本的投入投资者可以组织不同环节的创作者共同完成一部作品,并给予创作者一定的劳动报酬。在制作产业发展成熟之后,一些作者甚至已经不能通过独立创作作品获得相应的收益(如电影的摄影、配乐等作者),其只能依附于投资者组织的创作。

其次,在作品商品化之后,作品创作的过程不再是简单的"完成创作",其中还包括了创作之前的市场需求分析以及创作之后的传播行为,这些过程都需要通过资本的投入而完成。现代视听作品作为一类商品,作品的创作不可避免地需要满足市场的需求,因此在创作之前需要分析市场的供求信息,即社会公众对作品的需求。但由于供需关系无法集中体现,从而导致存在较高的信息成本,这一信息成本只能由投资者承担。[1] 在视听作品创作完成之后,作品的推广宣传对于作品的广泛传播具有重要的意义,同时作品的传播还面临着相关的渠道成本。因此,即使视听作品创作完成还需要付出一定的宣传成本,这同样需要通过资本的投入而完成。

最后,非个人作品创作而产生的巨大的创作成本同样是由资本承担。在个人创作时代,作品的创作成本绝大多数体现为创作者的智力投入。然而非个人作品的创作成本则十分庞杂,除智力投入外还包括诸多生产要素的投入,甚至包括创作者进行学习培训的间接成本,因此由投资者所承担的创作成本是十分庞大的。[2] 此外,资本的投入可以使职业艺术创作者持续地进行艺术创作,职业性创作在更大程度上是由强大的内在动力驱使,从而使他们可以创作出更高质量的作品。[3] 由此可见,资本的投入贯穿了非个人作品创作的各个方面,投资者不是作者但更似"作者",[4]在投资原则中投资者是基于资本投入这一核心要素而取得著作权。

在新修正的《著作权法》中,电影作品、电视剧作品[5](以下简称"电影电视剧作品")是视听作品中的特殊类型,将电影电视剧作品与包括网络视频、网络直播在内的其他视听作品进行比较。在创作主体的数量上,现代电影由不同创作者

[1] 熊琦:《著作权法中投资者视为作者的制度安排》,载《法学》2010年第9期,第87页。

[2] 蒋舸:《雇佣关系与法人作品构成要件》,载《法律科学(西北政法大学学报)》2014年第5期,第104页。

[3] See Robert P. Merges, *The Concept of Property in the Digital Era*, in Houston Law Review, 1239, p. 1240(2008).

[4] See Catherine L. Fisk, *Authors at Work: The Origins of the Work-for-Hire Doctrine*, in 15 Yale J. L. & Human. 1, p. 1(2003).

[5] 电影作品、电视剧作品都是由投资者进行投资创作,二者在制作方式、利用、传播等方面类似,因此在投资原则视野下,二者属于同一类型,下文将二者作为一类共同区分于其他视听作品。

做出了不同类型和价值的贡献，并将各类主体的创作复杂地叠加在一起。[1] 由于电影作品的作者群体十分庞大，需要由制片者(投资者)组织作者进行智力创作，并为作者的创作付出相应的报酬。制片者虽然没有参与实际创作，但电影作品是其在资本投入下进行组织、分工、协调而创作完成的。而在其他视听作品中，作者的数量十分有限且远远小于电影作品。以网络短视频为例，即使是制作精良的短视频也只需相应的制作团队即可完成创作，甚至有些短视频的创作以合作创作与个人创作为主。因此，绝大多数的其他视听作品并不存在由资本投入而进行组织创作的情形。

在作品创作的过程中，由于电影作品的高度商品化，其中对于观众需求进行分析评估的信息成本，以及电影上映宣发的传播成本，这些成本都需要由投资者承担。而对于其他视听作品而言其商品化程度有限，作者个人就可以对市场需求进行大致判断，甚至一些视听作品本就是作者的独立表达。同时其他视听作品在传播上以网络平台借助技术手段推送为主，其中的信息成本与传播成本明显低于电影作品，这些成本基本上由作者承担。在创作成本上，电影作品的创作成本极其高昂，这一创作成本显然是由投资者承担，电影的商品属性表明投资者对于电影的资本投入是为了获得高额的经济回报。其他视听作品相比于电影作品，其制作方法较为简单制作规模较小，因此大多数视听作品的创作成本远低于电影作品，其创作成本多数由作者承担而非投资者。由此可见，资本的投入在电影作品的创作中发挥了主导性的作用，成为电影产业最重要的资源，现代电影的制作早已离不开资本的参与。然而，总体而言大多数其他视听作品的创作并不涉及资本的投入，即便投资者参与了部分视听作品的制作，但在该类视听作品的制作中资本的投入并没有成为主导性资源。

因此，从资本的投入这一视角来看，电影电视剧作品基于投资原则将著作权法定归属于制作者具有合理性。但对于其他视听作品而言，其创作中较少存在资本的投入或者资本投入不占主导地位，因此其他视听作品更多是以创作原则进行权利配置。由此可见，二者的著作权归属应予以区别对待。

(二)视听作品创作风险的承担

作品创作风险由投资者承担也是投资原则的要素之一。风险的承担与权利的归属之间存在着紧密的联系，或者说权利的归属决定了风险的承担者。在民法基础理论中，对于物上风险承担的一般规则为“物之所有人承担物毁损灭失的风险”，即符合“谁承担风险，谁享有收益”的基本正义观念。近代民法对于物的风险转移以所有权的转移为标准，即物主承担风险原则，只有所有权转移给买受人，物的风险才由买受人承担，同时物产生的孳息与收益也由买受人享有，这一原则最早由罗马法所确立。[2] 因此，所有权的归属对于风险与收益的承担具有

〔1〕〔德〕M. 雷炳德：《著作权法》，张恩民译，法律出版社2005年版，第152页。
〔2〕王利明：《合同法新问题研究》(修订版)，中国社会科学出版社2011年版，第740—742页。

决定性的影响,风险与收益都是从属于所有权。这一基本理念也同样体现在著作权制度中,原则上著作权的享有者需要承担作品创作的风险,其同样也享有作品产生的收益。在著作权产业化之前,作品创作以个人创作为主,其中创作风险主要体现为作者智力投入所产生回报的不确定性,因此创作的风险是由作者进行承担,作品的著作权显然归属于作者。

然而,在著作权产业化之后,对于电影、电视剧、音乐等非个人作品而言,其创作风险的承担方式已经发生改变。上已述及,这类非个人作品在组织、创作、传播等各阶段都需要付出较高的成本,导致该类作品的创作存在着巨大的创作风险,这些风险显然难以由作者承担,投资者成了风险的承担者。对于投资者而言,其需要直接面对市场风险,同时投资者也可能通过作品获得高额的市场回报。而对于实际创作者而言,其无需承担市场风险,创作者的智力投入可以获得预期的回报,即投资者所支付的报酬。因此,在投资原则下,投资者取得了著作权,其在承担风险的同时也享有作品所带来的收益。

具体到视听作品创作风险的承担上,同样需要分类进行分析。现代电影作品的创作需要面临巨大的市场风险,在电影制片、发行、放映、衍生品等各阶段相关风险无处不在,此前我国每年产出600多部电影,其中有7成的影片无法上映,而没能完成制作的电影更是不计其数。[1] 电影作品的创作风险都是由投资者承担,电影上映后所产生的收益也将由投资者享有。而电影作品的剧本创作者则是"旱涝保收"的状态,无论电影作品收益与否,剧作者都可以基于约定获得合同报酬,剧作者的收益与其智力投入大致相当,因此绝大多数作者并没有承担电影作品的创作风险。但是对于其他视听作品而言就完全不同了,在绝大多数其他视听作品中并不存在资本投入,其创作风险自然只能由作者承担。对于其他视听作品的作者而言,由于其不能像电影作品作者一样获得固定的报酬,其在创作中智力投入与生产要素投入的风险都需要自己承担。[2]

由此可见,在电影作品的创作中,由于投资者承担了创作风险,投资者基于投资原则而享有电影作品著作权。但其他视听作品的创作风险仍由作者承担,因此其他视听作品不符合投资原则的要求,其他视听作品是以创作原则进行权利配置。

(三)视听作品的利用效率

对于作品利用效率的考量也是投资原则的要素之一。如果在社会交易成本为零的情况下,在法律上无论做出何种产权安排,通过私人主体之间的协商都可以实现最优的资源配置。[3] 然而,在现实中交易成本的存在是不可避免的,实际

---

〔1〕 张步丞:《中国电影产业化进程中的投融资机制研究》,上海大学2016年博士学位论文,第131—135页。

〔2〕 智力投入也会产生风险,因为作品创作中的智力投入存在着不确定性,即创作是一种试错、纠错的过程,进行智力投入并不一定意味着作品的产出。参见蒋舸:《雇佣关系与法人作品构成要件》,载《法律科学(西北政法大学学报)》2014年第5期,第103页。

〔3〕 See R. H. Coase, *The Problem of Social Cost*, in Journal of Law and Economics, 3, pp. 1-44(1960).

的交易成本包括搜寻成本、协商成本、执行成本。因此，在交易成本不可避免的情况下，法律制度所做的权利配置安排就显得尤为重要，将直接影响资源的利用效率。最优化的权利配置安排需要在最大程度上降低交易成本，即将权利配置给最能够发挥资源效用的人，进而提高资源的利用效率。对于著作权法中的权利配置不仅是作者与公众之间的权利配置，还包括在“作者”内部，即在创作者与投资者之间的权利配置安排也会影响交易成本。〔1〕关于创作者与投资者之间的权利配置，其中最为典型的是非个人作品，将其著作权配置给投资者，由于权利的统一归属以及投资者在相关产业的优势地位，在很大程度上降低了该类作品的交易成本。正如有的学者所指出的那样，美国雇佣作品原则向着有利于作品利用的方向发展，通过雇佣作品原则将著作权授予雇主，从而使公众在最大限度上更易获得作品。〔2〕

对于电影作品而言，由于其作者数量众多，如果电影作品著作权由作者原始取得，利用电影作品则需要寻找每一位作者并与之协商对价，其中的交易成本是难以想象的。而且在电影制作高度产业化的今天，每一位作者的创作都仅是电影制作中的某一个小环节，因此在电影作品的传播利用上作者并不是最能够发挥作品效用的人。如果将电影作品著作权配置给投资者，由于著作权归属于一个单一主体，将极大地降低作品利用的交易成本。此外，投资者作为电影作品创作的组织者，由投资者享有著作权更能发挥电影作品的效用。在电影作品的传播利用上，投资者往往具有更多的资源，其在推广宣传、议价能力、渠道等方面都是自然人作者难以比拟的。由此可见，基于作品利用效率的视角，将电影作品著作权归属于投资者，符合著作权法作品利用效率的价值取向。但对于其他视听作品而言，其中作者数量有限，并且其制作者也多为自然人，无论是将著作权归属于作者还是制作者，对于交易成本来说基本没有影响。而更为重要的是对于这类作品的著作权归属，法律并没有理由介入其私人自治的领域，应当以意思自治原则进行处理。

（四）不同类型视听作品适用不同的著作权归属原则

基于上述要素的分析，在电影电视剧作品中，由于资本投入对于电影创作发挥了主导性的作用，其中创作风险也同样由投资者承担，出于降低交易成本的考量，电影作品适用投资原则进行权利配置，电影作品著作权归属于投资者。然而，在其他视听作品中，其与电影电视剧作品在资本投入、风险承担、利用效率等方面都存在着显著差异，本文认为，其他视听作品应以创作原则进行权利配置，其著作权归属规则也应当与电影电视剧作品相区别。

视听作品内部对于著作权归属原则适用上的差异本质上是技术变革的结果。申言之，在工业革命之后，由于生产力发展与技术变革，视听作品这一作品

---

〔1〕 熊琦：《著作权激励机制的法律构造》，中国人民大学出版社 2011 年版，第 57 页。

〔2〕 I. T. Hardy, *An Economic Understanding of Copyright Law's Work-Made-for-HireDoctrine*, 12 Columbia-VLA Journal of Law & the Arts, pp. 181-227(1988).

类型应运而生,进而导致个人创作向集体创作的转变,而该阶段视听作品的制作是由资本所垄断。但也正是基于新的技术变革,使个人创作视听作品成为可能,特别是互联网成为个人可负担的传播渠道,视听作品又从集体创作实现向个人创作的回归。最终,在视听作品内部形成集体创作与个人创作共存的现有格局,由此也导致了投资原则与创作原则在视听作品中适用范围的变化。部分视听作品转向以创作原则进行权利配置,即不同类型视听作品适用不同的著作权归属原则进行权利配置,从而形成视听作品在著作权归属上创作原则与投资原则的分野。

四、视听作品著作权归属条款二元结构的学理解释

2021 年生效的《著作权法》修正后的视听作品著作权归属条款采取二元结构,这一立法模式是高度创新的,其不可避免地可能存在着适用上的难题。因此,这需要我们对条款展开法律解释,探析立法趣旨,深入分析条款的规范基础,为未来实践中的适用提供有益参考。正如王泽鉴先生所言,立法趣旨之探求,是阐释法律疑义之钥匙。[1]

(一)视听作品著作权归属二元结构:创作原则与投资原则的分野

在分析视听作品著作权归属条款之前,我们需要厘清一个逻辑前提:《著作权法》在视听作品内部区分电影电视剧作品与其他视听作品,这一区分不是在客体意义上的区分,而是在著作权归属意义上进行区分,因为电影电视剧作品与其他视听作品的区分是规定于《著作权法》第二节的著作权归属部分,而不是《著作权法》第三条。

从视听作品著作权归属条款的目的解释来看,立法者之所以对条款采取二元结构,旨在为不同类型的视听作品设置不同的著作权归属规则,实现视听作品著作权的公平配置。全国人民代表大会宪法和法律委员会在《著作权法修正案(草案)修改情况的汇报》中明确说明了视听作品著作权归属条款的修改目的,即“有些地方、单位、专家和社会公众提出,草案将‘电影作品和以类似摄制电影的方法创作的作品’修改为视听作品,扩大了此类作品范围,将电影、电视剧作品与其他视听作品的著作权归属作统一规定不妥,建议对视听作品进行区分,对各自的著作权归属作相应的规定。宪法和法律委员会经研究,建议作以下修改,原草案的著作权归属原则适用于‘电影作品、电视剧作品’,另增加其他视听作品的著作权归属规则。”[2]因此,从立法文件来看,该条款修订的立法原意是较为明确的,即对视听作品在著作权归属意义上采取二元结构,通过条款的二元结构使电影电视剧作品与其他视听作品分别适用不同的著作权归属规则。换言之,立法

〔1〕 王泽鉴:《法律思维与民法实例:请求权基础理论体系》,中国政法大学出版社 2001 年版,第 142 页。

〔2〕 全国人民代表大会宪法和法律委员会《关于〈著作权法修正案(草案)〉审议结果的报告》,2020 年 8 月 8 日,http://www.npc.gov.cn/npc/c30834/202011/4aae8f3d0293467f889e320e1cbf ee13.shtml;访问时间:2021 年 8 月 15 日。

者的立法趣旨是，任何类型的视听作品在作品认定上均采取统一的独创性标准，而视听作品在著作权上归属需要有所区别，不同类型的视听作品采取不同的著作权归属。

视听作品著作权归属条款的二元结构是以什么为标准，条款二元结构分别采取何种权属规则，这就需要回到《著作权法》的主体制度展开分析。著作权法的主体制度与著作权归属一直坚持二元结构：〔1〕一方面，在原则上以创作者为主体，创作者基于创作行为当然成为著作权主体，由创作者享有著作权是一般性原则。而另一方面，投资者基于对作品的投资，也出于降低交易成本的制度安排，投资者也成了著作权主体。创作者与投资者的二元结构贯穿我国《著作权法》主体制度的始终，体现为《著作权法》第 11 条之规定“著作权属于作者”，以及法人作品制度、职务作品制度的特殊安排。例如，我国《著作权法》在职务作品制度中采取了二元结构：职务作品内部区分普通职务作品与特殊职务作品，普通职务作品以创作者为著作权主体，著作权归属于作者。而特殊职务作品以投资者为著作权主体，著作财产权法定归属于单位。但是，原《著作权法》电影作品著作权归属条款却是以电影作品这一特定客体类型而构建特殊的权属规则，这与《著作权法》其他权属规则存在巨大的差异，即电影作品这一客体类型均要适用统一的权属规则，其中并未体现著作权法主体制度的二元结构，这也成了原条款的固有缺陷。那么，新修订的视听作品著作权归属条款采取二元结构填补了这一缺陷，使视听作品的权属规则与著作权主体制度合理衔接。质言之，条款在著作权归属意义上区分电影电视剧作品与其他视听作品，是著作权主体制度二元结构在视听作品中的具体表现，是对于《著作权法》主体制度二元结构的坚守。因此，视听作品著作权归属条款的二元结构是以《著作权法》主体制度的二元结构为基础，分别确立著作权归属于创作者、归属于投资者的权属规则。

由此可见，从视听作品著作权归属条款二元结构的法律效果来看，条款实现了在视听作品著作权归属中创作原则与投资原则的分野：电影电视剧作品以投资原则进行权利配置，其著作权法定归属于制作者；而其他视听作品以创作原则进行权利配置，并采取不同的权属规则。

（二）视听作品著作权归属条款二元结构的区分标准

1. 以著作权归属原则为区分标准

新修订的《著作权法》在视听作品内部区分电影电视剧作品与其他视听作品，其在适用中具有重要的价值，但也存在着二元结构内部区分的难题，因此在未来的司法实践中需提出可操作性的意见，并逐渐形成相对统一的观点。〔2〕同时，也有学者提出电影电视剧作品与其他视听作品是难以区分的。〔3〕本文认为，

---

〔1〕 刘铁光：《著作权主体的二元结构及其权利配置——兼评 2020 年〈著作权法〉修正的主体制度》，载《知识产权》2021 年第 8 期，第 75—78 页。

〔2〕 刘承韪：《论著作权法的重要修改与积极影响》，载《电子知识产权》2021 年第 1 期，第 6 页。

〔3〕 王迁：《论视听作品的范围及权利归属》，载《中外法学》2021 年第 3 期，第 677 页。

如果对视听作品著作权归属条款做目的解释,就可以较为清晰地区分电影电视剧作品与其他视听作品。申言之,对二者进行区分的提前是需要厘清立法者区分电影电视剧作品与其他视听作品的立法目的,上已述及,立法者之所以区分电影电视剧作品与其他视听作品,旨在视听作品内部采取不同著作权归属规则,从而实现创作原则与投资原则的分野。那么从视听作品的时间长度、故事情节、行政许可、播放平台的角度对二者进行区分自然面临着巨大的困难,这是因为立法者对于二者的区分不是在客体意义上的区分,而是在著作权归属意义上进行区分。由此可见,我们需要从著作权归属原则——创作原则与投资原则的要素上对二者进行区分,本文将分别对实质上的区分要素与形式上的区分要素进行分析。

2. 区分的实质要素

区分电影电视剧作品与其他视听作品的实质要素,本质上是区分创作原则与投资原则的差异。本文认为可以从以下几个方面的实质要素对二者进行区分。

第一,视听作品制作中是否存在投资者的资本投入,以及资本的投入是否在视听作品制作中发挥了主导性作用。显而易见,如在视听作品制作中存在资本投入并成为主导性资源,这类视听作品即为电影电视剧作品,如果不满足这一要素则为其他视听作品。其中对于我们生活中常规的电影与电视剧的判断区分是不言自明的,而区分的难点在于部分商业化的网络视频。例如,典型的MCN架构下的短视频创作,MCN作为创作者、平台、广告方这一产业链条的核心,可以为创作者提供资金、渠道、技术上的支持。[1] 虽然MCN对于视听作品的创作存在一定的资本投入,但是其并没有像电影制作一样成为主导性的资源,因此该类视听作品归为其他视听作品是更为合理的。

第二,视听作品的创作风险是由投资者承担,还是由作者承担。如果在创作中所产生风险都由投资者承担的视听作品,该类视听作品属于电影电视剧作品,而其他视听作品的创作风险由作者承担。

第三,视听作品的作者是否可以获得抵消其智力投入的报酬,即是否在投资者主导下实现了视听作品作者之间的利益分配。对于电影电视剧作品而言,其作者一般可以获得稳定的合同报酬,而其他视听作品中的作者一般没有固定的报酬。

第四,视听作品在不同权利配置情况下所产生的交易成本也可以作为区分的考量因素。例如,一部电影公司制作的微电影,虽然时长仅几分钟,但其可能是电影公司投入了大量人员、资金、设备等资源而制作完成的,按照上述标准该微电影属于电影电视剧作品。又如,某一大学生创作团队在一定的资金支持下,仅通过团队内部人员的分工协作,创作完成了一部故事长片,按照上述标准该故事长片依旧属于其他视听作品。

---

[1] 郭全中:《MCN机构发展动因、现状、趋势与变现关键研究》,载《新闻与写作》2020年第3期,第75—77页。

3. 区分的形式要素

电影电视剧作品与其他视听作品的区分除了实质要素，还可以从视听作品的形式外观进行区分，形式上的区分要素包括以下两个方面：第一，行政审批与行政备案的信息。在我国，电影、电视剧从立项拍摄到最终上映，均由专门的主管部门监管并进行备案公示，监管范围同样包括了网络电影、电视剧。[1] 其中以立项公示为例，电影制作需要在国家电影局进行立项公示，电视剧、网络电视剧则需要在国家广播电视总局进行立项公示，相关公示信息都可以供公众查询。因此，可以根据主管部门的公示信息在形式上区分二者，并且这种区分方式是简单可操作的。第二，视听作品的制作方法。可以从视听作品的制作设备、画面的运用、情节的设置、特效的制作等角度对二者进行区分。由此可见，在视听作品的形式外观上可以较快地区分电影电视剧作品与其他视听作品，形式上的判断标准可操作性较强，但是形式上的判断标准存在着不准确性，因此形式外观上的区分判断只能作为一种辅助的区分方式，最终的判断还需要以实质要素上的判断为准。例如，某一视听作品可以直接在国家电影局官网上查询到备案信息，那就是《著作权法》意义上的电影电视剧作品，如果不能查询到备案信息，并不意味着它就不是电影电视剧作品，而是需要根据实质要素进行判断。又如，近些年出现的网络电影、电视剧，虽然其以网络平台为上映渠道，但是主流的网络电影、电视剧在制作上与传统电影、电视剧并没有差别，均由投资者的资本投入而主导，同样受到国家广播电视总局的监管，可见该类作品也属于电影电视剧作品。

由于电影电视剧作品与其他视听作品的区分对于其著作权归属而言具有重要影响，因此在未来的《著作权法实施条例》需要明确电影电视剧作品的定义与范围，而其他视听作品则是除此之外的视听作品。这种严格区分二者的做法可能被视为有害个案正义，但从制度运行成本的现实考量，这是唯一可行的做法，因此我们应当选择最具决定性的要素作为区分标准，在最大程度上实现个案正义与制度运行效率的平衡。[2] 由此可见，对于电影电视剧作品的规定应当采取以实质要素为主，并结合形式外观上的判断标准，《著作权法实施条例》可以采取如下规定，即“电影作品、电视剧作品，是指由制作者投资主导，由制作者组织创作，并由制作者承担责任的视听作品。”

（三）视听作品著作权归属条款二元结构的价值与意义

视听作品著作权归属条款采取二元结构，实现创作原则与投资原则的分野，其最大的现实价值在于破除了原《著作权法》中“电影与类电作品”单一权属规则的困境。根据原《著作权法》第 15 条之规定，“电影与类电作品”适用单一的“法

---

[1] 根据《国家广播电视总局办公厅关于网络视听节目信息备案系统升级的通知》的要求，投资总额超过 500 万元的网络剧，超过 100 万元的网络电影，在制作前需要由制作机构登录“重点网络影视剧信息备案系统”登记节目名称、题材类型、内容概要、制作预算等规划信息。

[2] 蒋舸：《雇佣关系与法人作品构成要件》，载《法律科学（西北政法大学学报）》2014 年第 5 期，第 103 页。

定权利归属"规则,即一旦连续画面被认定为"电影与类电作品",其著作权都将法定归属于制片者。这一特殊的权属规则对于传统的电影电视剧作品而言具有合理性,但是其显然不能适用于个人创作的视听作品。因此,在原《著作权法》单一权属模式下,个人视听作品保护与法定权属规则适用之间的矛盾已经难以调和:一方面,现实中大量个人创作的连续画面需要被《著作权法》所承认,从而纳入作品保护体系获得著作权保护,这是当今视听产业发展的现实要求。如果不能将其纳入作品保护体系,那么将会导致大量的智力创作成果游离于著作权保护之外,显然不利于激励创新,也不利于视听产业的发展。将个人创作的连续画面作为作品保护已经是大势所趋,更是文化安全的必然要求。[1] 但另一方面,如果将个人创作的连续画面认定为"电影与类电作品"进行保护,在原《著作权法》单一权属模式下,其不可避免地将适用"法定权利归属"规则。作为没有资本介入的个人创作的作品,反而以投资原则进行权利配置,将著作权归属于制片者,这显然是不合理的,会在很大程度上损害作者的利益。这一矛盾在视听表演者权利归属问题上体现得更为明显,如"电影与类电作品"的范围不断扩大,如不改变其中的单一权属规则,将导致视听表演者权不断地被制片者所蚕食。

本文认为上述矛盾的症结在于,视听作品的创作同时存在个人创作与资本投入的集体创作这两种类型,二者显然需要适用不同的著作权归属原则,但是原《著作权法》相应的权属规则并没有同时进行调整,仍继续坚持单一的法定权属规则。在上述单一权属规则下,符合独创性的连续画面一旦被认定为作品,即使其不符合投资原则但也只能适用法定权属规则,可见"电影与类电作品"保护与法定权利归属绑定在一起,独创性与投资原则的适用相绑定。这一模式显然是不合理的,因为独创性作为作品认定的标准,而法定权利归属是基于投资原则的权利配置,二者显然是完全不同的两个维度,难以想象二者在原《著作权法》中是混同的。

然而,新修正的《著作权法》已经为化解这一矛盾提出了解决之道,即在视听作品著作权归属中实现创作原则与投资原则的分野,在视听作品内部采取不同的著作权归属规则,这正是立法者立法目的之所在。申言之,视听作品著作权归属的二元结构是根源于视听作品创作模式存在个人创作与集体创作的二分,而非视听作品范围的大小。即使按照"视听作品范围没有扩大"这一观点,但不可否认的是上述矛盾依旧客观存在,新修正的《著作权法》同样需要在视听作品内部采取不同著作权归属规则。

在条款未来的适用中,由于视听作品创作原则与投资原则的分野,视听作品内部采取了不同的著作权归属规则,使得视听作品的认定与视听作品著作权归属相独立。本文认为新修正的条款在适用中具有两个方面的意义。第一,在视听作品的认定上不再受其权属规则的掣肘。任何连续画面无论是个人创作还是

〔1〕 参见李伟民:《视听作品法律地位之确立——以文化安全为视角》,载《法学论坛》2018年第2期,第39—40页。

集体创作，只要其符合独创性标准以及《著作权法》规定的要件，都可以被认定为视听作品，而无须考量其著作权归属问题。这一模式避免了著作权归属原则差异对作品认定的影响，在很大程度上扩大了视听作品的范围。第二，对于大量连续画面被认定为视听作品后，在著作权归属上，根据其所适用的不同的著作权归属原则，分别确定不同类别视听作品的著作权归属，从而保障视听作品作者与投资者的利益。

五、我国视听作品权利配置的具体优化

（一）电影电视剧作品著作权归属的调适性解释

从视听作品著作权归属条款来看，我国电影电视剧作品的著作权归属模式与各国立法例均有不同，其中既囊括了版权法体系立法实用主义的特点，同时又延续了作者权法体系中人格价值的基础，具有"兼收并蓄"的立法风格：一是该条款的法律后果为"电影电视剧作品著作权由制作者享有"，这与美国版权法的"视为作者原则"相类似；二是该条款明确了电影电视剧作品的编剧、导演等实际创作者为作者，并为其规定了署名权，这显然体现了大陆法系"创作者为作者"的原则。正是由于视听作品著作权归属条款采取了"兼收并蓄"的立法风格，也就自然不可避免地产生了矛盾与冲突。

在解释论视野下，本文认为应当将视听作品著作权归属条款中的"法定权利归属"解释为著作权法定转让规则，通过对视听作品著作权归属条款的法律解释从而化解条款的矛盾与冲突。本文认为将其解释为法定转让规则主要有以下几个方面的理由：第一，在全国人民代表大会常务委员会法制工作委员会对于原《著作权法》的释义中就已经明确指出，《著作权法》将电影作品著作权归属于制片者，在理论上就是将电影作品著作权法定转让给制片者，我国《著作权法》对于电影作品的规定采取的是大陆法系国家的做法。[1] 视听作品著作权归属条款中电影电视剧作品的权属规则与原《著作权法》是一致的，原有的解释也同样可以适用。李明德教授等也持同样观点，即《著作权法》中电影作品著作权由制片者享有，这一规则实质上是著作权的法定转让，我国《著作权法》采取了大陆法系国家的做法。[2] 第二，法定转让规则对于制作者与创作者的利益保护而言是最优的折中方案。首先，对于创作者而言，法定转让规则可以保留创作者的作者身份，由创作者取得原始著作权，为创作者获得著作权保护提供了法律基础。其次，对于制作者而言，由于采取法定转让规则，制作者可以法定取得电影作品著作权，在电影作品的实际利用中与"视为作者原则"并无差异，可以充分保障创作者对于电影作品的利用并获得相应的经济回报。第三，对《著作权法》第11条中"著作权属于作者，本法另有规定的除外"的理解，不应将"本法另有规定的除外"

---

〔1〕 胡康生主编：《中华人民共和国著作权法释义》，法律出版社2002年版，第81页。

〔2〕 李明德、管育鹰等：《〈著作权法〉专家建议稿说明》，法律出版社2012年版，第235页。

视为仅限于原始取得的情形,而是既原始取得也包括继受取得,因为全国人民代表大会常务委员会法制工作委员会的著作权法释义中罗列了“本法另有规定的除外”的情形,其中就包括了根据转让、继承、法人变更而导致作者之外的主体享有著作权。[1]

那么将视听作品著作权归属条款中针对电影电视剧作品的“法定权利归属”解释为法定转让规则,即以法定转让的方式将电影电视剧作品著作权归于制作者,在明确这一前提的基础上,相关问题就迎刃而解了。

第一,明确了电影电视剧作品的作者即实际创作者是著作权原始主体。电影电视剧作品的创作者具有作者身份,并由创作者取得原始著作权。那么承认作者作为著作权原始主体,这与各国立法例所普遍遵循的“由作者享有原始著作权”原则相一致。因此,作者作为著作权原始主体,电影电视剧作品的著作人身权与著作财产权在源头上归属于作者。此外,还解决了电影作品著作人身权的归属问题,著作人身权只能归属于电影作品的作者,否则很难解释条款中明确规定的作者所享有的署名权从何而来。

第二,以法定转让的方式将电影电视剧作品著作权归于制作者。电影电视剧作品著作权首先由作者原始取得,但基于投资原则权利配置的要求,通过法定转让的方式归于制作者。虽然制作者不是作者,但基于法定转让规则,制作者可以实际取得利用电影作品的权利,并且法定转让具有强制性不能通过约定排除适用,从而可以保障制作者的利益。由此可见,法定转让规则不仅可以使制作者实际取得电影作品著作权,同时还避免了“制作者不是作者却取得原始著作权”的理论矛盾。其中值得注意的是,在视听作品著作权归属条款中,著作权法定转让的范围包括了所有类型的著作财产权。由于著作人身权的不可转让性,[2]制作者以法定转让方式而享有的只有著作财产权,因此需要对视听作品著作权归属条款中的“著作权由制作者享有”作限缩解释,将其法定转让的范围限于著作财产权。

(二)“其他视听作品”著作权归属的厘清

由于《著作权法》对于其他视听作品的规定为“电影作品、电视剧作品以外的视听作品”,可见其他视听作品的范围十分宽泛,即包括了所有不适用投资原则的视听作品。换言之,其他视听作品属于个人作品的范畴,即其他视听作品是以个人创作形式以作者意志为主导而创作完成的视听作品,虽可能存在一定资本介入的情况但资本并非发挥主导作用,作品创作仍以作者意志为主导。这里所指个人作品并非字面意义上的一个人创作,而是指由作者意志为主导而进行的创作,而非资本主导进行的创作,其中并不关乎作者的数量。个人作品表现为仅作者要素对作品产生影响,而作者以外的资本、组织要素未对

---

[1] 胡康生主编:《中华人民共和国著作权法释义》,法律出版社2002年版,第69页。

[2] 参见吴汉东主编:《知识产权法学》(第7版),北京大学出版社2019年版,第77页。

创作产生实质影响。个人作品既可以是一个人创作的视听作品，也包括存在多位作者合作创作的视听作品。[1] 因此，其他视听作品是以创作原则进行权利配置。

新修订的视听作品著作权归属条款也充分体现了创作原则权利配置的要求，其中对于其他视听作品的著作权归属采取“约定优先原则”，其他视听作品的著作权归属优先由当事人进行约定，充分尊重当事人的意愿。申言之，当事人可以通过约定自行安排其他视听作品的著作权归属；当事人既可以约定其他视听作品著作权由作者享有，可以充分保障作者的利益；当事人也可以约定其他视听作品著作权由制作者享有，作者也可以此为对价从而获得更高的经济回报。基于其他视听作品属于个人作品的范畴，在其权属规则中采用“约定优先原则”体现了《著作权法》尊重各类参与主体之间意思自治的价值取向。

在“其他视听作品”具体的著作权归属中，“其他视听作品”包括两类：第一，存在制作者的“其他视听作品”，即在作品创作中存在一定的资本投入，其中存在视听作品的制作者，但是资本并非发挥主导作用，这类“其他视听作品”仍以智力投入为主导。其中较为典型的是网络视频平台中以 MCN 模式创作的短视频，其中存在着商业投资与制作者。第二，不涉及制作者的“其他视听作品”，这类视听作品完全以“个人创作形式”创作，包括个人独立创作、合作创作等情形。

对于存在制作者的“其他视听作品”，在没有约定或者约定不明确的情况下，其他视听作品的著作财产权推定转让给制作者，这一推定规则不再基于投资原则的要求，而是出于降低其他视听作品交易成本的制度安排。这一推定转让规则可以使“其他视听作品”的权利归属更加明确，促进视听作品的传播利用。

此外，在“其他视听作品”中，还存在大量不涉及制作者的“其他视听作品”，如“抖音”平台“张同学”的短视频、多人合作完成的短视频等，这些短视频完全由个人独立创作或合作创作，其中并不存在制作者。那么，对于其他视听作品而言，其是否可以适用《著作权法》所规定的一般性的著作权归属规则，如合作作品规则、职务作品规则。

本文持肯定观点，主要有以下几个方面的理由。其一，包括合作作品、职务作品在内的一般性著作权归属规则，其适用范围涵盖了所有类型的作品，并不存在客体类型上的限制。其二，其他视听作品与一般作品适用相同的著作权归属原则，即创作原则，排除了“法定权利归属”规则的适用。那么其他视听作品也理应同一般作品一样可以适用一般性的著作权归属规则。并且，如果其他视听作品的创作满足特定的条件，如合作创作或雇佣关系，使该类其他视听作品适用相应的规则确定著作权归属，更能实现公平的利益分配。其三，从美国版权法的立

---

[1] 合作创作，虽然表现为多元作者主体，但其本质上仍是多个作者的意志共同主导作品创作，并没有作者之外的要素主导作品创作，显然合作作品依旧属于个人作品。而在职务作品中，作者之外的组织与资本要素对作品创作产生影响，其不再是个人作品，应依照职务作品规则确定具体的著作权归属。如视听作品构成职务作品的，也应当根据职务作品的权属规则确定著作权归属。参见蒋舸：《雇佣关系与法人作品构成要件》，载《法律科学（西北政法大学学报）》2014 年第 5 期，第 102 页。

法例来看,视听作品只有在满足特定关系的条件下才可能适用“视为作者原则”,如雇佣关系、委托关系等。换言之,视听作品只有在特定条件下才适用“视为作者原则”,而在原则上视听作品适用著作权归属的一般性规则,其中个人独立创作、合作创作的视听作品都适用第201条(a)的一般性规则。其四,在《著作权法修正案草案(第二次审议稿)》中,立法者对于其他视听作品适用合作作品、职务作品规则也持肯定观点,[1]立法者认为视听作品构成合作作品、职务作品的,可以依法确定其著作权的归属,只是最终通过的《著作权法》为简化该条款而删除了相关规定。[2]

由此可见,关于其他视听作品的著作权归属存在着两个层面:其一,《著作权法》针对视听作品这一作品类型而特别规定的权属规则,即适用视听作品著作权归属条款。其二,如果视听作品构成个人独立创作、合作作品、职务作品的,则适用《著作权法》所规定的一般性著作权归属规则来确定著作权归属。因此,如果其他视听作品属于个人独立创作、合作作品、职务作品,则根据《著作权法》中一般性著作权归属规则确定著作权归属。

第一,由个人作者创作而不涉及投资者的其他视听作品。由于摄制技术与设备的发展成熟,以及视频制作技术的普及,使得个人独立创作视听作品成为可能。特别是我国视频分享网站与短视频平台的发展,为个人创作的视听作品提供了传播渠道,出现了大量由个人独立制作完成的视听作品。由个人独立创作的视听作品的著作权归属是较为简单的,其适用《著作权法》第11条第1款确定著作权归属。基于创作原则,适用创作者为著作权主体的规则,其著作权直接归属于视听作品的实际创作者。

第二,其他视听作品构成合作作品。在网络视频的创作中合作创作形式是较为常见的,如一人进行拍摄、一人进行后期制作,显然这类视听作品构成合作作品。其中构成合作作品的条件包括,当事人须具有共同创作的合意,并为整体视听作品的创作做出了一定贡献。这类视听作品根据合作作品著作权归属规则来确定著作权归属,其著作权由合作作者共同享有。

第三,其他视听作品构成职务作品的。对于其他视听作品适用职务作品规则可能有所疑虑,因为职务作品规则本质上也属于投资原则的范畴,但是职务作品规则与视听作品的法定权属规则显然是两种类型,二者判断标准不同,因此,如果其他视听作品构成职务作品的也可以适用职务作品规则。其他视听作品构成普通职务作品的,著作权由作者享有,单位享有优先使用权。而其他视听作品构成特殊职务作品的,作者享有署名权,著作权的其他权利由单位享有。如报社

---

[1] 《著作权法修正案草案(第二次审议稿)》第17条。

[2] 全国人民代表大会宪法和法律委员会《关于〈著作权法修正案(草案)〉审议结果的报告》(2020年11月10日),其中指出“……有的部门、单位、专家和社会公众提出,本款关于其他视听作品著作权归属的规定过于复杂,草案对合作作品、职务作品的著作权归属已有明确规定,视听作品构成合作作品、职务作品的,可以依法确定其著作权的归属,建议简化本款规定,以利于视听作品的利用和传播。宪法和法律委员会经研究,建议采纳上述意见……”。资料来源:http://www.npc.gov.cn/npc/c30834/202011/16a796a57f1649d2959939519c4701df.shtml;访问时间:2021年8月10日。

工作人员为报社在各大网络平台(如微信公众号)所创作的短视频,就是典型的特殊职务作品,其著作权由单位享有。[1]

(三)视听作品著作权归属条款对于制作者与作者的影响评估

视听作品著作权归属条款之制度设计,主要是为了在作者与制作者之间进行公平的权利配置,实现二者利益分配的平衡,从而充分发挥条款激励投资与激励创作的制度功能。因此,本文将分别探究视听作品著作权归属条款的解释对于作者与制作者的影响。

视听作品著作权归属条款对于作者的影响,主要体现为作者享有的著作人身权、著作财产权以及获酬权。首先,视听作品著作权归属条款的解释明确了作者作为视听作品著作权原始主体的地位,这符合我国《著作权法》作者本位的立法传统,著作权原始主体的确立也为作者享有相关权利奠定了坚实基础。对于著作人身权而言,无论是电影电视剧作品还是其他视听作品,著作人身权都由作者享有,但难免受到一定的限制。同样,视听作品的著作财产权均由作者原始取得。在其他视听作品中,著作财产权的归属采取"约定优先",作者既可以与其他当事人约定由作者享有著作权,也可以约定著作权归属于制作者并以此获得更高的对价。在电影电视剧作品中,著作财产权被法定转让给制作者,虽然作者不再享有著作财产权,但专有权转化为获酬权的形式以补偿作者,未来《著作权法》可以考虑基于作者著作权原始主体的地位而规定二次获酬权。

视听作品著作权归属条款对于制作者的影响,主要在于降低视听作品传播利用的交易成本。有学者认为《著作权法》修订后的视听作品著作权归属条款对于其他视听作品的传播造成了极高的交易成本。[2] 本文不认同这一观点。首先,对于电影电视剧作品而言,其中作者的数量尤为庞大,并且制作者的资本投入也主要集中于电影电视剧作品之中,其著作权归属被视为《著作权法》最疑难的问题。而我国《著作权法》对此的规定反而是较为简单的,即著作权由制作者享有,这一规定就已经解决了视听作品利用中的最大难题。其次,对于其他视听作品而言,其创作形式以个人创作为主,即其他视听作品属于个人作品范畴,因此其他视听作品的权利配置属于私人自治领域,《著作权法》不宜作强制性安排。由于其他视听作品中作者数量有限并且可能存在约定的情形,由当事人进行意思自治不会影响其他视听作品传播利用的效率,反而可以实现当事人之间利益的公平分配。最后,在没有约定的情况下,《著作权法》采取强制性规定,即著作权由制作者享有,这一规定也在很大程度上降低了视听作品传播利用的成本。

---

[1] 《著作权法》第18条规定,"有下列情形之一的职务作品,作者享有署名权,著作权的其他权利由法人或者非法人组织享有,法人或者非法人组织可以给予作者奖励:……(二)报社、期刊社、通讯社、广播电台、电视台的工作人员创作的职务作品。"

[2] 王迁:《论视听作品的范围及权利归属》,载《中外法学》2021年第3期,第680页。

总体而言,新修正的《著作权法》的视听作品著作权归属条款是较合理的,没有绝对化,而是区分电影电视剧作品与其他视听作品,分别采取不同的著作权归属原则进行权利配置,合理地兼顾了作者的智力投入与制作者的资本投入,降低了视听作品传播、利用的交易成本。

提升中国国际体育仲裁话语权的路径研究〔1〕

汪茹霞*
席志文**

摘　要　“坚持统筹推进国内法治和涉外法治”，国际体育仲裁话语权是体育强国战略的重要环节。中国籍仲裁员、当事人参与国际体育仲裁及国际交流逐步增多，但话语权仍然微弱，面临人才基础薄弱、仲裁员案件参与度过低、案件败多胜少、缺乏系统性反思及管理理念革新的现实困境。提升中国国际体育仲裁话语权既要注重发挥“人”的作用，又要注重国内体育仲裁环境的改善，前者可通过增加中国籍仲裁员的影响力、助力中国籍理事竞选领导职务、提升中国当事人及其代理人应用体育仲裁规则能力来实现；后者可通过完善国内体育仲裁机制、扩展体育仲裁制度的影响力、加强国际体育议程设置能力来实现。

关键词　仲裁话语权；国际体育仲裁法庭；仲裁员；规则话语权

目　次

---

* 汪茹霞（1991—　），华东政法大学师资博士后，法学博士，主要研究方向：体育法、仲裁法、人权法。
** 席志文（1987—　），湖北文理学院讲师，法学博士，主要研究方向：体育法、仲裁法。

〔1〕 本文受华东政法大学科学研究项目资助；受中国博士后科学基金资助项目资助（2022M721174）；受国家社会科学基金后期资助项目资助（22FTYB013）。

一、问题的提出

党的十九大报告和党的二十大报告明确提出"加快推进体育强国建设""推进国际传播能力建立""提高国家文化软实力",党的二十大首次将"涉外法治""国际法"写入党的二十大报告。国际体育组织中中国籍任职人员越多,中国在国际体育事务上的决策力和话语权也更强,中国体育形象也得到进一步积极、正面的传播。国际体育仲裁话语权作为国际体育法治话语权的重要组成部分,是体育强国战略的重要一环,既是中国国际体育地位提升的显著标志,也是中国为全球体育法治贡献中国智慧的重要体现,对构建公正合理的国际体育法治秩序具有重大意义。

从实践层面而言,提升体育仲裁话语权亦具有现实紧迫性。国家体育总局明确将"及时在国际舞台发声"列为2022年度总体目标[1]。自1993年至今,我国在国际奥委会及35个国际单项体育组织任职人数仅二十多人[2]。截至2023年1月,国际体育仲裁法庭(Court of Arbitration for Sport,CAS)登记在册的体育仲裁员为397名,其中非洲18名,占比4.5%;欧洲200名,占比高达50.4%,具有绝对优势;美洲74名,占比18.6%;亚洲58名,占比14.6%;大洋洲27名,占比6.8%。而体育仲裁员数量排名前八的国家分别是瑞士(33名)、美国(32名)、英国(29名)、法国(27名)、澳大利亚(23名)、加拿大(19名)、意大利(19名)、西班牙(16名),中国籍体育仲裁员共11名,仅占2.8%[3]。2023年6月,国际体育仲裁理事会(International Council of Arbitration for Sport,ICAS)增列中国籍律师刘佳贺女士入列CAS普通仲裁员和足球仲裁员名单,说明我国体育仲裁员还有较大的增长空间。此外,我国体育仲裁人员总体数量不足,参与度不高,尤其是在国际体育组织担任领导职务的人员更是凤毛麟角,人才匮乏将极大地影响我国在国际体育事项方面的"影响力、传播力、解释力和主导力"[4]。

作为体育话语权与体育仲裁的交叉研究视角,如何提升我国国际体育仲裁话语权成为理论与实务关注的焦点。恰如习近平总书记所指出的,"世界进入动荡变革期,国际竞争越来越体现为制度、规则、法律之争",国际体育仲裁话语权亦是如此,国际奥委会副主席于再清多次强调,体育话语权的关键在于对章程、规则、政策的制定、修改……的权力[5]。故提升体育仲裁规则话语权是重中之重。本文所研究的仲裁话语权涉及规则的制定、修改、解释、执行、适用,力图从实操层面抛砖引玉,以体育组织机构的人事安排、规则制定、案件参与和资源运用等角度切入,给出操作性强的近期方案。

---

[1] 国家体育总局:《国家体育总局(本级)2022年部门预算》,https://www.sport.gov.cn/n315/n332/c24214199/content.html,访问日期:2022年4月30日。

[2] 汪习根、汪茹霞:《论中国国际体育执法话语权提升之道》,《武汉体育学院学报》2018年第12期。

[3] CAS:List of CAS Arbitration by nationality (381),https://www.tas-cas.org/en/arbitration/liste-des-arbitres-liste-generale.html? GenSlct=2&nmIpt=&nltSlc%5B%5D=176,访问日期:2022年4月30日。

[4] 韩庆祥:《全球化背景下"中国话语体系"建设与"中国话语权"》,《中共中央党校学报》2014年第5期。

[5] 新华网:《裁判问题无关国际话语权——专访国际奥委会副主席于再清》,http://big5.xinhuanet.com/gate/big5/sports.xinhuanet.com/c/2018-05/12/c_1122821021.htm,访问日期:2022年4月30日。

二、中国国际体育仲裁话语权的现实困境

国际体育仲裁话语权实质上是一种依托国际体育组织体系内的“造法”机制来实现的利益分配体系，但不同于国内法律制度的生成，ICAS 委员的工作具有一定的独立性，国际体育仲裁话语权的增强无法通过自上而下的方式实现，需要持续性投入，才能以自下而上的方式强化。当下，中国在国际体育仲裁中仍面临三个困境，具体如下。

（一）中国国际体育仲裁人才基础薄弱

从 ICAS 选任 CAS 仲裁员的标准可知，仅熟悉法律和体育运动项目规律并不足以使其胜任，具有仲裁理论知识与实务经验，掌握对抗制的庭审方法，是入选 CAS 仲裁员的核心标准。但中国目前成熟的体育仲裁人才匮乏，且缺少相应的体育仲裁人才培育机制。无论是中国籍仲裁员，还是其他体育法及体育仲裁专业的学子，甚少有专门机会系统学习体育仲裁。中国籍仲裁员之所以能被推荐并提名入选 CAS 仲裁员，主要因其自身在国际法律和国际仲裁领域取得的相应成就，获得了 ICAS 的认可，并获得相应推荐与提名。许多中国籍仲裁员也是被提名审理相关案件后，方有机会参与体育争议解决，其凭借自身扎实的仲裁法律知识，结合体育争议的特殊性，采取“边干边学”的方式，完成体育仲裁的自我再教育。此过程极具个体性和偶然性，缺少系统性，被提名次数多的仲裁员将获得更为丰富的经验，而那些未获得提名的仲裁员，虽可能具有扎实的理论知识，但由于无法与具体的体育纠纷案件结合，缺乏将理论运用于实践的机会。概言之，中国目前尚未能形成一个可复制、可推广的人才培养模式，难以培育真正为国际体育争议解决所需的人才。

（二）中国籍仲裁员案件参与度过低

根据 CAS《体育仲裁法典》第 40.2 条之规定，当事人对仲裁员的任命享有极大的话语权，根据公开可查的资料，中国籍仲裁员参与国际仲裁的体育纠纷有 32 件（参见表 1）。截至 2023 年 2 月，CAS 公开可查的案件为 2290 件[1]，中国仲裁员参与率为 1.4%；从 1986 年至 2021 年，提交给 CAS 的案件总共为 8865 件[2]，中国籍仲裁员参与率低至 0.4%，以上数据充分显示中国籍仲裁员参与案件率低，与体育强国、仲裁大国形象极其不符，仍有较大进步空间。

---

〔1〕 CAS：Case Law Documents，https://jurisprudence.tas－cas.org/Shared%20Documents/Forms/All-Decisions.aspx，访问日期：2023 年 1 月 1 日。

〔2〕 CAS：Case Law Documents，https://www.tas－cas.org/fileadmin/user_upload/CAS_Statistics_2021.pdf，访问日期：2022 年 4 月 26 日。

表 1 CAS 官网案例库公布的中国籍仲裁员审理的案件信息

仲裁员及案件数量	案件编号
苏明忠(3 件)	OG 96/002;OG 96/005;CAS 98/208
黄进(2 件)	OG 04/004;CAS 2013/A/3057
刘驰(12 件)	OG 08/002;OG 08/005;OG 10/003;AG 14/002(首席);AG 14/004;CAS 2016/O/4454;CAS 2016/O/4457;CAS 2016/O/4465;CAS 2016/A/4642;CAS 2017/A/5072
吴炜(5 件)	OG 14/003;CAS 2016/A/4560;CAS 2017/A/5164;CAS 2018/A/5779;CAS 2018/A/5940(被合作律师 Alejandro Pascual 提名的)
范明超(1 件)	CAS 2018/A/5915
卢松(4 件)	CAS OG 20/03;CAS OG 20/05;CAS OG 20/15;CAS OG 20/10 & 20/11
白显月(5 件)	CAS AG 18/09(首席);CAS AG 18/07 & 08;CAS OG 22/03;CAS OG 22/05;CAS OG 22/11
安寿志(1 件)	CAS 2021/A/7730

以中国足球俱乐部相关案件为例,作为协助上海体育局将 CAS 听证中心落户上海的推荐人,以色列籍的仲裁员 Efraim Barak,葡萄牙籍仲裁员 Rui Botica Santos 成为涉中国当事人国际体育仲裁案件中被提名任命次数最多的两位 CAS 仲裁员。出现该结果主要有两个原因:一方面,涉案中国足球俱乐部的代理律师一般是外籍律师,其更倾向于选择自身熟悉或了解的仲裁员,导致中国籍仲裁员无法获得提名。另一方面,仲裁员的选定不同于代理律师的选定,即使选定中国籍仲裁员,其也没有义务支持中方当事人,这使得国籍并不当然成为仲裁员选定的考量因素。例如,在 CAS 审理的山西汾酒篮球俱乐部与 Jeffrey Curtis Ayres 一案(CAS 2017/A/5164)中,被申请人 Jeffrey Curtis Ayres 的代理人是纽约律师,中国籍仲裁员刘驰律师被其提名担任仲裁员,而中国申请人山西汾酒篮球俱乐部的代理律师 Lucien W. Valloni 则是瑞士著名体育法律师,提名任命的却是美国籍仲裁员 Matthew Mitten 教授。该案亦可说明,专业能力和实务经验是仲裁员选定的重要考量因素。此外,在多个中国当事人案件中出现的瑞士籍 Michael Bernasconi、丹麦籍 Lars Hilliger、德国籍 Ulrich Haas 等 CAS"超级仲裁员",皆是因为其专业能力被认可而频繁被选定为仲裁员。

(三)国内体育界缺乏系统性反思及管理理念革新

国内体育界参与国际体育仲裁案件后缺乏反思,没有从"失败"中吸取教训,因而"反复入坑"。从 CAS 公布的中国当事人案件内容来看,涉及中国足球俱乐部合同管理和争议处理的案件中存在一些"无正当理由解除"情况,足以说明各个俱乐部在同一个问题上反复犯错,缺乏合法合规的管理理念,对国际体育规则或漠视或陌生,或存有侥幸心理。早期的反兴奋剂相关的案件,中国体育界积极解决"瘦肉精"等问题给中国运动员造成的困扰,成功推动了反兴奋剂检测规则的合理化,成为中国体育治理能力与治理体系现代化的重要成果。特别是经历过孙杨反兴奋剂案的重大挫折之后，推动世界反兴奋剂机构在保障运动员权利方面作出了重大革新，此为中国体育通过一个失败的仲裁案例实现反兴奋剂话语权提升的成功案例，可谓“失之东隅，收之桑榆”。

总体而言，在加速推进体育强国进程中，中国体育获得了参与国际体育仲裁事务的诸多机会，也用自身惨痛的代价习得了国际体育规则和教训。然而，这些经验与教训能否促进体育界逐步推动自身治理体系和治理能力的现代化，尚待进一步观察。把握每一次参与国际体育仲裁的机会，利用该过程培养熟悉国际体育仲裁规则的人才，积极吸收国际体育治理规则与经验，加快国内体育仲裁法律实践落地，有助于提升中国体育仲裁话语能力及水平。在第一次公开听证裁决公布后，代理孙杨参加国际泳联一审胜诉的代理律师指出，“中国籍仲裁员、中国当事人、中国体育律师必须通力合作，通过个案胜诉来提升中国体育的治理水平，进而从全局提升中国体育的话语权”[1]。

三、培养优质法治人才，提升中国国际话语权

国际体育组织是各国参与国际体育治理、制定国际体育规则、决议体育事项的组织，享有高度自治权和话语权。欧美国家深谙 CAS 人才选拔机制，培养体育仲裁人才培养经验丰富。对此，一方面，我国应逐步掌握 ICAS 领导职务的选任规律，培养领导仲裁机构的高水平法治人才，并在国际规则允许的范围内全力支持其争取国际体育组织的领导职位，获得规则制定权与案件评议权；另一方面，我国也应当引导国内体育界提升应用体育仲裁规则的能力。

（一）增加中国籍仲裁员的影响力

《巴黎协定》于 1994 年签订，继而 ICAS 设立，中国籍仲裁员苏明忠教授在 1996 年首次被 ICAS 任命为亚特兰大夏季奥运会临时仲裁庭的仲裁员，开启了中国参与国际体育仲裁事务新篇章。自此，中国参与国际体育仲裁事务逐步发展，中国籍仲裁员越来越多地参与国际体育仲裁事务。梳理 CAS 现任仲裁员职业背景可知，每一位仲裁员都是行业的翘楚，往往兼具多重职业身份，专业能力与综合素养极高。培养高精尖人才“从娃娃抓起”自然是长远之道，但若想迅速解决当前困境，必须提高人才培养效率，畅通人才输出路径。

其一，建立“国际仲裁员后备人才库”，打造科学、高效、精准、特色的仲裁员培养与保障体系。一方面，可根据个人意志与同行评鉴，从全国学界、实务界、体育界、商界遴选一批精通法律、体育、仲裁、CAS 工作语言的仲裁员、大学教师、法官、律师、运动员、教练、商业精英，按照不同专业背景划分成“特色人才小组”，定制针对性培养方案。另一方面，广泛吸纳海外留学人才及华人，重点关注精通法律、体育、仲裁的专业人士，将其纳入我国国际仲裁员培养体系。在培养方面，要

---

[1] 《孙杨一审辩护律师刘驰：外行指挥内行会出事，国际争议中应有全局观》，腾讯网，https://new.qq.com/rain/a/20200308A0GPKJ00，访问日期：2022 年 5 月 2 日。

精准定位CAS、联合国、国际单项体育组织等对人员的需求，然后针对不同组织的岗位配备相应人才小组，并对该小组成员开展专业知识培训，邀请国内外专家为后备人才开展专业讲座、学术交流，全程跟踪培养情况，定期考核、测评，支持优胜者去国际组织实习、参与国际会议、出国深造。为培养更多复合型、应用型、创新型、国际型涉外法治人才〔1〕，我国应为青年后备人才提供丰富的发展空间和福利保障，将业已功成名就的精英送上历史的舞台，让其在助力中国国际话语权提升的伟大进程中升华人生。

其二，拓宽仲裁员输出机制与渠道，建立人才培养——输出长效机制，构建人才遴选、培养、推荐、使用、管理、保障的全流程体制〔2〕。我国需深入研究国际体育组织的选拔机制、空缺岗位、服务期限、工作性质，然后从平台搭建、项目资助、公关拓展、就业渠道层面为体育人才成功入职提供切实帮助，为进一步提升中国籍仲裁员数量，增加联合国、奥委会、国际体育组织专业人员的招聘考试频次，并聘请经验丰富的国际仲裁员开展专门的入职培训。我国应“对症下药”培养兼顾专业素养与职业操守的高素质人才，既需掌握纠纷当事人约定适用的国家法律规则，又需熟悉各国际单项体育组织的规则与程序，还要明确辨析英美法系和大陆法系的开庭流程，熟练掌握CAS工作语言。随着日益增多的中国高端体育人才进驻CAS、WADA、国际奥委会及国际单项体育联合会，我国的仲裁话语权必然会稳步提升。

其三，拓宽国际合作交流广度。中国籍仲裁员能否被当事人或CAS仲裁庭领导提名参与案件，与其专业素养、案件经验、人脉积累、依托平台、国际知名度等均有关联。追溯既往案例，中国籍当事人提名本国仲裁员的案件都较少，更毋论被国外当事人及代理人提名。因此，中国籍仲裁员除需努力提升专业素养外，还应多参加CAS、WADA、国际足联、国际篮联等体育组织举办的会议、活动、赛事并建言献策，与国际组织官员、外国当事人、代理人、仲裁员建立良好的沟通合作机会，不断被看见、被认可、被选择。尤其是大型赛事是中国体育律师及仲裁员的绝佳“露脸”机会，2021年7月，宫晓燕律师作为中国奥运代表团历史上首位随行律师参加东京奥运会，今后聘用律师及仲裁员随中国参赛团出征国际体育赛事应成为惯例。当然，也可化被动为主动，将“走出去”与“引进来”相结合，举办国际学术交流会、体育活动、体育赛事，邀请国际律师、仲裁员、运动员参加。当下，许多非官方机构组织举办的国际体育仲裁交流活动已经在积极稳步推进。例如，在不同时期，中国籍仲裁员曾多次组织举办了国际体育法研讨会〔3〕，职业足球法律治理研讨会等国际学术会议〔4〕，此类国际体育仲裁交流大大提升了我

---

〔1〕 黄进:《完善法学学科体系，创新涉外法治人才培养机制》，《国际法研究》2020年第3期。

〔2〕 黄惠康:《从战略高度推进高素质涉外法律人才队伍建设》，《国际法研究》2020年第3期。

〔3〕 大成律师事务所:《首届“大成”国际体育法研讨会获得圆满成功》，http://www.dachenglaw.com/cn/fensuo/39370.html? view=/bjdachenglaw/template/cn/print.ftl&id=fba1d6239977405a8ad225cbcbb1f69d，访问日期:2022年5月1日。

〔4〕 新浪网:《第二届搜达足球职业足球法及治理研讨会举行》，http://sports.sina.com.cn/china/other/2016-05-26/doc-ifxsqxxs7665450.shtml，访问日期:2022年5月2日。

国参与国际体育仲裁界交往的水平。

总而言之，中国籍仲裁员的命运与国家的命运是紧密相连的，需要个体的努力，也离不开国家的培养、支持、输出，如此，仲裁员队伍才能成长壮大为一股源源不断、强劲有力的能量流向国际社会，为中国争取更多的话语权。

（二）助力中国籍理事竞选领导职务

在国际体育仲裁理事会增加中国籍领导人数是提高国际体育仲裁话语权路径的关键。人力资源和社会保障部在回答“国际组织中任职的中国人不多”的主要原因时明确指出三大制约因素，“其一，中国国际组织人才储备严重不足；其二，中国国际组织人才推送力度不够；其三，国际组织人才队伍建设的基础不够雄厚”[1]。在国际体育仲裁组织方面，上述困境同样存在。从任命与当选周期来看，ICAS 的正职领导人选，既有创设单位的影响，也体现了 ICAS 组成的历史特殊性。从 ICAS 领导职务的变迁考察，Kéba Mbaye 和 John Coates 先生是任职时间最长的正职领导，从两位成员的履历背景来看，ICAS 正职领导的选任资格，不仅取决于成员的资历，还取决于其在国际体育事务和国际体育法律领域长期的积淀，成功当选 ICAS 的领导职务，需要数十年在国际体育和法律领域的耕耘。在此背景下，ICAS 正职领导基本已由西方国家掌控，中国的策略则是在机构组织章程允许范围内尽可能争取机会竞选领导职务，逐步实现任职职务和资格等级的升级。

根据 ICAS 的议程安排，2023 年 5 月 31 日，ICAS 举行 2023—2026 年新一届任期第一次会议，进行领导职务选举。从公布的新任职周期的 ICAS 成员名单来看，上届 CAS 内设机构成员——普通仲裁部主席 Carole Malinvaud 女士和副主席 Giulio Napolitano 教授，上诉仲裁部主席 Corinne Schmidhauser 女士和副主席 Elisabeth Steiner 女士，反兴奋剂仲裁部主席 Ivo Eusebio 先生和副主席 David W. Rivkin 先生，仍然都留任。尽管依照 ICAS 人事任命规则和传统，可供其他国家竞争的领导职位屈指可数，但中国体育界仍应奋力一搏，为我国在 CAS 谋求更多在人事安排、规则制定、程序参与及资源运用方面的话语权。

根据 ICAS 章程第 S5 条第 1 款，“ICAS 的成员被任命为一个或几个可延长的四年期。这种提名应在每个四年周期的最后一年进行”。中国籍理事薛捍勤法官自 2015 年成为 ICAS 成员以来，已经连任两届，本次续任是其第三任期，在竞选主席和副主席职务成功几率并无把握时，可尝试竞选普通仲裁部、上诉仲裁部、反兴奋剂部的主席和副主席等职位，从而提高我国国际体育仲裁机构话语权的人事基础。具体而言，从 2015 年和 2019 年的 CAS 内设仲裁分部主席与副主席竞选情况来看，CAS 普通仲裁部正副主席均发生过人事变动，CAS 上诉仲裁部副主席人选也发生过人事变动，因此，中国籍理事可尝试竞选其中一个职务，来增加其在相应 CAS 仲裁程序中的话语权。

---

〔1〕 国际组织人才信息服务网：《为什么在国际组织中任职的中国人不多？》，http://io.mohrss.gov.cn/a/2020/07/02/0378200.html，访问日期：2022 年 5 月 2 日。

当然,提升中国的话语权亦需要在国际体育仲裁规则所允许的范围内行动。ICAS 章程第 S5 条第 2 款规定,“ICAS 的成员在被任命时要签署一份声明,承诺按照本守则的规定,以完全客观和独立的方式亲自行使其职能。他们尤其受到第 43 条规定的保密义务的约束”。换言之,任何一个人即便当选 ICAS 成员,为主观上避嫌和客观上公正的考虑,该理事也必须主动排除来自其他人员的干预。当选体育仲裁理事机构的理事,并不意味着绝对取得所谓的“体育话语权”,而是有更多机会参与了解国际体育仲裁机构的日常运作、政策制定与人事任命,形成对国际体育治理的直观认知,为后来者提供可资借鉴的经验与信息资源。此乃福柯“知识—权力—话语”谱系在国际体育领域的直接呈现。

(三)提升中国当事人及其代理人应用体育仲裁规则能力

近年来,中国职业足球陷入“金元足球”陷阱,大量外籍教练员、球员来到中国职业足球联赛“淘金”,随之也因双方的合同履行问题产生大量的国际体育争端。中国职业足球行业的从业主体作为当事人也积极开始参与足球纠纷的国际体育仲裁,努力维护自身合法权益。

据不完全统计,根据 CAS 和 FIFA 官网公开可查的信息,中国当事人作为被申请人或作为申请人参与国际体育仲裁案件的数量已达 38 件(见表 2)。其中,除反兴奋剂案件、职业篮球俱乐部案件各占 3 件外,中国职业足球从业主体(俱乐部、协会)作为当事人参与的国际体育仲裁案件达到 32 件。据此,相关研究者认为,“我国在 CAS 的当事人参与度与我国运动员参与国际体育赛事的人数不成比例,侧面反映出我国相关体育主体通过国际体育仲裁维权的意识匮乏”[1]。笔者认为,这一观点值得商榷。一方面,我国国际体育仲裁纠纷数量的多寡与我国运动员参与国际体育赛事的人数之间并无明显的相关关系,这是因为 CAS 大量的纠纷都是涉外的足球转会争议、运动员合同争议、教练员合同争议,中国运动员和教练员鲜有走出国门并能将争议成功带入国际体育仲裁庭的实例。从涉及我国当事人的案件来看,无论是作为仲裁程序的申请人、被申请人还是第三人,相当多的中国当事人积极聘请外籍或中国体育法律师参与体育仲裁程序。从这些已经公开的裁决书中提阅的信息显示,我国当事人已经较为重视参与体育仲裁程序,积极维护自身权益。

表 2 中国当事人参与国际体育仲裁案件情况一览表

案件双方当事人	案件编号	审结/开庭日期
Shanxi Zhongyu Professional Basketball Club v. Lee A. Benson & Jose F. Paris	CAS 2010/A/2240	2011. 04. 29
Liao Hui v. International Weightlifting Federation (IWF)	CAS 2011/A/2612	2012. 07. 23

〔1〕 姜世波、祝海洁:《提升我国国际体育仲裁该话语权的思考》,《武汉体育学院学报》2022 年第 1 期。

续表

案件双方当事人	案件编号	审结/开庭日期
Xinjiang Guanghui Basketball Club Ltd. v. C.	CAS 2013/A/3126	2013. 12. 20
Changchun Yatai Football Club Co. Ltd. v. Marko Ljubinkovic	CAS 2014/A/3525	2015. 02. 17
Beijing Guoan FC v. FIFA, André Luiz Barreto Silva Lima & Club Esporte Clube Vitória	CAS 2014/A/3858	2015. 08. 05
Qingdao Jonoon FC v. Gustavo Franchin Schiavolin	CAS 2014/A/3807	2015. 09. 10
Fábio Rochemback v. Dalian Aerbin FC	CAS 2015/A/3923	2015. 10. 30
Changchun Yatai FC v. Jorge Samuel Caballero	CAS 2015/A/3904	2015. 11. 16
Ana Kuže v. Tianjin TEDA FC	CAS 2015/A/3910	2015. 11. 20
Nashat Akram v. Dalian Aerbin Football Club,	CAS 2015/A/4039	2016. 02. 03
Qingdao Zhongneng Football Club v. Blaz Sliskovic	CAS 2015/A/4158	2016. 04. 28
Vladimir Sliskovic v. Qingdao Zhongneng Football Club	CAS 2015/A/4161	2016. 04. 28
Al Nassr FC v. Everton Ramos da Silva and Shanghai Shenxin FC	CAS 2015/A/4087	2017. 01. 12
Beijing Renhe FC v. Marcin Robak	CAS 2016/A/4489	2017. 02. 13
Liaoning FC v. Wisdom Fofo Agbo & Chinese Football Association (CFA)	CAS 2016/A/4704	2017. 04. 06
Liaoning Football Club v. Erik Cosmin Bicfalvi	CAS 2016/A/4875	2017. 05. 15
Chunhong Liu v. International Olympic Committee (IOC)	CAS 2017/A/4973	2017. 07. 31
Shanxi Fenjiu Basketball Club v. Jeffrey Curtis Ayres	CAS 2017/A/5072	2017. 11. 28
Guangzhou Evergrande Taobao FC v. Asian Football Confederation (AFC)	CAS 2017/A/5306	2018. 03. 05
Shabab Al Ahli Dubai Club v. Shanghai SIPG Football Club	CAS 2018/A/5618	2018. 10. 10
Al Shorta Sports Club v. FIFA & Dalian Yifang FC	CAS 2019/A/6233	2019. 09. 25
Guizhou Hengfeng FC v. Bubacarr Trawally	CAS 2019/A/6286	2019. 12. 11
Yang Gao v. Olympic Council of Asia (OCA)	CAS 2019/A/6210 & 6277	2020. 02. 20
Taizhou Yuanda Football Club v. Vicente Girona Izquierdo & FIFA	CAS 2019/A/6490	2021. 02. 22
Antonio Luis Servera Santandreu v. Guizhou Hengfeng FC & FIFA	CAS 2020/A/7117	2021. 08. 20
Zheiiang Green Town Football Club v. Denilson Gabionetta	CAS 2020/A/7151	2021. 09. 07
Neimenggu Zhongyou Football Club v. FIFA	CAS 2020/A/7346 & 7347 & 7348	2021. 10. 22

续表

案件双方当事人	案件编号	审结/开庭日期
Wuhan Zall FC v. Jorge Sammir Cruz Campos Jorge Sammir Cruz Campos v. Wuhan ZallProfessional FC	CAS 2020/A/6854&6887	2022.04.26
Shanghai Shenhua FC v. FIFA	CAS 2021/A/8014	2022.01.14
Chinese Football Associationv. Bruno Bini	CAS 2020/A/7202	2021.05.26
Éric Garcin v. Chinese Football Association	CAS 2020/A/7203	2021.05.26
Dalian Professional Football Club Co. v. Marcus Andreas Danielson	CAS 2022/A/9098	2023.03.09&10
Shanghai Shenhua Football Club v. Fidel Martínez	CAS 2022/A/9311	2023.05.30
Liaoning Shenyang Urban FC v. FIFA	CAS 2023/A/9386	2023.06.14
Chinese Football Association v. FIFA	CAS 2022/A/8832	2023.07.03
Chinese Football Association v. FIFA	CAS 2022/A/8833	2023.07.03
International Olympic Committee (IOC) v. Xinyi Chen	OG AD 16－005	2016.08.16
International Olympic Committee (IOC) v. Qian Chen	OG AD 16－009,013	2017.04.06

另一方面,相较于以往在出现涉外合同履行争议时选择和解赔偿了事,中国当事人已充分意识到国际体育仲裁规则对于自身权利保障的重要性。近年来,在应对国际足球类争议(如中国足球协会、中国职业足球俱乐部与外籍教练员纠纷;职业足球俱乐部与外籍球员纠纷等)时,中国籍当事人的体育仲裁规则应用能力逐步提高。即便有些争议的仲裁结果不尽理想,但中国当事人积极学习和参与国际体育仲裁实践,提高自身防范职业足球法律风险能力、穷尽规则合理合法维护自身权益的意识已经大大加强。这一点可从 CAS 2019/A/6490 泰州远大足球俱乐部(以下简称"泰州远大")诉 Vicente Girona Izquierdo 和国际足联一案中得到印证。该案件启动仲裁程序后,CAS 上诉仲裁庭指定 Lars Hilliger 为独任仲裁员,泰州远大按照仲裁员回避规则向其发起挑战,导致仲裁程序未能进入实质审理阶段,而后又逢新型冠状病毒疫情,泰州远大根据仲裁程序规则申请案件中止审理,最终该案历时两年才完成审理,虽然泰州远大被裁决支付违约赔偿金,然而此时该俱乐部已经解散,裁决的执行被迫终结。纵观该案的整个程序,我国当事人合理利用了仲裁员回避规则与仲裁程序审理时限相关规则,虽然在道义上不值得推崇,但是仍然凸显了我国当事人在应对涉外体育仲裁纠纷案件中的灵活性。

然而,仍有少数中国当事人在仲裁程序和仲裁规则的运用上犯了致命错误,疏忽国际仲裁规则和程序而错失上诉机会,需要引起足够重视。典型实例是 CAS 2014/A/3807 青岛中能足球俱乐部(以下简称"青岛中能")诉 Gustavo Franchin Schiavolin 一案。该案作出裁决:青岛中能针对国际足联争议解决庭于 2014 年 3 月 28 日发布的裁决提出的上诉被视为已撤回,不予受理。青岛中能上诉失败的主要原因是对 CAS 上诉规则和程序的轻视与疏忽。根据该案当时适用的 CAS《体育仲裁法典(2013)》第 R51 条第 1 款规定，青岛中能上诉期限届满日为 2014 年 10 月 30 日，根据规定其提交上诉摘要的最后期限为 11 月 9 日，因该日为瑞士法定休息日，故顺延至 11 月 10 日。青岛中能未在 11 月 10 日前提交上诉摘要(Statement of appeal)，也未在时限内向 CAS 申请延期，其提交的上诉声明亦不符合上诉摘要的形式要件与实质要件，其主张因对 CAS 仲裁规则和程序不熟悉导致未及时提交上诉摘要，未被仲裁员采纳，因此，上诉最终被视为撤回。青岛中能未能有效区分 Statement of Appeal 与 Appeal Brief，导致上诉被撤销，实属遗憾，此案给中国当事人及代理人留下深刻的教训，中国当事人在实际参与仲裁过程中，必须熟练把握国际体育仲裁规则、章程、程序，提升规则应用能力。

四、优化国内体育仲裁环境，提升中国国际话语权

中国仲裁员入驻国际体育组织是第一步，但要真正拥有话语权，实质参与国际体育仲裁规则的提案、制定、适用、解释和案件审理，在体育仲裁“造法”及规则适用实践中不断提高吸引力、影响力、同化力。

(一)完善国内体育仲裁机制

国内体育仲裁机制完善与否会对仲裁员的国际交往产生相应作用力。2023 年 2 月 11 日，中国体育仲裁委员会在京召开成立会议暨第一届委员会第一次全体会议[1]，2 月 14 日，中国体育仲裁委员会发布《中国体育仲裁委员会关于公开选聘仲裁员的公告》，吸纳各专业领域的优秀人才，建立一支结构合理、专业均衡，适应多元化体育纠纷解决需求的高素质体育仲裁员队伍[2]。围绕中国体育仲裁机构的组建和正式运行的各项工作正在紧锣密鼓地准备中，距离 1995 年体育法颁布实施已经 28 年，虽然姗姗来迟，但中国体育仲裁制度与机构终于落地。中国体育仲裁委员会是依法设立的全国唯一专门处理体育领域纠纷的仲裁机构，委员均为各行各业的精英，兼具代表性、专业性，是我国体育仲裁机制构建的重要一环。为进一步完善我国体育仲裁机制，加快国际交流与合作，可在国际化程度高的重要城市设立中国体育仲裁委员会分会。

首先，设立中国体育仲裁委员会香港分会。香港地理位置优越、营商环境便利，国际性与开放性程度高，在《“十四五”规划纲要》及《粤港澳大湾区发展规划纲要》中明确赋予亚太地区国际法律和争议解决服务中心地位，因此在香港设立中国体育仲裁委员会分会必要且紧迫。我国设立中国体育仲裁委员会香港分会，可进一步削弱西方主导的国际体育仲裁格局，充分借助香港仲裁优势，提升我国国际体育仲裁地位，防止其他国家在香港率先成立争议解决中心。此外，

---

[1] 新华社：《中国体育仲裁委员会在京成立》，https://www.sport.gov.cn/tyzc/n25137752/c25236469/content.html，访问日期：2023 年 2 月 16 日。

[2] 国家体育总局：《中国体育仲裁委员会关于公开选聘仲裁员的公告》，https://www.sport.gov.cn/tyzc/n25137887/c25236410/content.html，访问日期：2023 年 2 月 16 日。

2023年2月16日，国际调解院筹备办公室在中国香港成立[1]，已有印度尼西亚、巴基斯坦、塞尔维亚、吉布提等9国签署声明加入，彰显中国在国际争端解决层面的话语权进一步提升，我国联合他国共建专司调解的政府间国际组织是中国智慧的充分体现。国际争端解决模式主要为诉讼、仲裁、调解，依托国际调解院的地理优势，香港在国际争端解决领域的知名度显著提升，因此设立中国体育仲裁委员会香港分会能吸引全球更多企业、个体选择香港作为争端解决地，为推动“一带一路”合作伙伴的发展，提升中国国际话语权具有不可小觑的意义。

其次，充分依托CAS上海听证中心优势，设立中国体育仲裁委员会上海分会。CAS上海听证中心筹建、签约、揭牌及运营的发展历程，彰显了中国在国际体育仲裁界的影响力日益增强[2]。上海听证中心在为CAS提供案件听证服务过程中，发挥着积极助力中国体育仲裁话语权提升的价值。在数年间为首尔俱乐部与纽卡斯尔喷气机俱乐部(CAS 2012/A/2919)、安娜·库泽与天津泰达俱乐部(CAS 2015/A/3910)、纳沙特—阿克拉姆与大连阿尔滨足球俱乐部(CAS 2015/A/4039)、国际足联(FIFA)与韩国足球协会(KFA)和Kang Soo Il[CAS 2015/A/4215 FIFA v. Korea Football Association(KFA) & Kang Soo Il]、沙巴阿赫利迪拜俱乐部与上海上港足球俱乐部(CAS 2018/A/5618 Shabab Al Ahli Dubai Club v. Shanghai SIPG Football Club)共计5个国际体育仲裁案件举行案件听证提供了服务，其中涉及中国足球俱乐部2件，韩国足球从业主体2件，迪拜俱乐部1件。上海作为与CAS密切连接的桥梁，本身在国际体育仲裁界具有较大影响力，因此在上海设立中国体育仲裁委员会分会，既可以进一步完善国内体育仲裁机制构建，又有助于尽快将中国具备完善体育仲裁机制的名声打响，依托CAS上海听证中心，邀请国内外仲裁员、学者、律师、运动员、俱乐部代表等共话体育仲裁发展。虽然中国体育仲裁委员会成立不久，但依然可加快完善体育仲裁机制的步伐，尽快在香港和上海设立分会是当前提升我国体育仲裁影响力、吸引力的有效路径。当然，开创体育仲裁的制度实践是一个长期过程，机构设立只是迈出一小步，而日常体育争议解决和体育仲裁工作的中立性、公正性、专业性，则是检验制度运行成效的重要标准，也是赢取国际社会对中国体育仲裁机制和中国籍仲裁员信任的关键要素，体育仲裁机制的不断优化及良性运行对促进中国籍仲裁员的案件参与率意义显著。

(二)积极扩展我国体育仲裁制度的影响力

立足我国体育争议解决的现状，分析国际体育仲裁规则创制话语权提升的方案。

---

[1] 中国新闻网：《国际调解院筹备办公室在香港成立》，https://www.chinanews.com/dwq/2023/02-16/9955051.shtml，访问日期：2023年2月17日。

[2] 国际体育仲裁院上海听证中心：《国际体育仲裁院上海听证中心发展历史》，http://www.cas-shc.org/tzzxweb/HTML/Defaultsite/guanyuwomen_fazhanlishi/List/list_0.htm，访问日期：2022年4月30日。

首先，提升我国体育仲裁的外溢型话语权。2022 年 6 月 24 日，《中华人民共和国体育法》修订通过，新《体育法》在第九章专门用 10 个法条规定“体育仲裁”，为体育仲裁最终落地奠定坚实基础。2022 年 12 月 22 日，《中国体育仲裁委员会组织规则》《体育仲裁规则》经国家体育总局通过，自 2023 年 1 月 1 日起施行。2023 年 6 月初，中国体育仲裁委员会第一期仲裁员履职培训班运行。上述与我国体育仲裁制度相关的立法和法律实施过程，均可成为宣扬我国体育仲裁话语权的重要素材。

一方面，中国体育仲裁委员会要加大对自身仲裁规则、仲裁机构的宣传力度，让体育界和法律界对我国体育仲裁制度形成更真切的认知；另一方面，中国体育界应当在对应的章程修订、行业规范完善、标准合同制定等方面积极保持与体育仲裁规则的衔接，及时更新相关文件中的管辖权条款，积极推动体育从业主体选用中国体育仲裁委员会及其体育仲裁规则来解决体育争议。

此外，中国法律界也应当继续深化对体育仲裁机构运行规范和实务的研究与应用，积极对外宣扬中国体育仲裁机构、体育仲裁规则、体育仲裁员的情况，建立起关于中国体育仲裁制度的话语体系，形成稳定又高质量的话语机制。我国可借鉴 CAS 的相关策略，例如，CAS 专门设立了自己的官方网站，定期发布修订仲裁规则，更新仲裁员名单，定期发布最新案例听证表，就重大且具有国际影响力的案件向公众公布必要信息，并设立了一个“公开体育仲裁文书”的数据库(database)和按年度发布的公报(Bulletin)，在体育仲裁和法律界形成稳定的学术研讨与交流机制，完整地塑造了一整套话语表达体系。更有甚者，针对 WADA 报告对其东京奥运会反兴奋剂小组仲裁员表现的“不当”评价，CAS 在 2022 年 1 月 27 日甚至公开发布一份声明“怒怼”WADA，表示“独立观察员的任务是检查反兴奋剂政策和程序是否得到正确应用，而不是对仲裁员的表现或 CAS-ADD 裁决的质量发表个人意见”，要求“负责监督反兴奋剂程序的世界反兴奋剂机构独立观察员具有 CAS 程序的经验，并保持独立于世界反兴奋剂机构，以保证独立的评估过程”。该事件进一步彰显 CAS 在国际体育仲裁领域所具备的强大话语权。中国体育仲裁委员会建立自身的吸引力、影响力与公信力，需要令使用中国体育仲裁制度的当事人同样能够切身感受到公正性、公平性、便捷性(简称“3F 原则”)，需要将每一个案件中展现出的智慧与法理，积极传播开来，充分展现中国体育仲裁制度特色与优势，才能有效发挥我国体育仲裁制度话语的外溢效应，助力话语权的提升。

其次，全面优化软硬法结合的体育规则内化型话语权。内化型话语权强调软法与硬法相结合的融合模式，侧重对国际体育规则与国家法律体系的融合，逐步在内化中实现中国体育话语权的国际化水平不断提升。

毫无疑问，当前制约我国体育仲裁内化型话语权的主要困境在于新《体育法》对于体育仲裁范围相对较小的设定，显得相对保守，而不利于体育仲裁制度在我国涉外职业体育纠纷领域发挥实效性。具体而言，新《体育法》第 92 条关于体育仲裁范围的规定，明确排除了《仲裁法》规定的可仲裁纠纷和《劳动争议调解仲裁法》规定的劳动争议,但并未完全排除因劳动合同产生的其他争议。例如,职业注册、交流类争议实质上与职业运动员的劳动合同紧密相关,职业球员合同中还涉及特有的"单边续约条款""买断条款""体育制裁条款"等具有"体育行业特殊性"的规则。这些具有体育行业特性的国际规则,在涉外争议当事人在涉及与中国职业体育当事人之间产生纠纷适用准据法时,中国体育仲裁委员会可能会需要处理这类准备法适用性难题,如果此类争议无法获得处理,那么中国体育仲裁制度的话语权则面临难以国际化的挑战。

需要指出的是,上述判断并非主观臆断,而是从中国足球俱乐部作为当事人参与涉外足球法律争议处理的案件的纠结之处可以印证。我国职业俱乐部每年都会聘用相当一部分数量的外籍运动员作为外援,但在我国职业俱乐部与这类外援争议解决实践中,甚少将争议按照"调解—劳动仲裁—民事诉讼一审—民事诉讼二审(简称"一调一裁两审")的法定模式解决,导致职业体育领域的涉外争议解决长期被当事人的约定模式所替代,几乎绝大多数的涉外体育纠纷都是由国际体育组织的内设争议解决机构和 CAS 解决。上述局面导致促进中国涉外体育争议解决的内生性裁判规则由此无法生长,实质上形成了该领域的"治外法权"。中国足球俱乐部并非不愿意将涉外争议按"一调一裁两审"法定模式解决,而是在与外援谈判时即已无法就合同争议解决条款形成共识。一方面,外援律师团队在长期的争议解决实践中,完成对中国法的法律检索与研究后,特别是关于中国劳动法违约赔偿金与瑞士债法典关于劳动合同违约赔偿金的计算规则比较,形成了偏向通过 CAS 解决争议的认知。另一方面,涉及外援在中国寻求法律争议解决的成本与效率问题,如果"一调一裁两审"模式相比 CAS 争议解决模式的成效更优,外援一方面可能会改变争议解决策略,而逐步选用中国体育仲裁机制来解决体育争议,这将积累中国体育仲裁制度的公信力,得以成为提升话语权的无形资产。

中国作为弱话语权国家,为更好融入国际体育主流领域,仍需不断适应和接受国际规则,吸纳先进的国际体育制度、规则,推进国内体育规范制度改革创新,指导《体育法》《仲裁法》《全民健身条例》等法律法规的修改,让中国的体育仲裁发展融入世界体育法治进程。

因此,中国体育仲裁制度有必要在进一步的体育争议解决实践中,借鉴国际和国内其他仲裁机构的经验,形成并发展出一套令涉外体育争议当事人认可并喜用的仲裁规则,如此才能形成中国体育仲裁委员会与国际体育仲裁机构平行且竞争的局面。

(三)加强国际体育议程设置能力

议程设置对塑造国际关系至关重要[1],国际议程设置能力是话语权的重要

---

〔1〕〔美〕罗伯特·基欧汉、约瑟夫·奈:《权力与相互依赖》,门洪华译,北京大学出版社2002年版,第26—34页。

考核指标[1]。长期以来,议程设置一直为欧美国家高度重视,通过将本国针对体育问题的理念、原则、规则、制度纳入国际议程,从而为本国乃至利益集团发展谋求更大话语权。议程设置成功的标准是议题处于“进入渠道”阶段即为议程设置成功[2],议题进入国际议程并出台相关政策、构建相应规范则是国际议程设置成功的重要标志[3]。体育制度性话语权缺失一直是横亘在以中国为代表的发展中国家面前的一道鸿沟,冷战后国际权力不断分化,发展中国家及非西方大国的力量逐渐崛起,尤其是金砖国家、“新钻十一国”开始寻求更多全球体育治理话语权,既有权力格局开始松动,塑造民主、公平、可持续的国际体育秩序成为诸多国家的渴求。而体育议程设置能力与一国的制度性话语权密切相关,因此,中国应全力提升体育仲裁议程设置能力。首先,调动各类话语主体的积极性,提高议程设置参与度。在体育仲裁领域,广义的议程设置主体包括国家及非国家行为主体,如国际体育组织官员、体育仲裁员、运动员、裁判、律师、跨国公司、名人等群体,每个主体都有可能提出影响国际舆论的重大议题。但在体育仲裁领域,中国籍理事、仲裁员、运动员是最有机会进行议程设置的主体,中国籍理事及仲裁员应熟悉国际体育仲裁规则与程序,找准在国际体育组织提高议程设置话语权的突破口,注重收集议题、开展详尽调研,积极主动在国际会议、国际赛事上提出议题,增强议题设置能力,善于制造热点话题,吸引大众眼球,增强同化力和影响力。其次,找准体育议程设置突破口,善于主动设置议题。全面分析国际体育组织仲裁话语权结构,尤其是 CAS 与国际单项体育联合会的仲裁话语权结构、人员任命、议程设置等,从而找准在国际体育组织提高议程设置话语权的突破口。汲取美国、英国等国家争取议程设置话语权的优秀经验,分别从奥林匹克项目设置、大国创办有全球影响力的职业体育制度和联赛及我国竞技体育项目发展水平不协调、仲裁员选任、运动员参赛等角度寻求话语权突破。最后,善于团结协作,与他国合力向国际组织或会议主办方提交议案,从而提高国际议程设置成功率[4]。国际议程设置成功的关键在于寻求利益共同体合力提案。中国提升体育仲裁话语权目的并非仅在于追寻本国利益,而是希冀超越国家中心主义,与各国一起打造更加公平正义的国际体育发展环境。因此,务必寻求战略合作伙伴,基于当前国际关系,中国应将东盟置于优先合作地位,同时积极深化与拉丁美洲、非洲、中亚、欧洲的区域合作,从而增加我国体育议程设置的成功率,进而提升国际体育仲裁话语权。

五、结语

提升国际体育仲裁话语权是任重道远的复杂工程。中国当务之急是培养更

---

[1] 陈正良、高辉、薛秀霞:《国家话语权视阈下的中国国际议程设置能力提升研究》,《中国矿业大学学报(社会科学版)》2014 年第 3 期。

[2] 韦宗友:《国际议程设置:一种初步分析框架》,《世界经济与政治》2011 年第 10 期。

[3] 韦进深:《全球治理中的国际议程设置:理论与案例》,中国商务出版社 2022 年版,第 31 页。

[4] 曾令良:《国际法治与中国法治建设》,《中国社会科学》2015 年第 10 期。

多优秀人才输送到国际组织，通过担任领导和仲裁员，参与规则制定、修改、解释、执行及参与案件评议，全面提升仲裁话语权。长远而言，中国应以仲裁为契机，深度参与CAS等国际体育组织运行，并创造机会与他国共同构建新型国际组织，推动中国国内体育法治与国际体育法治的对接，并透过中国体育治理的国际化和法治化进程，成为国际体育秩序的塑造者，为国际体育治理贡献中国智慧。

评 论

印度财产法的法典化：具体化与标准化管控策略[1]

〔美〕希亚姆克瑞斯纳·巴尔加涅什 著*
侯圣贺 译**

摘 要 19世纪英国殖民政府将印度普通法法典化的目标极具战略意义，而不仅是澄清法律并使其更加确定。其中的实体法规则为殖民政府提供了一种方便的、隐蔽的和间接的手段，以便进行影响深远的政治和体制改革，而这项改革的主要内容则是限制印度习惯的适用和法官造法。财产法的法典化，尤其是1882年《印度财产移转法案》，被证明是实现真正意义上改革的一种绝佳的方式。本文揭示了印度财产法的两个核心特征：一是将财产法具体化（或条理化），使立法者得以限制印度法官对法律作进一步解释；二是财产权内容和类型法定（这是"财产权法定原则"的核心内容），立法者利用这一特征限制印度财产法领域习惯的适用。本文将这些特征分别称为"具体化"和"标准化"策略，并认为通过法案的实施，其影响一直持续至今。

目 次

---

* 〔美〕希亚姆克瑞斯纳·巴尔加涅什（Shyamkrishna Balganesh），美国宾夕法尼亚大学法学院教授。

** 侯圣贺，山东农业大学泰山法治研究院副研究员。

〔1〕 本文作者希亚姆克瑞斯纳·巴尔加涅什表示非常感谢 Hanoch Dagan，Jacques Delisle，Chris Essert，Bill Ewald，Joshua Getzler，Larissa Katz，Irene Lu，Gideon Parchomovsky，James Penner，Ed Rock，Henry Smith 以及2013年纽约大学法学院财产理论研讨会、2013年BarIlan私法理论联盟和宾夕法尼亚大学法学院研讨会的参与者所提出的有益意见与建议。Michael van den Berg 在研究方面提供了协助。文责自负。

前言

“纵经千难万阻,誓将普通法编纂成典。”这种观念在19世纪到达了高潮。[1]迄今为止,英属印度普通法编纂运动仍是最著名和最持久的。1861年至1887年,英属印度殖民政府颁布了15部普适性法律文件,其涉及各种实体法和程序法领域。[2]

给予印度一套法典化的英国普通法的观念,最早可追溯至麦考利勋爵的名言,即“没有哪个国家像印度一样迫切需要一部成文法典。也从来没有哪个国家能像我们这样轻易地满足人们的需求”。[3] 因此,法典化就是针对不同地区、背景和人民复制普通法的智慧,同时,针对印度人民的需求积极借鉴英国法上成熟的法律方法和法律技术。在法典化行将结束之际,殖民政府毫不掩饰他们的自豪之情。立法委员会委员惠特利·斯托克爵士将其描述为“英国政治家对于‘赐予印度一部智慧、清晰和确定的法律’所作的努力。”[4]此外,印度法典化运动还向大西洋两岸仍在反对普通法法典化的人们传递了一种强烈的信号。[5]

尽管反复提及英国普通法的精妙之处,但印度法典化的主要目标却是实现法律的确定性。[6] 麦考利勋爵对印度立法者指示道,“尽可能保持法律的一致性,除非在必要的情况下才允许出现法律的多样性。但无论如何,都要保持法律的确定性。”[7]法律的确定性是法典化中一种极重要的战略手段。它旨在使受众清晰认识法律的适用范围,但它也几乎总带着一定程度的刻板与严格,并不断强化其清晰性。也就是说,它使法官、律师和诉讼当事人能够清晰地查明法律,但也在一定程度上使法律保持不变。

一定程度上而言,法律的严格性是整个编纂过程的直接追求。在美国,一个框架松散、开放式的法案通常被称为普通法法律文件[8],它为法院和诉讼当事人

---

〔1〕 SeeCharlesM. Cook, *The American Codification Movement: A Study in Antebellum Legal Reform*(1981); Morton J. Horwitz, *The Rise of Legal Formalism*, *19 Am.* J. Leg. Hist. 251, p. 254-65 (1975); Mathias Reimann, *The Historical School Against Codification: Savigny, Carter, and the Defeat of the New York Civil Code*, *37 Am.* J. Comp. L. 95, p. 96(1989); Wienczyslaw J. Wagner, *Codification of Law in Europe and the Codification Movement in the Middle of the Nineteenth Century in the United States*, 2 St. Louis U. L. J. 335(1952); George M. Hezel, *The Influence of Bentham's Philosophy of Law on the Early Nineteenth Century Codification Movement in the United States*, 22 Buff L. Rev. p. 253(1972).

〔2〕 1 Whitley Stokes, The Anglo-Indian Codes ix(Oxford, Clarendon Press1887).

〔3〕 Thomas Babington Macaulay, *Government of India*, in Macaulay: Prose and Poetry 715(G. M. Young ed., 1952).

〔4〕 1 Whitley Stokes, The Anglo-Indian Codes ix(Oxford, Clarendon Press 1887), pp. 9-10.

〔5〕 1 Whitley Stokes, The Anglo-Indian Codes ix(Oxford, Clarendon Press 1887), p. 10.

〔6〕 See generally Frederick Pollock, The Genius of the Common Law 74-92(1912)(赞扬普通法适应新环境的能力)。

〔7〕 同上。

〔8〕 See, e. g., Leegin Creative Leather Prods., Inc. *v.* PSKS, Inc., 551 U. S. 877, 899-900(2007)〔将谢尔曼反托拉斯法(the Sherman Antitrust Act)描述为“普通法法规”〕; Frank Easterbrook, Statutes' Domains, 50 U. Chi. L. Rev. 533, 544(1983).

提供了一个法定基线,同时允许法院根据新的、不可预见的情况不断调整法律。这是普通法能够一直取得巨大成功的原因。不过,将这种自由授予印度法院给英国政府带来了巨大风险:一方面,他们对法律的实施只是一种维持对印度统治的战略手段;另一方面,他们根本不信任大多没有接受过英国普通法正式训练的印度本土法官。[1]

法典化进程早期,麦考利勋爵表示,由于缺乏理性的公众舆论环境和民主问责制,法官造法式的普通法本质上不符合印度的需求。[2] 因此,他将印度普通法描述为一种必须避免的"粗暴的、反复无常的公平"。[3] 亨利·梅因爵士也对法官造法持怀疑态度。[4] 这种消极态度贯穿了整个法典化过程,并在某些方面被证明是合理的。在一次法典编纂交流会上,时任印度国务卿索尔兹伯里勋爵指出,"许多规则不适合东方的习惯和制度……通过非正式方式间接建构印度法律制度,会使其逐渐受司法裁判的影响。"[5]"借鉴权威的英国法的唯一办法是用一套体系完整的法典替换原来的规则。"[6]他认为,这些理由证实了法典化的必要性。限制法律在运用中渐进发展是印度法典化工作的内容之一。故法律的严格性在很大程度上是一种人为突出的特征。

清晰与严格是印度法典中人为突出的两个特征,两者相伴共生、相互加强。它们在理论和实践方面都对财产法产生了重要影响并持续至今。1882 年,英国人将印度财产法法典化,作为《印度财产移转法案》(the Indian Transfer of Property Act)(以下简称《移转法案》)的一部分。[7] 即使印度独立并通过新宪法后,新政府依然保持该法案的效力。[8] 为了使印度财产法更具确定性,《移转法案》在初次制定以及根据当地习惯或变化的情势修订时,都尽量限制法案变迁和效力扩张。该法案与英国人遏制印度法官造法的其他努力不同,它创造了利用能够通过多种方式在财产法中发挥基础作用的法律原则控制法律体系的机制。为此,法案确立了两个重要机制,即让法律具备具体化和标准化特征。

---

〔1〕 对于这部分的详细叙述,参见 An Indian Official, The JudicialSystem of British India: Considered with Especial Reference to the Training of the Anglo-Indian Judges 10(1852). See also Arthur Hobhouse, *Native Indian Judges*(Oxford, OUP 1883).

〔2〕 Thomas Babington Macaulay, *Government of India*, in Macaulay: Prose and Poetry 715(G. M. Young ed., 1952), p. 715; Karuna Mantena, *Alibis of Empire: HenryMaine and the Ends of Liberal Imperialism* 93(2010).

〔3〕 Thomas Babington Macaulay, *Government of India*, in Macaulay: Prose and Poetry 715(G. M. Young ed., 1952), p. 714.

〔4〕 M. E. Grant Duff, Sir Henry Maine: A Brief Memoir of His Life 51(New York, Henry Holt 1892)(用梅因的话说,"印度法官所造之法不仅具有其他地方法官法的缺陷,还具有许多其他问题……它十分随意、过于拖沓且成本极高。它是法官们"在遵循外国法上先例和法律推理的情况下创制的,而这些外国法确是在几千英里之外,在不同的气候和文明下发展起来的")。

〔5〕 1 Whitley Stokes, The Anglo-Indian Codes ix(Oxford, Clarendon Press 1887), pp. 16-17. [转引自索尔兹伯里勋爵(Lord Salisbury)的话]。

〔6〕 同上,第 17 页。

〔7〕 1882 年印度《财产移转法案》第 4 号法案。

〔8〕 《印度立法法》第 371 条第 1 款规定,"现行法持续有效,直至被废除或修订。"

财产权具有排他性,其制度功能的发挥严重依赖事先向其他主体发出信号,以充分展示该项权利及其外观状态。[1] 故财产法规范需要具备清晰和明确的指向,指引民事主体的行为。卡罗尔·罗斯认为,强制性具体规范是发挥财产权功能、保护第三人合理期待的必备条件。[2] 这种观点最早可以追溯到杰里米·边沁,他推动了《移转法案》编纂者广泛使用具体规范。因此,法案给法院留下了极小解释或根据具体情况扩张其适用范围的空间。这也是法律规则的一般特征。[3] 与之不同,普通法明显偏爱灵活且渐次发展的法律标准。即使具体化规则于财产法方面是必要的,学者们仍然偏爱具备灵活性且可以逐步发展和扩张的法律标准。[4] 然而,在编纂《移转法案》"财产法"部分时,立法者选择使用无数用语严谨的规则转变普通法趋向,扼杀了法律的渐进发展,迫使法院不得不限制其对法律的解释。法院经常作出机械式的判决,而这正中立法者下怀。我把该策略称为具体化方法。鉴于其与具体化规则相通,可作为一种约束司法权的方式。

《移转法案》的第二个策略更为精妙。法典编纂前的印度广泛存在着各种适应不同情势、地区、资源和社会需求的财产制度和安排。[5] 许多安排根植于当地习惯和惯例并与英国普通法格格不入。当这些习惯与普通法相关时,法院会有选择地将普通法精神和原则注入其中,从而导致其多样化、复杂化和不断发展。[6] 对法案的立法者来说,习惯法的繁殖力必须被限制,允许习惯法的发展会妨碍他们利用法律直接控制社会。但是,考虑到习惯式的财产法在该国许多地区非常受欢迎这一现实,英国人不可能一蹴而就地全部否认这些财产安排的合法性。于是,立法者承认其多样性,改用一种渐进的策略削弱之。即法案没有废除与英国普通法相悖的安排,而是为它们创造了融入普通法的空间,但也只是利用普通法的核心价值确立了一些概念和原则。这一策略表面上使法院有权承认习惯法以及当事人对新财产安排的创设权,但过程极为复杂、烦琐,且成本高昂。随着时间的推移,纯粹为了方便,法院将无数习惯法上的安排分为一个或多个可识别的普通法上的制度类型。最终的结果是,习惯法上的安排被划分为该法案中确定的制度类型,使它们缺少了进一步发展的空间。

因此,第二个策略就是通过法律标准化限制法官造法,这与物权法定原则于

---

[1] See generally Henry E. Smith, *Language of Property: Form, Context, and Audience*, 55 Stan. L. Rev. 1105,1108(2003)(论社会生活中物权制度的运作)。

[2] Carol M. Rose, *Crystals and Mud in Property Law*, 40 Stan. L. Rev. 577,577(1988).

[3] See, e.g., Duncan Kennedy, *Form and Substance in Private Law Adjudication*, 89 Harv. L. Rev. 1685,1688(1976)(描述了规则的"两大社会美德",即它代表了法律的"确定性"和"对公权力恣意行为的限制"); Pierre Schlag, Rules and Standards, 33 UCLA L. Rev. 379,400(1985).

[4] Carol M. Rose, *Crystals and Mud in Property Law*, 40 Stan. L. Rev. 577,577(1988), pp. 580-590; John Edward Cribbet, *Concepts in Transition: The Search for a New Definition of Property*, 1986 U. Ill. L. Rev. 1.

[5] 对这几种习惯的详尽论述,见 Sripati Roy, Customs and Customary Law in British India(1911). See also Marc S. Galanter, *The Displacement of Traditional Law in Modern India*, 24 J. Soc. Issues 65(1968).

[6] Karuna Mantena, *Alibis of Empire: HenryMaine and the Ends of Liberal Imperialism* 93(2010), p. 108(讨论了梅因对这一现象的看法,并将其描述为一种不利于制度实施的弊端)。

物权法中的作用极为相似。[1] 法案通过限制法院创设财产权的形式,要求所有的安排都必须归为已确定的制度类型。然而,普通法中的"财产法定原则"作为一种司法自治原则[2]发挥作用,但法案却将其作为一种法律强加的外部约束。我将这一限制司法创造性以及当事人对财产权的任意创设策略称为标准化方法。

本文主要分析了两种主要策略:一种是法案的立法者将普通法的严格版本付诸实践,限制法官造法并确保其不再适用英国人认为不适合东方习惯和制度的规则。[3] 在印度,这一策略的影响至今犹在。最近,法院一直试图更新法律,以适应现代经济社会的需求,但囿于法律的规范结构和表达方式而毫无进展。第一部分首先对《移转法案》的结构、概念、起草过程以及具体化和标准化两种策略的主要目的作了概述。第二部分对使用严格、起草精确的具体化规则作了分类,分析了具体化策略如何制约着不同地区财产法的发展,以至如今印度普通法落后于其他国家。第三部分分析了法案的第二种策略,即标准化方法。这部分首先分析了其与物权法定原则在概念上的相似性,展示了其在法案中的具体体现。同时,随着时间的推移,该策略成功地将法院和诉讼当事人引向普通法的传统类型,远离了安排所设定的表面看来能够实现的虚幻自由。

在作进一步讨论之前,这里简要介绍一下我的方式、方法和资料。本文将具体化和标准化策略作为财产法基础的主要理由,以理论为导向,而非以历史为导向。故《移转法案》提供了一个关于财产权的解释论观点。由于本文的主要目的并非研究印度法典化的历史,故不太注重再现立法者的确切动机和目的,而是更加注重在法院长期司法实践所形成的判例基础上,重构法律的一般条款。的确,由于本文的关注点是这种理论性的内容,而不是法典编纂的历程,其在很大程度上依赖于对现有的二手资料进行历史解释。正是基于这种路径,本文为财产权理论提供了重要依据。此外,本文还大胆地使用了一些如果用纯粹的历史眼光看好像已经过时了的术语。

一、1882 年《移转法案》

(一)概述与思路

印度法典化工程始于 19 世纪 30 年代英治政府时期。这一时期开始编纂的《麦考利刑法典》(《印度刑法典》)[Lord Macaulay's Penal Code (i. e. , the Indian Penal Code)]最终于 1860 年颁布。[4] 当普通合同法于 1872 年被编纂成典,[5]财产法的法典化也被提上日程。1870 年成立的印度法律工作委员会是第一个起草该法

---

[1] See generally Thomas W. Merrill & Henry E. Smith, *Optimal Standardization in the Law of Property: The Numerus Clausus Principle*, 110 Yale L. J. 1, 3-4(2000).

[2] 同上,第 9 页。

[3] 1 Whitley Stokes, The Anglo-Indian Codes ix(Oxford, Clarendon Press 1887), pp. 16-17. [转引自索尔兹伯里勋爵(Lord Salisbury)]。

[4] 1860 年《印度刑法典》第 45 号法案。

[5] 1872 年《印度合同法》第 9 号法案。

案的机构。对于《财产法案》的早期版本,尽管立法者声称已经对财产法进行了系统整理,却仍招致严厉批评并被形容为混杂、不合理、不美观的,其一部分被认为是既不必要的,也不方便的。[1] 该法案于1878年被修订,却再次遭到严厉批评。立法者认识到,解决之道是使其"更加和谐一致",即放弃法案中统一的财产权概念,改为财产移转自由的契约理念。[2] 因此,有关财产权的普通法通过"转换"的方式被编入法典,而不是作为一种独立的、系统规定义务来源的法律规范。这种思路直接影响了1882年《印度财产移转法案》(the Indian Transfer of Property Act)(以下简称《移转法案》)。

立法者认为,应给予关注的是财产移转,而不是抽象的财产权概念。因为,法案解决的是动产或不动产纠纷,如侵占、侵害财产纠纷。然而,这又要求清晰界定财产权的概念并对当事人的权利义务达成共识。此外,根据一些事实,该法案的起草者声称,在某种程度上,他们并没有将所有的财产法规范编入法案。因此,该法案并非详尽无遗。[3] 从表面上看,这似乎表明,法律并没有及时地对所有事项进行规定,大量的法律关系留待法院和当事人通过习惯、惯例或合同进行调整。故该法案中的概念和规范非常宽松。

为了持续关注财产的移转,而不是"财产权"概念本身,《移转法案》并未以动产或不动产的形式对财产权下定义,只是作了一些次级特殊规定。[4] 鉴于法案已对财产移转的形式、条件、效果以及不得移转的情形作了详细规定,没有规定财产权的定义被认为无关紧要。除了一般规定,《移转法案》还规定了6种财产移转的具体情形:买卖、抵押、租赁、征收、互换和赠与。[5] 该法案最大的创新点之一是引入了亨利·梅因爵士极力主张的土地(即不动产)公开交易规则。[6] 梅因爵士将其描述为"本世纪最伟大的法律创造",并认为,已在欧洲大陆大多数国家出现的不动产物权公开交易制度是一项不动产物权强制登记制度,它可以使公众公开查知不动产物权交易信息。由于该制度的强制性使得公众可以公开查知不动产物权交易的信息和公告,它比英国普通法上的私人之间的非公开交易制度更为先进。[7] 虽然早期的《移转法案》(草案)试图采用英国法中私人之间的非公开交易制度,但最终还是采纳了梅因的主张,规定法案列举的大多数财产移转形式均需使用书面和登记形式。[8] 不动产公开交易制度不仅可以促进当事人之间的交易,还强制当事人适用其完善自身权利,其至今仍然有效。为了使其发挥效用,1877年[大约在最终版本的《印度财产移转法案》(草案)起草完毕之时]英治政府颁

---

〔1〕 1 Whitley Stokes, The Anglo-Indian Codes ix(Oxford, Clarendon Press 1887), p. 738.

〔2〕 同上,第739页。

〔3〕 同上,第726页(指出该法案"不是,也不打算是详尽无遗的")。

〔4〕 1882年印度《财产移转法案》(TP Act)第4号法案第3条。

〔5〕 同上,第35—137条。

〔6〕 1 Whitley Stokes, The Anglo-Indian Codes ix(Oxford, Clarendon Press 1887), p. 739.

〔7〕 M. E. Grant Duff, *Sir Henry Maine: A Brief Memoir of His Life 51* (New York, Henry Holt 1892), p. 52. (参见梅因关于该问题的演讲)。

〔8〕 1 Whitley Stokes, The Anglo-Indian Codes ix(Oxford, Clarendon Press 1887), p. 739.

布了《印度登记法案》(the Indian Registration Act),允许当事人在各地登记不动产交易信息并保存于档案,以便公众查知。这与梅因的建议一致。[1] 尽管《印度登记法案》已被废除,但在梅因的坚持下,[2]法案提出的基本理念仍然有效。[3]

(二)隐性目的

从表面上看,《移转法案》旨在为英属印度提供一部统一、简洁、明确并让法院和诉讼当事人信赖的、没有任何歧义的财产法,但这些看似值得称赞的目的背后却隐藏着一系列战略性动机与目的,而这些动机与目的又反过来强化了法案中控制印度的策略。

虽然弗雷德里克·波洛克爵士等学者曾公开称颂了普通法的灵活性等优势特征,[4]但参与管理印度事务的同僚们却持有异议,并认为普通法需要法官不断从个案中抽象出大量法律规则。印度法典化过程中,麦考利勋爵最早对普通法持怀疑论,他甚至对英国法官造法制度持批评态度,并认为,"英国的道德标准几乎比世界其他任何国家或地区都高"。[5] 他认为,普通法发挥作用的必备条件是有受欢迎的机构、智慧且善于观察的公众以及其他能够降低制度弊端的机制,[6]而印度完全不具备这些条件。维多利亚时代后期,英国的许多举措均与当时社会普遍流行的观点相左,以致推动法典化的努力以失败告终。不过,这也体现出普通法在不断发展法律规则方面的优势。[7]

麦考利等批评人士除了对印度普通法上的各种固有问题表示关心外,还经常提醒大家注意法官适用普通法处理印度特有事务所产生的问题。因为,恣意做出的一系列行为的后果将完全不确定。此时,一切结果都取决于法官个人的好恶。[8] 法典化是一项旨在避免"粗暴的、反复无常的公平"的项目。因为,在这种状态下,法官拥有绝对自主决定权,而判决结果完全像是抽签决定的。[9] 麦考利的发现是对法官造法的一种温和的普遍怀疑和具体认知,即如果允许上述情形在印度不受阻碍地发展下去,可能会造成多方面的严重后果。因此,问题在于,印度缺乏普通法能够在英国"完全发挥作用"的权利结构和制衡机制。英国法学家弗雷德里克·哈里森(Frederic Harrison)很好地阐释了这一观点。他在这一时

---

〔1〕 参见 1877 年《印度登记法案》第 3 号法案。

〔2〕 M. E. Grant Duff, *Sir Henry Maine: A Brief Memoir of His Life 51* (NewYork, Henry Holt 1892), pp. 128-130.(参见梅因的演讲,题目为"物权变动中的登记")。

〔3〕 参见 1908 年《印度登记法案》(1908 年第 16 号法案)。

〔4〕 See generally Frederick Pollock, *The Genius of the Common Law* 74-92(1912), pp. 74-92.

〔5〕 See Thomas Babington Macaulay, *Government of India*, in Miscellaneous Writings 551, 570 (New York, Longmans, Green & Co. 1889).

〔6〕 同前注。

〔7〕 Karuna Mantena, *Alibis of Empire: Henry Maine and the Ends of Liberal Imperialism* (2010), p. 91 (指出英国法法典化运动为何"遭受惨败")。

〔8〕 Thomas Babington Macaulay, *Government of India*, in Macaulay: Prose and Poetry 715 (G. M. Young ed., 1952), pp. 569-570。

〔9〕 同前注,第 569 页。

期指出,"英国普通法发挥作用的原因在于,该国司法实践中给法官和律师提供了良好的环境"。但对于印度,"几乎不可能提供这样的环境"。[1] 哈里森提出的解决之道是将法律法典化。这种观点的核心内容是将法律编纂成典,即一种控制法官造法以及消除诉讼中所包含的不确定性因素的机制。正如我们所见,这种思想无疑被《移转法案》的编纂者所直接接受。

我们必须认识到,禁止法官造法是一个限制司法权问题,也是一种政治手段。绝大多数印度法官没有接受过英国普通法训练,不具备英国同行的智慧。有人认为,由于缺乏可以约束法院的其他保障措施,这一问题可能更加复杂。除了印度法官的能力欠缺以外,还存在一个战略性问题,即允许法官造法以及根据印度人民的需要及时更新法律,可能会破坏英国政府通过复杂的土地税收政策、租赁方案以及其他治理机制在印度建立的有效统治。以建构一种法律制度的思路提出论点,即麦考利等人对普通法提出批评的核心内容,成功掩盖了一些政治问题。[2]

梅因对普通法作为制度基础没有异议,[3]但对财产法法典化却持有异议,其中,多数是针对财产法的。这些意见被《移转法案》吸收。梅因认识到,印度已经形成了一套丰富的习惯法体系,其中的财产法制度种类繁多,数量庞大。[4] 故英国人并不能平地起高楼式地进行法典化。的确,在法案通过几年后,该国研究印度抵押贷款制度的主要学者指出,法案对抵押贷款的分类并不完整,因为印度抵押贷款的形式不可胜数。[5] 梅因认为,问题在于,适用零碎裁取的英国普通法使印度习惯法失去了灵活性和独立的规范意义,并给法官和诉讼当事人带来巨大困惑。法典化是必要的,因为其避免了不加甄别、不考虑现实需求的法律移植,而不一定是因为其本身相较于普通法的优势。[6] 梅因充分考虑到印度当地的习惯和惯例,并认为法典化不应简单地将英国法移植到印度,而需要结合印度现有的法律实践和社会需求。这种指导思想在《移转法案》起草过程中得到很好地实现。法案的早期版本"草案"之所以被否定,就是因为它没有注意到财产权在印度的本土形式。[7] 因此,在制定《移转法案》时,立法者试图将其眼中的"印度财产法"编纂成典,并选择性地使用了英国普通法思想、概念和技术。

从英国立法者编纂《移转法案》的一般方法中可以抽象出两个未予明示的目

---

〔1〕 See Frederic Harrison, English School of Jurisprudence: Part III, 25 Fortnightly Rev. 114, 130(1879).

〔2〕 See John McLaren, The Uses of the Rule of Law in British Colonial Societies in the Nineteenth Century, in Law and Politics in British Colonial Thought 71, 84(Shaunnagh Dorsett & Ian Hunter eds., 2010)(指出帝国会议如何确立削弱"司法独立"的目标)。

〔3〕 Karuna Mantena, Alibis of Empire: Henry Maine and the Ends of Liberal Imperialism 93(2010), pp. 97-107.

〔4〕 See Henry Sumner Maine, The Effects of Observation of India on Modern European Thought, in Village-Communities in the East and West 203, 222-23(New York, Henry Holt & Co., 3d ed. 1876)(1871)[hereinafter Maine, Village Communities].

〔5〕 Rashbehary Ghose, The Law of Mortgage in India 139-140(3d ed. 1902).

〔6〕 Raymond Cocks, Sir Henry Maine: A Study in Victorian Jurisprudence 106(2004).

〔7〕 1 Whitley Stokes, The Anglo-Indian Codes ix(Oxford, Clarendon Press 1887), p. 738.

的,即限制法官造法以及通过自上而下的方式制定一套反映印度社会需求的法律。这两个目的也是相辅相成的:法典化解决了限制法官造法问题;也只有严格限制法官造法,一系列制定法才能成为治理社会的核心内容并在司法实践中获得充分适用。为实现上述目标,立法者制定了两个重要策略。时至今日,印度财产法仍在某种程度上受制于这两个策略。

二、具体化:通过法律的确定性限制法官造法

(一)总体目标

法律规则与法律标准之争在美国法学界十分常见。[1] 法律规则是一种用语清晰、规定具体的法律表达,而法律标准对法律指令的规定更具弹性,以适应各种具体问题。[2] 虽然法律规则以清晰和明确著称,却需要花费较大立法成本。[3] 由于法律规则追求指引行为人行为的精准化,故需要在法律表达和结构设计上花费较大心思,而且在具体适用时也存在涵摄范围过窄或过宽问题。相比之下,法律效果根据具体法律事实加以确定的法律标准更加灵活。[4] 不过,虽然法律后果由个案中的决策者具体确定的法律标准的立法成本较低,但其适用时却需要耗费较大成本。

撇开两种制度的相关成本,如何在法律规则与法律标准之间进行选择与由谁控制法律命令的方向和内容有关。法律规则需要立法机关为其配置精确的规范与概念,法律标准则需要个案中的决策者根据具体情况确定相应法律后果。[5] 因此,法律标准实际上赋予法官一定的自由裁量权。不管怎样,至少就实现我们的目的而言,理解这一点至关重要,即法律制度的相关性表明,某项制度产生负面效应的同时,也会发挥重要的规范指引作用。因此,法律规则被认为是一种重要的机制。通过这种机制,法律规则可以限制法官的自由裁量权,遏制所谓的"官方武断行为",限制法官造法。[6] 而如果认为相反观点是必要的,即对法官个人决策的需求非常强烈,并且认为司法程序值得信赖和可行时,法律就会倾向于朝着法律标准而不是法律规则的方向发展。根据二者的不同作用对其选择被提高到一个战略维度,其中暗含着法律对某一机构行为的普遍偏好和信任。因此,试图从战略上控制下属行为时,选择正式的法律规则是一种常用手段。[7] 制定

---

〔1〕 关于这个主题的大量文献的详尽清单,参见 Daniel A. Crane, *Rules Versus Standards in Antitrust Litigation*, 64 Wash. & Lee L. Rev. 49, 52-54 n. 11(2007).

〔2〕 See Louis Kaplow, *Rules Versus Standards: An Economic Analysis*, 42 Duke L. J. 557, 559-62(1992).

〔3〕 Seana Valentina Shiffrin, *Inducing Moral Deliberation: On the Occasional Virtues of Fog*, 123 Harv. L. Rev. 1214, 1214(2010).

〔4〕 See Louis Kaplow, *Rules Versus Standards: An Economic Analysis*, 42 Duke L. J. 560(1992).

〔5〕 同上,第 562—563 页。

〔6〕 Duncan Kennedy, *Form and Substance in Private Law Adjudication*, 89 Harv. L. Rev. 1688(1976);对这种方法更全面的描述,参见 Antonin Scalia, *The Rule of Law as a Law of Rules*, 56 U. Chi. L. Rev. 1175(1989).

〔7〕 同上,第 1706 页。

法律是立法机关的主要职权,他们将这一职权委托给法院时往往会使用大量授权性规范。[1]

印度法典化运动的原因在很大程度上源于 19 世纪初该国法律规则表面上的不确定性。通过简化使法律更加具体确定,是法典化的既定目标,也是编纂《移转法案》的指导思想。[2] 作为一种整体目标,法律的确定性将根据不同受众(潜在的诉讼当事人和在个案中行使权力的法官)以两种不同的方式发挥作用。首先,法典化旨在通过一定明确、简洁的方式使印度人民知晓其权利与义务,实现法律的可知性。立法者很容易从边沁(杰里米·边沁,英国著名法理学家)那里了解到这一点。[3] 其次,法典化对法官具有另一种作用。虽然有些人声称法典化是为了让法院能够根据法典的真实意思适用法律并将其等同于法律的可知性,但实际上并非如此。[4] 这一目的并非简单地告诉法官法律是什么。因为,普通法法官很容易完成这一任务并符合法律目的。相反,其作用在于消除法律具体适用中的不确定性。[5] 虽然社会成员对法律的认知是在空白的基础上逐渐获得的(因为他们根本不知道法律是什么),但就法官而言,这显然违反了法院声称的在制定法律时其就知晓法律是什么的底线(因为,使用普通法的法官具有创造法律的权力)。换言之,法官是法律适用中不确定性因素的主要制造者之一,法典化的主要任务就是消除不确定性。[6] 消除不确定性——或者用肯定的话说,引入确定性——有必要限制法官继续从事法典编纂之前的工作。

法官对法律的认知远不是通过一场信息普及或法律训练建立的。告诉法官法律的真正含义,意味着告诉其法律不是什么,也不可能是什么,即法官续造法律时必须有明确授权。因此,法律约束机制对法官的法律识别能力至关重要。英国的法典编纂者尽力确保实现这一目标,并为此采用了一种独特的方式起草法典:精确起草法。虽然接下来的部分将描述法案的起草者如何在制定法案过程中应用精准起草法以及该法产生的后果,但在这里列出这种方法的一般特征是合适的。

精确起草法要求立法者使用通过对法条的进一步解释可以得出确定法律效果的立法技术。如此一来,法官便不得再利用抽象的法律原则断案,除非法律明确规定。麦考利代表印度法律委员会发表的评论中描述了印度立法者对精确起草方法的严重依赖:为了表达准确,不得不牺牲法律表述的整洁性和简明性,适用最严格的表述。因为,找不到其他能够表达我们全部意思并且只能表达我们全部意思的表述方式。这样的定义方式可能会使读者厌恶和困惑。但也许只有

---

〔1〕 Antonin Scalia, *The Rule of Law as a Law of Rules*, 56 U. Chi. L. Rev. 1175(1989).(为达到这种控制而制定规范性案例)。

〔2〕 See Hari Singh Gour, *The Transfer of Property in British India cxxx*(1901).

〔3〕 See Bijay Kisor Acharyya, *Codification in British India* 4,78,154(1914).

〔4〕 同上,第 153—154 页。

〔5〕 同上,第 142 页。

〔6〕 同上,第 146 页(转引吉米·史蒂芬所言"弹性常被称为一种宝贵的品质,如果它存在的话,那也不过是不确定性的另一种说法")。

经过长时间的适用,才有少数法科生完全理解其含义。然而,在每一个力求精确的法律体系中,都有且必须有这样的定义。立法者可以避免作这样的定义,使法律规范更加流畅、更具吸引力。但如此一来,就是立法者的失职了。如果立法者不能一劳永逸地完成这项必要而又令人不悦的工作,则帝国的每一位法官都必须不断地以粗鲁的、不合理的方式完成它,而且很可能没有两位法官会以同样的方式完成它。[1] 麦考利评论的突出之处在于,他含蓄地承认了法典化法可以完整规定其欲规范的内容并界定法律涵摄范围的边界。言外之意,法官不能将法律的涵摄范围扩张至起草者意欲规范的范围之外。法官试图在个案中扩张法律的涵摄范围是一种粗鲁的行为,必须竭力遏制。[2]

印度法典编纂中使用了释例法,它体现了单一层面上最伟大的技术进步,[3] 即立法者除了使用一些能够准确表达法律目的的法律规范,还使用了大量简短的假定案例对其进行说明,以消除法律在应用上可能残留的歧义。取材于实际案例的释例的运用需要受到限制,并以法典化法的形式发挥判例法的作用。[4] 人们经常看到,"没有它们,法律就不能成为法律。"[5]麦考利明确表示,使用释例是为了确保法官不去参考任何未编入法典的先例。[6] 这是对普通法的间接肯定,既允许通过具体释例建构解决具体问题的法律规则,又限制了释例在法典化后的发展空间。麦考利预言,释例的使用将极大限制法院将自己的观点强加于法律的权力。[7] 由于限制法官造法是实现法律精确化目标的核心,立法者则进一步强调,法律不应由法院以渐进的方式进行更新,只能由立法机关定期修订。[8]

不过,精确起草法的局限也并未被忽视。一些著名学者直言,这种方法会降低普通法的弹性,而正因为这种弹性,使普通法能够跟上时代变化,不断修正自身,适应新的社会需求。[9] 立法者的唯一答复是,"弹性"一词被滥用了,事实上,"弹性"才是法律不确定的主要原因,而需要在立法中加以限制。[10] 他们毫无顾忌地接受了法典化工作对普通法法官自由裁量权进行限制的事实,而没有任何歉意。

---

〔1〕 *Letter from the Indian Law Commission to the Governor-General of India in Council* (Oct. 14, 1837), in A Penal Code: Prepared by the Indian Law Commissioners and Published by Command of the Governor-General of India 1, 6 (Calcutta, Bengal Military Orphans Press 1837).

〔2〕 同上。

〔3〕 See Bijay Kisor Acharyya, Codification in British India 4, 78, 154 (1914), p. 139. (这被称为印度法律制定委员会在编纂过程中所取得的"具体方面的最大进展")。

〔4〕 同上,第 142 页。

〔5〕 1 Whitley Stokes, The Anglo-Indian Codes ix (Oxford, Clarendon Press 1887), p. 12; Acharyya, 同前注 61, 第 139 页; T. L. Murray Browne, Notes on the Codes of India, 29 Quart. J. Juris. 197, 204 (1870).

〔6〕 See Bijay Kisor Acharyya, *Codification in British India* 4, 78, 154 (1914), p. 142.

〔7〕 Thomas Babington Macaulay, *Introductory Report upon the Indian Penal Code*, in 7 The Works of Lord Macaulay 415, 424 (Hannah Trevelyan ed., London, Longmans, Green & Co. 1871)(重点补充道)。

〔8〕 Acharyya, 同前注 61, 第 142—143 页。

〔9〕 同上,第 144 页。

〔10〕 同上,第 144 页; M. D. Chalmers, Codification of Mercantile Law, 19 L. Q. Rev. 10, 16 (1903).

(二)《移转法案》中的精确起草法

财产法的法律规则与法律标准之争往往发生在实质层面上,即它是由该领域的实际需求决定的。这通常会降低制度的可选择性,即使事实上激发了选择。鉴于财产法在商业交易中的重要地位,其需要具备清晰、确定、简明等特征。[1] 坚持普通法应以法律标准作为社会治理机制的罗斯科·庞德曾言,“财产法领域更适合使用机械性规则”。[2] 他说,“如果不想遭受意外的身体、法律或经济损失,就必须检查、记录自己的行为,偿还自己的债务。我知道自己的立场,其他人也知道,如果我们想改变立场,可以互相讨价还价。”[3]

几个世纪以来,财产法应采用条理化规则或具体化规则的思想一直主导着立法者的思维方式。最早提出这种观点的是边沁和黑石。他们认为,财产权影响着广大不特定第三者的利益,比其他权利更需要明确,而只有条理化规则才能完成此项任务。[4] 因为,条理化规则可以降低信息识别成本,并使社会中个人之间的协作更加密切。[5]

然而,现实中的普通财产法却经常使用大部分由普通法演变而来的模糊标准。[6] 随着历史演变,最初作为规则的指令通过法院的扩张解释和酌情修改逐渐演变成法律标准。这一过程中,衡平法及法律之外的各种社会和经济因素对普通财产法的影响极大。[7] 现实中广泛存在的财产法规则似乎与传统观念中财产权应由简明、具体规则加以规范相悖。现实中,学者们对于应坚持自己对财产法的直觉,还是应坚守法律规则之间的联系,产生了困扰。[8] 也许更重要的是,这种联系在大众心中的持续存在,常常隐藏着这样一种可能:立法者可能会出于战略性目的,利用财产法上的强制性规定,加强或限制特别机构解释或发展法律行为的可能,而这正遂印度法典编纂者所愿。

《移转法案》财产法部分在编纂时采用了精确起草法。立法者声称,为了使该法案趋于简洁,其大部分内容取自英国法上清晰、明确的规则。与此同时,他们还使用了一些值得推广到印度的基于既有判例形成的释例。尽管如此,立法者依旧努力减少法院对法官造法式的英国法的依赖。因此,该法案的编纂者对于他们编纂的这项法案包打天下的能力充满信心。不过,其并没有试图将所有的财产法规范纳入法典,而是尽可能地将法典编纂地详尽无遗。实践证明,如该

---

〔1〕 Carol M. Rose, *Crystals and Mud in Property Law*, 40 Stan. L. Rev. 577, 577(1988).

〔2〕 Roscoe Pound, *The Theory of Judicial Decision III: A Theory of Judicial Decision for Today*, 36 Harv. L. Rev. 940, 951(1923).

〔3〕 Carol M. Rose, *Crystals and Mud in Property Law*, 40 Stan. L. Rev. 577, 577(1988).

〔4〕 同上。

〔5〕 See Thomas W. Merrill & Henry E. Smith, *The Property I Contract Interface*, 101 Colum. L. Rev. 773, 778-79(2001).

〔6〕 Carol M. Rose, *Crystals and Mud in Property Law*, 40 Stan. L. Rev. 580(1988).

〔7〕 同上,第 590—597 页。

〔8〕 See, e. g. , *Amnon Lehavi*, *The Dynamic Law of Property*, Theorizing the Role of Legal Standards, 42 Rutgers L. J. 81, 98(2010).

法案以下部分所示,这种使法典调整范围具备全面性的尝试是令人憧憬的:这部分最终或需要进行修改,或者需要制定司法解释,以满足社会和市场经济的需求。不然,在其他普通法国家法律继续向前发展的同时,将会继续保持落后状态。尽管如此,它还是达到了严格限制司法权的目的。

1. 衡平法上的地役权:一种公平的契约

普通法和衡平法之间的分歧使不动产法陷入两难的主要领域之一是限制性契约法,现代美国法称之为衡平法上的地役权。[1] 通常而言,不动产交易合同是当事人之间达成的应为或不为一定行为的协议。问题在于,即使受让人对标的物上的权利负担已有充分了解,受让人与让与人之间的合同并不涉及前一设定权利负担合同的内容,他是否应受前一合同的束缚。[2] 传统合同法观点禁止将其效力及于新的受让人,但为公平起见,在受让人对此明知时,有必要作出其他决定。[3] 1848年图尔克诉莫克谢案[4]具有里程碑意义,当时许多人认为这一问题已经得到解决,其结论是,"如果财产权人于某项财产上设定负担并且该负担在标的物出卖之前仍然存在,没人会购买它。"[5]虽然图尔克案是衡平法上的一个案例(由衡平法院裁决),但在财产法方面,《移转法案》的起草者并没有区分普通法和衡平法。[6] 最终,他们将这项规则编入法典。

当时,该法案第40条试图规定,"对于他人享有财产权或其他权利的不动产,第三人有权限制其权利或以某种特定方式强制其享有该项权利",或"第三人有权享有因合同产生并存在于不动产财产权之上的利益"。[7] 最终,本条规定,"在事先通知的情况下,可对受让人行使此种权利或履行此种义务,但不得在未通知的情况下对其行使"。[8] 立法者无疑受到图尔克案的影响,他们特别强调"通知"这一概念并在法案的前部对其作了详细规定。[9]

在建构该项制度时,相当突出的一点是,立法者试图解释由限制性规范所规定的地役权概念,以区分其与不动产上的其他权益。因此,地役权合同之契约性观点得以坚持下来。在采取这种方式并试图预见和规定尚未发生的情况时,本条明确区分了限制享有权利与强迫享有权利,并以相同方式待之。而这将被证

---

[1] 关于该主题及其在英国法中的渊源的一般概述,参见 Andrew Burrows, English Private Law 200-02 (2013). For an account in the U.S. context, see Harlan F. Stone, *The Equitable Rights and Liabilities of Strangers to a Contract*, 18 Colum. L. Rev. 291(1918); Charles E. Clark, *The American Law Institute's Law of Real Covenants*, 52 Yale L. J. 699(1943).

[2] George L. Clark, *Equitable Servitudes*, 16 Mich. L. Rev. 90(1917).

[3] Richard A. Epstein, *Notice and Freedom of Contract in the Lawof Servitudes*, 55 S. Cal. L. Rev. 1353(1981)(阐明如何真正激发对合同法律规范的关注)。

[4] (1848)41 Eng. Rep, 1143(Ch.); 2 Ph. 774.

[5] 同上,第1144页;2ph,第778页。

[6] See Hari Singh Gour, *The Transfer of Property in British India cxxx*(1901).(在草案的第40条讨论了它的影响)。

[7] 1882年印度《财产移转法案》(TP Act)第4号法案第40条。

[8] 同上。

[9] 同上,第3条("所谓某人收到通知"的定义)。

明会存在一个问题。

在图尔克案判决后不久,第 40 条被纳入法案。法院有意识地将诸如图尔克案涉及的财产进行分类,并将其适用范围仅限于禁止性条款,以防止或限制在已通知的情况下对受让人限权。[1] 即授权性条款并不适用这一规则,因为其通常强迫受让人支付款项或为其他行为。[2] 这种情形至今仍然存在。英国法院修改了图尔克案所涉规则后不久,其他普通法法域也作了相应修改。[3] 多数情况下,法律的变化是通过法院行使司法权修改法律实现的,就像这些规则最初由法院创设一样。然而,这在印度很难实现。由于法案已经尽力而为并专门选择使用"以一种特殊方式体现其享有"[4]这一表述,故即使后来英国人又删除了该项规定,也不能忽视"积极为一定行为的义务"这一提法。因为在《移转法案》颁布时,大多数规则已经开始实施。

当被要求使用授权性条款时,印度法院仍不确定本国法的真实立场。起初,全国各地法院非常乐于强制当事人履行付款等积极义务。[5] 最终,随着英国普通法图尔克案逐渐为人知悉,印度法院开始对本国法律的真实立场表示怀疑。但面对法律的明确规定,他们有意识地避免以自己的意志处理此事。在一项裁决中,原告寻求一项强制性禁令要求被告履行积极义务,孟买高等法院有意回避了这一问题,并且对另一争议作出裁决,"以上指的是英国法,我们受印度法管辖,特别是在这个问题上受《移转法案》第 40 条约束。对我个人而言,除非有必要这样做,否则我不愿就此作出评论。从我们的角度来看,没有必要再进一步决定这一点。就我个人而言,我只想说,没有任何东西可以让我产生这样的观点,或者说让我支持这样一种观点——在印度,涉及金钱支出的积极义务可以被强制执行……或许这就是第 40 条的真正含义。"[6]其他法院则完全无视这一争议并按字面意思解释第 40 条,允许制定和执行授权性条款。在一项裁决中,阿拉哈巴德高等法院命令,在充分知情的情况下,受让人应拆除其在被设定地役权的土地上建造的建筑。[7]

直到 1929 年,英国政府才认识到第 40 条的措辞造成的深刻且普遍的混乱,而删除了"强迫享有",以表明印度财产法与英国后图尔克时代法律的立场相同,即授权性条款不可强制执行。[8] 后来,解释该条款的法院和评论员直接无视

---

〔1〕 See, e. g., Haywood *v.* The Brunswick Permanent Benefit Building Society, (1881) 8 Q. B. D. 403 (Eng.); London & South Western Rly. Co. v. Gomm, (1882) 20 Ch. Div. 562 (Eng.).

〔2〕 Haywood, 8 Q. B. D. 第 405 页。

〔3〕 See e. g., Guaranty Trust Co. of N. Y. *v.* New York & Queens County Ry. Co., 170 N. E. 887, 892 (N. Y. 1930).

〔4〕 1882 年印度《财产移转法案》(TP Act)第 4 号法案第 40 条。

〔5〕 See, e. g., Abadi Begam *v.* Asa Ram, (1879) I. L. R. 2 (All.) 164; Churaman *v.* Balli, (1887) I. L. R. 9 (All.) 591.

〔6〕 Chaturbhuj Sangji v. Mansukhram Motilal, A. I. R. 1925 Bom. 183, 185 (emphasis added). See also Haji Abdul Shakur *v.* Nandlal, A. I. R. 1931 All. 552(认为后图尔克时代的裁判可以用来解释第 40 条)。

〔7〕 See Nand Gopal Das *v.* Batuk Prasad Gupta, A. I. R. 1932 All. 78.

〔8〕 参见《印度财产移转法案(修正案)》1929 年第 20 号法案第 12 条。

1929年以前的规定,并认为1929年的修正案激浊扬清,改变了印度法的立场。[1]

被规定于第40条的图尔克规则的精确性很好地控制了法院对限制规定的扩张,使之合理化,并限制了相关法律的发展。它的直接结果是遏制了法官造法,使法律可以采取更加公平的立场反映社会需求。反之,如果该条款改为使用开放式术语(如"限制性规定"),而不是试图通过详细阐述使法律更加精确,则个别法院很快就会更新法律。确实,孟买高等法院似乎已经准备这样做,奈何法律不许。最终,立法机关花了近50年时间才解决这一混乱局面,使普通财产法具备了十足的活力。

2. 衡平法上的转换

长期以来,不动产买卖合同一直受到衡平法的特殊对待。根据普通法,出售土地或其他不动产需要完成一系列的手续。[2] 单纯的一份买卖合同不足以完成所有权变动。买卖合同生效后至标的物交付前,即使双方当事人都打算通过交易使合同关系终结,但双方的权利和义务均不受普通财产法的影响(但受合同法约束)。[3] 故在普通法上,财产未交付前灭失的,通常由卖方承担风险。[4] 同样,如果卖方在此期间将财产出售给第三人,普通法只允许买方提起违约之诉。

为了规制买卖合同生效后与标的物交付前这段过渡期的不确定状态,衡平法进行了干预。法院依据"衡平法将承诺的事情视为已做出的事情"[5]这一格言,创立了衡平法财产权概念,赋予不动产买卖合同当事人一系列权利和义务,其不仅约束当事人,且在特定情况下约束第三人。[6] 除了公平、正义的一般理念,衡平法获得发展的主要动力是作为违约补救措施的继续履行责任的出现以及法院在土地买卖合同纠纷中决定采取这种补救措施的意愿。[7] 这些权利和义务背后的公平原则使衡平法很快成为大西洋两岸的法律柱石,并被称为"衡平法

---

〔1〕 See,e. g. ,G. C. Bharuka,Mulla on the Transfer of Property Act 161(2006); Hukmi Chand v. Jaipur Ice & Oil Mills Co. ,1969 W. L. N. 570(Raj.).

〔2〕 See Simon Gardner & Emily Mackenzie,An Introduction to Land Law106(2012). For the position in American law,see Harry W. Vanneman,Risk of Loss,in Equity,Between the Date of Contract to Sell Real Estate and Transfer of Title,8Minn. L. Rev. 127,127(1923).

〔3〕 同上。

〔4〕 See,e. g. ,Stent v. Baylis,(1724)24 Eng. Rep. 705(Ch.); 2 P. Wms. 217,220.

〔5〕 Attorney-General v. Hubbuck,(1884)13 Q. B. D. 275,289.

〔6〕 对英国法中学说的概览,参见 J. H. Leigh & R. Dalzell,A Treatise on the Equitable Doctrine of the Conversion of Property(1825); Gardner & MacKenzie,supra note 101,at 106-07; Walter G. Hart,The Inconsistencies of the Doctrine of Equitable Conversion,24 L. Q. Rev. 403(1908). For adiscussion of the doctrine in U. S. law, see Harlan F. Stone, Equitable Conversion byContract, 13 Colum. L. Rev. 369(1913); Christopher Columbus Langdell,EquitableConversion,18 Harv. L. Rev. 245 (1905); In Executory Contracts for the Sale of RealProperty,Should the Risk of Loss Be upon the Vendee from the Time of the Agreement?,23 Yale L. J. 266(1914).

〔7〕 See Sidney P. Simpson,Legislative Changes in the Law of Equitable Conversion by Contract,44 Yale L. J. 559,559(1935)("只有当事人之间订立了具体可执行的合同,并且当事人因订立合同而发生的权利、义务、权力和责任的变化是实际行使衡平法上权利的结果时,才适用衡平法转换原则")。

上的转换”。

在编纂印度普通财产法时,《移转法案》的起草者没有对衡平法作独立思考,也没有试图消除衡平法上的转换。[1] 在处理不动产买卖纠纷问题上,第 54 条规定,“不动产买卖合同当事人应严守合同……它不会对此类财产产生任何收益或费用”。[2] 本条的措辞试图有意识地精确消除印度衡平法上的转化原则。在过渡期,当事人仅负有买卖合同规定或法案列举的义务,而后者仅限于在一般谨慎标准下妥善保管财产。[3] 第 40 条第 2 款也规定了一些保护义务,即对此类合同负有注意义务的第三方受让人同样需要履行合同义务。[4] 该法案没有提到灭失风险问题,也没有提到是否可以将这些责任移转给当事人的继承人或受让人。1877 年《印度特别救济法》允许法院对不动产买卖合同当事人发出特殊命令,明显省略了《移转法案》中有关衡平法上转换的规定。[5]

考虑到第 54 条严格、明确的措辞,印度法院发现自己不得不遵守法律的明文规定以及由此产生的所有后果。孟买高等法院曾在一个早期案件中否认了买方有权撤销违反原始买卖合同并向第三方转让标的物,并指出,“订立土地买卖合同或在土地上设定财产权合同尚不能使受让人成为该土地或法案第 54 条规定的权利人。”[6]因此,法院不仅接受了这一条的字面措辞,而且也接受了以这一条取代可能导致司法冲突的公平原则的基本想法。另一法院的结论是,鉴于撤销权的废除,即使合同一方当事人从法院获得了具体履行的判令,也不因此产生所有权性质的衡平法上的权益。因为,“其只是使当事人订立的合同获得法院确认并具有可执行性。”[7]根据现代印度法,法院有权假定不动产买卖合同中,补偿性损害赔偿是不够的,从而使具体履行(而不是通常的损害赔偿)成为违约的救济方式。[8] 然而,第 54 条的措辞仍然继续淡化补救性违约责任的一切实质价值。即使印度独立后,包括最高法院在内的印度法院系统仍然坚持最初对第 54 条的理解。[9] 有关印度财产法的主要论文明确指出,“合法和公平这两个所有权的应有之义与印度法格格不入。”[10]因此,以法官自由行使裁量权为优势的衡平法在建构印度不动产移转法方面没有发挥任何作用,而这正如立法者所愿。

当然,这种限制的影响不仅是理论上的。买卖合同不产生实质性利益或义

---

〔1〕 1 Whitley Stokes, The Anglo-Indian Codes ix(Oxford, Clarendon Press 1887), p. 730.(评论法案如何贯彻“消除教条主义”和“严守承诺”的目标)。

〔2〕 1882 年印度《财产移转法案》(TP Act)第 4 号法案第 54 条。

〔3〕 同上,第 55 条第 1 款第 5 项。

〔4〕 同上,第 40 条。

〔5〕 1877 年《具体救济法案》第 1 号法案第 12 条第 3 款。

〔6〕 Mahadeo Chintaman Wadekar *v.* Vasudev J. Kirtikar, (1899) I. L. R. 23(Bom.)181.

〔7〕 Govinda Chandra Ghose *v.* Provabati Ghose, A. I. R. 1956 Cal. 147.

〔8〕 参见 1963 年《具体救济法案》第 47 号法案第 10 条第 2 款第 9 项。

〔9〕 Rambaran Prosad *v.* Ram Mohit Hazra, A. I. R. 1967 S. C. 744; Amulya Gopal Majumdar *v.* United Industrial Bank Ltd., A. I. R. 1981 Cal. 404; Jayshree Oza *v.* Rakesh Mohan, (1998) 75 D. L. T. 11; Ocean Investment & Finance(P) *v.* Union ofIndia, A. I. R. 1990 Del. 154.

〔10〕 See, e. g., G. C. Bharuka, Mulla on the Transfer of Property Act 161(2006), p. 474.

务的观点,使财产制度的重点转向财产的移转过程以及其所依赖的特定形式,以便产生可强制执行的财产权。由于财产移转行为非常多,土地所有权和登记制度自此承受了巨大压力。最终导致财产登记过程十分漫长,带来极大的不确定性和巨额费用。[1] 虽然一个强有力的衡平法转换原则可能无法完全解决这一问题,但它却很可能极大地减轻登记制度的压力,使交易当事人更加轻松。

正如我们所见,精确起草法在很大程度上削弱了印度法院在各个领域制定财产移转法的权力。由于立法者不愿修改法律,即使法院有能力、有意愿修改,却也不能为之。最终,印度财产法在许多重要方面未能跟上不断变化的社会需求,也无法及时更新法律体系或将衡平法纳入其中。

三、标准化:通过法律命令约束行为人

尽管具体化策略及其在精确起草法典过程中的积极运用,成功限制了法官的自由裁量权和法官造法行为,但它在很大程度上是公开进行的。来自英国的立法者一直在遏制法官造法,尽管具体化方法符合财产法对条理化规则的追求并限制了其发展,但作为一种策略,它并非财产法和《移转法案》独有。在《印度合同法》(以下简称《合同法》)及具体救济法案中经常看到此种方法的其他形式。[2] 此外,该法案还运用了一种与具体化方法相伴的管控性策略。与前者不同的是,这种策略仅用于特定情形,并以一种更隐蔽和更微妙的方式发挥作用。当然,这并不是立法者有意为之,只是它并没有那么明显。

(一)提前设置统一规则以实现差异最小化

了解编纂《移转法案》时印度既存的财产权概念和形式,对于充分理解标准化策略是从何种方式发挥作用的,非常重要。毫无疑问,法学家亨利·梅因对当时印度财产的形式颇有研究,对法案的结构也有很大影响。[3] 梅因在一系列著作中阐述了英国开始管理印度时该国盛行的所有权、土地占有和租金安排的形式。[4] 尽管梅因的研究在19世纪晚期英帝国维护其统治过程中发挥了重要作用,但作为理解最终以《移转法案》为终点的法典化运动的基线,它又具有其他指导作用。[5]

梅因指出,英国人探索解决印度治理问题并试图了解当地的各种做法和习

---

〔1〕 See generally World Bank, Doing Business 2013: India 50(2013), available at http://www-wds.worldbank.org/external/default/WDSContentServer/WDSP/IB/2013/01/21/000356161_20130121184020/Rendered/PDF/NonAsciiFileName0.pdf.

〔2〕 参见1872年《印度合同法》第9号法案;1877年《具体救济法案》第1号法案。

〔3〕 参见前文及注释33-38。

〔4〕 See Henry Sumner Maine, Ancient Law(London, John Murray 1861); Maine, Village-Communities, supra note 48; Henry Sumner Maine, Lectures on the Early History of Institutions(London, John Murray 1875); Henry Sumner Maine, Early Law and Custom(London, John Murray 1883).

〔5〕 梅因对古代法律的辩护如何促成了英国印度殖民主义的正当化,参见 Karuna Mantena, Alibis of Empire: HenryMaine and the Ends of Liberal Imperialism 93(2010), pp. 119-178.

惯时遇到了一个重大障碍。[1] 在各个领域,特别是在财产法和财产权领域,不仅存在各种各样的形式和做法,而且这些做法与英国人熟悉的西方的所有权和财产概念以及以前遇到的任何做法均具有本质上的差别。谈到英国人最初遇到的"财产权的种类",梅因评论道:"他们发现印度的财产制度和英国的财产制度非常相似,但又明显不同。这部分社会制度的一般方面是一样的……然而,这些制度中几乎没有一种与最相近的西方制度完全一致。"[2]梅因认为,这种差异的结果是,英国人开始将他们熟悉的英国普通法上的思想和概念套用到其遇到的新型财产权中。因此,他指出,他们的"主要目的"是"探索如何用西方经济语言更好地描述东方经济现象"。[3]

对梅因的作品进行更深入的研究,就可以确切地发现这种明显差异的真正原因,并且确实像他所说的那样鲜明。[4] 梅因断言,当时印度的大多数不动产由集体所有,而非个人所有,[5]而且形成了由代表乡村社区的大家庭管理和利用自有土地的综合机制。[6] 在当时,农村家庭是最基本的享有财产权的单位,虽然财产由一个酋长(或一家之主)控制,但这种控制几乎从未延伸到酋长(或一家之主)享有单独处分权的领域。[7] 因此,正如梅因所言,理解上的根本错误在于试图将传统上印度人对土地的控制(即使是最绝对的财产形式)等同于绝对所有权——普通法对不动产的最强烈要求。[8] 普通法的财产制度具有封建社会背景,虽然印度也经历了封建社会,但这一过程从未实际完成。这意味着,相较于英国封建制度下的土地财产权制度,许多印度王国土地财产权制度更加缓和。[9] 绝对财产权制度是在等级社会结构背景下出现的,而在印度并没有真正相应的制度。

尽管存在本质区别,但印度财产权与普通法财产权仍具有表面上的相似性,这导致早期英国殖民政府以本国法为基础,在对法律规范进行简单转换后制定了印度财产法。[10] 这种做法在后来出现了一些影响。例如,为了对土地再分配,立法者试图模仿普通法制定一项有利于租客的规则,使连续占有土地满12年的租客免受地主驱逐。[11] 其初衷虽好,却并无意义。因为,在印度土地所有制背景

---

〔1〕 See Henry Sumner Maine, The Effects of Observation of India on Modern European Thought, in Village-Communities in the East and West 203, 222-23 (New York, Henry Holt & Co., 3d ed. 1876) (1871) [hereinafter Maine, Village Communities], p. 221-222.

〔2〕 同上,第222页。

〔3〕 同上,第223页。

〔4〕 同上,第222页。

〔5〕 同上。

〔6〕 同上,第154页。

〔7〕 同上,第154—155页。

〔8〕 同上,第157页、159页。

〔9〕 同上,第158页。

〔10〕 同上,第186页;See also 1 B. H. Baden-Powell, The Land Systems of BritishIndia 102 (Oxford, Clarendon Press 1892)(描述和维护这一过程)。

〔11〕 See Henry Sumner Maine, The Effects of Observation of India on Modern European Thought, in Village-Communities in the East and West 203, 222-23 (New York, Henry Holt & Co., 3d ed. 1876) (1871) [hereinafter Maine, Village Communities], p. 184.

下,驱逐租客的现象十分罕见。[1] 没有历史依据证明租客享有绝对财产权。梅因指出,印度常见的绝对财产权是共有财产权,单独财产权较为少见。租客需要支付土地租金,其权利期限不得长于出租人的权利期限并应承受出租人权利的瑕疵。这是一种有偿行为,但它受习惯和惯例的影响。[2]

法典化之前,印度财产法完全由习惯和惯例组成。其规范基础并非源于作为君主命令的自上而下的立法,而是"一直是什么"式的众所周知的观念。[3] 此外,现实中个人的权利义务从来没有完全来源于前者,[4]而是一套不受制裁、申诉和强制执行的规范。

据梅因所述,起初英国人对多样化的、习惯式的财产安排极为敏感,并鼓励其发展,但他们不经意间发现将其引入法律会产生无法解释的悖论,最终需要全面立法。为维护统治,英国政府在每个地区都设立了法院,授权其解决财产争议等所有争端。在裁决财产纠纷案时,法院开始将习惯和惯例作为裁决依据并对其产生严重依赖。为此,他们寻求向村里的长者和社区内其他人寻求专家证词。[5] 然而,短时间内将习惯转化为决策依据改变了习惯的基本规范属性。习惯本来是在共同体内持续并从古老的使用中获得规范效力,但司法意见的叠加开始赋予它其他意义。此时,习惯的主要权威来源变成了意见本身,法官的意见不再仅具有证明存在习惯的意义。[6] 即习惯不再是调整平等主体之间的法律规范,而是被作为君主制法律体系的一部分,即使它只出现在法院工作中。最终,习惯逐渐僵化,极大地限制了其语境和发展。[7] 法院有选择地将英国普通法和衡平法原则应用到印度财产习惯法所调整的领域,使问题进一步恶化。梅因认为,其他法院从未考虑过如此多种类的习惯和惯例,依赖习惯进行断案的法官比习惯的创造者更加相信它们。[8]

梅因认为,解决问题的唯一办法是法典化,并为印度建构一套科学的法律体系,[9]而其主要基础应是英国法。因此,梅因是编纂《移转法案》的主要支持者,并主张该法案应是一部分英国法的简化版。[10] 虽然法典化被作为一种零碎地将英国财产普通法引入印度的办法,但其仍可能使传统印度财产形式和安排以习惯的形式得以延续。正如当时一位著名的印度财产法学者所言:"印度和其他国家一样,在土地移转方面存在大量地方惯例和合同行为,《移转法案》对其表现出最大关怀。"[11]

---

〔1〕 同上,第 186 页。

〔2〕 同上,第 222 页。

〔3〕 同上,第 68 页。

〔4〕 同上,第 73 页。

〔5〕 同上,第 72 页。

〔6〕 同上。

〔7〕 同上。

〔8〕 同上,第 45 页。

〔9〕 同上,第 60 页。

〔10〕 M. E. Grant Duff,Sir Henry Maine:A Brief Memoir of His Life 51(NewYork,Henry Holt 1892),p. 52.

〔11〕 See Hari Singh Gour,The Transfer of Property in British India cxxx(1901),p. 128.

梅因认为,即使法典化后,习惯式的安排仍将继续蓬勃发展和演变,但事实上,按照他自己的观点,当习惯式的安排与主权、权利和义务等概念连接以及《移转法案》叠加了形式化的、基于权利的、对抗性的框架时,就丧失了传统的规范意义。尽管名义上财产移转规则是为保留习惯法制定的,但它只不过是这种联系方式的进一步系统化。作为一种解决方案,它可能比法院从普通法中"不加选择地借用"更可取。但是,这当然不是试图恢复梅因曾极度幻想的状态。

虽然《移转法案》试图为习惯法留下继续存在的空间,而不是废除它们,但它在确认其合法性时却具有明确的衡量标准。法案没有简单地允许与财产制度有关的习惯自主发展,而是将它们纳入核心理论框架,作为值得信赖的规范基础。习惯和惯例被允许在法案基本规则中运行,但也只存在于制度边缘,不能独立运行。例如,法案规定了不动产租赁合同的要素,习惯和惯例可以决定租赁期限,却不能确定其他合同要素。[1] 地方习惯因此得以发挥一定的作用,但它仍旧从属于法案的结构体系。

因此,习惯仅在《移转法案》的强制性规则和财产移转规则的核心框架中发挥作用。这也不是说法案对习惯完全不敏感。立法者在选择普适性的财产形式和安排并使用普通法对其下定义时,认真考察了当时印度存在的财产移转形式和安排。[2] 但法案最终未打算也并没有归纳出所有的财产形式和安排。事实上,其起草者也没有打算这样做。这一事实反而使人们注意到,该法案列举财产移转形式和安排背后的核心目标是:通过详细列举,实现法律的标准化。通过创建一个广泛的财产转让形式和安排的列表,以极大地削弱当地习惯、惯例和合同的作用。《移转法案》在本质上创建了一个"封闭式"的财产形式、安排和转让方式体系。封闭式的概念反过来又与限制司法创造性紧密相连。正如我们前面所讨论的,这是英国法典编纂工作的核心问题。

长期以来,标准化一直是财产法的标志。[3] 虽然大陆法系的标准化特征更明显,但普通财产法也一直强调标准化并体现为"财产权法定原则",即财产权必须符合某些标准形式。[4] 传统上的财产权是普通不动产法中的概念,但现在这

---

〔1〕 参见1882年《印度财产移转法案》第4号法案第106条。

〔2〕 1 Whitley Stokes, The Anglo-Indian Codes ix(Oxford, Clarendon Press 1887), p. 738; See Hari Singh Gour, The Transfer of Property in British India cxxx(1901), p. 128.(指出为何没有将"新的实体法"引入财产形式,而是依赖司法判决)。

〔3〕 See Henry E. Smith, Standardization in Property Law, in Research Handbook on the Economics of Property Law 148, 148(Kenneth Ayotte & Henry E. Smith eds., 2011)(将标准化描述为物权法的"最显著特征"之一)。

〔4〕 Merrill & Smith, supra note 23, at 4. For additional work on the numerusclausus in the common law world. see: John Henry Merryman, Policy, Autonomy, and the Numerus Clausus in Italian and American Property Law, 12 Am. J. Comp. L. 224(1963); Henry Hansmann & Reinier Kraakman, Property, Contract, and Verification: The Numerus Clausus Problem and the Divisibility of Rights, 31 J. Legal Stud. S373(2002); Bernard Rudden, Economic Theory v. Property Law: The Numerus Clausus Problem, in Oxford Essays in Jurisprudence: Third Series 239(John Eckelaar & JohnBell eds., 1987); Nestor M. Davidson, Standardization and Pluralism in PropertyLaw, 61 Vand. L. Rev. 1597(2008).

一概念延伸到了财产法的其他方面,如共有关系、无形财产权的继承以及动产领域。[1] 如今,通常使用降低财产交易成本解释财产制度标准化倾向。而正是关注到交易成本,迫使财产法立法中尽量减少吸收特定区域或背景下的习惯和惯例。[2]

财产权法定原则和相关标准化理念源于尽量降低第三人的信息成本以及约束司法权的目的。[3] 它被认为是普通法的"解释准则",即约束法院将既定的财产形式、安排作为一个封闭集合,在没有立法干预时无权对其进行修改。[4] 法院以"自治"方式运行时,[5]应注意到允许当事人自由定制财产制度(此时,当事人可以通过合同的形式自由为之)、对第三方有拘束力等扩大财产制度范围和限制其自身创造力方面带来的成本。

由于它们并非源于正式立法(与大陆法系不同),"财产权法定原则"等普通法中财产法标准化理念并不能作为完全禁止司法创造性的依据。相反,它们将其作为行为标准或默认规则发挥作用并试图将偏差降到最低,而非通过强制性规则禁止其创造法律。即使没有明确禁止,法院也要避免创造新的财产形式和安排。财产类型法定化和形式的标准化都是为了给法院和当事人提供默认选项。[6] 众所周知,默认规则是一种与强制规则具有相同效果的策略。默认规则也能作为一种战略性部署,达到与强制规则相同的效果。当偏离默认规则的成本显著提高时,个人和机构很自然地表现出对低成本默认规则的明显偏好。这被称为默认规则的"粘性"。[7] 允许当事人解除合同的规则被称为更改规则,适用其带来的高昂成本导致当事人选择适用默认规则。[8] 正是通过策略性地使用成本高昂的更改规则和默认规则,起草者成功地将财产法标准化概念(以及随之而来的"财产权法定原则")从司法权自我约束规范转变为与明确的法律约束具有相同效果的强制规范,实现了禁止法官造法的效果。

当英国人在印度遇到各种各样的财产形式和安排时,他们发现几乎所有的

---

〔1〕 See generally Thomas W. Merrill & Henry E. Smith, Optimal Standardizationin the Law of Property: The Numerus Clausus Principle, 110 Yale L. J. 1, 3-4(2000), p. 3, pp. 12-20.

〔2〕 Henry E. Smith, Community and Custom in Property, 10 Theoretical Inq. Inthe L. 5(2009); See Henry E. Smith, Standardization in Property Law, in Research Handbook on the Economics of Property Law 148, 148(Kenneth Ayotte & Henry E. Smith eds., 2011) p. 168.

〔3〕 See generally Thomas W. Merrill & Henry E. Smith, Optimal Standardizationin the Law of Property: The Numerus Clausus Principle, 110 Yale L. J. 1, 3-4(2000), p. 9.

〔4〕 同上,第 11 页。

〔5〕 同上,第 9 页。

〔6〕 对"法律菜单"及其作为默认规则的作用进行了概述, See Ian Ayres, Menus Matter, 73 U. Chi. L. Rev. 3(2006); RobertaRomano, Law as a Product: Some Pieces of the Incorporation Puzzle, 1 J. L. Econ. &Org. 225(1985).

〔7〕 See, e. g., Omri Ben-Shahar & John A. E. Pottow, On the Stickiness of DefaultRules, 33 Fla. St. U. L. Rev. 651(2006); Brett H. McDonnell, Sticky Defaults andAltering Rules in Corporate Law, 60 SMU L. Rev. 383(2007).

〔8〕 Ian Ayres, Regulating Opt-Out: An Economic Theory of Altering Rules, 121Yale L. J. 2032, 2036 (2012)(阐释了"更改规则")。

财产形式和安排都源于当地的习惯和惯例,这种情况令他们难以控制和管理。一位著名的英国民法学者将其描述为一个未知领域,并将研究它比作"跌入某种神秘而难以理解的黑暗"。[1] 土地税收制度是印度治理机制的核心,而该制度的实施又以理解和规制现有的财产安排为前提。[2] 一蹴而就地消除现有的财产形式和安排并完全以英国普通法代之几乎不可能。在制定《移转法案》时,立法者采用了两阶法:首先,利用人们熟知的英国普通法分解最常见的财产形式和安排,进而将其简化;接着,他们没有贸然废除其他未列举的财产形式,而是要求当事人和法院确定所使用的任何替代性财产形式或安排与其列举的有无重大不同,以此作为获得法律承认的条件。后者给诉讼当事人带来了明显的时间、金钱和精力成本,因此,人们自然会偏爱法案中列举的类别。

通过列举最常见的财产形式和安排,法案为法院和当事人提供了一个默认框架,一个可以选择有关财产形式和安排的"法律菜单"。[3] 适用更改规则费时又费力,而默认规则逐渐获得了"黏性",并在之后几乎完全像一项强制规则。法案对待习惯和惯例的一般做法以及在何种情况下都允许修改其核心框架的规定便是一例。《移转法案》第2条规定,法案的任何规定均不影响与其调整内容相同的合同条款和财产交易方式的效力。[4] 这一规定保留了财产法中的习惯和惯例,并强调:法案列举的财产形式和安排既非详尽无遗,也非具有整体强制性。[5] 但是,它要求对习惯、惯例和交易形式进行初步检验,确保其与法案的规定一致。因此,寻求适用习惯的当事人需承担举证责任并由法院决定是否适用,下文将对此进行讨论。

为了正确理解有意识地运用这一条款产生的依赖性,有必要将其与1872年《合同法》维护交易习惯和惯例效力的类似条款相比较。《合同法》第1条规定,法案不会影响任何不违反法案的交易惯例和习惯的效力。[6] 即承认习惯和惯例的有效性,除非证明其与《合同法》不一致。而《移转法案》则要求具有一致性才有法律意义。针对《合同法》类似条款的解释,法院在早期被赋予了极大的自由,这被解读为有意识地保留了习惯的做法。一法院指出,"它绝不可能使印度特定交易中普遍存在的惯例和习惯无效"。[7] 这种情况显然与《移转法案》不同,因为该法案通过精确起草法限缩了习惯的范围及运用。

---

〔1〕 See also 1 B. H. Baden-Powell, The Land Systems of BritishIndia 102 (Oxford, Clarendon Press 1892), p. 1.

〔2〕 See generally Francis Horsley Robinson, An Account of the Land Revenue of British India(1856)(详细介绍了19世纪中叶英属印度主要土地税收制度)。

〔3〕 关于"法律菜单"和修改规则之间区别的概述,参见 Ian Ayres, Regulating Opt-Out: An Economic Theory of Altering Rules, 121Yale L. J. (2012), pp. 2049-2054.

〔4〕 1882年《印度财产移转法案》第4号法案第2条第2项。

〔5〕 See Hari Singh Gour, The Transfer of Property in British India cxxx(1901), p. 6; Horatio Hale Shephard & Kenworthy Brown, Commentaries on the Transfer of Property Act, 1882, at 4(London, Stevens & Sons 1887).

〔6〕 1872年《印度合同法》第9号法案第1条。

〔7〕 See Moothora Kant Shaw v. India Gen. Steam Navigation Co. , (1883)I. L. R. 10(Cal.)166, 185.

这就是如何利用标准化策略限制司法创造，将特殊的、基于习惯的财产安排纳入普通法而产生一套封闭的财产转让规则的过程，即通过提高交易习惯和财产安排的使用成本，将个人和法院导向法案明确列举的有限财产形式和安排。随后，印度财产形式和移转规则逐渐吸收了这些习惯和安排的特点，并运用普通法的既定类别对其作了删减与修改。这一过程与物权法定原则十分相似，但侧重点有所不同。正如学者所言，物权法定原则的主要基础是对信息成本的关注，以及允许任何自由制定和修改财产形式的做法会影响物权制度的有效运作（物权作为一种绝对权，对不特定第三人的权利构成影响）。[1] 虽然它体现了一种重要的制度价值——对于物权法，修改立法优于司法干预，但这一价值似乎与使外部信息最小化的基本理念并行不悖。因为，通过立法进行的法律变革被认为比通过普通法进行同等的司法变革产生的成本更低。[2]

《移转法案》强调标准化的直接目的是使法官理解印度财产法体系，同时确保其不会在个案中根据习惯和惯例任意确认财产形式，以免动摇英国利用土地税收制度作为治理机制的目标。由于当时印度的大多数财产制度是地方性的、方言式的习惯和惯例，且法案的主要受众是法院，[3]故一致性凌驾于一切目标，即使它会给当事人带来较高的缔约成本。[4] 法院被视为当局安排的将习惯转变为标准形式、消除这一负担的工具。如此一来，就需要限制司法创造力。

此处值得一提的是，虽然遏制司法创造是标准化的核心内容，但其规范根源与具体化的根源并不相同。一方面，作为一种目标，法律的具体化或对具体规则的需要源于这样一种信念，即“法治”要求法律给予个人充分的指向，使他们能够规划自己的活动。[5] 这反过来又对规则而不是开放式标准具有明显偏好，以确保法律具有更大的可预测性。[6] 另一方面，尽量降低法院对新出现的习惯的认可而削弱司法创造力的动机并不是出于对法律可预测性或法治的关注。因为，适用于不同情况的一系列内容广泛的地方性习惯可以充分保障法律的可预测性，实现法治化。然而，由于该过程通过将各种规范目的和价值以不同的习惯实现，是一个自下而上的过程，故政府对法律方向的控制大为降低。因此，虽然具

---

〔1〕 See generally Thomas W. Merrill & Henry E. Smith, Optimal Standardizationin the Law of Property: The Numerus Clausus Principle, 110 Yale L. J. 1, 3-4(2000), p. 38

〔2〕 同上，第 58—59 页，关于对这一现实背后规范目的的批评，参见 Hanoch Dagan, Judges and Property, in Intellectual Property and the CommonLaw 17(Shyamkrishna Balganesh ed., 2013)。

〔3〕 See also 1 B. H. Baden-Powell, The Land Systems of BritishIndia 102 (Oxford, Clarendon Press 1892), pp. 20-21.（描述了“本地税收术语”的广泛使用）。

〔4〕 当时的一篇论文准确揭示了这种情况：人们希望法律以明确的方式确定权利享有的原则以及权利的担保和记录形式。这项任务是非常艰巨的……因为只有当英国立法者热切地希望实现公正价值，以便不会忽视任何真正存在的权利时，才会对各种权利进行定义和分类（同上，第 102 页）。

〔5〕 对于这一信念的表达，参见 Antonin Scalia, The Rule of Law as a Law of Rules, 56 U. Chi. L. Rev. 1175(1989).

〔6〕 同上。

体化是一种实现法治的基本方式,但标准化才是治理和控制法律体系的方式。[1]

(二)财产类型法定

标准化方法旨在通过限制使用习惯和惯例,提高更改规则的使用成本,降低司法创造性。试图偏离法定财产类别的当事人和法院承担使用更改规则的主要负担。详言之,这些负担或成本多表现在以下方面。

首先,选择偏离《移转法案》规定的财产类别的一方当事人,负有确定其援引的替代性框架有效的义务,而不是由质疑对方创立的规则与《移转法案》既定规则不一致的当事人负有这一义务。这一负担包括证明当事人寻求适用的当地既有习惯和惯例。[2] 其次,他需要说服法院替代框架与《移转法案》的规定不一致,即替代性框架与法定财产形式存在实质差异。再次,法院放弃适用法定制度框架需要满足一定正式、明确的条件和形式。即使一方当事人可以确定存在一个有效和众所周知的替代性框架,为了使该框架适用于待解决纠纷,该方当事人往往不得不遵守法案中措辞明确的排除适用规则。最后,当事人和法院均承受这一负担。法案明确规定,法院在放弃适用法定形式之前必须使自己对当事人提出的替代框架完全满意。由于法院担心因未遵循法案的明确规定而受到不利影响,在允许当事人选择排除法案的适用之前,往往会花费大量时间和精力考察法案排除适用规则的正式条件。正如预期,只要可能,诉讼当事人和法院会选择遵循法案,尽量减少上述成本和负担。后来,将习惯和惯例作为独立的财产形式和安排来源的可能性逐渐变小。

1. 特殊抵押

对于《移转法案》中的各种财产权移转形式,立法者最关注抵押制度。对《移转法案》早期版本的主要批评之一是,其未规定当时印度盛行的各种抵押制度,这可能会妨碍法律公正。[3] 故立法者花费大量时间确保最终版本的法案能够规定印度最常见的抵押类型。[4] 最初,法案第58条对抵押的构成要件作了一般规定,随后又界定了简单抵押、有条件出售抵押、用益权抵押和英式抵押等特殊抵押并对其核心要素做了高度细化。[5] 这些抵押类型取自法案编纂前的印度司法判决,并未以任何方式改变之前的法律。[6]

此外,法案还对不符合典型抵押安排的抵押形式的要件作了规定,并称之为

[1] 对二者等同性的评述,参见 Hanoch Dagan, Reconstructing American Legal Realism & Rethinking Private Law Theory 203-11(2013).

[2] 1872年《印度证据法》规定了一套详细的规则,即法庭应如何对待习惯式证据的规定。参见1872年《印度证据法》第1号法案。

[3] 1 Whitley Stokes, The Anglo-Indian Codes ix(Oxford, Clarendon Press 1887), p. 738.

[4] 同上。

[5] 1882年《印度财产移转法案》第4号法案第58条。在这个清单上,1929年又增加了"订金抵押"。同上,第58条第6款;1929年《印度财产移转法案(修改案)》(1929年第20号法案)第19条。

[6] See Gopal *v.* Parsotam, (1888) I. L. R. 5(All.) 121, 137("这个定义的每个字都得到了印度法院判决的证实")。

特殊抵押。法案以消极方式将其规定为一种非预定义的抵押或非公认的抵押组合。[1] 此外,它还规定,对于这种安排,"当事人之间的权利和义务应由证明抵押权的合同确定,在合同没有规定的情况下,遵从当地惯例。"[2]法案做出这一分类的目的在于承认特殊而多样的地区性财产权安排。这些安排中当事人的义务由可证明的当地习惯和惯例确定。[3] 此种分类绝非仅具有形式或文义上的意义。如果发现某种安排是法案规定的类别,则当事人的义务根据法案的详细规定加以确定,当事人不能违背;[4]如果当事人认为法案规定的抵押制度不合理,可通过合同约定各方权利与义务,也可适用当地习惯,从而使抵押制度具备更大的灵活性。[5] 在时间的推移下,该法案规定的两个众所周知的习惯安排受到了不同对待,这是一个很好的标准化策略在特殊抵押方面发挥作用的例子。

苏黎波吉和卡诺姆是两种常见的印度财产转移形式。前者流行于印度北部,后者则常见于印度南部。[6] 二者既具备抵押的特征,又结合了租赁的要素,且均是规避法律禁止高利贷和有息贷款的制度。[7] 在苏黎波吉中,债务人以固定租金将其财产出租于债权人,租金通常略高于二者间贷款的利息。债务人每月免除租金,债权人每月免除利息,超额部分租金用于抵销本金。租赁期间通常与贷款期间一致,即有一个期间使租约延续到原始债务完全清偿。[8] 卡诺姆与前者高度相似,但租金通常高于利息,以足够支付债务人因该财产所欠的任何税费。[9] 此外,或许也是最重要的,后者规定的期限是 12 年,但可在合同中修改。[10]

当普通法上的各种财产移转方式及《移转法案》规定的情形出现时,随之而来的问题是这些安排是否可以被确定为已规定的抵押类型,或者仅是一种租赁?依赖它的各方当事人又是否可以完全退出《移转法案》的框架,并将这种安排视为特殊抵押?尽管苏黎波吉和卡诺姆具有极大的相似性,但法律逐渐将前者确认为仅具有用益权能的抵押或仅具有租赁功能,从未将其作为特殊抵押,而以习惯和惯例形式存在的后者却几乎总被归为特殊抵押。[11] 换言之,随着时间的推移,一种习惯被纳入《移转法案》,作为标准的财产移转类型,另一种则被允许偏离该法案并属于习惯法的范畴。

虽然今天我们把苏黎波吉当作一种用益权抵押,而把卡诺姆当作一种特殊抵押,但仔细研究会发现特殊抵押是一种排除法案适用的财产移转形式。事实

---

〔1〕 1882 年《印度财产移转法案》第 98 条。
〔2〕 同上。1929 年新增了这一条款,即第 58 条第 7 款。
〔3〕 See Hari Singh Gour, The Transfer of Property in British India cxxx(1901), p. 487.
〔4〕 1882 年《印度财产移转法案》第 60 条。
〔5〕 同上,第 98 条。
〔6〕 Rashbehary Ghose, The Law of Mortgage in India 139-140(3d ed. 1902), p. 129.
〔7〕 同上,第 128—129 页。
〔8〕 同上,第 129 页。
〔9〕 同上,第 141 页。
〔10〕 同上,第 918 页。
〔11〕 同上,第 917—920 页。

上,苏黎波吉式的租赁合同就是当事人之间的一系列将转移占有的抵押和租赁结合在一起的财产安排。[1] 当事人似乎经常以各种形式修改苏黎波吉的标准形式,故即使当事人自己将其归为苏黎波吉,也需要对每一安排进行实质分析。与这些交易相关的习惯——他们确实在一定程度上存在——某些不一致的地方,或者至少法院在解释苏黎波吉时是这样的。[2] 相比之下,卡诺姆有一套相对明确的构成要素。如前所述,尽管该安排的期限为12年,但当事人可以变更。抵押权人以任何方式拒绝接受抵押财产都将导致期间缩短。[3] 而抵押权人也必须按照惯常方式使用抵押财产。[4] 即与苏黎波吉不同,卡诺姆受一套相当复杂和完善的规则支配,具备标准化特征。这似乎可以为两种制度为何会受到不同对待这一问题提供答案。

尽管特殊抵押为当事人提供了一种排除《移转法案》适用的机制,但实际上只有作为备选制度的特殊抵押通过习惯自行标准化后才可以适用。其他大多数习惯式的特殊抵押似乎也表现出这一特征。[5] 最终,对于那些习惯式的、不具有典型抵押特征的安排,或者严格来说难以概括为习惯的安排,享有解释权的法院仍不愿将其归为法案规定以外的类别。因此,当事人有责任通过明确无误的证据证明其选择适用的习惯是普遍的、古老的、确定的和合理的。[6] 此外,为限制其他安排的适用,抵押合同有疏漏时才适用惯例。只有合同未规定时,当地惯例才有意义。然而,在实践中,它被视为分类的一个先决条件。

法院迫于《移转法案》的规定,将习惯式抵押归为特殊抵押。为了符合特殊抵押的条件,法案要求其不属于任何其他抵押的形式。为此,有必要检查所列举的内容是否不属于法定情形,而非直接将其归为特殊抵押。此时,法院十分谨慎。当所列举的习惯不具备一套标准规则时,他们很容易将其归为法案列举的财产移转类别。

更改规则的效力有两个独立来源:第一,认识到另一标准化框架存在于当地习惯。这是排除适用法案列举财产移转类型的前提。第二,确定所提出的形式不会被归为法案规定的类别。在实践中,当事人和法院一直很难证明各种习惯式抵押满足这两项要求,最终导致它们被纳入《移转法案》所列举的普通法上的财产移转类型。研究印度抵押制度的权威学者拉什贝哈里·高斯爵士将这一过程称为习惯式抵押的瓦解,并指出,只有在旁遮普邦,《移转法案》很久以后才开始适用且习惯式抵押没有被完全取代。[7] 在该国其他地区,法案将它们成功瓦

[1] 同上,第129页[各种苏黎波吉(Zuripeshgees)在形式上差别很大]。

[2] See,e. g. ,G. C. Bharuka,Mulla on the Transfer of Property Act 161(2006),pp. 600-603. [为解释苏黎波吉(Zuripeshgees)制度,详细讨论了许多重要案例]。

[3] Rashbehary Ghose,The Law of Mortgage in India 139-140(3d ed. 1902),919.

[4] 同上。

[5] 其他已知的形式包括:otti,ottikamparam,nirmutal,peruartham,lakhamukhi。同上,第142页、919—920页。

[6] See Hari Singh Gour,The Transfer of Property in British India cxxx(1901),p. 490-491.

[7] Rashbehary Ghose,The Law of Mortgage in India 139-140(3d ed. 1902),p. 70,p. 142.

解并纳入其标准类型。

2. 农业租赁

在《移转法案》所定义和列举的财产转移形式中,租赁被定性为“财产的转移”。[1] 法案除规定租赁合同的订立程序之外,还详细规定了在没有相反内容的合同或惯例时,租赁合同当事人享有的一般权利和应承担的责任以及许多租赁的其他操作要素。[2] 然而,在列举出上述所有细节之后,《移转法案》第117条规定,农业租赁不适用上述规定,除非当地政府就此发出通知。[3]

由此可见,法案有意识地将农业租赁合同排除出其规制范围。影响该法案第117条的表面原因是,农业租赁在很大程度上受地方立法规制,以深度干预地主与佃户之间的关系。[4] 地方性法规试图将既有的惯例编纂成典并平息农民或佃农针对地主发动的暴动,而《移转法案》的立法者则无心干涉。[5] 故这些排除性规定使农业租赁不受法案关于财产静态享有、转让、通知等规则的束缚,而由地方惯例和立法规制。[6]

尽管如此,法院排除该法案适用时还应确信退出法案的先决条件确实得到满足。这一过程非常困难。在一系列早期判决中,马德拉斯高等法院认为,只有当地法律或惯例中存在可由法院选择适用的替代性框架时,才可以取代作为普通法规则的《移转法案》。[7] 针对没有替代框架,当事人依然主张根据该条规定排除法案适用的情形,早期的法院建构了一项原则,即尽管租赁合同中有明确的排除适用条款,但仍然适用该法案。[8] 法院声称,法案有关租赁的规定代表了正义、公平和良知原则,这要求法院在相对独立于《移转法案》的情况下应尽力适用此类原则。一法院指出,“法案是为了复制英国法而由英国著名律师制定的,只要这些规则是普遍适用、原则和权威的……在没有特殊原因时,作为正义、公平和良知的规则对处理农业租赁问题有约束力。”[9]后来,法院遵循了这一逻辑,虚

---

[1] 1882年《印度财产移转法案》第4号法案第105条。

[2] 同上,第106-116条。

[3] 同上,第117条。

[4] 1 Whitley Stokes, The Anglo-Indian Codes ix (Oxford, Clarendon Press 1887)., p. 736; See Hari Singh Gour, The Transfer of Property in British India cxxx(1901), p. 654; See, e. g., G. C. Bharuka, Mulla on the Transfer of Property Act 161(2006), p. 1238.

[5] 关于这一过程及其所涉及的政治的优秀概述,请参阅 Peter Robb, Ancient Rights and Future Comfort?: Bihar, the Bengal TenancyAct of 1885 and British Rule in India? (1997). See also Kedar Nath Roy, The Bengal Tenancy Act(4th ed. 1906); John Dacosta, The Bengal Tenancy Act: Its Scope and Inevitable Results(1885).

[6] See, e. g., G. C. Bharuka, Mulla on the Transfer of Property Act 161(2006), p. 1238.

[7] Krishna Shetti v. Gilbert Pinto, (1919) 50 Ind. Cas. (Mad.) 895, 905 (拒绝排除该法的适用,并指出“如无特殊理由,不得适用其他规则”)。

[8] See, e. g., Gangamma *v.* Bommakka, (1909) 5 Ind. Cas. (Mad.) 437; T. UmarPulavar *v.* Dawood Rowther, (1946) 2 M. L. J. 229; Vasudevan Nambudripad *v.* ValiaChathu Achan, (1901) I. L. R. 24 (Mad.) 47.

[9] Krishna Shetti, 50 Ind. Cas. at 895.

化了退出机制并严格执行更改规则。[1]

在法案明确规定其调整对象不包括农业租赁的情况下，仍然主张对其适用的想法无疑是对第117节的一种极端解释。其他法院则通过确定“农业用途”一词的涵摄范围和含义严格适用该排除规定。在一些早期判决中，法院花费大量时间检查土地上的农作物、区分农业活动与园艺活动，以便将其归为前者。[2] 但这一活动并未成功。[3] 此外，法院为确定本条的规范目的制定了一套次级解释规则，即利用土地的原始目的是决定性的，实际用途与法院决定无关。[4] 后来，出现了主要目的与次要目的之别。[5] 这反过来又导致法院根据土地在农业方面的不同用途（而不是住宅用地或工业用地）作了一系列区分。[6] 此外，这些判决还认为，必须自由解释第117条，以便根据当地法律和惯例维护农民的特殊权利。[7]

最终，退出法案的过程变得非常烦琐、不确定和情景化，而且往往不值得花费必要的时间和精力。随着时间的推移，大批农业租赁纠纷又回到《移转法案》的调整范畴。尤其是当地法律未予规定或规定不明确时，法院会毫无顾忌地适用法案。该法第117条所体现的对退出法案办法的广泛管制，使适用该机制的标准变得十分混乱，并提高了援引该标准所需要的事前成本和精力。

造成这种混乱局面的主要原因被再次归为《移转法案》本身的逻辑混乱，并使其允许农业租赁获得豁免的承诺受到质疑。尽管法案声称将此类租赁行为与其他租赁行为作了区分（将其排除出法案的规制范围），但它仍然明确规定了一条重要的强制性规则：它们被视为租赁期限为年复一年的租约。[8] 如果农业租赁完全不适用法案，这种划分也没有什么意义，[9]且很可能会让法院认为法案退出机制不够严密而需要严格审查。因此，在排除法案适用的范围和程度方面，法案的规定并不清晰，而法院却需要据此断案。故而，即使没有法律规定，法院也乐于将法案有关租赁的其他强制性规定适用到农业租赁，使得措辞明确地排除适用规则毫无意义。

---

〔1〕 See Brahmayya v. Sundaramma, A. I. R. 1948 (Mad.) 275; Faqiria v. Kalu Mai, A. I. R. 1952 P. &H. 52.

〔2〕 See Kunnigarath Kunhayen Haji v. Athilan Mayan, (1893) I. L. R. 17 (Mad.) 98.

〔3〕 Murugesa Chetti v. Chinnathambi Goundan, (1901) I. L. R. 24 (Mad.) 421; Pavadai Pathan v. Ramaswami Chetty, A. I. R. 1922 Mad. 351; Devaraja Naicken v. Ammani Ammal, (1915) 34 Ind. Cas. (Mad.) 539.

〔4〕 Raj Kumari Baishnabi v. Miija Samsuddin, (1941-42) 46 C. W. N. (Cal.) 277, 278（“决定《印度财产移转法案》是否适用的不是土地的实际用途，而是租赁的最初目的”）。

〔5〕 Ballabha Das v. Murat Narain Singh, A. I. R. 1926 All. 432, 434（“除非租赁的主要目的是耕种或从事其他农业生产活动，否则不能称为农业租赁”）。

〔6〕 See, e. g., Purusottam Mahesri v. Panchanan Mazumdar, A. I. R. 1926 Cal. 373（结论是，假如租赁的目的是经营一家商店，则适用《印度财产移转法案》；Bhikariram Bhagat v. Maharaj Bahadur Singh, (1915) 34 Ind. Cas. (Cal.) 152（结论是，这是一个农业合同）。

〔7〕 See W. W. Broucke v. Panch Rani Chhatar Kumari Devi, A. I. R. 1925 Pat. 421, 431（“应该对第117条的文字作自由解释”）。

〔8〕 1882年《印度财产移转法案》第4号法案第106条。

〔9〕 Krishna Shetti (1919) 印第安纳州第50号案例，第905页。

在对无数法定财产安排和移转类型进行标准化并详细说明其具体规则时，立法者进一步限制了通过法官造法和习惯的演变发展财产法的空间。其精妙之处在于，它通过黏性规则而不是强制性规则实现了标准化，并且法案设置了一些排除适用的障碍，使排除适用粘性制度框架的成本高昂且程序烦琐，最终使法院和当事人选择适用法案。法案适用过程中，默认的财产移转方式具有一定的强制性，使其成为一个密闭集合。

结论

尽管存在诸多问题，但《移转法案》仍然是印度财产移转法的主要渊源。该法案生效后的 130 年间，只作了两次重大修改。结果是，法案最初版本的框架至今仍影响着印度财产移转法律规则、司法实践、法律解释和法律体系。法案的持续性有效地满足了立法者为印度制定一部简明而可行的财产法的理想，但它同时也反映了一个同样残酷的现实：1947 年前后，在整体采用普通法的印度，法院对财产法的基本结构和价值基础的影响微乎其微。

有点讽刺的是，印度普通财产法源于不容改变的成文法，但这并不意外。因为这是英国为了处理印度复杂的财产规则和安排，尤其是那些在英国人统治印度大陆以前就已经存在的规则和安排，人为设计的制度特征。虽然其他私法也不同程度上受成文法影响，但由于英国政府将土地移转规则、土地税收政策和租赁改革方案作为巩固其对印度统治的重要手段，财产法法典化具有特殊意义。因此，确保基本（或抽象）法律框架与上述目标一致十分重要。为此，立法者必须确保法院适用的财产法充分尊重立法目的和制度利益。因此，为了制约法官造法和避免法院为满足快速发展的印度社会需求而不断更新物权法，编纂者使用了精确起草法和标准化方法。

这两种策略的真正精妙之处在于，它们被嵌入《移转法案》的适用过程，继而被视为财产交易本身之所需，而不是出于任何外部动机。不过，以固定法律制度消除最复杂的财产形式、安排和移转规则并限制司法权受当地习惯和个人制定的财产安排的影响，仍是法典化未予言明的目的。而这正是源于对法律确定性的追求，使习惯正式化并能够获得普遍适用，最终使法院在既定财产范围内确认习惯和惯例的效力。

《移转法案》在财产法领域的持续适用以及法院至今仍在无数情况下认为其应受法案文义和框架的约束证明上述策略是成功的。作为殖民政府时期立法者的政治权威存在质疑，但该法案仍反映了该国在财产法方面的智慧。法案的大部分内容由移植的外部指令构成。[1] 法律的有效适用以及法律移植的成功，在

---

〔1〕 See Alan Watson, *Legal Transplants* (2d ed. 1994)（发展移植的想法）；Jonathan M. Miller, *A Typology of Legal Transplants: Using Sociology, Legal History, and Argentine Examples to Explain the Transplant Process*, 51 Am. J. Comp. L. 839, 847 (2003)（对移植的法律进行分类并将外部指定的移植作为一个独特的类别）。

很大程度上归因于整个法律体系的权威，而不是其任何具体规定。[1] 因此，路径依赖以及担心打破既定目标是印度独立后继续保持法案有效性的主要原因。[2] 然而，鉴于该国往日的统治者——英国人对印度法律、习惯和组织形式只是一种虚伪的欣赏，或许是时候将印度财产法从法典的束缚中解放出来，允许法院探索不同的财产形式、价值基础并根据普通法确认财产移转合同的有效性。

---

〔1〕 See Miller, supra note 211, at 861 (着重强调——“一旦激励或强制力量消失，外部指令的移植就会失败，除非在当地法律体系和惯例下其被认为是理性的”)。

〔2〕 See William Ewald, *Comparative Jurisprudence (II): The Logic of LegalTransplants*, 43 Am. J. Comp. L. 489, 502(1995)(讨论了沃森的观点，即“法律一旦产生，便会持续存在”)。

韩国未成年人非亲权监护制度的考察及启示〔1〕

孙若尘*

摘　要　韩国未成年人非亲权监护制度在监护权启动、监护权限范围、监护监督制度和监护终止事项等方面具有特殊性的规定，以子女福利为法理基础的非亲权监护制度在保护未成年人健康成长、保障被监护人基础生活权益等方面具有进益之处。该制度亦暴露了非亲权监护权受限、监护监督机关履职不力、法人资格以及一人监护等问题。对我国未成年人监护体系构建的启示是应该坚持监护内容个别化、监护监督机关完备化、发挥组织监护人的优势以及尊重被监护人的真实意愿表达。总的来说，未成年人非亲权监护制度作为私法公法化的典型产物，是国家亲权和最有利于未成年人原则的践行，是具有积极意义的一项制度构建。

关键词　监护制度；未成年人；非亲权监护制度；韩国未成年人监护制度

目　次

* 孙若尘（1995—　），北京师范大学法学院博士研究生，主要研究方向：未成年人法学。

〔1〕 本文系北京师范大学刑事法律科学研究院学术型研究生专项科研基金课题“韩国《少年法》的考察及对我国的启示”（2022CCLS011）的阶段性研究成果。

一、问题的提出

我国《民法典》中并未明确提出亲权之概念，但在以《民法典》《未成年人保护法》等与监护内容相关的法律条文规定中亦呈现出未成年人非亲权监护的意蕴。如《民法典》第28条规定，“其他愿意担任监护人的个人或者组织”可以成为监护人；《未成年人保护法》家庭保护章节中，法律条文使用了“其他监护人”这一广义术语，实际包含了不具备血缘关系的监护人。未成年人非亲权监护制度中具有代表性的监护监督制度亦能在我国法律条文中寻觅到踪影。《民法典》通过第36条之规定创设了一般性的社会监护监督制度，将监护监督的权限赋予“其他依法具有监护资格的人，居民委员会、村民委员会、学校、医疗机构、妇女联合会、残疾人联合会、未成年人保护组织、依法设立的老年人组织、民政部门等”等有关个人或者组织。该条款实际指向的制度意蕴与未成年人非亲权监护监督内容并无二异[1]，仅是未以明文规定的方式界定“监护监督”的概念而已。因此，虽然我国民事法律体系内容语境下并无“未成年人非亲权监护人”之表述，但是我国未成年人监护体系中存在与非亲权监护意蕴相同的具体规范，审视且进一步讨论该话题具有一定的实践意义。韩国未成年人非亲权监护制度在部分内容设置以及程序执行环节上有独到之处，经过十余年的实践检验，亦暴露了一些制度固有的弊端及不契合实际的部分，之于非亲权监护制度的经验教训不胜枚举。他山之石，可以攻玉。笔者试图通过考察与评述“韩国未成年人非亲权监护制度”之方式，获得对我国未成年人监护体系构建的启示。

二、韩国未成年人非亲权监护制度的考察

韩国未成年人非亲权监护制度，亦可表述为未成年人监护制度，即未成年人监护人[2]因缺乏亲权、丧失或暂时中止亲权，以及部分限制、宣告丧失亲权致使其无法在法律行为中行使代表权和财产管理权时，由亲权监护人或家事法院为未成年人指任监护人的制度，皆在为不受父母保护的未成年人提供广泛的监护和支持。概言之，未成年人监护制度系保护不受亲权监护的未成年人之制度。亲权作为法律概念被规定在韩国《民法典》中，意指父母对其未成年子女的身份和财产享有的权利和义务，父母享有对未成年子女的亲权；收养子女的情况下，养父母享有对未成年养子女的亲权。[3] 未成年人监护人作为拟制亲权人，是未成年人的法定代理人，对被监护人享有身份关系上的代理权，例如行使请求恢复继承权、继续的批准和放弃等，再如未成年人的监护人作为法定代理人，有权同

---

[1] 参见赵若辉、姚学宁：《完善我国内地非亲权未成年人监护监督制度之探究——以澳门未成年人监护监督制度为镜鉴》，载《中国青年社会科学》2022年第3期，第132—133页。

[2] 因为韩国未成年人非亲权监护制度，实际在法律条文中表述为“未成年人监护”，非亲权监护人被称为“监护人”，本文从其表述，未特别注明亲权监护人的监护人之表述的意蕴皆为非亲权监护人。参见尹太顺、金路伦：《韩国民法》，中国政法大学出版社2020年版，第390页。

[3] 参见韩国《民法典》(第17905号法律，2021年部分修改，以下“韩国民法典”略去该部分说明)第909条第1款。

意被监护人的订婚、结婚[1]等身份活动。

(一)非亲权监护权的启动

未成年人监护制度中监护权的启动大致可以分为两条路径。第一条路径是亲权指定。常表现为对未成年人行使亲权的父母通过遗嘱的形式指定未成年人的监护人,被限制亲权(如没有法律行为代理权与财产管理权)的人不能通过遗嘱的形式指定未成年人的监护人。[2] 第二条路径是司法指定。家事法院依职权或应未成年人、亲属、利害关系人、检察官或地方行政自治体负责人的请求,为未成年人指定监护人。[3] 上述两条路径在实际运行中亦存在交叉之处,司法指定有时会"超越"亲权指定,即便未成年人的监护人是根据遗嘱意愿指定的,家庭法院也可以根据尚存父母一方的请求终止监护并指定尚存父母一方为监护人[4],但上述超越权限必须恪守"子女(未成年人)福利"之原则,在确有必要时行使。该指定与其说是司法权限超越亲属权限,毋宁说是司法权限基于传统亲权做出的指定,因为尚存父母一方同样享有对未成年人的亲权。

未成年人监护权在启动过程中的选任和决定程序也具有较为鲜明的特点。

首先,非亲权监护往往发生于亲权监护人离世时,未成年人因继承获得了亲权人的有关财产,财产的代表和管理权之于未成年人监护制度而言,是较为核心、需要先决的因素,财产的代表和管理权直接影响未成年人的具体权益,是亲权中较为重要和基础的权利、义务。一方面,如上所述,无权代表和管理财务的享有亲权之人无法通过遗嘱的形式指定未成年人的监护人;另一方面,有亲权的人辞去其财产的代表和管理权时,必须立即请求家事法院为未成年人指定监护人。换言之,如果丧失财产的代表和管理权,那么即便是亲权监护人也会陷入名存实亡的境地,未成年人非亲权监护制度以财产的代表和管理权为核心展开。

其次,选任和决定过程中具有代表性的程序是听取意见的环节,司法指定未成年人监护人必须经过的程序是听取意见之事项,亦是尊重未成年人意愿的体现,家事法院需要就监护权指定和变更听取下述两类人的意见:第一,前序监护人应当参加变更程序,家事法院必须听取其对于监护权指定的意见;第二,如果未成年人年满 13 周岁的,则应当听取未成年人的意见。但是,当存在无法听取未成年人意见或者听取未成年人意见可能损害未成年人福利的特殊情况时,可以不听取未成年人的意见。[5]

最后,未成年人监护权的决定环节需要考虑特殊的相斥因素,具体而言,未

---

[1] 韩国《民法典》中有关于订婚事项的具体法律规定,未成年人经其父母或未成年人的监护人同意,可以订婚。韩国《民法典》第 807 条、第 808 条规定,年满 18 岁的人可以结婚,未成年人结婚,应当征得父母的同意,父母中的一方不能行使同意权的,应当征得另一方的同意,父母都不能行使同意权的,应当征得未成年人的监护人的同意。

[2] 参见韩国《民法典》第 931 条第 1 款。

[3] 参见韩国《民法典》第 932 条。

[4] 参见韩国《民法典》第 931 条第 2 款。

[5] 参见韩国《家事诉讼规则》(第 17905 号法律,2021 年修改)第 65 条。

成年人的监护人数量限于一名，且排斥法人、团体或者某一机构组织担任监护人。[1] 这与韩国成人监护制度[2]的规定相异，成人监护制度不限制监护人数，同时法人亦有可能成为监护的主体。出现这种差异的原因与被监护对象的特点有关，未成年人监护的持续时间与其身心发育和成长的时间一致，确定的自然人监护模式可以为儿童和青少年提供发育期所必需的情感和家庭支持。此外，未成年人监护制度下，监护人须为完全民事行为能力人，接受康复程序治疗、被施以刑罚的人无法担任监护人。并且为保障未成年人的合法权益不受侵犯，与未成年人存在法律关系冲突的人被排除在监护人选任行列之外，譬如，已经或正在对被监护人提起诉讼的人、已经或正在对被监护人提起诉讼的人的配偶和直系血亲亦不得成为未成年人的监护人。[3]

(二)非亲权监护权的权限范围

1. 非亲权监护人的基本权利意蕴

相较于未成年人父母所享有的亲权，未成年人监护人是基于遗嘱或法律指定的拟制亲权人，亦对未成年人行使亲权。根据比照适用原则，未成年人监护人之于亲权所享有的权利和履行的义务，基本参照亲权监护人的权利和义务。非亲权监护常见的情形是全权监护，即如果未成年人没有亲权监护人，那么监护人实际即可享有和履行与亲权监护人趋近的权利和义务，综合处理与被监护人身份和财产有关的全部事务。同时，实务中也存在部分监护的情形，如果未成年人存在亲权监护人，但其权限受损、仅能执行部分亲权，被指定的监护人对于未成年人监护起着补充作用，在亲权监护人受限的范围内执行监护权限，譬如未成年人亲权监护人被宣告丧失财产的代理和管理权，被指定的监护人仅可就财产的代理和管理事项履行对应之权限。未成年人监护人在行使监护权限时，应尽“善良管理”之义务准则，并在该准则的要求下处理相关的监护事务。

此外，指定监护并非完全抹去亲权监护的印记，在某些教育和有关未成年人成长环境等事项上，监护人履行权限需要经过监护监督人的[4]同意，才可以变更前亲权监护人指定的内容。该事项范围具体包括前亲权监护人指定的教育方法或居所，比如其决定的教育方式、育儿方式以及教育环境、居住地变更时，又如，前亲权监护人授权许可的之于未成年人身心的业务被取消或者限制时，监护人需要得到监护监督人的许可才能履行。[5]

2. 关于非亲权监护人权限的特殊规定

相较于亲权，拟制亲权在权利正当性和支配性上有差距，除一般性规定外，

---

〔1〕 参见韩国《民法典》第930条。

〔2〕 成人监护制度系因疾病、残疾、年老或其他原因，导致精神限制而持续缺乏管理事务能力的人，法院应某些利害关系人的请求，为其指定监护人的制度。

〔3〕 参见韩国《民法典》第930条、第937条。

〔4〕 如果存在监护监督人，那么需要其同意，参见韩国《民法典》第945条。

〔5〕 参见韩国《民法典》第913条、第914条、第945条。

法律对于未成年人财产保护等事务做了特殊规定,核心内容是财产的调查,未成年人监护人到任后必须及时调查被监护人的财产,并在法定期限两个月内编制财产清单。如果有正当的事由,且在法院许可的前置条件下,可以延长该法定期限。[1] 财产清单对于后续监护人支配未成年人财产具有重要的参考和监督作用,对于未成年人权益保护同样是重中之重。因此,上述的财产调查和清单创建需要监护监督人的全程参与,缺少其参与的财产清单是不具备法律效力的。同时,监护人在财产清单创建完毕之前不得支配相应财产,除非在紧急情况下,[2]如会导致被监护人的人身或财产造成严重不利影响。对于在监护人就职后,被监护人取得的财产,监护人也必须进行财产调查,并按照上述规定制作财产清单。[3]

根据上述规定,拟制亲权下监护人的财产代管权限呈现出较为脆弱的状态,部分异议的提出甚至会使财产代管权走向消亡的境地。譬如第三人无偿将财产赠与被监护人,并对监护人的财产管理提出异议,监护人之于上述财产的管理权限消灭,[4]由第三人指定对应的财产代管人。又如,监护人将被监护人对第三人的权利转让给己方时,被监护人可以通过撤销的形式使监护人之于该部分财产的代管权限消灭。[5]

代理行为的具体事项规定也能体现监护人作为拟制亲权之权限特殊化的特点,监护人代理与财产有关的被监护人之行为,监护人管理被监护人的财产,并在与财产有关的法律行为中代表被监护人行事。但需要注意的是,即便是以被监护人之利益为目的而承担债务时,也必须得到被监护人本人的同意。[6] 监护人代理行为中最特殊的一项规定是基于拟制亲权、无法代理被监护人的劳务雇佣合同。被监护人必须征得亲权监护人的同意,直接订立劳动合同,在没有亲权监护人的情况下,被监护人需要与监护人沟通协商,决定是否订立劳动合同。拟制亲权同样具有保护被监护人权益不受损害的特性,监护人如果认为订立劳动合同对被监护人不利时,可以经行解除该合同。[7]

3. 非亲权监护的内容

除财产代管权和代理处分权内容之外,非亲权监护人还需要切实为被监护人提供与成长环境相关的监护内容。非亲权监护人的监护内容根据被监护人的年龄因素不同而有所区别,整体目标以养育和情绪安抚、稳定为基础:婴幼儿时期需要绝对意义上的保护;儿童时期则需要为被监护人提供基础知识以及基础的社会生活技巧的教授;对于青春期的被监护人,具体的监护内容需要符合其青

---

〔1〕 参见韩国《民法典》第 941 条。

〔2〕 但不得以此对抗善意第三人,参见韩国《民法典》第 943 条。

〔3〕 参见韩国《民法典》第 944 条。

〔4〕 参见韩国《民法典》第 918、第 956 条。

〔5〕 参见韩国《民法典》第 951 条。

〔6〕 参见韩国《民法典》第 920、第 949 条。

〔7〕 参见韩国《劳动标准法》(第 18176 号法律,2021 年部分修改)第 67 条。

春期带来的身体和情绪变化;对于形将成年的被监护人,监护人需要尊重他们的自我决定权,同时为其长大成人、进入社会后提供必备的职业技能训练等。

近年来,韩国非亲权监护的具体内容引入了一定比例的心理辅导课程,很多情况下,未成年人监护是从亲权者被限制、虐待未成年人、死亡等失去亲权这一艰难的情境下开启的。[1] 对于遭受亲权者虐待的未成年人而言,他们本身就是不当监护行为的受害一方,面临着情感和心理上的困难,对于非亲权监护人的信任也大打折扣,并且未成年人在情感认知和自我表达方面还存在不足,仅靠非亲权监护人进行沟通交流似乎难以产生积极的效果。适当引入一定比例的心理辅导课程,通过心理咨询或者访问调查等形式,舒缓未成年人因监护不当而产生的心理和情绪上的困难,对于未成年人非亲权监护的后续效果会大有裨益。

(三)非亲权监护的监督制度

因为拟制亲权更多是涉及被监护人的财产管理、处分行为,且无血缘纽带关系加以维系,实务中易滋生权利滥用和未成年人权益损害之情形,非亲权监护制度需要强有力的监督体系以维持整个运行机制的良好和健康状态。未成年人监护监督制度旨在通过监督监护事务,防止监护人滥用职权。

监护监督人产生的方式与未成年人监护人产生的方式类似,亦可分为两条路径。第一条路径是未成年人父母的遗嘱指定,前序亲权监护人对未成年人的实际情况最为了解,也熟知未成年人的财产关系,在指定未成年人监护人的同时,也可以指定对应的监护监督人监督监护人履行财产管理等职责[2]。第二条路径是家事法院指定,具体又可以分为直接指定和额外指定两种情形。直接指定是指家庭法院依职权和申请直接指定未成年人监护监督人,包括父母遗嘱未指定监护监督人,以及监护监督人无法履行对应职责等情形时;额外指定是指即使未成年人已经拥有了一名监护监督人,家事法院如果认为有必要的,亦可依职权或应被监护人的请求,额外追加任命一名监护监督人,[3]与前序监护监督人共同行使监督的职责。与指定监护人程序相似的是,家事法院在指定监护监督人时,也应当听取被监护人意见、尊重被监护人的意愿,以充分实现被监护人的健康、生活关系、财产状况等切实利益为选任出发点和落脚点。

1. 监护监督制度中家事法院的职能作用

家事法院作为监护监督人的核心任命主体,在整个监护监督运行体系中具有举足轻重的作用,与监护监督人共同构筑监督防线,其作用之一是可以责令监护监督人为履行监护职责采取必要的措施。具体包括下述三种具体措施:首先,告知监护监督人具体执行细则,该告知程序可以在选任程序同时进行,指示监护监督人在监督方面的注意事项等;其次,使用处分令之措施督促和帮助监护监督

---

〔1〕 이상희,“현행 미성연후견제도의 문제점과 개선방안” ,「동아법학」,제81호,2018,p5.

〔2〕 参见韩国《民法典》第 936 条。

〔3〕 因此,未成年人监护监督人可以是数人,且法人也可以成为监护监督人,参见韩国《民法》第 936 条、第 940 条。

人履行职责,譬如,责令监护监督人采取必要的措施对未成年人的财产进行管理;最后是变更监护监督人,家事法院出于未成年人的利益之考量,认为督促监护监督人履行职责已经没有意义的,可以依职权或依申请变更监护监督人,亦可受理监护监督人的辞职请求,这种情况下,监护监督人必须在提出辞职请求的同时,向家事法院请求任命新的监护监督人,以保障监督工作的继续进行。

此外,家事法院的作用还在于划分监督具体职责并妥善解决监督工作中的纠纷事宜。因为未成年人监护监督人的任命不仅限于一名,可以有多个监护监督人,前述家事法院可以额外追加任命的形式指派多名监护监督人。家事法院需要依职权规定、划分多名监护监督人的具体分工职责,并在告知监督事项时一并说明。多名监护监督人在共同行使职权的情况下,职权冲突、意见相左时,家事法院可以未成年人利益为根本衡量标准,作出最终决定。与监护人指任标准不同的是,法人、机构组织甚至是机关团体也能成为未成年人监护监督人,与监护人有利害关系的人(如其家属)、被监护人有利害关系的人则被排除在监督人选拔名单之外。

2. 监护监督人的具体职责

监护监督人的工作宗旨应该以保护未成年人权益为先,在紧急情况下,可以采取必要的行动或方式,保护被监护人的人身或财产权益不受损害。当监护人与被监护人发生利益冲突时,监护监督人代表被监护人行使权益,并可以随时要求监护人提交其履行职责的报告和财产清单,亦可调查被监护人的财产状况。上述职责在实务中主要体现在以下两个方面。

一方面,如果监护人和被监护人之间存在债权债务关系,且该未成年人监护同时拥有监护监督人的,未成年人监护人必须在完成财产清单编制工作之前,将具体内容提交给监护监督人审核;监护人如果对被监护人享有债权,但不按照上述规定主张债权,则视为放弃债权。[1]

另一方面,当未成年人监护人代表被监护人行使借贷行为、只承担义务的行为、以改变不动产或者重要财产的权利义务关系为目的的行为等,必须征得监护监督人的同意。但是,基于保护未成年人的实际权益的目的,如果该代理行为需要监护监督人同意,而其不同意时,未成年人监护人可以请求家事法院做出监护监督人同意的许可。如果未成年人监护人未经亲权监护人或者家事法院同意,做出需要其同意的法律行为时,被监护人或者监护监督人可以撤销该行为。[2]

此外,因为未成年人监护监督人的基本职责是监督非亲权监护人行使监护权,其职责的履行具有一定的持续和延展性,即便是监护监督人出现监督终止的情形,比如主动辞职或被动免职,也应该采取一定的措施对接后续监护监督人的工作。未成年人监护监督终止时,未成年人监护监督人必须在一个月内报告未成年人监护监督的具体内容,包括监督的基本事项以及离职的原因,供后续监督

---

〔1〕 参见韩国《民法典》第942条。

〔2〕 参见韩国《民法典》第950条。

者参考。但是,如果监护监督是自然届满之情形,即未成年人已成年,则不需要提交监督报告。[1]

(四)非亲权监护权的终止

家事法院作为未成年人非亲权监护的监督主体,在履行监督职责时,以被监护人的利益为根本考量因素,可以依职权或者依申请变更非亲权监护人,亦即非亲权监护权终止的常见情形之一。总体而言,非亲权监护终止的情形可以分为主观与客观两种原因。主观原因的终止监护包括监护人死亡、辞职和上述变更等情形,此时被监护人之监护权继续存在,但监护人的职责已经终止,家事法院需要及时为被监护人指定一名新的非亲权监护人,在变更未成年人非亲权监护人时,被请求变更的未成年人监护人必须参加变更的有关程序,协助对接、处理后续监护事宜。客观原因的终止则是因为监护权消灭而终止非亲权监护,具体包括被监护人死亡、已经成年、限制亲权人恢复亲权或者未成年被监护人被收养找到新的父母等情形,此时被监护人已不需要被非亲权监护人继续监护,因此非亲权监护终止。

监护职责终止后,非亲权监护人仍需承担一定的与监护有关的工作职责,确保后续监护的顺利过渡与衔接,具体包括监护终止后的管理盘点和监护终止后紧急事务的处理。监护终止后的管理盘点是指未成年监护人需要在一个月内进行财产管理计算,对监护期间被监护人的财产进行清点,如果有正当理由,经家事法院许可,可以延长期限。非亲权监护中存在监护监督人的,没有其参与的计算是不具备法律效力的。[2] 财产管理计算的结束标志着非亲权监护人与被监护人之间的监护关系进一步终结,双方后续发生民事行为依照普通的民事法律关系处理,自计算完成之日起,被监护人向监护人支付的工资薪酬、行政费用以及监护人向被监护人支付的损害赔偿费用等,必须加上利息。监护终止后紧急事务的处理,是指未成年人监护终止的,但遇到情况紧急需要未成年人监护人继续履行监护职责的,其可以继续代被监护人行使权益,直至被监护人、后续监护人能够处理委托事务。在这种情况下,监护中止后的代理行为与监护具有同等效力。[3]

三、韩国未成年人非亲权监护制度的评议

代替亲权的未成年人监护制度,皆在为处于亲权缺失状态下的未成年人提供监护保护和支持。总体而言,未成年人监护制度是将情感、心理、经济独立性都有所欠缺的,且处于亲权缺失状态下的未成年人,培养成健全人格的制度,具有代替亲权的重要作用。然而在实际运行中,该制度也暴露了不尽如人意之处:非亲权监护权的启动受限、配套监护监督制度运行不力、法人监护资格、一人监

[1] 参见韩国《家庭关系登记法》(第 18651 号法律,2021 年部分修改)第 83 条。

[2] 参见韩国《民法典》第 957 条。

[3] 参见韩国《民法典》第 691 条、第 959 条。

护等问题呼之欲出。

(一)韩国未成年人非亲权监护制度的法理基础和进益之处

未成年人非亲权监护制度的运行法理基础是基于保护未成年人,以子女、未成年人福利作为评判亲权积极行使的唯一标准。现行韩国《民法典》第 912 条明文规定了“子女(未成年人)福利”作为亲权行使和家事法院指定亲权人的标准,也间接宣告了亲权制度的核心要素和首要标准是“子女(未成年人)福利”,而代替亲权的未成年人监护制度应当为未成年人提供仅次于亲权程度、拟制于亲权的保护。即便是自始、天然亲权人未成年人的父母,在行使亲权时违反了“子女(未成年人)福利”的基本准则,也无法以亲权监护为由进行免责。而为了子女、未成年人的福利,国家介入启动未成年人非亲权监护,非亲权监护人亦需要从实现“子女(未成年人)福利”的角度履行监护职责。值得一提的是,亲子法运行基本特点是子女基于既有福利而为之的自愿性意见模式,即选任指派监护人时,需要听取子女(未成年人)的意见,从实现亲子法中心理念“自愿福利”的角度而言,未成年人非亲权监护制度是具有进步之处,因为听取未成年人的意见属于监护权启动程序中必不可少的环节。

在引入未成年人非亲权监护制度之前,韩国未成年人监护体系更多地依赖“法定监护人制度”进行运转,法定监护人以实际亲权人为核心延展,血缘关系衡量与决定监护的核心因素,即在父母亲权监护处于缺失状态下,如果没有指定监护人,血缘关系最近的未成年人长辈亲属将成为未成年人的监护人。较之非亲权监护制度,法定监护人指定以血缘关系为纽带,简化了复杂的指定法律程序,在一定程度上确实能够保障监护权的平稳过渡。但是法定监护人制度并未完全遵循子女(未成年人)福利圭臬,在监护决定适用过程中,没有考虑到未成年人的意思表示。也丝毫并不考量成为监护人的抚养能力、收入水平、居住环境、与未成年人沟通契合性等因素,仅以血缘关系为唯一评判因素决定监护权归属,非常容易出现监护人不适格之情形。在实务中,频繁出现事实上抚养未成年人的人与法定监护人不一致而导致矛盾丛生的情况,也有过亲属觊觎未成年人财产,进而发生的监护不道德行为,血缘关系在利益纷争面前也变得逐渐渺小。[1] 因此,韩国《民法典》适时引入非亲权监护制度,试图代替运行模式僵化的法定监护人制度,由家事法院根据未成年人的福利选择适格的监护人,并赋之以对应的监护监督内容,确保非亲权监护制度的平稳运行。

(二)韩国未成年人非亲权监护制度的固有弊病和问题争鸣

毋庸讳言,较之过往的法定监护人制度,未成年人非亲权监护制度具备较理想的立法初衷,规范内容秉承“自愿福利”之圭臬展开,未成年人子女的权益得到一定程度的保障。然而,未成年人非亲权监护制度更多的是在完善先前监护制

---

〔1〕 윤우일,“미성년후견제도의 개선을 위한 제안”,《亚洲法学》 제13권 제4호,p39.

度的弊端，并没有深入挖掘非亲权监护制度的内在法律内涵与基础，亦未曾对未成年人监护制度是否适配实际环境进行考察研究，因此暴露了诸多的问题。韩国学者一针见血地指出，无法得到亲权保护的未成年人很难在现行未成年人非亲权监护制度中得到健康成长的完整保护。[1] 这主要是由于下述四点具体原因。

1. 未成年人非亲权监护权的启动受限

未成年人监护制度的启动受制于亲权的存续状态，在实际执行过程中呈现较为刻板与僵化的态势，并不利于非亲权监护制度的顺利开启。未成年人非亲权监护的启动之适用范围为亲权缺失或者不能行使亲权的情况，实务中多发的情形却是亲权人可以履行监护职责，但疏于、怠于及不作为履行。譬如，年龄较小的亲权人，可能养育、照顾自己都存在着一定的困难，更遑论积极履行监护义务。这种情况下，虽然未成年人存在名义上的亲权监护人，但实质上并没有得到适当的保护或养育；而形式上由于亲权人的存在，未成年人非亲权监护并没有适当的启动空间。

立法伊始，韩国《民法典》试图通过引入请求限制亲权或者暂停亲权制度，来应对上述亲权监护不力、"名存实亡"的问题。根据韩国《民法典》第 924 条的规定，在宣告丧失亲权或暂停亲权后，即便存在亲权监护人，也可以适时启动未成年人非亲权监护。但这种权限有赖于子女或者子女亲属等相关利益人的申请，在上述实际亲权人不作为的情形下，指望他们花费时间和费用去请求丧失或者暂停亲权，似乎难以实现；且该条内容在立法时表述为"父母一方滥用亲权，明显损害或者可能损害未成年子女福利的，另一方可请求丧失或者暂停亲权"，亲权丧失或者暂停的适用范围并不包括实践中常见的"亲权人因疾病、意识不清、失去联系或所在地不明等原因无法履行亲权职责"之情形[2]，因此，从实际运行角度而言，韩国《民法典》第 924 条所设置的预防亲权人不作为、滥用权利的条款似乎无法囊括亲权不适格的基本情况，亦无法解决监护人启动运行模式僵化的问题。在现行制度规范运行的体系模式下，只有拓宽未成年人非亲权监护的启动空间，才能有利于解决实务中存在的亲权监护不作为之问题。

2. 监护监督机关履职不力

韩国未成年人非亲权监护制度中，另一个引人深思的问题是其监护监督机关并不完备，家庭法院承担着选任监护监督人并监督监护工作的重任。过往以来，承担监督监护职责的机构是亲属会[3]，但由于亲属之间的血缘纽带等关系，亲属会逐渐沦为与监护人达成共识、追认的机构，而不是牵制监护人行为的监督

---

〔1〕 윤우일, "미성년후견제도의 개선을 위한 제안" ,《亚洲法学》 제13권 제4호 . p39.

〔2〕 김상용, "부모가 장시간 소재불명인 경우 미성년자녀에 대한 후견개시 여부에 대한 고찰" ,「중앙법학」 제18집4호, 2016, p227.

〔3〕 亲属会可以随时要求监护人提交履行职责的报告和财产清单，并可以调查被监护人的财产状况。2011 年 3 月 7 日第 10429 号法对韩国《民法典》进行了部分修改，取消了亲属会建制，对应权限赋予了家事法院。

主体，并不能履行对监护人的实质性监督职能。[1] 2011年韩国《民法典》修改后废除了作为监护监督机关的亲属会，由家事法院兼任监督职能主体，家事法院可以选任任何自然人、组织或者机构作为未成年人监护监督人。理想状况之下，这种选任制的监护监督模式较之过往纯粹的血缘赋予而言，是较为中立和适宜的；但实际运行过程中，选任的标准和过程都缺少一定的必要条件作为客观基础参照，也没有过往亲属会之间以血缘关系为纽带的参与感，导致裁量趋向于较随意的境地。易言之，现行监护监督制度对于监督未成年人监护人的业务履行，可能尚不及过往亲属会负责的最低限度之监督，对监护人的监督和牵制功能较之以往更为弱化。

更糟糕的是，未成年人非亲权监护在很多情况下并不是一蹴而就的，如果被监护人属于低龄未成年人，监护的时限可能长达10年以上，长时间的监护需要承担监护监督职能的主体发挥制约的作用。而在未成年人监护工作没有制衡或监督机关的情况下，非亲权监护人的工作完成质量最终取决于监护人的道德和良心。监护人可能出现放任、滥用职权或与金钱问题相关的贪污或渎职等问题。[2] 使其雪上加霜的是，未成年人非亲权监护采取的是一人监护制度[3]，如果不对该监护人进行监督，监护人和未成年被监护人之间形成的心理依赖或信赖可能会使这些问题在相当长的时间内无法暴露。

3. 企业法人的适格性问题

法人是否应被列入未成年人非亲权监护人选任范围是韩国理论学界之于未成年人监护制度的一个讨论热点。否定说认为，现行法律明确规定未成年监护人只能是自然人，法人自始不能成为未成年人非亲权监护人，这是因为对于未成年人而言，监护人与未成年人之间通过个人接触建立人际纽带关系对于未成年人健全人格的形成具有重要意义[4]，而法人无法完成这种人际关系情感的构建。肯定说以“法人最终也是由隶属于法人的自然人个体完成监护业务的，因此并非没有与未成年人形成人际纽带关系的机会”之论调进行驳斥。并且还认为，如果能够选任人力资源丰富的法人作为监护人，那么其可以投入比单独自然人更多倍的时间和精力，将未成年人培养成具有完整的人格的人。

笔者认同肯定说的观点，根据前文所述，不同年龄阶段的未成年人之监护内容侧重点有所不同，很多未成年人也因为各种各样的原因面临着情感和心理上的困难。一方面，以法人为代表的组织、机构甚至是国家机关，具备监护执行的群体决策力，也拥有具有不同知识和经验的隶属自然人，如果法人群体可以作为监护人，则法人所属的专家可以根据各自掌握的知识不同，共同分担未成年人监护的工作，为未成年人提供与其年龄和成长环境相契合的人身保护、心理关怀、

---

〔1〕 박상호/예철희, “미성년자후견제도의 문제점과 개선방안”,「공공정책연구」제27집2호,동의대학교 지방자치연구소,2010.,p98.

〔2〕 최현숙, “미성년 후견제도에 관한 연구”,「법학연구」제57권,한국법학회,2015,p278.

〔3〕 即非亲权监护人的数量被法律强制限定为一人。

〔4〕 김형석, “민법개정안에 따른 성년후견법제”,「가족법연구」제24권 제2호,2010,p130.

财产管理、知识和技术学习等监护内容,为被监护未成年人提供适合身心发育的个别化养育环境。另一方面,未成年人非亲权监护的持续时间往往较长,自然人长期承担抚养责任难免力不从心,这就可能出现需要变更监护人的情况。如果法人成为监护人,可以通过法人物力、人力资源系统的充沛有效避免这一问题,实现既稳定又具有连续性的未成年人监护工作。此外,法人担任未成年人非亲权监护人,似乎也可以解决监护监督机关不力的问题,现行未成年监护人系统存在监督功能不健全的问题,法人监护人制度的优点是通过对该法人的事务监察制度行使监督权,可以对监护人业务实行最低限度的监督。[1]

4. 一人监护的问题

与法人监护资格对应出现,同样饱受诟病的问题是未成年人非亲权监护中"一人监护"的限制,韩国《民法典》将非亲权监护人的数量限定为一人,这意味着唯一的非亲权监护人必须同时承担对未成年人的人身保护和财产管理的义务。而上述义务在亲权监护时,往往是由未成年人父母双方共同承担,法律要求非亲权监护人承担的义务似乎有些不切实际。虽然立法限制非亲权监护人数量的初衷是为了防止监护人之间意见不一致而导致监护冲突或者责任不明确等问题,以及考量缺乏血缘关系为纽带的非亲权监护人之间的冲突可能会损害未成年人的合法权益,但仅一名监护人似乎很难承担连亲生父母都吃力的未成年人抚养和保护工作。

韩国学界对这种立法限制监护人数量的规定看法不一,质疑的论调居多。有观点认为,限制监护人数量的立法规定虽然可以被解释为"是为了防止监护人之间的纠纷,保证监护工作的顺利进行",出于监护人工作便利性的考量[2],但是一人监护制度显然有违"子女(未成年人)福利"原则,未成年人非亲权监护人行使监护职权虽然具有一定的工作属性,但所指向的最终目标应该是促进未成年人健康成长,因工作便利性而忽视根本目标,有因噎废食之嫌。一人监护制度暴露问题最明显的情境是在由家庭法院指派律师、社工、法务人员作为未成年非亲权监护人。这种情况下,往往被监护人存在共同生活的实际扶养人,但由于种种原因不适宜作为亲权人,家事法院指定工作人员作为非亲权监护人,但由于他们的监护工作属性更为浓厚,实际执行中也不与被监护人共同生活,在对未成年人的保护和抚养方面无法避免地会出现空白、存在一些问题。不仅对与未成年人同居并实际承担抚养责任的抚养人难以起到监督的作用,而且抚养人也会因自身定位不明而产生混乱。在这个过程中,监护人与实际抚养人可能会因为无法进行明确的权利义务分配而产生龃龉,或者因责任归属不明确而损害被监护人的权益。[3]

而引入多人监护制度具体分配各自的工作任务,上述提到的问题可以迎刃

〔1〕 정현수,"미성년후견제도의 개선을 위한 몇가지 제언",「동북아법연구」제10권 제3호,2017,p740.

〔2〕 김현수/김원태,"미성년후견제도에 관한 입법평가",한국법제연구원(입법평가연구 13-24-⑧),2013,p27.

〔3〕 参见윤우일,"미성년후견제도의 개선을 위한 제안",《亚洲法学》제13권 제4호,p39.

而解。[1] 此外，在未成年人非亲权监护中，选任监护人大多可能是具备法律知识的律师或法务人员，以及社会工作领域的社工，他们虽然都具备各自领域内的专业知识，但很难顺利完成自己专业领域以外不熟悉的监护业务，例如，律师作为非亲权监护人，在未成年被监护人的财产相关问题或亲属之间的法律纠纷问题上，可以顺利地发挥未成年监护人的作用，但在有关未成年人抚养或者情绪等问题上，则很难发挥作用。[2] 因此，未成年人需要多方面照顾，一人监护的制度并不适合，多人监护显然能够投入更多的时间和资源，仅因为工作便利而规定一人监护未免舍本逐末。

四、韩国未成年人非亲权监护制度对我国未成年人监护体系构建的启示

韩国未成年人非亲权监护制度对我国未成年人监护体系构建中存在的监护内容原则化、监护监督机关不明确、被监护人真实意愿不清晰等问题具有一定的启示作用，韩国未成年人非亲权监护制度中固有的监护权启动、一人监护等弊病也值得被警示。我国未成年人监护体系构建应该坚持监护内容个别化、监护监督机关完备化、发挥组织监护人的优势以及尊重被监护人的真实意愿表达。具体包括以下几点。

(一)监护内容个别化

未成年人非亲权监护内容个别化是该制度发展的理想路径，这是毋庸置疑的。韩国该制度下有关经验表明，家事法院需要审慎选择与个别化监护内容“对口”的监护人，监护人的选拔队伍也应该吸纳更多元的社会力量，以适应监护内容个别化的要求。具体而言，在未成年人非亲权监护的情况下，以抚养问题、心理问题、法律问题、财产或经济问题等为代表具体监护内容事项因人而异，未成年人所处的情况各不相同，需要针对具体的未成年人之实际而设计契合的监护内容。我国有关监护部分的法律内容亦有“按照最有利于被监护人的原则履行监护职责”的表述，而践行最有利于被监护人原则的具体路径就是监护内容的个别化，根据被监护的未成年人身心发育特点以及情感人格状态，进行契合未成年人健康成长的监护内容。

而在《民法典》第 36 条规定下，人民法院可以根据有关个人或者组织的申请，按照最有利于被监护人的原则依法指定监护人。这需要人民法院最大限度地收集与未成年被监护人相关的信息，为其选择合适的监护人。同时，具备专业知识技能的心理专家、教育专家、社会福利专家、法律专家、财产管理专家等专家群体也应该积极参与到未成年人非亲权监护中。此外，未成年人非亲权监护的内容和方法也应该向多元化的视角与维度扩宽，积极引入心理健康指导教育等有益于未成年被监护人身心健康发展的专业内容，也是实现监护内容个别化的

---

〔1〕 윤우일,“미성년후견제도의 개선을 위한 제안”,《亚洲法学》 제13권 제4호 p44.

〔2〕 이상희,“현행 미성연후견제도의 문제점과 개선방안”,「동아법학」,제81호,2018,p9.

理想路径。

(二)监护监督机关的完备化

我国未成年人监护体系中被赋予监护监督职能的是一些社会性质的个人或者组织,包括其他依法具有监护资格的主体,居民委员会、村民委员会、学校、医疗机构、妇女联合会、残疾人联合会、未成年人保护组织、依法设立的老年人组织、民政部门等。较为遗憾的是,一般性的社会监护监督制度虽然予以规范化,但仍以原则性的表述为主,欠缺具体的实践操作细则,监护监督力度大打折扣;虽然监护监督设置的主体范围比较广泛,但也容易陷入"各自为战"的不利局面,缺乏统一、强有力的执行机制。

韩国未成年人非亲权监护制度中的监护监督机制运行由家事法院统一调配,虽然亦存在监督强度有限等问题,但至少有统一的司法机关进行调配、运作具体的实践操作机制,可以为非亲权监护提供最低限度的监督制约。我国监护监督机关完备化之路可以效仿上述有益经验,设置负责具体调配和运行监护监督机关的统一主体,由其根据监护类型(父母监护或非亲权监护)和监护内容的不同具体指派监护监督主体。主流的学术观点认为,我国检察机关作为行使法律监督职能的监督主体,理应承担监督未成年人监护的重任[1],通过书面建议[2]等方式对非亲权监护进行全面和系统的监督。笔者也较为赞同检察机关应当在监护监督工作中起到重要的作用,但人民法院作为主体也可以承当部分监护监督工作的具体内容,同样是运行上述监护监督制度的良好选择,起到韩国未成年人非亲权监护监督机制中家事法院的作用。有学者提出,人民法院应当作为我国未成年人监护监督制度中事前监督的主体,行使任命权督促监护职责的履行[3],实际承担一定的监护监督的职责。

(三)发挥组织监护人的优势

我国目前的未成年人监护体系较韩国未成年人非亲权监护制度最为进益之处在于并不排斥组织成为监护人,甚至在没有依法具有监护资格的人时[4],民政部门也可以成为监护人。毋庸讳言,组织、行政机关在履行监护职责时,能调配和投入的资源明显要胜自然人一筹。需要注意的是,韩国排斥法人成为监护人的主要理由在于法人组织无法与自然人进行情感交互,确实有一定的道理,即便是法人可以调配专属于己的自然人承担监护职责,也可能出现下属成员的频繁

---

〔1〕 参见赵若辉、姚学宁:《完善我国内地非亲权未成年人监护监督制度之探究——以澳门未成年人监护监督制度为镜鉴》,载《中国青年社会科学》2022 年第 3 期,第 139 页。

〔2〕 参见丁慧洁、徐丽春:《未成年人监护监督考察制度中检察机关的地位与作用》,载《青少年犯罪问题》,2021 年第 1 期,第 119 页。

〔3〕 参见谢芳:《完善我国未成年人监护监督制度的原则及路径》,载《中国青年社会科学》2021 年第 1 期,第 130 页。

〔4〕 我国《民法典》第 32 条规定,"没有依法具有监护资格的人的,监护人由民政部门担任,也可以由具备履行监护职责条件的被监护人住所地的居民委员会、村民委员会担任"。

交替与非具体指任监护人的责任心欠缺等问题。因此，我国未成年人监护体系需要发挥组织监护人的优势，也应该引入一定的心理培训课程，改善组织与被监护人之间情感交互的问题，并设置考评、奖惩机制规范组织所属的成员在具体履行监护职责时的行为，完善契合我国实际的本土化非亲权监护制度。

此外，我国有关监护部分的法律规定也并未限制非亲权监护人的数量，非亲权监护可以由多个监护主体共同担任；韩国非亲权监护将监护人的数量限制为一名，在实际的监护过程中也暴露了人力、物力资源乏力，监护力不从心的弊端。多人监护、组织监护人在一定程度上可以规避一人监护之弊端，通过多个监护主体的协同、联动以及组织内部的协调和沟通，调配充足的监护资源进行对应的具体监护工作。但也需要镜鉴韩国设置一人监护的初衷，妥善安排多个监护主体和组织监护人的具体监护工作，避免监护主体之间发生冲突，损害未成年被监护人的实际利益。

（四）尊重被监护人的真实意愿表达

无论是韩国未成年人非亲权监护制度所坚持的自愿福利原则，还是我国未成年人监护体系中始终恪守的以被监护人的利益为先履行监护职责，指向的程序性事项都是听取未成年人的意思表述，我国《民法典》第30条对协议监护规定“协议确定监护人应当尊重被监护人的真实意愿”。进一步为未成年人对监护意愿进行意思表示提供规范的程序性环节，系保障被监护人提供真实意愿的基础。我国可以效仿韩国未成年人非亲权监护启动环节时家事法院听取被监护人意见的程序环节，并增加违反该程序环节的制裁性规定。同时，应进一步明确涉及监护权的家事诉讼流程，强化被监护人真实意愿表述在诉讼过程的作用，借鉴韩国未成年人非亲权监护制度中赋予被监护人的异议权和财产管理消灭权等，对于某些财产或者其他敏感事项的监护内容，也应该听取被监护人的意见。

结语

韩国引入未成年人非亲权监护制度，无法避免的议题是有关私法公法化的讨论，国家为了实现公民的个人尊严和两性平等，应该通过法律的形式积极促进公民家庭生活的规范秩序，这似乎也是私法存在的法律基础性价值。从私法的角度而言，克制国家和社会对家庭生活的过多介入是应有之义，这也契合人权法的要求，即家庭是社会的自然和基本之团体单位，受国家和社会保护，不能允许对家庭的任意介入。只有因国家安全、公共安全或出于经济福利、防止犯罪以及保护他人权利和自由考虑的情况下，国家和社会才能对家庭生活进行干预，对家庭关系的干预应在必要的限度内最小化。未成年人非亲权监护制度正是在这一理念的指导下应运而生，即保护未成年人健康成长、生活之权益，国家赋予家事法院一定的监护启动权，运行非亲权监护机制。

而在我国，《未成年人保护法》明确规定保护未成年人应当坚持最有利于未成年人的原则，国家保障未成年人的生存权、发展权、受保护权、参与权等权利，国家采取措施指导、支持、帮助和监督未成年人的父母或者其他监护人履行监护职责。[1] 虽然尚未在法律层面明确未成年人非亲权监护制度,但无论是其他有关于监护人的规定,或是一般性的社会监护监督机制,都具有非亲权监护制度的色彩与特点。而作为未成年人监护制度不可或缺的重要组成部分,非亲权未成年人监护监督制度是公法理念植入私法之中的典型性产物,也是国家亲权和最有利于未成年人原则的践行。该制度对身处亲权真空状态下的未成年人[2],施以国家公权力,突破了仅建构于血缘关系上的私益限制,有利于保护未成年人身心健康发展,保障未成年人合法权益不受侵犯,是一项具有积极意义的制度构建。

〔1〕 参见《中华人民共和国未成年人保护法》(2020年修订)第四条。

〔2〕 参见赵若辉、姚学宁:《完善我国内地非亲权未成年人监护监督制度之探究——以澳门未成年人监护监督制度为镜鉴》,载《中国青年社会科学》2022年第3期,第134页。

英国《已婚妇女财产法》研究（1870—1893）[1]

杨城新*

摘　要　19世纪，随着工业革命的加速推进，英国妇女的财产问题成为社会日益关注的热点问题，近代英国妇女希望改变英国传统上对妇女法律地位的歧视及对其财产权的褫夺。在英国社会变革的背景之下，五部《已婚妇女财产法》在维多利亚时期相继出台，这五部制定法不同程度地吸收了衡平法中存在的保护妇女的相关规定，填补了普通法的空白。同时我们也可以发现其中所存在的缺陷，这些缺陷不仅在某种程度上是制定法层面的倒退，而且也促使信托制走向了已婚妇女的对立面。但对于英国已婚妇女的财产权利保护而言，它们确实具有里程碑式的意义。

关键词　英国妇女；已婚妇女财产法；制定法；衡平法

目　次

* 杨城新（1993—　），北京大学法学院2019级博士研究生。主要研究方向：比较法、英国法、财产法。

〔1〕 本文系2020年北京大学区域与国别研究学术基金、2021年中国法学会比较法研究会课题项目（CLC21008）的研究成果。

引言

19世纪的英国处在一个社会剧烈变化的重要时期,看似不相关的各种社会现象实际上也存在着千丝万缕的联系,女权运动正是这样一个典型代表。看似是女性为选举权、财产权不懈努力,实际上运动的推进与当时的英国资本主义发展、殖民扩张、议会改革和司法改革都有着一定的关系。当时的英国已婚妇女缔结婚姻后其财产权状况与未婚妇女有着较大差别,普通法下的已婚妇女是没有财产权的,因此衡平法在此时就成了保护她们的法律,信托更成为保护已婚妇女财产权的主要工具。

就上述问题的相关研究,不仅国外,[1]我国对女性权利的研究也有很多。总的来说,国内的研究角度已经涉及英国已婚妇女权益的多个方面。比如,就切实保护了已婚妇女财产权的信托制,余辉和陈志坚对其起源和发展有过较为全面的论述;细化到与妇女直接相关的家庭信托方面,李智和李有星也有相关学术研究成果。除了信托领域,郭俊、金彩云、李宝芳分别从社会史和土地制度史等方面对英国已婚妇女财产权的问题有过讨论。[2] 除此以外,文学、女性问题研究中涉及女权运动的相关成果也会或多或少提到19世纪的英国已婚妇女财产权运动。但上述研究也存在一个问题,比如有深入研究家庭信托方面的成果但却没有涉及19世纪,而深入研究了19世纪已婚妇女财产状况的却又鲜少有法律层面的探究。因此,可以这么认为,到目前为止,我国还没有出现研究19世纪英国已婚妇女财产权的法学成果。

伴随着女权解放运动的推进,英国一系列《已婚妇女财产法》通过吸纳并修正既有的衡平法信托制度为贵族女性提供的财产保护,赋予了更为广泛的妇女群体以独立的财产权利。为何女权运动在19世纪下半叶进入顶峰?衡平法的信托制不是已经可以保护已婚妇女财产权了吗,为何还需要通过制定法来进行调整?到底是衡平法自身的缺陷,还是制定法在当时的时代背景下被赋予了不同的历史使命?本文希望能在研究英国《已婚妇女财产法》后得出相关的答案。

一、《已婚妇女财产法》立法前英国已婚妇女财产权的状况

总体而言,19世纪前英国女性的财产权利一般以是否结婚作为一个明显的

---

〔1〕 See Lee Holcombe, *Wives and Property: Reform of the Married Women's Property Law in the Nineteenth-Century England*, Toronto: University of Toronto Press, 1983; Chused, Richard H., Late Nineteenth Century Married Women's Property Law: Reception of the Early Married Women's Property Acts by Courts and Legislatures, *in American Journal of Legal History*, 29, p. 3(1985).

〔2〕 如余辉:《英国信托法:起源、发展及其影响》,清华大学出版社2007年版;陈志坚:《"为他人的利益而占有地产"——中世纪英国的地产托管、封土保有与家产继承》,载《历史研究》2009年第3期;李智:《家庭信托功能演绎与构建的法理审视》,载《云南师范大学学报》2015年第5期;郭俊、梅雪芹:《维多利亚时代中期英国中产阶级中上层的家庭意识探究》,载《世界历史》2003年第1期;金彩云:《西方学者对1500—1800年英国家庭财产继承研究的综述》,载《史学理论研究》2007年第1期;李宝芳:《维多利亚时期英国中产阶级婚姻家庭生活研究》,社会科学文献出版社2015年版。

分水岭被区分为不同情况,尽管就性别而言,女性受到的待遇,拥有的社会地位已和男性有所差异,但已婚妇女的情况又与未婚妇女有较大不同。英国19世纪之前的法律是如何规定已婚妇女财产权的?鉴于英国历史上多种法律渊源并存,各个渊源涉及已婚妇女的规定又多有不同,因此本节将按照普通法、教会法与衡平法的顺序来介绍相关情况。

(一)普通法下的已婚妇女财产权与其他法律的补充

在英国维多利亚时期之前,在普通法的体系下,已婚妇女并不具有独立的财产权。用布莱克斯通的话概括过来就是:"通过婚姻,丈夫和妻子在法律上就是一个人;即在婚姻期间,妇女的存在或法律存在悬置终止了,或至少被融入、整合进丈夫存在之中了"。[1] 对于已婚妇女地位的术语,一般用"coverture"一词做形容,[2] 这个词通常具有两层含义:一是已婚妇女不具备民事缔约的独立权利,二是其无法拥有不归属于丈夫或无法行使权利主张的财产。已婚妇女不再拥有法律地位,其财产权也随之丧失,原先拥有、或今后所能获得的财产也将成为丈夫财产的一部分,更有甚者,会认为妻子也是丈夫的财产之一。对于这种法律地位的改变,麦克法兰(Alan Macfarlane,英国历史学家、人类学家)尖锐地概括为:"她投降,成为一个绝对的投降者,以她的自由来换取两个人的共同生活;她给了丈夫绝对的权力来任意支配她,给了他力量将她带走,为了他自己的目的,使用她一切的财务支持他。她的整个人都全部屈从于他。"[3]

普通法对已婚妇女财产的规定是如此不公平,而保护这种权利的需要又现实存在,用益制(Use)在此时便承担起这个角色。作为信托制的前身,用益具有将封建土地奉献给教会,进而躲避封建义务的功能。[4] 无法被普通法相容的用益制同时也是普通法与教会法抗衡的一个缩影,[5]教会法凭借自身可以调整遗嘱这一特点,充分借题发挥,将遗嘱可能囊括的,原本归普通法调整的地产也归入自己的调整范围。再加上教会保护弱者的理念,使其可以在政治上和法律上深入参与英格兰关于已婚妇女的相关事务。[6] 但是在亨利八世宗教改革(English Reformation)后,教会法式微,已婚妇女和用益制都失去了保护自己的有力屏障。

---

〔1〕〔英〕威廉·布莱克斯通:《英国法释义》(第1卷),游云庭、缪苗译,上海人民出版社2006年版,第491—492页。

〔2〕薛波主编:《元照英美法词典》,法律出版社2003年版,第349页。

〔3〕Alan Macfarlane, *Marriage and Love in England: Modes of Reproduction* 1300-1840, Oxford: Blackwell, 1989, p. 322-323.

〔4〕更深层次的原因在于,教会作为团体并无人的生死之别,一旦成为教会财产,将永远不会发生"变为遗产"的现象,宛如死人的财产,因此又被称为"死手"(mortmain)。

〔5〕尽管爱德华一世时期曾试图用《永久管业法》(mortmain act)限制该行为,但很快教会法又以第三方参与的方式将用益制进一步发展并摆脱了该法案的束缚。

〔6〕James K. Farge ed., *Marriage, Family, and Law in Medieval Europe*, Cardiff: University of Wales Press, 1996, p. 17-20.

衡平法与信托制在此时则接过了教会法的角色。作为英国法三大渊源之一,〔1〕衡平法发展了用益制,使之转型为信托制,同时衡平法与信托制还将已婚妇女的财产根据结婚的不同阶段分为婚前嫁妆(Dower)、〔2〕家庭财产协议(family settlement)、〔3〕和遗嘱与继承信托。〔4〕

(二)既有法律的缺陷

信托制尽管在近代切实地保障了相当一部分已婚妇女的权利,但衡平法与信托制依旧存在着以下问题。

第一,衡平法院的实用性。妇女不一定拥有足够的时间来等待衡平法院通过一系列的诉讼程序来为自己伸张正义,即便是标榜着诉讼程序简易的大法官法院,在几百年的时间里也逐渐制度化。而且,通过衡平法院保护就意味着,已婚妇女的财产权是需要通过司法个案才能确认的权利,而非制定法赋予的权利。

第二,信托制度本身的问题,不能否认衡平法在保护已婚妇女财产方面已经起到很大作用,〔5〕若没有它,英国的女性很可能过着比当时更加糟糕的生活,但信托同样存在着制度缺陷。其一,用信托设立这种保护财产的措施,一旦遭受侵害,必须通过衡平法院的诉讼救济才得以实现权利的保护,不是所有人都有时间、精力和金钱去应付冗长的诉讼。其二,走司法程序实现救济的另一个意思便是,制定法无法支持已婚妇女的权利诉求。在工业革命前,拥有财产的妇女数量有限,没有合适的制定法尚无大碍,但随着资本主义社会经济的发展,这一现状迎来了巨变。其三,也是最重要的一点,已婚妇女的法律地位并没有因此获得普通法这一最为重要的英国法渊源的认可,她们的独立行为能力和民事能力,如缔结契约和参与诉讼的能力在法律保护上始终有缺陷,尤其是独立财产权一直未能得到制定法和普通法的正式承认。衡平法终究是一种对普通法的补充,其救济也只是对普通法的弥补,只有得到普通法和将普通法成文化的制定法的承认,已婚妇女才能真正拥有和男性同样的地位与权利。这种现实在19世纪迎来巨大的冲击。

---

〔1〕 诸多法学家都对信托有着极高的评价。参见〔德〕茨威格特、克茨:《比较法总论》,潘汉典、米健、高鸿钧、贺卫方译,潘汉典校订,贵州人民出版社1992年版,第345—347页。这一观点亦见于〔美〕格伦顿、戈登、奥萨魁:《比较法律传统》,米健、贺卫方、高鸿钧译,中国政法大学出版社1993年版,第99页。

〔2〕 家长会在女儿待嫁前为其设立专门的信托财产,并指明供她婚后使用。See Alan Kidd & David Nicholls eds., *The Making of the British Middle Class: Studies of Regional and Cultural Diversity since the Eighteenth Century*, Gloucestershire: Sutton Publishing Ltd, 1988, p. 196.

〔3〕 即夫妻双方就婚后家庭财产分配所达成的协议。See Amy Louise Erickson, *Women and Property in Early Modern England*, London: Routledge, 1997, p. 227.

〔4〕 由于过去爵位和土地的对应关系,将土地集中继承给一人是维护家族地位与荣誉的首要办法,这种维护长子继承制的做法自然无法维护女儿们的利益,因此地产主们会选择将部分土地设置为信托财产,由继承人作为受托人,受益人则为女儿。这既可以无损社会地位,又可以保障女性家属成员的生活。

〔5〕 李红海:《"水和油"抑或"水与乳":论英国普通法与制定法的关系》,载《中外法学》2011年第2期,第422页。

维多利亚时期是整个大英帝国的最顶峰,国家高速发展的背后是愈发难以调和的社会矛盾和更加复杂的诉讼纠纷情形。普通法也好,衡平法也罢,通过法官一个一个案子来调整社会矛盾,改变社会发展趋势已不太实际,[1]议会制定的法案能更好地将法律规制与保护普及所有英国人民(甚至是整个英帝国),这也是英国整个19世纪的大趋势。同时,1873年的《最高法院司法法》(Supreme Court of Judicature Act)掀起法院改革的大浪潮,[2]不仅统一的法院分级被确定下来,分立的普通法与衡平法也走向统一。已婚妇女需要结构明晰、管辖权清楚的法院系统为自己伸张正义,更需要成文法案来为自己的正当权利背书。

二、《已婚妇女财产法》立法的社会背景

19世纪是英国风云变幻的世纪,一方面,工业革命和英帝国的扩张所带来的巨变让英国获得超乎想象的财富,有相当数量的英国人生活也得到了很大的改善,"有钱的英国人"不再单指土地贵族,中产阶级作为新兴阶层在历史舞台扮演着极为重要的角色;另一方面,英国社会阶层及其内部关系也更加复杂,原先被压抑的女性对平等权利的诉求被再次激发,大幅增长的财富对夫妻之间的财产关系也带来新的挑战。英国女性在这一大背景下开始对自己的权利进行新一轮的奔走,一系列《已婚妇女财产法》正是在这样的大背景下颁布的。

(一)社会经济的发展

日不落帝国,是维多利亚时期人们对大英帝国(British Empire)的另一称呼,在这一阶段,英国对外大肆进行殖民扩张,对内则将资本主义发展推向高峰。圈地运动瓦解自耕农阶层自给自足的可能,迫使大量人口涌入城市,为工业革命带来劳动力基础。工业革命的发展则产生两种新的变化,一是中产阶级的兴起,一大批中产阶级家庭中的妇女开始拥有支配财产的可能;二是对工人的需要促使女性进入工厂,使底层妇女也开始自食其力、获得经济独立的可能。[3]

对于中产阶级已婚妇女而言,管理家庭收支是其最重要的职责之一,如何保证收支平衡甚至有所结余是家庭主妇每天都在思考的问题,但同时也意味着妻子掌握事实上的财产支配权。这个现象并不是中产阶级,也并不是维多利亚时期才存在的事实,即便普通法没有给已婚妇女应有的法律地位,由已婚妇女负责家庭的日常开销本身也是英国家庭普遍的职责分工。但工业革命促进财富的快速增长,中产阶级妇女作为新兴阶层在事实上掌握大量的财富,但拥有财产却依旧无法得到法律的承认,她们必然会努力在这一方面寻求突破。

---

〔1〕 在这个时期,政治改革、社会主义思潮、色情文学、物种起源学说、基督教的活跃等英国社会各个领域的标志性事件在维多利亚女王主政时一并发生,社会发生剧烈的动荡。See William Cornish & Stuart Anderson, *The Oxford History of The Laws of England*, *Vol*. 11, Oxford: Oxford University Press, 2004, pp. 190-192.

〔2〕 王婧:《1873年英国司法改革与上议院司法权的变迁》,载《上海师范大学学报》2018年第3期,第75页。

〔3〕 〔英〕克拉潘:《现代英国经济史(下)》,姚曾广译,商务印书馆1986年版,第572页。

至于中下阶层的女性，她们对家庭经济的贡献更是显而易见，英国一直流传着一句格言“没有妻子的许可，丈夫难以致富”。[1] 早在工业革命之前，下层家庭的妻子就有参与劳动帮助丈夫一起赚取收入的情况。由于雇佣男仆会被英国政府征收额外的税费，因此作为上流人士的女仆也是这个阶层妇女的重要收入来源。除此以外，中下层妇女在各个工作领域均有所涉及。表 1 为 1851—1891 年英国妇女就业情况大致统计。

表 1　1851—1891 年英国 15～24 岁妇女的就业情况[2]

年份	1851 年	1871 年	1891 年
妇女就业人数	1755105	2148542	2884756
住宿业	27.08%	35.82%	36.44%
制造业	24.73%	23.28%	25.52%
棉纺织业	11.36%	10.88%	9.69%
农业	3.86%	0.441%	0.36%
缝纫业	1.64%	5.79%	7.32%
教育行业	1.05%	1.66%	2.46%
失业人口	43.48%	38.76%	36.64%

从表 1 可以看出，维多利亚时期的妇女就业人数每年都在攀升，到 1871 年左右，全英国已有三分之二的女性参与工作，考虑到大英帝国非战争期间相对均衡的人口比例，维多利亚时期，英国有将近三分之一的劳动力为女性。参与农业的妇女人数因为圈地运动的影响急剧减少，而住宿业、缝纫业和教育业的妇女比例均有所增长。妇女参与工作极大地补充了工业革命以来的劳动力需求。对于妇女而言，一方面她们开始拥有自己的工作收入(而这些收入因为普通法的庇护均被归入丈夫的腰包)，在经济困难的家庭中，男人的收入并不足以负担一个家庭的全部开销，女性必须也合力协作，因此女性收入占主导地位的情况时有发生。无论法律如何规定，无论丈夫从面子和家庭地位的角度如何对待妻子，他们都无法否认妻子对于家庭经济的重要性，恩格斯(Friedrich Engels)在 1844 年曾经调查过 412 家工厂，在 10 721 名已婚女工中，存在不少丈夫失业需要靠妻子的劳动维持生活的情况。[3] 因此对于这部分群体来说，他们与妻子之间的关系也更加融洽，鉴于此，中下阶层的女性同样会追求财产权的独立。

值得一提的是，1851—1871 年的这段时间，“大龄剩女”的数量明显增加，从 72 500 人增加到 125 200 人。[4] 从婚姻的角度而言这似乎并不是一件好事，但在 19 世纪，这意味着指望婚姻改变自己命运的女性开始减少，越来越多的女性

〔1〕 C. David & Douglas eds., *English Historical Documents*, London: Routledge, 1956, p. 924.

〔2〕 王晓焰:《18—19 世纪英国妇女的生活和工作状况研究》,四川大学 2006 年博士学位论文,第 143 页。

〔3〕〔德〕恩格斯:《英国工人阶级状况》,人民出版社 1956 年版,第 433 页。

〔4〕 J. A. & Olive Banks, *Feminism and Family Planning in Victorian England*, New York: Schocken Books, 1974, p. 27.

可以通过自食其力保证自己的生活维持在一个较为体面的水平。如果更多女性可以通过劳动获得生产资料和生活收入,而结婚却会让她们的收入减少,生活质量下降,财产不能得到保护,那么大龄单身女性和离婚现象增加也就在所难免。

(二)社会观念的变化

尽管在维多利亚时期更早的时代里,宗教改革也好,启蒙运动(The Enlightenment)也罢,都没有打破将女性排除出自由平等的怪圈。但实际上,很多哲学巨人的著作给了女权主义者和新的自由主义者追求女性权利的理论依据。例如约翰·洛克(John Locke)的《政府论》中就通过大幅篇章来抨击父权制。[1]

就思想层面而言,以约翰·密尔(John Stuart Mill)在内的自由主义改革家开始为女性大声疾呼:"所谓男人和女人之间的智力差别,不过是他们在教育和环境上存在差异的结果,并不表明天性上的根本差别,更不必说极端低劣了。"[2] 作为一名在维多利亚时期具有极强影响力的公众人物,约翰·密尔开始对英国社会一以贯之的观点进行逐个反驳。

首先,"男性具有更高优越性,因此女性从属于男性"的制度在他看来是没有依据的,社会对这种制度存在的原因始终没有进行深入的剖析,而仅以人类社会自古以来就有女性从属于男性之传统来支持现有的社会现象。也许男女在身体构造或体力方面存在差异,但是以这种身体上的差距作为法律依据,从而构建社会制度和政治关系,这是毫无道理的。其次,密尔强调,存在女性从属地位的现象更像是奴隶制的另一种存续。尽管维多利亚时期奴隶制已经消失,男性之间的依附状态失去市场,但这种支配他人并把人作为商品来看待的野蛮态度依然存在,妇女受到的不公正歧视是奴隶制的残余。再次,哪怕从习惯的角度来看,人们似乎并不会对女性统治者的存在感到诧异,英国的确有过女王统治大不列颠的历史,而密尔所处的时期,统治者正是维多利亚女王。也许对于没有出现过女王的德国和法国等国家会觉得不可思议,但英国人早已习惯;另一方面,英国男性却又对女议员、女性工人的存在感到匪夷所思,这种现象如此矛盾,着实令人费解。最后,密尔同样驳斥了所谓妇女"自愿被统治"的观点,在文学领域——当时社会为数不多愿意接纳女性的行业,有大量女性写下对丈夫、对社会不满的文字。也许在这些女性看来,男性不过是想让女性成为奴隶,不是强制的奴隶,而是自愿的奴隶;更有甚者,希望她们能成为宠物。[3] 这说明,这种所谓的"天性",不过是男权社会下不断鼓励顺从之心以方便压制反抗和独立精神的结果。

正如密尔所言,女性对社会现象的不满早就通过各种各样的方式进行了表达,她们在工业革命时期的确获得大量就业机会,但是可供选择的职业相较于男性而言少得可怜。即便是同一份工作,收入也有着巨大的差距,无法接触男性才

---

〔1〕〔英〕约翰·洛克:《政府论(下)》,瞿菊农、叶启芳译,商务印书馆1964年版,第32页。
〔2〕〔英〕约翰·斯图亚特·密尔:《妇女的屈从地位》,汪溪译,商务印书馆1996年版,第304页。
〔3〕〔英〕约翰·斯图亚特·密尔:《妇女的屈从地位》,汪溪译,商务印书馆1996年版,第278页。

能进入的世界,无法过男性才能体验到的人生,很多女性对此早就无法忍受。一位名叫弗洛伦斯·南丁格尔(Florence Nightingale,实际上也是世界上最知名的护士)的中产阶级妇女就曾经抱怨过:“为什么女人要拥有智慧、道德和激情这三样东西,但是她们的社会地位却又不允许她们运用其中任何一种能力呢?”[1]在女性看来,无法参与男性才能参与的活动是不公平的,也许有些事情女性的确无法操持,但实际上这个社会并没有认真思考过,在很多领域对于女性是否能够发挥出不亚于男性的作用。

密尔对男女平等权利的看法,似乎更靠近人类社会版本的“物竞天择”理论。尽管达尔文[2]的《物种起源》在1859年引发地震式的社会反响,我也无从得知密尔这位功利主义的代表人物开始是否有去思考关于社会达尔文主义的问题。但在《妇女的屈从地位》(*The Subjection of Women*)一书中,密尔夫妻确实认为妇女可以从事什么样的工作,可以拥有什么样的权利,不应该在一开始就用法律进行限制,而给予平等的机会和发展空间任其努力,无法做到的事情,本身就没有禁止的必要;能做到但不如男子的领域,那竞争自然会把女性淘汰出去。至于政治和经济上的权力,他支持妇女拥有选举权,他认为选举权可以帮助发展妇女参与国家事务的能力,同时也能真正用来保护已婚妇女。

三、《已婚妇女财产法》的诞生与文本

在普通法和衡平法的适用问题上,不同社会阶层的妇女所受到的影响并不相同,富裕阶层的已婚妇女可以通过衡平法保护自己的财产,而对于底层民众的女儿,出嫁时是否能有嫁妆都是一个问题,普通法的桎梏反而不明显。富人可以依靠衡平法救济,而穷人没有财产也就无救济可寻,已婚妇女的财产权改革在一定程度上也因此而被推迟,所以在改变普通法这一点上,中产阶级妇女要积极得多。

(一)1870年之前没有《已婚妇女财产法》的原因

至1870年,第一次工业革命已基本完成,财富急剧增加并以中产阶层的家庭数量大幅增加为特征,因此,这一时期中产阶级的日益壮大正是对已婚妇女财产权的呼声日益高涨的重要原因。此外,工业革命带来的拥有工作及收入的女性大量涌现的现象也是另外一个因素,其中相当一部分人在选举中起到过重要作用,这使得议会的政治家们再也无法忽视女性在政治舞台的声音。

约翰·密尔的影响同样是一个重要因素。1860年至1870年可以说是密尔最如日中天之时,他的诸多著作(如《论自由》)对于自由主义者们而言堪比政治教科书。而保守主义者尽管不赞成密尔关于妇女应该获得完全公民权的言论,

---

〔1〕 Martha Vicinus, *Independent Women: Work and Community for Single Women*, 1850-1920, Chicago: Chicago University Press, 1985, p. 2.

〔2〕 查尔斯·罗伯特·达尔文(Charles Robert Darwin,1809—1882年)是英国维多利亚时期享有盛名的生物学家,他的理论研究对世界生物学、哲学等领域都带来极其深刻的影响。

但对于通过立法使已婚妇女获得独立财产权一事,他们对此也表示肯定。普通法、衡平法、制定法之间的关系前文已有论述,衡平法的存在一定程度上弥补着普通法在已婚妇女问题上一直存在的漏洞。但同时也令议会认为无需再制定更多的成文法来调整已婚妇女财产权,从这个意义上讲,衡平法的存在反而妨碍了已婚妇女财产权的变革。

《已婚妇女财产法》的出台是一种迟来的正义,在英国一直有一种“保护一半比不保护更糟糕”的古老说法,当一种权利无法得到任何保护,民众必然会想办法寻求救济措施。而掌握政治话语权和资源掌控权的少部分人在寻求救济方式时是拥有天然优势的。当他们寻求到一种在一定程度上保护自己的另一种措施,而这种措施还能让大部分贫民因准入资格(财产)而望尘莫及时,制定一种普及全民的保护办法便成为一种多余。只有在国家经济、国内政治体制发展到一定程度,必须让所有人获得这种权利,或原来拥有话语权的少数人不得不做出让步之时,全民性的法案出现才有可能。衡平法自带的特质(国王的特权所延伸出来的法律)决定了它会起阻碍作用。但如今,既然有一个机会能让已婚妇女能获得制定法的保护,她们当然不会放弃。

(二)1870 年《已婚妇女财产法》的立法契机与过程

随着经济领域的发展,已婚妇女开始意识到只有通过公共政治领域才能彻底从政治及立法层面改变她们财产权方面的不利局面。尽管妇女在台面上参与政治的空间极为有限,但实际上,作为丈夫的助手,议会贵族的妻子们时常通过沙龙、聚会、宴席等方式来帮助丈夫谋取议会席位。在议会改革法案出台之前,议会席位采取任命的方式,因此也有人认为,“客厅常常决定着上议院(House of Lords)分野的命运”。[1]

1867 年的议会改革后,拉选票变得比在议事厅中演讲更为重要,这导致候选人为获得议会席位,需要将目光投向选民,而争取选民的投票通常要花费不菲的费用,这个时候,政治家的妻子以及女性亲属开始发挥巨大作用。她们因为亲属关系而不需要花太大的代价就能为自己拉到选票,妇女因此也大受欢迎,为辅助竞选而成立的女性组织也在维多利亚时期如雨后春笋般涌现。实际上,这些参与公共政治领域的妇女组织在帮助议员竞选时积累到足够多的活动经验,而这些经验也帮助她们可以更好地为广大女性争取财产权。

在女权运动的领导者中,主力成员来自中上层阶级,这一层次的女性的生活条件足够富裕,不必像下层妇女需要为生计而不断奔波,有足够的时间和自由,同时又比贵族阶层的妻子更有改革的动力。

在女权主义者看来,财产权的平等具有更为突出的作用,独立的经济权被认为是建立平等两性关系的基础,“金钱代表一种价值,是权力的工具,有时它给一

[1] Kthryn Gleade, *British Women in the Nineteenth Century*, Basingstoke: Red Globe Press, 2001, p. 160.

个人工作和生产的自由及全部的权利,妇女拥有它将获得自身的价值”。[1] 因此开始形成一个由女权主义者及广大女性发起妇女运动,由密尔在内的自由主义改革家帮助起草提交到议会讨论的请愿书的良性循环。这些请愿书的内容就包括离婚权、财产权等,这样一种循环也不断推动妇女法律家庭制度的改革。

卡洛林事件被认为是维多利亚时期婚姻法改革的标志性事件。事件的当事人卡洛林在 1838 年、1854 年和 1855 年写了三封信,控诉自己与丈夫的不幸婚姻,也赤裸裸地展现了已婚妇女没有政治地位的现状,这几封信主要包括以下几个方面的内容:她的财产是丈夫的财产,不能保留自己的收入,在离婚案中她无权为自己辩护,她甚至没办法对自己的孩子行使监护权。这些信件在很大程度上唤起了人们对已婚妇女不幸生活的认知,也就此拉开英国婚姻法改革的大幕。

这场旨在改变已婚妇女财产权的运动与其他社会运动有着诸多不同。首先是受众范围,这场运动的发起者是中上层的妇女,但参与者扩展到了全阶层的女性,甚至男性也积极参与。其次是斗争内容,已婚妇女财产权是这场运动的核心内容,但并不是唯一内容。还涉及高等教育向妇女开放、女性可以接触医学领域的工作、改革婚姻法(这里指自由离婚的权利)、母亲对孩子的监护权、地方政府保护受遗弃和虐待的妻子等等。

这场运动的参与者中,核心力量毫无疑问是具有政治影响力的中上层妇女,代表人物便是贝司·蕾娜(Bessie Rayner,1829—1925)和芭芭拉·雷戈·史密斯(Babara Leigh Smth,1827—1891)。婚姻法的改革是她们的首要目标,尤其是现有的普通法中关于已婚妇女财产利益的一系列法律。1855 年 10 月,在芭芭拉的家中,“已婚妇女财产委员会”(Married Women's Property Committee)正式成立,以伦敦的布兰德福德(Blandford)广场作为起点,委员会开始向全国发起宣传工作。到 1856 年,她们将一份有着 300 名伦敦人、全国 26000 人签名的请愿书递交给议会。受此影响,1857 年,离婚法案(即《婚姻诉讼法》)通过。[2]

1868 年,下议院正式提交《已婚妇女财产法》,经过激烈辩论,法案于 1870 年通过。[3] 之后 1874 年和 1882 年的修改法案,其出台都与这些女性的努力有着莫大的关系。因此这一系列法案的出台被称为“另一场没有流血的革命”。[4]

(三)五部《已婚妇女财产法》

1870 年至 1893 年,共有五部《已婚妇女财产法》出台,几乎对已婚妇女涉及财产的各项权益进行了规定,见表 2。

---

[1] Michèle A. Pujol, *Feminism and Anti-feminism in Early Economic Thought*, Cheltenham: Elgar, 1992, p. 40.

[2] 1857 年《离婚法案》专门设立离婚法院,取消宗教裁判所的离婚审判权,是女权运动发展的重要标志之一。参见何勤华主编:《英国法律发达史》,法律出版社 1999 年版,第 324 页。

[3] See Married Women's Property Bill, *in Law Magazine and Law Review*, 1, p. 116-123(1868).

[4] ML Shanley, *Feminism, marriage, and the law in Victorian England*, 1850-1895, Princeton: Princeton University Press, 1989, p. 103.

表 2 五部《已婚妇女财产法》主要内容

法案	财产权	遗嘱和继承	诉讼权	债务承担
1870 年《已婚妇女财产法》	初次规定已婚妇女财产权	规定有限制的继承权	规定夫妻共同诉讼的内容	丈夫不必承担妻子婚前债务
1874 年《已婚妇女财产法》	无规定	无规定	规定共同诉讼中涉及的财产范围	无规定
1882 年《已婚妇女财产法》	直接废除 1870 年版本的相关内容,明确定义财产权	赋予已婚妇女遗嘱权和完整的继承权	赋予妻子起诉丈夫的完整权力	废除 1870 年版本的相关规定,重新要求丈夫承担妻子债务
1884 年《已婚妇女财产法》	无规定	无规定	调整共同诉讼中的刑事问题	无规定
1893 年《已婚妇女财产法》	废除 1882 年法案中第一条的部分条款,增加订立契约约束力的相关内容	遗嘱财产不受丈夫去世之影响	规定夫妻之间诉讼中的强制执行问题	无规定

1. 1870 年《已婚妇女财产法》

这部法案首先定义了“已婚妇女”的定义,并规定了哪些财产可以被视为已婚妇女的独立财产。[1] 此外条文对已婚妇女的权利(不局限于财产权)进行了一定的列举,较大程度上地创设了各类权利。[2]

倘若前面的条文赋予已婚妇女更多的财产自主权,那么法案的第 12 条体现出进一步打破英国社会关于男女财产关系的可能。在法案出台之前,丈夫尽管可以将妇女的财产皆占为己有,但作为代价,同样要承担妻子的所有债务,而该条文则将妻子所有的债务全部交还妻子承担。[3] 这个条文在日后的司法实践中引起极大争议,法案在一读、二读时,有不少获悉消息的已婚妇女有意大量欠债,给丈夫带来巨大的经济负担。由于这些欠债都发生在 1870 年之前,丈夫需要对此承担还款义务。这直接影响了诸多债权人(尤其是银行)的利益,并引发该行业向议会集体请愿,该条文也成为推动该法案继续修改的直接原因。

2. 1874 年《已婚妇女财产法》

1874 年《已婚妇女财产法》于 1874 年 7 月 30 日通过,法案共 7 条,针对 1870 年《已婚妇女财产法》实施中所遇到的问题,该法案做出一定程度的修改。因此事实上,这部法案是一部修正案,只修改部分条文,1870 年版本中的大部分内容均被保留。

法案的第一条便宣布直接废除 1870 年《已婚妇女财产法》中的第 12 条。

[1] 33&34 Vict. c. 93.

[2] 33&34 Vict. c. 93.

[3] 33&34 Vict. c. 93.

事实上,该法案在正文之前便直接表明其出台的原因和夫妻债务责任有直接关联。带来这种修正的原因是1870年的法案推出之后,人们发现丈夫不对妻子债务承担责任反而损害了已婚妇女财产权,同时不少已婚妇女有意在1870年之前大量欠债,严重影响了丈夫的经济利益,导致议会不得不在重压之下改变原有法条。该条后半部夫妻二人可以共同参与起诉也证实在诉讼权方面恢复到1870年之前的状态,即已婚妇女不享有独立诉讼权,但这种诉讼权的缺失只局限在债务方面。笔者认为,该条文与其说是剥夺已婚妇女的诉讼权,倒不如说更像是在考虑妇女陷入债务诉讼中是否可以依靠丈夫的帮助来应对纠纷。[1]

法案的第二至四条开始对诉讼情况进行具体分析,条文规定,丈夫需要在后续条文中所指明的财产范围内对妻子因侵权和违约所带来的债务承担赔偿责任。但同时,丈夫并非无条件地承担相关赔偿责任,他可以选择承认并愿意承担责任,也可以采取抗辩的方式来拒绝承担相应责任。并且无论丈夫是否需要承担相应的责任,他都需要判断,自己是否需要支付辩护费用,而这种判断并不以是否会损害妻子的利益为标准。此外,也没有要求丈夫需要对妻子的债务负起全部责任,倘若丈夫在判决的范围内承担相应的赔偿责任后,还存在需要进一步赔偿的部分,仍需要妻子单独负责。[2]

法案的第五条对丈夫需要担负起赔偿责任的财产范围进行一个细致的规定,可以看出,可能被用来偿付的财产皆为婚姻财产,主要分为动产、不动产、诉讼财产、不动产的租金及利润、可能转让给他人的财产。丈夫本人的私有财产不在清偿范围之列。条文第二款也表明,丈夫在清偿完妻子的债务后,即便之后再次发生其他诉讼,丈夫也不必承担法律责任。法案的最后一条也说明1874年《已婚妇女财产法》与1870年《已婚妇女财产法》属于并存的状态。[3]

3. 1882年《已婚妇女财产法》

1882年《已婚妇女财产法》于1882年8月18日正式生效,全文共27个条文。[4]

第一条的第一款是对1870年《已婚妇女财产法》中针对妇女财产权无法影响信托的重要修正,妻子获得财产可以不必受到信托的干扰。同时,这部法案开始赋予妇女缔结契约的权利,法案第一条第二款就有明确表示。[5] 参考戴雪对"已婚妇女在衡平法中更像是单身女性"的定义,这则条文更像是将衡平法中对已婚妇女的保护通过立法的形式普及到所有的已婚妇女,立法的目的似乎终于达到。除此之外,还明确已婚妇女具备独自参与诉讼的权利,可以独立参与各项诉讼程序,同时作为代价,她也需要用自己的财产来支付相应的赔偿。

---

〔1〕 37&38 Vict. c. 50.
〔2〕 37&38 Vict. c. 50.
〔3〕 37&38 Vict. c. 50.
〔4〕 45&46 Vict. c. 75.
〔5〕 45&46 Vict. c. 75.

第四款的约束义务限制住了已婚妇女的所有财产,因此这个条款在事实上存在一定问题,此外,具有独立经营权的妇女,也被明确其经营业务受破产法调整的影响。[1]

法案的第四条强调的是已婚妇女在通过遗嘱对财产进行分配时,仍然需要承担原先的债务及相关责任。而对于在该法案通过之前结婚的妇女,是否像法案通过后结婚的妇女一样拥有独立财产权?第五条给出一个肯定的答案,不仅该法案通过后这些妇女获得的财产可以作为自己的独立财产,甚至按照该法案的规定,原先可以属于她们但实际上并不属于的财产,妻子现在也有权获得,因此该条款具有溯及力。[2]

就夫妻之间的诉讼问题,法案第十二条规定,对侵权行为的起诉需要受到严格的限制,而且在司法程序中,双方都可以进行举证,所涉及的问题如果现有法律规定无权举证,也可以暂时无视该法律(几乎可以称之为霸王条款)。此外,从后半部分也可以看出,妻子的诉讼权依旧有所限制,倘若在同居期间,只要夫妻关系依然存续,妻子就无法对丈夫提起刑事诉讼,不光针对可能存在的家庭暴力和遗弃行为,还包括任何被丈夫带走的财产。往往需要夫妻二人分居,妻子才能发起诉讼,而分居本身是需要由司法审判来认定的(1857 年前的 divorce a mensa et thoro 和 1857 年后的 judicial separation)。[3]

关于妻子债务的承担问题,第十三条至第十五条将传统的普通法习惯和 1870 年法案中的对应条款进行融合,妻子的债务既可以由自己的财产承担,同时丈夫也有义务去承担妻子婚后的债务甚至是婚前的债务,债权人也可以就相关债务对丈夫和妻子发起共同诉讼,而法院根据夫妻之间所需要担负的责任则可以作出共同判决或单独判决。[4]

在同居期间,夫妻双方不可以起诉对方,但是在分居之后,双方可以就相关财产行为提起刑事诉讼,这种诉讼是平等且相对的,和财产相关的民事诉讼不仅可以由夫妻之间提起,与财产有直接利益相关的银行、法人团体、公司、社团等机构也可以发起民事诉讼。除此之外,已婚妇女在法案的第十八条中被赋予完全的受托人权利,且她可以享受到平等的诉讼权。[5]

授产安排在本法案中依旧受到优先保护,法案的任何条款都不得优于授产安排或婚前协议中的相关规定。此外,已婚妇女在婚前所订立的和解协议或契约只调整她在婚前所欠下的债务。但是在解决与债权人之间的债务问题时,妻子所订立的和解协议等的效力不得高于丈夫所订立的和解协议。考虑到法案第十六条中,夫妻之间可以互相起诉对方,而第二十条中,夫妻之间也可以要求对方用独立财产维持自己的生活,但第十九条中并没有出现类似的相对

〔1〕 45&46 Vict. c. 75.

〔2〕 45&46 Vict. c. 75.

〔3〕 45&46 Vict. c. 75.

〔4〕 45&46 Vict. c. 75.

〔5〕 45&46 Vict. c. 75.

条款。因此可以认为，在订立财产契约或债务和解协议时，妻子还是没有得到与丈夫相同的权利。第二十条和第二十一条则是对1870年版本中已有法条的调整与肯定。[1]

1882年法案正式废除了1870年的版本和1874年的修正案，但之前法案所带来的权利关系不会再发生变化，并且法案的第二十三条中规定，已婚妇女在其独立财产范围内下，享有与单身女性相同的权利和义务。“接受信托”在法案中被确认为合同的一种，已婚妇女若被赋予遗嘱执行人或遗嘱管理人的身份，将会拥有完全的权利和义务，而丈夫在该信托事务中，只要没有参与，就不必承担任何责任。[2]

4. 1884年《已婚妇女财产法》

1884年《已婚妇女财产法》于当年的7月23日通过，1882年版本中的夫妻之间的诉讼问题在实践过程中产生争议，因此议会决定通过用修正案的方式进行调整和详细说明。

针对刑事诉讼中的夫妻举证问题，法案给予双方充分的举证权，在有一方作为被告陷入刑事诉讼时，另一方可以作为证人，而且他(她)作为证人提供证据是可以被接受的。有鉴于对夫妻关系的定义(一般认为不应该去做出对另一半不利的举动)以及司法程序中夫妻关系对证据效力的影响，法案用修正案的方式强制要求夫妻拥有在诉讼程序中针对对方的可能性。[3]

5. 1893年《已婚妇女财产法》

九年之后，新的《已婚妇女财产法》于1893年12月5日通过，全文共6个条款，该案对已婚妇女订立契约的权利、参与诉讼的权利、遗嘱的权利进行进一步的修改，并且废除1882年法案中的一部分内容。

法案的第一条是对1882年法案第一条第三款、第四款的调整和修正，原先的条款中，对“她现有和将来可以取得的财产进行约束”，而并没有考虑到占有权和所有权分离的情况。也就是说，名义上归妇女所有，但实际上并不被已婚妇女占有的财产，是否在可以调整范围之列？法案给出肯定的回答。此外，关于1882年第一条第三款的内容中需要相反证据才能证明已婚妇女所订立的契约不约束她自己的独立财产的内容也得以修正。在英国民事实践中主要涉及已婚妇女作为代理人签订契约时，她自己的独立财产是否会受到限制，因此1893年的法案特意强调除作为代理人以外的契约会约束她的私人财产。[4]

四、《已婚妇女财产法》的评价与英国国内裁判实践

五部《已婚妇女财产法》的条文内容，从不同角度都能看出与英国原有法律

---

〔1〕 45&46 Vict. c. 75.

〔2〕 45&46 Vict. c. 75.

〔3〕 47 Vict. c. 14.

〔4〕 56&57 Vict. c. 63.

体系的不同，它们补充了普通法的空白，修改了19世纪前制定法中原有的制度，并将衡平法中的关于保护已婚妇女的信托适用方式以成文法的方式确定下来。因此它给英国法关于已婚妇女财产的保护带来了积极意义，当然，也存在着一些缺陷。

(一)对已婚妇女权利的“重塑”

首先，这五部法案对于普通法有极大的积极影响，它们填补了普通法中已婚妇女财产权近乎于无的空白，法案凡涉及权利的构建，都是对普通法体系的填补，因此五部法案的权利变化像是在一张白纸上作画。

1. 财产权

通过对五部法案的对比可以发现，财产权是整部法案的核心内容，涉及的条款在法案中出现的次数也最多。1870年法案的最大贡献在于，它以制定法的方式承认已婚妇女的财产权，无论当时的法案在今天看来有多少漏洞，也不能否认1870年法案第一条具有的里程碑式的意义。鉴于普通法在一开始就否定已婚妇女的财产权，因此1870年法案第一条直接确定了不被普通法所认可的权利。

当然这并不意味着法案没有其他缺陷，第一条对于已婚妇女财产权有着似乎过于精细的定义，这意味着法案财产权的定义更多还是停留在举例说明的阶段。对于当时可能出现的财产方式也许是个好的解释，但会给改革者一种始终不愿意赋予已婚妇女完整权利的立法意愿的印象。而且法条的第一句强调“法案通过后”，体现出这部法案试图通过明确的时间划分，欲将1870年之前的夫妻财产纠纷，在1870年之前可能或确实属于妇女的财产就有彻底失去保证的可能。

1882年法案的第一条关于已婚妇女财产法的规定就干脆利落得多，以一个“像单身妇女一样”的概念正式确立已婚妇女财产权的完整性，这表明1882年法案的财产权较之1870年法案完成了历史性突破。更重要的是，已婚妇女开始拥有契约权，可以订立合同，并且不必受信托的制约。1870年法案被诟病之处在于，尽管妻子在名义上拥有财产权，但实际上法案又不允许她的财产可以突破信托的桎梏，那么丈夫就可以通过信托将财产进行分离。原先衡平法下已婚妇女可以用信托来保护自己被普通法所否认的财产，但当立法赋予这项权利之后，信托反而可以用来伤害她们。1882年法案改变了这一情况，同时，妇女在签订契约之时，她的个人财产也被限制，这也是她获得权利时对应所承担的义务。1882年法案的第二条则明确已婚妇女所能获得的财产的范围，第三条则开始涉及破产法的调整内容，这说明，相比较1870年法案，议会开始认识到妇女参与经营相关企业，加入英国金融世界的可能性。而1870年法案的内容明显有些笼统。

但笔者以为，1882年法案的第五条，才是这部法案最具有震撼力的条款。该条文承认了已婚妇女财产权的溯及力，这说明1870年法案第一条所谓“法案通过后”的时效不再适用(即1870年前获得的财产也有可能被认为是独立财产)。这对财产权的影响力过大，以至于在进入司法适用的时候一直有所反复。

2. 诉讼权

诉讼权实际上涉及各个方面的复杂问题,在普通法中,实际上妻子是可以参与诉讼的,但并不具备独立参加诉讼的权利。已婚妇女参与诉讼程序一般有两种情况:第一种是作为丈夫的代理人参与诉讼,这是丈夫作为被告的情形;第二种是在自己作为被告时,丈夫按照普通法的规定必须一同参与诉讼。1870 年法案赋予的是妻子的独立诉讼权,并且明确提到涉及民事、刑事诉讼皆可起诉。1874 年法案实际上是一部只针对诉讼和债务问题的修改法案,它完善了夫妻共同诉讼范围,以及丈夫在诉讼中可能承担的财产范围,这一部分和债务问题有关,此处不再赘述。

1882 年法案的第十二条是对 1870 年涉及独立诉讼权的重新设定,同时也允许夫妻双方就对方在侵犯自己合法权益时,可以向对方提起诉讼。前两部法案赋予的是妻子作为诉讼主体的权利,而 1884 年则补充赋予妻子作为原告证人的权利。根据夫妻一体的原则,在丈夫作为被告的情况下,妻子作出的证词可能会对丈夫不利,因此之前妻子作为证人一直被认为是不可触碰的禁区,这也印证了庞德在这一方面对普通法与制定法关系的看法。[1]

除此之外,这一系列法案还提出了债务问题的解决方案,赋予债权人在诉讼中对夫妻双方谁来承担的选择权,进一步完善了已婚妇女的相关义务。[2] 对已婚妇女其他民事权利的补充也很重要,独立缔结契约的契约权,设立遗嘱与继承权也在这些法案中确定。[3] 推定信托也是一大贡献。[4] 这种由法院判断,不考虑设定人主观意图,而主要以夫妻双方的家庭贡献来确认财产归属的信托制被正式纳入法案的承认范围,尽管这种制度引起过很大争议。[5]

(二)对已婚妇女权利和义务"重塑"的具体方式

《已婚妇女财产法》财产法赋予了普通法和衡平法中已婚妇女所缺乏的诸多权利,那么在具体司法审判中是否能够做到实际赋予法案中所写的权利?维尔登案(Weldon v. De Bathe)是一个颇具代表性的判例,它也体现了新权利的赋予与滥用现象。[6]

维多利亚时期有关夫妻婚姻案件中最著名的纠纷当属此案(甚至可以用臭

---

〔1〕 参见李红海:《"水和油"抑或"水与乳":论英国普通法与制定法的关系》,载《中外法学》2011 年第 2 期,第 422 页。

〔2〕 45&46 Vict. c. 75.

〔3〕 Ibid.

〔4〕 Ibid.

〔5〕 比如 Wassell v. Leggatt 一案中,双方的辩论就体现了对这种制度的思考与质疑。Wassell *v.* Leggatt [1896]1 Ch,558.

〔6〕 [1884]14 Q. B. D. 339.

名昭著来形容),上至议会议员在女王面前的公开讨论,[1]下至大洋彼岸美国的大量读者关注,均证明该案在世界范围内有极高的知名度。[2] 原告乔治娜·韦尔登(Georgina Weldon)是当时颇有名气的社会活动家、业余歌唱家,她的丈夫是威廉·韦尔登(William Weldon),为纹章院的一名官员。1870年,韦尔登夫妇与法国钢琴家古诺夫妇搬入著名的塔维斯托克之家 Tavistock House,他们之前的租客是狄更斯 Charles Dickens)。到了1875年,二人因无子嗣以及纠缠不清的婚外情而分居,[3]威廉将租约合同以每年1000英镑转给了乔治娜。三年后,威廉想减少这笔支出,恰好他又对乔治娜迷恋招魂术(Spiritualism)一事厌烦不已,[4]为此他特意找来两名医生以对乔治娜安置在塔维斯托克之家的孤儿们感兴趣为由和她接触。当他们与乔治娜沟通后,突然开始撰写精神病报告(lunacy)并打算把她送到温斯洛(L. Forbes Winslow)的疯人院。[5] 察觉到此事的乔治娜逃离了住所,向弓街治安法庭(Bow Street Magistrates' Court)陈述了以上事实。可惜的是,此时的1870年《已婚妇女财产法》虽然赋予了已婚妇女起诉的权利,但并未同意她们可以起诉自己的丈夫。因此直到1882年《已婚妇女财产法》弥补了这一缺陷,她才有机会将丈夫和相关当事人诉诸法庭。

本案乔治娜一共有三个诉请:①被告们在违反意愿的情况下非法闯入自己的居所;②闯入后的一系列诽谤行为给她带来极大的侮辱(指撰写精神病报告并试图把她带到疯人院);③其他本案中不必被提及的诉请。

被告的律师则针对原告的诉请提出以下几个反对意见:第一,该行为发生在1875年,也就是1882年《已婚妇女财产法》通过之前,而在1870年及1874年的该系列法案中未允许已婚妇女对丈夫的相关行为发起控诉,因此该指控无效。第二,该房屋并非为乔治娜所占有,它本身是威廉一开始租下的房子,而被告进入此屋,是遵从威廉的要求,按照客户的要求进入客户所租有的房屋。第三,进一步说,夫妻双方在当时确实是分居状态,但他们当时并没有向法院申请分居,因此该房屋依旧为原告威廉所占有。因此本案的焦点主要集中在诽谤指控和非法入侵房屋两个问题上,在法院看来,口头诽谤所带来的伤害并不是一个属于《已婚妇女财产法》调整的范围,因为这本身对她的财产并未造成什么损害。这样一看,争议就只剩下非法入侵房屋了。

法院在此时做出了一个重要的概念辨析,即《已婚妇女财产法》中提到的"财

---

[1] 在议会1884年3月21日的会议中,议员们就专门讨论过被《泰晤士报》报道过的韦尔登诉温斯洛案(Weldon *v.* Winslow,[1884]13 Q. B. D. 784.),而该案是乔治娜发起的众多诉讼中的一个。See HC Deb,21 March 1884,vol. 286,pp. 453-454.

[2] *Mrs Weldon's Libels.: How She Sought Revenge Against A Concert Manager*,New York Times,December 27,1879.

[3] 威廉有一名情妇,而乔治娜则被怀疑曾与法国作曲家查尔斯·古诺有染。(查尔斯·古诺,英文名为Charles Gounod,因其作品《浮士德》受维多利亚女王欣赏而在英国大受欢迎,代表作有《圣母颂》。)

[4] 在当时的欧洲和美国,招魂术运动极为风靡。

[5] 维多利亚时期的著名精神病学专家,因参与多起诉讼案件而闻名全英,他参与的和女性有关的案件除了本案外还有梅布里克杀夫案(Florence Maybrick)、戴尔连环杀婴案(Amelia Dale)。当然他参与过最知名的案子当属开膛手杰克(Jack the Ripper)连环杀人案。

产"到底属于什么性质？在 1870 年法案的第一条内容中，已婚妇女通过个人努力和自身技能所获得的财产，[1]会被视为她自己的个人财产，并具有和衡平法中独立财产相同的效力。与"衡平法中独立财产的效力相同"意味着，制定法赋予的这部分财产的排他性也是针对丈夫的，当已婚妇女通过法案所说的上述方式获得了财产，那么这部分财产就不属于丈夫，丈夫也就无法用任何方式干预这部分财产。此时塔维斯托克之家的房租，是原告乔治娜通过自己的演唱事业和相关社会活动挣得的，因此从这个角度上讲，乔治娜是独立占有该房产。哪怕不存在 1870 年的法案，她通过建立衡平法性质的独立财产占有该房屋，也依然可以通过侵害之诉指控进入她家的陌生人。既然在衡平法下她就可以保护自己的相关权益，那么议会立法之后，怎么可能无法获得这项权利呢？

对于被告是在丈夫授权的情况下进入房屋的观点，法院认为，丈夫是可以根据他所拥有的婚姻权利进入该居所，但这并不意味着丈夫可以把这项权利授予他人。授权他人进入妻子的居所，不是为了协助丈夫行使自己的婚姻权利，而是其他的目的，如果这种情况是被允许的，那么外人进入后损害妻子财产的行为也会因为有丈夫的事先授权而被庇护。以后只要通过类似的方式，就可以损害已婚妇女财产权而不被法律追责，那么议会通过的这一系列法案就没有任何意义了。或者说，丈夫可以通过这种方式将自己的狐朋狗友在违背妻子意愿的前提下肆意收留，这本身也是一种危害。这意味着，法院认为这种抗辩是在钻婚姻权利的漏洞，使《已婚妇女财产法》形同虚设。换句话说，假设被告接受委托进入原告的屋子是为了促进夫妻之间的关系，帮助丈夫更好地在此处生活，那该行为是被允许的，但是本案被告的行为对此没有丝毫的增益，显然违背了妻子的意志。

至于诉讼权的辨析基于以下两点，一是发生在 1882 年之前的侵害行为，是否还可以根据 1882 年《已婚妇女财产法》发起指控，二是妻子是否可以单独地发起诉讼。而这两个问题都可以在 1882 年的法案找到支持妻子相关行为的条款，[2]因此乔治娜确实可以对被告发起指控。

这个案子涉及的相关问题对《已婚妇女财产法》做出了最好诠释：一方面，法院以该法案为依据承认了已婚妇女的独立财产权并以此作为审理基础，同时严格遵守法案中对财产，尤其是对财产的侵犯行为的溯及力，进一步扩大了对已婚妇女的保护力度。针对保护力度方面，则以原衡平法的措施为对比，以"至少要和衡平法保护力度齐平甚至超越衡平法"为标准，力求制定法对已婚妇女的保障不会因为技术上的漏洞而形同虚设。法官也基于上述理念，对法案进行解释并保障涉案妇女的财产权和诉讼权。

但案情也暴露出一些问题，本案只不过是乔治娜发起的众多诉讼中的一个，

---

〔1〕 "Now by the Married Women's Property Act, 1870, money earned by a woman's own individual exertions and skill is to be considered as her own money and as if it were settled to her own separate use; and property bought with that money is to be her property as against her husband as if it were settled to her separate use."

〔2〕 45&46 Vict. c. 75. s. 1 and s. 12.

实际上她将闯入塔维斯托克之家事件的所有相关人士全部告上了法庭。以至于1884年,在她获得独立诉讼权后,她同时成了17个案件的原告。[1] 因此关于她社会活动家的定位,不仅是指她的慈善事业,同时也指她是维多利亚时期最知名的诉讼当事人。[2] 这实际上是对诉讼权的一种滥用,浪费了宝贵的司法资源。

同时也要注意到,本案乔治娜的指控中,赫然出现关于诽谤的内容,而法院驳回了她对该部分的指控,这正反映了另一个问题,在《已婚妇女财产权》出台后,不少有关已婚妇女的诉讼出现了滥用权利的情况。因此同时还有很多案例,体现了法院在审理的过程中谨慎地界定已婚妇女财产权的范围,并坚决地否定不合理的诉讼要求。

此外,既有如继承权财产权的进一步认定,也有曼德诉哈里斯案(Mander v. Harris)[3]与万斯夫妇案(The Queen v. The Lord Mayor of London)[4]作为经典案例而被后世引用。司法裁判同样参与到对义务的认定中,桑格夫妻案(Sanger v. Sanger)确认了被告已婚妇女的义务,[5]而巴内特诉霍华德案(Barnett v. Howard)则限定了义务的范围。[6]

(三)五部《已婚妇女财产法》的负面影响

自信托诞生伊始,其作用就不仅局限在保护家族弱势群体(其他子嗣及妻子),有时还可能带来反作用。前文提到过,地产主选择用信托给予已婚妇女一定的利益便有这方面的考虑,以信托方式赋予已婚妇女一定利益,是要以剥夺妇女可能获得的地产所有权作为代价,这种做法之目的在于保住家族的政治利益。据普通法之规定,妇女已婚后其财产权会归于丈夫所有,而丈夫去世后,妻子可以获得丈夫部分遗产(一般指地产)。但无论获得遗产与否,均不能否认寡妻有再嫁之可能及权利。而一旦寡妇再嫁,亡夫去世后留给她的地产会成为新任丈夫的财产,原家族的政治利益会受到直接影响,爵位可能被褫夺,相关权利会失去,更有甚者,家族就此销声匿迹;把地产交给女嗣同样有这个风险,因为女性继承人一旦出嫁,地产同样会成为丈夫财产的一部分。在这种情况下,就需要通过信托防止家庭分崩离析之悲剧,作为代价,已婚妇女之财产权便被牺牲。

在1882年的《已婚妇女财产法》通过之前,即便1870年《已婚妇女财产法》的出台具有鼓舞人心、提升社会公平理念之作用,但仍未能掩盖一个事实:该法案的条款并不能限制信托财产。信托原本既是男性控制女性财产的工具,也是女性保护自身独立财产和免受债权人及丈夫侵害的途径,但在1870年的法案推

---

〔1〕 除此以外,还有1882年她与丈夫的离婚案(Weldon *v.* Weldon),到1900年和她相关的案子超过了100个。

〔2〕 尤其是她几乎没有雇佣过律师,而是自己处理所有的诉讼这一点,用中国人的话来说,“讼棍”也是一个比较贴切的形容。

〔3〕 [1884]27 Ch. D. 166.

〔4〕 [1886]16 Q. B. D. 772.

〔5〕 [1870-71] L. R. 11 Eq. 470.

〔6〕 [1900] Q. B. 784.

出后,信托的功能开始向损害女性财产权倾斜。信托在1870年第七条这个条文中,是没有起到保护已婚妇女的作用的。第八条的内容与第七条类似,同样是强调信托财产的优先性,只是调整对象增加为原财产持有人所拥有的独立财产和版权,这涉及知识产权的内容。[1] 1870年法案第七条的内容更像是一种救济到一半的措施,食之无味弃之可惜。也许议会确实有意保护已婚妇女的遗嘱权与继承权,但却既限制了继承财产的类型,又限制了继承财产的数额,导致其实用性大打折扣。实际上这带来了不利的后果,便是信托被男性用来限制已婚妇女的财产权。

根据对这一时期伦敦地区的遗嘱抽样调查显示,[2]在中产阶级家庭中,只有28%的妻子成为丈夫遗嘱的信托受托人,比例未及三分之一,丈夫的男性朋友和男性亲属则占约50%。[3] 若将中产阶级分成上中下三个等级,会发现层次越低的阶级给予妻子财产受托人地位的比例就越少。这一事实背后的原因在于,法案在初步赋予已婚妇女独立财产权的同时,并未限制信托财产的有效性,财产权受到威胁的丈夫自是会运用信托来保护个人财产以规避1870年法。所以在此时,为自身的独立财产权煞费苦心并四处奔走的妻子们发现,力促通过的法律反倒成为一种障碍,这也是1874年法案以及后续成文法典推出的核心理由。此外,1875年司法改革,普通法与衡平法的统一,也应当被视作这种转变的缘由。

五、《已婚妇女财产法》在全世界的裁判实践

五部已婚妇女财产法从各个层面上对19世纪的英国法律三大渊源产生了影响,它们补充了普通法的空白,修改了19世纪前制定法中原有的制度,并将衡平法中的关于保护已婚妇女的信托适用方式以成文法的方式确定下来。因此它给英国法关于已婚妇女财产的保护带来了积极意义,同时也存在着一系列缺陷。但是客观来说这五部法案不仅对英国本土,对全世界都带来了深远影响,无论从时间上还是空间上,《已婚妇女财产法》都以判例援引的方式深入各个角落。

(一)在当代英国的适用

首先,就时间上而言,这一系列法案至今在英国都发挥着效力,英国的最高法院正式成立之前,上议院负责作为司法审判的最终审级。而在1993年的巴克莱银行诉奥布莱恩等人(Barclays Bank Plc Appellants v. O'Brien and Another Respondents)的案件中,[4]该系列法案依旧被沿用,作为判断被告中的妻子,其财产是否属于夫妻共同财产,进而是否需要被银行以抵押债权来强制执行的重

---

〔1〕 33&34 Vict. c. 93.

〔2〕 Leonore Davidoff and Catherine Hall, *Family Fortunes*, London: Routledge, 1987, pp. 279-280.

〔3〕 See Bernie D. Jones, Revisiting the Married Women's Property Acts: Recapturing Protection in the Face of Equality, *in Journal of Gender, Social Policy & The Law*, 22, p. 123(2013).

〔4〕 [1993] 3 W. L. R. 786.

要依据。

十七年后,也就是最高法院成立后的第二年,就离婚后的夫妻财产纠纷(即格拉纳蒂诺诉拉德马赫案 Granatino v. Radmacher 'formerly Granatino'),[1]涉及婚前协议在离婚后的使用问题,1870 年版和 1882 年版的《已婚妇女财产法》(也是这一套系列法案中最重要的两部)再次被援引,来论证丈夫是否可以获得其前妻的部分财产作为救济。距离维多利亚女王的时代已经过去 100 多年的时间了,但《已婚妇女财产法》依旧在发挥作用,它们不仅是普通法独特魅力的又一佐证,同时也说明,当年对于夫妻关系、已婚妇女作为"人"的重新塑造和财产权的界定至今都具有极强的说服力。到目前为止,英国本土最近一次引用该法案的时间为 2019 年,[2]可以预见在今后的司法裁判中,依旧有可能看到这一系列法案被援引。

(二)在大英帝国时期各殖民地的适用

其次,在空间上,与其他这一时期的制定法一样,依托大英帝国在全世界的深刻影响力,这一系列制定法在英国的各个自治领、殖民地发挥作用。这其中,部分地区会参照这一系列的原文制定自己的成文法案,有些则直接照搬,或者在裁断本土案件时直接援引宗主国的这系列法案。殖民帝国的法律影响力显露无遗,另外,枢密院作为负责审理殖民地和自治领的上诉案件的司法机构,也会直接援引该系列法案,这是对世界其他地区施加司法影响的另一方式。

例如,早在 1893 年,加拿大最高法院在审理莫尔诉杰克逊一案(Moore v. Jackson)中,[3]就援引了 1882 年《已婚妇女财产法》。要知道早在 1870 年之前,加拿大就有属于自己的《已婚妇女财产法》(Married Women's Property Act. 1867)。但最高院在审理过程中,还是依据 1882 年法案的规定进行判案。澳大利亚也有同样的情况。[4]

当案子在自治领的最高级别法院仍旧存在争议时,枢密院就会出面,在澳大拉西亚(对澳大利亚、新西兰和太平洋西南岛屿的总称)信托有限公司诉澳大拉西亚通用金融有限公司一案中(National Trustees Company of Australasia, Limited v. General Finance Company of Australasia, Limited),[5]澳大利亚方面对《已婚妇女财产法》的效力产生了误读,最后需要由枢密院出面解释,枢密院依据该法驳回了上诉人的请求。

不光是澳大利亚、加拿大这样被认为具有高度文明的"白人自治领",即便是被普遍认为较为落后的非洲和南亚,英属殖民地也在适用这一系列法案。实际

---

〔1〕 [2010] UKSC 42.
〔2〕 [2019] EWFC 7.
〔3〕 [1893] CarswellOnt 15, 22 S. C. R. 210.
〔4〕 See Brown *v* Holloway [1909] HCA 79.
〔5〕 [1905] A. C. 373.

上,即便是自诩为"高等文明"的欧洲,已婚妇女的地位在很长时间都如此低下,相对而言生产力和社会制度更为滞后的其他地区,已婚妇女的保障就更为艰难。就以汉莫·金诉德·席尔瓦(Hulme-King Appellant; v. De Silva Respondent.)为例,[1]该案是锡兰岛(也就是现在的斯里兰卡)最高法院的上诉案件。其复杂程度在于,锡兰曾是荷兰殖民地,同时当地还存在着泰米尔人(Sri Lankan Tamil)和僧伽罗人(Sinhalese)等原住民,此外还有基督教徒和穆斯林。细化到私法层面,当地同时适用罗马-荷兰法、普通法、泰米尔法(Thesavalamai)、僧伽罗法(Sinhala customary law)和伊斯兰法(Sharia)。此时,锡兰还有自己的民法典(Ceylon Civil Procedure Code, No. 2 of 1889)。这样一种法律体系极端复杂的情况在非洲、南亚的英属殖民地几乎随处可见,那些因有不同民族而带来多种传统法律体系、同时被其他殖民者侵占过,且有各种宗教势力干涉导致殖民者要作出司法裁断时需要同时尊重所有法律体系,无疑是一大难题(对比之下,刑法大多采取英国法的模式)。针对泰米尔法中存在类似于信托制度的情况,枢密院以此作为参照,对照确认锡兰民法典和罗马-荷兰法都没有特殊规定的情况后,通过援引1882年《已婚妇女财产法》第1条的规定,驳回了上诉人的请求,了结了这桩长达十年的财产纠纷案。[2]

(三)帝国解体后英联邦地区的适用

帝国解体之后的世界是否还能看到这一系列法案的身影呢?答案依然是肯定的。在1976年由新西兰上诉法院提交的霍尔丹夫妻案中(Dorothy Haldane Appellant v. George Christopher Haldane Respondent),1882年的《已婚妇女财产法》再次被援引,被用来判断新西兰自己的婚姻财产法(Matrimonial Property Act 1963)中的自由裁量权是否过大,最后枢密院认可了上诉人的请求,驳回了上诉法院的判决。[3] 直到此时,枢密院依然可以对英联邦内部的国家法律产生影响。考虑到新西兰的妇女运动要远比英国本土成功(世界上第一个赋予妇女选举权的国家,同年的英国才刚出台第五部《已婚妇女财产法》),独立后还愿意援引该法同样证明了该法的价值。另外,非英国本土的英国属地也还有适用该系列法案的判例,如马恩岛(Isle of Man)2008年的麦克劳德夫妻案(MacLeod v. MacLeod),[4]以及英属维尔京群岛(British Virgin Islands)2016年的斯卡特利夫夫妻案(Scatliffe v. Scatliffe)。[5]

除了属于英联邦中的白人为主体的国家,英联邦国家中,非白人主体的国家也还有适用系列法案的情况,最近一次是出现在2019年特立尼达和多巴哥

---

[1] [1936] A. C. 306.

[2] 本案还援引了印度法院的法案和相关制定法,帝国南亚各区殖民地开始互相援引对方的案例和成文法的现象在当时非常普遍。这为不同地区针对已婚妇女财产权的问题提供了互相对照和修正的机会,并且进一步提升了英国法的外部影响力和这个帝国的内部认同感。

[3] [1977] A. C. 673.

[4] [2008] WL 5238948.

[5] [2017] 2 W. L. R. 106.

(Trinidad and Tobago)提交的上诉案,[1]由于当地的婚姻家庭法中有关夫妻诉讼的问题与1882年《已婚妇女财产法》的第17条高度相似,因此枢密院得以作为援引依据直接作出相关判罚。

(四)在中国香港地区的适用

非英联邦成员的地区在当代同样有援引的案例,这里需要特别提到中国香港地区。[2] 作为前殖民地,该地的司法审判在回归前必然会援引英国本土的制定法或者是判例,已婚妇女的财产问题也不例外。例如1958年的黄绍君诉杨明华案(WONG SHAU CHUN v. YEUNG MING WAH),本案中原告黄绍君作为房屋承租人要求杨明华离开二者的婚姻住所地,理由是杨明华仅仅是被告知允许居住在此的非承租人(此案实际上可以理解为夫妻关系恶劣女方要求男方搬出去)。这个案子的疑难之处在于,双方的夫妻关系依旧存续,尽管落实到案情中会发现二者在日常生活中也是分房睡,但他们并未离婚,没有任何离婚协议或法院要求双方解除婚姻的判决书。这仅是一个占有返还之诉(recovery of possession),而且是夫妻之间。因此这类问题就属于法官的自由裁量权,而中国香港地区法院的法官是否具有这项权利?根据1882年《已婚妇女财产法》的规定,基层法院(这里指郡法院 county court)拥有自由裁量权,而中国香港地区本土的《已婚妇女财产条例》(Married Women's Property Ordinance)则认为,夫妻双方还未离婚的情况下,此权利不可以被放至地区法院。尽管妻子的律师所援引的案例中存在郡法院在尚未离婚时法官直接采取措施的情形,[3]但诸多相似案件的判决都显示出一个特性:针对还未离婚的夫妻纠纷,法官采取的措施是极其谨慎的,无论是在英国还是中国香港地区。特别是这种双方依旧在同一屋檐下的情况,就要更加小心。最后地区法院以其不具备自由裁量权驳回了诉讼请求。

香港回归之后,该系列法案依然存在适用的情况,且因为《中华人民共和国香港特别行政区基本法》的存在而更加复杂。香港回归后不到两个月,香港高等法院原诉法庭(Court of First Instance)受理了一起离婚纠纷案,[4]妻子作为原告向被告发起三项诉讼请求。除了分割名义上权属于丈夫但实际上是她出钱购买的财产外,本案最大的争议点在于,妻子因不具备足够的资金而无法负担诉讼费用,因此她希望法官可以将丈夫的财产部分分拨给她以帮助其继续参与诉讼。她提出的要求在当时实属闻所未闻,因为在这之前香港还从未有过婚姻纠纷诉讼中一方要求从另一方的财产中获得资金以继续诉讼的情况。妻子的律师提出的论据是,在南非,这种情况一直存在。由于南非是前英国殖民地,因此属于普通法的辖区范围,但由于曾经是荷兰人后裔布尔人(Afrikaners)的居住地,该地有很长一段时间施行的是罗马-荷兰法(Roman-Dutch law),英国夺取该地后,在

---

〔1〕 [2019] UKPC 48.

〔2〕 [1958] HKDCLR 289.

〔3〕 [1947]2 All E. R. 813.

〔4〕 [1997] HKLRD 933.

法律适用上也尊重当地的习惯法(一如英帝国在其他地区的做法)。因此,在婚姻存续期间用共同财产支付诉讼费用被认为是罗马-荷兰法的非法定原则而一直被承认。妻子方认为,根据《中华人民共和国香港特别行政区基本法》第 8 条的规定,香港的普通法可以被保留,因此其他普通法辖区的适用规则也应当可以在香港适用。[1]

这样看,《基本法》第 8 条的适用解释成为本案的核心问题,香港法院对此的解释是,尽管第 8 条确实承认了香港普通法的存续性,但这个普通法必须是指前占领国英国的普通法,[2]妻子方所提到的南非先例(Barass v. Barass 1979)是南非已经独立后的判例,此时南非已不属于英国,因此不被认为是英国普通法的辖区范围。故妻子无法通过南非的罗马-荷兰法相关原则得到法院支持。

但是,法院也认为,妻子可以通过其他途径获得支持,在这个案件中,法院可以发挥衡平法的作用,发挥行政权力进行相应的拨款,以帮助妻子继续诉讼。除了行政权力外,法院也可以发挥自由裁量权,而这个自由裁量权的来源便是《香港已婚人士身份条例》(Married Persons Status Ordinance, MPSO)第 182 章第 6 条,同时便是 1882 年《已婚妇女财产法》的第 17 条(与前文 1958 年的案子所适用的条例一致)。根据已有的英国先例中支持法院将丈夫财产先行拨付一部分给妻子以继续诉讼的情况,[3]MPSO 也赋予同样的权利。当然,无论是《已婚妇女财产法》还是《香港已婚人士身份条例》,条文设置其实都是程序性的,这意味着在这个阶段法院如果直接将财产付给另一方,那么就有本末倒置之嫌(如果按程序性条款直接拨付财产,那案件的争议本身就显得很没有必要)。但是,当案件的财产权属发生争议,且一方没有财产以继续诉讼,法官发挥自由裁量权、将一部分财产先行拨付,以使诉讼继续下去,这是为了厘清案件事实,同时为了充分保证夫妻双方的财产权,这是被允许的。因此根据 1882 年《已婚妇女财产法》第 17 条赋予的自由裁量权,法院支持妻子的请求,要求丈夫先行支付一部分费用。

如果本案的审理时间发生在香港回归之前,妻子引用南非的先例是有可能得到法官支持的,但是《基本法》拒绝了这种可能性。此时 1882 年《已婚妇女财产法》再次发挥了关键性作用,为妻子继续诉讼提供了可能。

近年来,香港依然有援引《已婚妇女财产法》的判例出现,例如 2015 年的叶子彬诉叶伟凡(Yip Wai Fan v. Yip Tsz Bun)一案。[4] 原告为死者女儿,死者的雇主长江实业集团曾为死者办理过团体人寿险,受益人为叶子彬。原告的母亲去世后被告叶伟凡作为遗产管理人将保险公司的赔付部分支付给了叶子彬,本案的诉讼标的便是剩余还未交付的款项。案件的争议焦点在于,保单中的款项

---

〔1〕 "第八条 香港原有法律,即普通法、衡平法、条例、附属立法和习惯法,除同本法相抵触或经香港特别行政区的立法机关作出修改者外,予以保留"。参见《中华人民共和国香港特别行政区基本法》。

〔2〕 "In so far as it relates to the common law, that must be the common law of England, that being the law in force prior to the change in sovereignty. The article cannot be read to mean that the rules of all common law jurisdictions shall have application in Hong Kong." See [1997] HKLRD 933.

〔3〕 [1969]2 All ER 385.

〔4〕 [2016]2 HKC 458.

是否属于信托财产。因此双方围绕《香港已婚人士身份条例》(Married Persons Status Ordinance,MPSO)第 182 章第 13 条的适用范围展开辩论,法院在审理案件时,认定该条为 1882 年《已婚妇女财产法》第 11 条的翻版,因此根据英国适用该法案的先例,支持了原告的诉请。

实际上,在香港作为殖民地的一百多年中,一直存在着香港妇女用英国法的方式订立遗嘱、设定信托来保障自己的独立财产的现象,而这些行为的依据皆为《已婚妇女财产法》。尽管并非所有人受英国法规制,但符合条件的香港本地妇女确实也不必受《大清律例》等中国传统习惯法的规制。[1] 鉴于上一次该系列法案被援引发生在 2015 年,因此可以说直到今天,中国的已婚妇女中有一部分,其日常生活依然切实地受《已婚妇女财产法》的影响。

从上述各英国原殖民地、自治领在独立前或独立后的司法判例中对《已婚妇女财产法》的使用可以看出,大多数地区都会模仿该法的内容,制定有自己特色的已婚妇女财产的相关法规。例如香港律政司早在 1906 年就对 MPSO 的制定有过如下解释:"一项修订已婚妇女财产法律的条例,其目的是给予殖民地已婚妇女与英国和帝国其他地方已婚妇女一样的财产保护。"[2]

一般情况下,直接适用本地已有的婚姻财产法规即可应对家事案件,出现疑难案件时,这类地区就会重新拿出《已婚妇女财产法》进行对照来判断本地法律的准确性,并直接以该系列法案作为援引依据,这也成为这部法案在当代继续对世界上一些地区发挥影响的具体方式。

英国的其他领地如新西兰、加拿大、非洲、西印度等在这个问题上概不例外,因此所有有关已婚妇女财产权的相关法律法规,都脱胎于这一系列法规。可以这么认为,世界上除美国以外的普通法系国家,其已婚妇女财产的财产权法律、婚姻关系的界定均来源于该系列法案(即便是美国,其适用的术语和法律关系也皆来源于英国,只是其制定相关法规不必参照英国法),即便是在大陆法系国家中,只要有英国当年涉足者,也能寻找到这些法案留下的蛛丝马迹。有鉴于此,1870—1893 年《已婚妇女财产法》也许是当今世界适用范围最广、适用时间最长的已婚妇女财产法律。

六、结论

19 世纪下半叶英国婚姻财产的调整与保护,由立法与司法的联手,通过信托

[1] 王锡琴:《香港社会变化与妇女权益进步》,载《政法论丛》2016 年第 6 期,第 106 页。

[2] "The ATTORNEY GENERAL moved the first reading of a Bill entitled 'An Ordinance to amend the law relating to the property of married women', the object of which is to accord to married women in the Colony the like protection with regard to their property as is enjoyed by married women in England and elsewhere in the Empire."来自 1906 年 5 月 17 日的香港议会议事录(Hong Kong Hansard materials)。

为已婚妇女保驾护航,[1]使得这一群体可以逐渐获得本应属于她们的正当权利。直至维多利亚女王去世,已婚妇女们依旧在为自己争取到更为完整的、不受束缚的财产而奔走,进而希望拥有更多政治参与感。第一次世界大战女性在战时的贡献被世人所承认,这个庞大的日不落帝国也终于在 20 世纪 30 年代赋予了已婚妇女更多的权利。[2]

其更重要的意义在于,作为大英帝国的制定法,远在世界各地的殖民地如加拿大、澳大利亚等皆有不同程度的接受,因此已婚妇女的权利运动借助这五部法案开始影响至全世界,法案中所强调的诸如财产权、缔结契约的能力等,也成为近现代世界各国已婚妇女的权利诉求。即便是在今天的中国,女性对自身地位和权利的正当诉求中依然可以看到法案条文的身影。同时,信托保护女性财产的作用似乎在国内并没有得到充分的认识,在《民法典》等相关法律法规日益重视女性利益的今天,也许信托能成为广大女性维护自身利益的有力保障。

《已婚妇女财产法》反映的是英国维多利亚时期波澜壮阔的一景,是近代女权运动不断蓬勃发展的一大标志,但又不局限于此。议会的改革令上议院和下议院的权利界限发生变化,政治民主在 19 世纪凸显,"贵族政治"开始向"选票政治"转变,政治家开始寻求更多的选民。而女性成为他们拉拢选民、获得选票的极好助力和巨大票仓(当然这个票仓在 20 世纪才算正式出现)。政治活动强调利益互换,在获得政治权利的同时,议员们就得允诺女性更多的自由与权利,财产权作为所有权利中最重要的一项,自然是首当其冲。同时,这个飞速发展的庞大帝国在当时已经无法通过一个又一个的判例来规制和调整社会日新月异的变化,采取议会立法的方式成为一种必然的选择。法院的改革同样重要,因为它正视了法院系统的混乱和普通法、衡平法长久以来的倾轧与斗争所带来的麻烦,当法官可以无障碍地适用任意一种法律渊源时,民众的诉求才真正有可能被更快地解决。因此,这一系列法案在笔者看来更是整个英国政治改革、司法改革的一个缩影。而如今,《已婚妇女财产法》依然在深刻地影响世界上诸多国家的已婚妇女。

---

[1] Richard H. Chused, Late Nineteenth Century Married Women's Property Law: Reception of the Early Married Women's Property Acts by Courts and Legislatures, *in The American Journal of Legal History*, 29, pp. 27-28(1985).

[2] 英国议会之后通过新的财产法赋予已婚妇女更多的财产权,此外还允许女性拥有投票权,这些都是英国已婚妇女乃至女性的重大胜利。

编后记

知识产权学科知识体系与职业共同体〔1〕

易继明*

感谢主办方邀请，让我有机会能够在这里发言！

首先祝贺中国计量大学，祝贺中国计量大学法学院及知识产权学科取得的优异成绩与进步！这两年，关于知识产权学科、知识产权专业学位的建设，讨论较多，且颇令人鼓舞！

2008年前后，已有人提议国务院学位委员会增设知识产权专业学位、知识产权一级学科。但最终未能确立。2021年，国家知识产权局及相关部门和学者提议国务院学位委员会、教育部增设知识产权一级学科和知识产权专业学位，基本上被主管部门和主要专家学者接受。从某种角度说，习近平总书记在第十九届中央政治局第二十五次集体学习时的讲话，是重要推动因素。于此之后，国家知识产权部门积极推动，教育部门也大力支持。

知识产权学科发展是一个渐进的过程，并且具有开放性。开放性体现在，一是在法学门类下确立专业学位；二是在博士点，包括学术学位的博士点上。至于是在交叉学科门类还是在法学门类下设置，没有严格规划，也暗含着进一步放开、各自创新和探索的意味。诚然，没有"一刀切"硬性设置的规定，是因为高校及其所处地方的知识产权发展不均衡，所以留有更多的自主空间。在一级学科的博士、硕士的设置上，包括专业硕士和专业博士的设置上，相对开放，对知识产权人而言应该是向好的。

本次会议的主题是中国自主的知识产权知识体系和学科建设。这里，我从知识产权学科知识体系和职业共同体的角度，来谈一谈我的认识。

一、法学教育第三次转型中的分化和涅槃

中国法学教育发展可分为三个阶段。第一阶段，1952年院系调整，形成了专门院校与综合性大学相结合的二元格局，俗称"五院四系"。"五院"即为北京政法学院、西南政法学院、中南政法学院、华东政法学院和西北政法学院；"四系"即为北京大学法律学系、中国人民大学法学系、武汉大学法律系、吉林大学法律系。"五院"以培养应用人才为主，"四系"以培养理论人才为主。但后来陷入了法律虚无主义，现代法学教育几近停滞。1977年法学专业恢复招生，法学教育进入第二阶段。在政治改革和市场经济拉动下，法学教育恢复了二元格局。20世纪90

---

* 易继明（1968— ），北京大学国际知识产权研究中心主任、法学院教授，法学博士。

〔1〕 本文是作者于2022年12月11日在中国计量大学知识产权学科建设会议上的讲话内容。

年代中后期以来,随着法律硕士(J. M)教育试点和高水平大学建设,法学教育获得了较大发展,并奠定了当前法学教育的基本面。2006 年法律硕士结束试点并"转正",确立了法律职业教育的基本样态,这是法学教育进入第三阶段的转换点。

中国法学教育第三次转型,确立法学教育的新二元结构,即学术型人才与应用型人才的培养。随后,在教育部门的推动下,法律硕士的教育规模日益扩大,学术学位教育规模逐渐缩小,在学术学位和专业学位新二元结构的分野中,法学教育的重心转向应用型人才培养。

我认为,完成中国法学教育第三次转型至少需要 30 年时间。因为只有法律职业教育及精英培养模式真正建立起来,才能算中国法学教育的第三次转型真正完成。

为什么中国法学教育第三次转型没有进入"加速度",还至少需要 30 年,即到 2036 年之后,才有可能真正完成第三次转型呢?为什么转型会这么慢呢?从职业教育角度来看,与美国法学教育在很大程度上依赖于法官、律师、检察官不同,中国职业群体的职业化程度有待加强。无论从哪个层面讲,美国很多有影响力的法学院都有大量的法官、律师(检察官)参与教学,教学案例是鲜活的。我国的职业群体中,律师忙于办案,没有从专业角度出发进行教学,也没有固定的时间参与教学。法官不仅面临相同的问题,而且类似公务员进行兼职管控,无法真正进入大学进行系统性教学。很多大学曾一度都在探索,邀请实务人员进行案例教学,但难度较大,职业群体本身存在较大问题。而现在,基于业务繁忙及廉洁性衡量,这种跨越行业的兼职和交流,更是受到诸多因素的影响,似乎更难推进。当然,毋庸讳言的是,我们法学院的大量在校教师,由于缺乏实务经验和案例库实证训练,固步自封,他们成为专业教育转型的最大障碍。

法学教育发展至今都在表明,它实际上是在回应法律与社会的互动关系。在第三次转型的过程中,如果我预测的 30 年完成第三次转型是准确的话,那么行路过半或者说进展过半,现在迎来的是中国法学教育第三次转型中的凤凰涅槃。这里两个标志性走向:一是国际法律人才的培养;二是知识产权人才的培养。

国际法律人才与知识产权人才培养总是交织在一起的。不过,这里姑且不论国际法学的发展。2021 年知识产权学科的勃兴,是法学教育第三次转型中凤凰涅槃的一种表征。法学教育第三次转型的主线,是从强调法学素养的提高转向法律职业教育,即为法律职业群体提供基本的教育和职业训练。知识产权学科发展亦复如此,它促进知识产权职业共同体的形成,对该群体进行以实践为基础的培养和教育。所以,从法学角度而言,这是涅槃重生。因为受到考验的首先是法学教育自身的包容性,继而带来传统法学知识更新和教育革命。

二、法学学科:社会关系为基础的学科

法学学科是以社会关系为基础的学科。一般认为,法学是权利之学。因此,

有学者认为，知识产权在法学或民事权利之下，不能独立，这是从产权、从民事权利角度出发的一种观点。客观上，法学的架构以权利为基础，权利是人与人之间的社会关系，这是法学的基本特点。过去很多争论都源于此。当然，为了跟法学对应，存在权利及其对应性范畴，如义务、责任；以及权利与权力的关系问题。

行至今日，无论法学院传统教育模式是否接受知识产权学科的独立，知识产权法已经应社会需求，从法学中的“小学科”或者说“边缘学科”逐渐走到法学教育的舞台中央，日渐成为法学教育中的“显学”；同时，其在法学框架下的独立学科品格，也逐渐显现出来。这不仅因为知识产权本身的重要性，还因为知识产权对于其他行业也具有控制力。以标准必要专利为例，专利权不仅以权利为基础，还会对产业技术链构成控制力。此外，知识产权作为一种权利，比起传统权利样态，权利构成更为复杂。将知识产权列入法学学科或者门类项下，也能够理解。但是，其独立品格日益凸显，并交融其他学科，继而引发了知识产权学科的独立性问题，也毋庸置疑。这也就引出我想说的第三个问题。

三、知识产权学科："权利＋"中的权利对象（客体）之创造与运用

知识产权学科是什么？我将其解释为在法学原有的基础上，即在权利的基础上做加法，加入对权利对象（客体）的创造与应用的研究，即对知识本身的创造与应用之研究。产权是经济学上的概念。从法学的一维角度，知识产权的范畴可以分解为知识和知识财产；知识作为财产是在创造基础上形成的，故有知识财产和知识财产权。

所以，从某种角度说，当我们讨论知识产权独立学科时，实际上我们是在讨论知识学或知识财产学。知识产权把知识作为一种财产、财富，在权利基础上增加知识的创造与运用。分化这些概念之后就会发现，知识产权学科包括研究知识的演进规律，以及知识演进与文明的关联性。比如，地理标志具有历史性似乎与知识创新无关，但是，地理标志产品（如金华火腿）与当地的水土、气候、自然环境、饲养技术、制作工艺及历史、饮食、人文等特征，均有关联性。环境变化，产品理化指标差异，风土人情变迁，生活方式与文明形态息息相关。

知识的演化构成了社会文明的组成部分。在演进过程中，除了宏大的历史分析和叙事之外，也要分析具体知识的创新和运用。这样就包含了理工农医、人文社科等意义上的分析。

在理工农医领域，科研人员缺乏对知识权利或知识创新管理的专门训练，很难形成对自我创新相对较好的保护，以及对创新后续的延展性，即基础研究、应用科学研究中的产业技术运用以及规模市场化等更系统性地衡量。由于缺乏这样的考量，科研人员在知识产权保护方面存在权利意识淡漠或者自我意识缺乏问题。

人文社科领域亦是如此。网络文学创作及其创作链，即从网络文学到影视化，再到场景应用和商品化的利用，以及游戏的开发等，均为内容创新，其核心是版权，但后续存在产业链。这种对知识的融贯、对学贯创新的认知，理工农医、人

文社科是相互交融的。

在此之上,从管理学、经济学、社会学、法学等意义上分析知识产权问题。目前,知识产权学科设置的两大主流,一个是在法学框架下,另一个是在管理学框架下。在经济学领域内,如熊彼特早期的技术创新理论,对企业创新颇具意义。社会学研究领域内的分析框架,如对知识认知的知识社会学,以及是否建立产权的认知和知识产权保护状况分析,都十分重要。诚然,法学意义上的分析是基础,也更加重要。

知识产权学科建立在权利之上,主要增加权利客体的创造与运用。这种倾向以职业教育为基础,与实践相结合。因此,知识产权职业教育高层次人才培养的典范应以硕士、博士培养为主,辅之以双学位教育;以专业学位教育为主,辅之以学术学位教育。

有人认为,职业教育一般定义在专科教育上,这是一种误解。美国的大法学院既以职业教育为主,职业教育本身有技工层面的,又有高层次的,如政府管理人员也是一种职业。如果我们把政府的决策者、行政管理人员作为一种职业教育加以教育和培养,那么由此塑造的专业精神和职业伦理,应远优于现在。所以,我们要有这样的认识:职业教育是高层次人才培养的典范,同时也是新文科建设的典范。现在提倡新文科建设,提倡学科的交叉、交融,知识创新即存在于这种交叉之中。

知识的创新总是与传统学科形成张力,从而推进知识的不断演进,这里面就存在守正与创新的关系问题。也正是因为如此,知识产权研究体现出有组织的科研发展方向,与早期强调人文社科,特别是以人文科学为主导的个体体悟和冥想,有很大区别,需要学科交叉与合作。以研究人工智能为例,如果没有工科基础,总是有种隔靴搔痒的感觉,很难获取原创性成果。

知识产权学科的定位是“权利+”,特别是加上作为知识的创造与运用的研究对象。从这个角度来看,知识产权学科一方面以法学为基础,与法学存在交叉;另一方面,与其他学科也有交叉。

四、职业共同体的形成

职业分类大典中共有8种相关职业的“知识产权专业人才”。其中,科技工作者、科技管理人员需要开展知识产权专业教育。

目前,专利、商标、地理标志、植物新品种等审查人员源自理工科专业,需要进行两年到两年半的专业培训。以专利审查为例,需要半年的岗前培训、一年的师傅带教和一年的师傅指导下逐渐独立过程。目前,技术审查人员的专业技能训练由国家知识产权局的人才岗前培训体系完成,这种培训本应在知识产权的专业学位教育中完成。这是大学教育所缺失的。目前还存在审查人员流失的问题。当然,对国家管理机构而言,培训工作也属公益范畴,但这个公益活动应由大学教育完成。

专利、商标等代理(师)人员、知识产权律师、知识产权检察官和法官,构成了知识产权职业共同体的基础。现在已经开始按照业务情况，从最高院知识产权检察办公室向下设置知识产权检察官，知识产权公益诉讼也已纳入视野。就知识产权专业法官而言，在德国，技术类的法官和普通法官有不同的设置和要求，可以借鉴。最近即将开始运作的欧洲统一专利法院亦有此考量。

企业的知识产权运营除知识产权实务人员（包括法务人员）之外，还需要推行具有战略意识的知识产权专员。目前，国家知识产权局有所推进。这主要是考虑到很多的企业、行业或领域都需要引进知识产权专员。以大使馆为例，我们提倡在主要的贸易国设立知识产权的观察员或专员——因为目前将驻外大使馆科技参赞替代为“知识产权参赞”或者“科技与知识产权参赞”并非易事，因此要设置知识产权方面的观察员或专员。在知识创新型社会中，在知识对社会的拉动力和控制力很强的情况下，这类人员的重要性不言而喻。

最后也是最为重要的，是知识产权行政管理人员、知识产权教师。目前，国家知识产权局体系下的行政管理人员，大量从专利审查人员中产生，专业技术性强，缺乏知识产权媒介产业、经济及社会关系的认知。高校知识产权教师，以法学教育为主，缺乏交叉学科的训练；甚至传统法学院引进人才时，很难从多学科、多维度视角审查知识产权教师，从而陷入法学内卷的生态之中。

总的来说，知识产权职业群体存在着具有共性的职业伦理道德，共同的操守和信仰，以及共同所需的知识结构。诚然，在职业共同体的形成过程中，也需要考量衍生职业，如非物质文化遗产传承人、民间手工业者，包括传统知识、中医药领域等的从业人员。

五、知识产权专业设置、课程体系及培养模式

目前，学界对知识产权专业设置有不同维度的分析。一种是在现有学科之上做加法，如知识产权法、知识产权法学、知识产权管理学、知识产权经济学、知识产权社会学、知识产权哲学，等等。这种做法，存在两个问题：一是降低学科的独立性，知识产权可以附属到其他学科做交叉研究，易被分化；二是无法形成统合性的教育，将知识产权分解到其他学科中，每个人从不同的维度谈一点认识和看法，不利于知识体系的形成和统合。另一种是在权利类型之上的设置，比如专利、商标、著作权等的分类，相对详细和具体。还有一种是从政策面的角度，从知识产权的创造、保护、运用、管理、服务等环节进行设置。

总的来说，这些探索都是有益的。各高等院校或者研究机构，可根据学科配置和人才队伍的建设情况进行不同的设置。最近，我也在思考从“知识”角度兼及其他方面，进行开放性的专业设置，如“知识创新”“知识产权保护”“知识管理”“知识社会学”等。我想，这些都可以交给培养单位自主设置与探索发展。

专业设置具有开放性是未来的一个面向。特别是在专业人才培养时，可以根据学校优势打造不同的班别。我在华中科技大学任教时，所打造的法律硕士的知识产权班、金融班发挥了学校的学科整合力和优势，效果非常不错。这是课程体系的设置，需要根据专业设置进行布设，在此项下也包括必修课程和限选课

程的设置。

培养模式分为三方面:第一,以知识素养、专业能力、职业伦理为主要内容的基础教育;第二,案例教学,案例教学要形成知识产权学科的特点。美国法学教育有一些特点,问题、规律、适用、规则适用、结论等,有独特的案例教学模式。知识产权的模式能否以提出问题——分析成因——解决方法为基础,谈知识创造的规律,谈知识产权价值链,从而得出结论,形成知识产权学科独特的教学模式。第三,在这两个基础之上,还应该有实验室模式。每个学校可以根据自身特点、科研力量和社会资源整合的能力,形成与知识产权相关的研发、转化、孵化实验室。这种实验室,可以是通用实验室,也可以是特色实验室。实验室教学与其他学科交融,形成比较好的实践教学体系,更加符合知识产权交叉学科的特点。

这些培养模式、知识体系、知识设计,都是为了形成知识产权思维,包括对知识的某种信仰,以及知识产权人的思维模式。